Ulrich Jasper Seetzen's

Reisen

durch

Syrien, Palästina, Phönicien, die Transjordan-Länder, Arabia Petraea und Unter-Aegypten.

Herausgegeben und commentirt

von

Professor Dr. Fr. Kruse

in Verbindung mit

Prof. Dr. Hinrichs, Dr. G. Fr. Hermann Müller

und mehreren andern Gelehrten.

Zweiter Band.

Berlin, 1854.

Verlegt bei G. Reimer.

Akademische Buchdruckerei.

Inhaltsverzeichniss

zum zweiten Bande.

Seetzen's

Reise in den Orient.

Von Halep bis Aegypten.

Zweiter Band.

Tagebuch über seinen Aufenthalt in Jerusalem und mehrere Reisen durch Palästina, Süd-Phönicien, die Transjordan-Länder und rings um das Todte Meer.

Aufenthalt in Jerusalem und Untersuchung der Umgegend [1]).

Jerusalem, 12. April 1806. Heute Morgen schien das Wetter regnigt werden zu wollen; allein es klärte sich nachher wieder auf.

Ich hatte gestern durch den Dolmetscher des Franciscanerklosters 33½ Piaster an den Einnehmer der Gefälle, welche die christlichen Pilger bezahlen müssen, wenn sie zum erstenmale in die Kirche des heiligen Grabes gehen, auszahlen lassen, um heute dem Feste des heiligen Feuers beiwohnen zu können. Das Feuer fällt nach der Versicherung der griechischen Mönche unmittelbar vom Himmel, und wird von dem Vicarius des Patriarchen, welcher deswegen den Namen des Licht-Bischofs (Motthrân el nûr) erhält, in Empfang genommen. Der Glaube an dies jährlich erneuerte Wunder trägt nicht wenig dazu bey, das fromme Feuer bey der zahlreichen griechischen Glaubensparthey zu nähren und die Fortdauer der Pilgerreisen nach Jerusalem zu erhalten. Die Mönche waren so glücklich in der Unterhaltung dieses Vorurtheils, dass ein levantinisch-griechischer Christ sein Leben in Gefahr setzen würde, wenn er öffentlich seinen Zweifel darüber zu erkennen geben wollte.

Ich ging mit dem P. General-Procurator, dessen Adjunct, zwey Dolmetschern und einigen andern Personen zur Kirche des heiligen Grabes, die etwas von dem Franciscanerkloster entfernt ist. Vor uns ging ein Janitschar dieses Klosters. Wir

---

[1]) *Von hier an bis zum 18. May 1807 ist ausser dem Original-Tagebuche eine sehr saubere und deutliche Reinschrift, von* Seetzens *eigener Hand in Kahiro angefertigt, erhalten und dem Drucke zu Grunde gelegt.*

trafen vor der Thüre einen Volkshaufen an, welcher sich drängte, stiess und allerhand Unanständigkeiten beging. Auf einer Erhöhung neben dem Eingange sassen der Gouverneur, der Kady, und das Haupt der Scherife oder der Nakîb, unter einem Zelt, welche unsern Gruss freundlich erwiederten. Vor der Thüre war ein Queerbaum angebracht, damit sich das Volk bey ihrer Oeffnung nicht in Masse hineindrängen konnte. Zwey Bediente des Gouverneurs trugen eine Geissel, womit sie einzelne Drängende schlugen. Diese und etliche andere Mohammedaner benutzen diese Gelegenheit, sich einen artigen Verdienst zu machen, indem sie einigen Pilgern für ein Geschenk behülflich sind, sie in die Kirche zu bringen, welches Geschenk jedoch immer weit weniger beträgt, als sie dem Einnehmer hätten bezahlen müssen, indem die Abgabe an denselben für einen Levantiner 25 Piaster beträgt.

Wir wurden ohne Umstände hineingelassen, und fanden schon eine Menge Menschen darin versammelt. Wir gingen neben dem kleinen Grabgebäude hin, welches mit reichen Hautelissen behangen war, und welches in der Mitte unter der oben offnen Kuppel steht, womit dieser Theil der Kirche, der eine Rotunde bildet, versehen ist. Diese Rotunde hat 2 Gallerien über einander, aber ohne Symmetrie, woran es überhaupt der übrigens reichen und ansehnlichen Kirche des heiligen Grabes gänzlich fehlt. Man hat so viele Kapellchen und dergleichen in derselben angebracht, dass dadurch ihre innere regelmässige Form fast ganz verdeckt wird. Die Kuppel ruht auf mehreren Pfeilern und Säulen. Die Gallerien waren mit Teppichen und Gemälden geschmückt.

Da die levantinischen Christen heute den Platz um das Grab besetzt hielten, so ging ich mit dem General-Procurator durch die Kapelle, die zu dem Kloster gehört, das an der Kirche zum heiligen Grabe befindlich ist, auf den Theil der Gallerie, die in den Händen der Franciscaner-Mönche ist. Diese Kapelle ist ungemein reich mit Gemälden, Vergoldungen und Marmor geziert. Der Eingang ins Kloster ist enge und dunkel. Die Zahl der hiesigen Mönche betrug jetzt zwölf. Sie werden nach einer gewissen Zeit von andern aus dem grossen Kloster

St. Salvator abgelösst, und einem Mönch, der nicht ungemein devot ist, muss diese Ablösung sehr angenehm seyn, weil sie hier in einem traurigen Gefängnisse leben, indem, die Feste ausgenommen, der Eingang zur Kirche des heil. Grabes immer verschlossen gehalten wird, und ihnen alle Bedürfnisse täglich durch eine Oeffnung in der Thüre vom grossen Kloster überbracht werden. Eben dies gilt auch von den übrigen christlichen Religionspartheien, welche sich in Jerusalem aufhalten, von welchen immer etliche Mönche in dieser Kirche in besonderen Gebäuden befindlich sind. Etwas an diesen Gebäuden ausbessern zu lassen, ist ohne Erlaubniss der Obrigkeit verboten, und diese Erlaubniss kann nur durch grosse Geldsummen erkauft werden. Die Franciscanermönche versicherten mir, dass sie aus diesem Grunde die sehr nöthigen Ausbesserungen ihres Klosters an der Grabkirche von einer Zeit zur andern verschöben.

Von der Gallerie hatte ich das Vergnügen, die Versammlung unten eine Zeitlang ungestört zu beobachten. Das kleine Grabgebäude hat die Grösse eines grossen Zimmers. Es bildet ein länglichtes Viereck, ist mit Kupfer bedeckt, und hat an einem Ende eine kleine Latern-Kuppel. Die Griechen nehmen den Platz auf der einen Seite dieses Grabgebäudes, imgleichen den Hauptheil der Kirche ein, wo sie ihren Gottesdienst verrichten. Die Armenier hatten sich auf der andern Seite des Grabgebäudes versammelt. Diese hielten sich ruhig, die Griechen hingegen betrugen sich im höchsten Grade unanständig und machten einen Lermen, dass mir die Ohren gellten. Dieser Haufe, der sich beständig vermehrte, bestand aus männlichen Personen von jedem Alter. Die jüngern stiessen und drängten und balgten sich; drey bis vier von ihnen überfielen einen Andern und trugen ihn, er mochte wollen oder nicht, um das Grab herum, während dem ein anderer Haufe ihnen mit wildem Geschrey nachrannte. Kaum hatte man die Runde gemacht, als man mit einem Andern das nämliche vornahm. Es war ein Karneval, und man schien nicht ein christliches Fest, sondern Bacchanalien zu feyern. Junge Mohammedaner mischten sich zwischen diesen ausgelassenen Haufen, und trugen treulich das Ihrige dazu bey, um den Tumult allgemein zu machen Die Griechen scheinen keine Wallfahrten ohne solche wilde Ausbrüche der Freude begehen zu können. Auf der Gallerie bemerkte ich mehrere Pilgerinnen.

Obgleich die Gallerie der Franken nur für sie und ihre katholischen Religionsgenossen bestimmt ist: so wurde sie doch kurz vor dem Anfange der Procession voll von Mohammedanern, welche sich sehr unbescheiden und herrisch betrugen, die Christen von ihren Plätzen verdrängten, die sie einnahmen. Der General-Procurator hatte neben dem Chor der Kirche, welcher den Griechen gehört, eine verschlossene Gallerie, und er war so gefällig, mich mit sich dahin zu führen. Hier hatten wir zwar völlige Ruhe; allein wir sahen die Procession nicht so gut, als von der grossen Gallerie.

Der Lermen hielt etwa bis Nachmittags um halb vier an, während dem die Menge der Zuschauer immer mehr zunahm. Auf einmal wurde es stille; die Procession der Griechen nahm ihren Anfang, und wildes Geschrey machte griechischen Hymnen Platz. Die Mönche zogen aus dem Chor der Kirche aufs köstlichste gekleidet, und umzogen dreymal in folgender Ordnung das heilige Grab. An der Spitze des Zuges waren 12 Fahnenführer, worauf Heiligenbilder gemalt waren; auf sie folgten 34 Geistliche; dann kamen 20 Kirchendiener, grosse Wachslichter auf hohen Leuchtern tragend; ihnen folgte der Bischof von Karrak, welchem als Vicarius des Patriarchen die Ehre vorbehalten war, das heilige Feuer in Empfang zu nehmen; hinter ihm wurde eine grosse Fahne getragen; den Zug beschlossen die zahlreichen griechischen Pilger, welche aber kaum Raum fanden, sich an den Zug anzuschliessen. Die Versammlung glich einem dicken Ring, welcher sich um das Grab drehte. Nachdem man so sehr langsam dreymal um dasselbe gekommen war, ging der Bischof des Lichts nebst seinen Assistenten in das Grab. Man versicherte mir, dass er vor dem Eintritt in dasselbe von etlichen Mohammedanern untersucht werde, ob er auch Feuer mit sich hinein nehme? Andere versicherten mir, diese Ceremonie finde nicht statt. Nachdem er etwa eine Viertelstunde in dem Grabe ge-

betet hatte, und Alles in der gespanntesten Erwartung war, erhellte plötzlich ein Licht das dunkle Innere, und auf zwey Seiten wurde eine angezündete Fackel durch eine schmale Oeffnung herausgereicht, zu welchen sich die Pilger, auf der einen Seite die Griechen, auf der andern die Armenier, mit der grössten Anstrengung hinzudrängten, um ihre mitgebrachten Wachslichter, die in und ausser der Kirche in Menge feilgeboten werden, daran anzuzünden. Ein lautes Jubelgeschrey erfüllte die Kirche, manche zündeten auf einmal eine ganze Hand voll Wachslichte an, und eilten in schnellem Laufe durch die Hallen der Kirche, um sie andern Pilgern mitzutheilen, oder sie ihre Lichter daran anzünden zu lassen, welche alsdann wieder ihren Nachbaren ihr Licht mittheilten. In wenigen Augenblicken waren alle Theile der Kirche, die Gallerien u. s. w. mit mehrern tausend Lampen und Lichtern illuminirt. Dieser Augenblick hatte wirklich etwas Interessantes. — — — —
— — — — — — — — — — — — — —
— — — — — — — — — — — — — —

Die Erscheinung des heiligen Feuers ist ein Triumph für die Griechen, indem auch die Armenier, Kopten u. s. w. davon überzeugt seyn sollen. Die Griechen brüsten sich nicht wenig damit, und um ihre Hauptfeinde, die Armenier, zu erniedrigen, erzählen sie folgende Geschichte. Einst erhielten die armenischen Mönche durch eine grosse Geldsumme von dem Statthalter die Erlaubniss, dass sie das heilige Feuer in Empfang nehmen sollten. Schon war der armenische Bischof mit seinen Assistenten am Grabe, schon war Alles in der gespanntesten Erwartung, die Armenier in Hoffnung, die Griechen in Furcht, als man endlich die armenische Geistlichkeit nach langem Warten wieder mit Angst und Schaam hervortreten sahe und sie erklären hörte, dass sie nicht im Stande seyen, das heilige Feuer durch ihre Gebete zu erhalten. Nun ging der griechische Bischof hinein, und in wenigen Minuten war das heilige Feuer da. Voll Zorns über die Vermessenheit der Armenier, liess der Statthalter sie ergreifen und zwang sie, ein Gericht zu essen, welches die Sittsamkeit nicht zu nennen erlaubt. Dies ist der Grund des Schimpfnamens, der Dr—kfresser, womit der griechische Pöbel die Armenier zu benennen pflegt. Man muss erstaunen, wenn man bedenkt, zu welchen Ausschweifungen der höllische Sectengeist die Menschen verleiten konnte!

Nachdem die Griechen ihren Zug beendigt: so fingen die Armenier die nämliche Procession an. In ihrem Gefolge waren die Kopten, Habessynier und Syrer. Obgleich ihr Zug gleiche Einrichtung, wie die der Griechen hatte, so will ich ihn doch bestimmter angeben. Den Anfang der Procession machten 12 Fahnenführer; auf sie folgten 34 Mönche und Weltpriester, wovon manche röthlich-violette Mäntel trugen; dann kamen 10 Kirchendiener mit grossen Wachslichtern; nun folgte der Bischof, ein köstliches Kreuz in der Hand tragend, und hinter ihm wurde eine grosse Fahne getragen. Nun kamen 6 koptische Fahnenführer, auf diese 1 Dutzend koptische und habessynische Geistliche, dann der koptische Bischof, ein Kreuz tragend, und hinter ihm eine Fahne. Den Schluss machten 4 syrische Kirchendiener mit Wachslichtern, der syrische Bischof mit dem Kreuz, vor welchem 2 singende Personen gingen und hinter welchem eine Fahne getragen wurde. Diese Procession ging auch dreymal um das heilige Grab.

Nach beendigten Processionen drängten sich die Pilger zum Besuch des Innern vom heiligen Grabe. Da dies eine reiche Quelle von Einkünften ist, so sind einige Mohammedaner an der Thüre postirt, um das Geld für die Erlaubniss, ins Innere des Grabes zu gehen, in Empfang zu nehmen. Man setzt zuerst einen Preis von mehrern Ducaten, und so wie sich die reichern Liebhaber nach und nach verlieren, setzt man immer niedrigere Preise, so dass die Aermern zuletzt nur etliche Para zahlen. Dies dauert einen beträchtlichen Theil der Nacht hindurch. Ein paar Mohammedaner gingen immer vor der Thüre hin und her, um den Herzudrängenden, und auch denjenigen, die zu wenig boten, mit ihren Geisseln einen Schlag zu geben, der freylich mehr schimpflich als schmerzhaft war. Im Grunde ist es wahre Thorheit, 33 $\frac{1}{2}$ Piaster für die Erlaubniss, solche Unanständigkeiten sehen zu können, zu bezahlen. Wie unendlich schöner dagegen sind die Processionen in so vielen katholischen Ländern Europens!

Da des Nachts viele Leute in der Kirche blieben, so hatte dies ein Grieche benutzt und in einem Zimmerchen eine Kaffeeschenke errichtet.

Die Kirche des heiligen Grabes ist mit Marmor von verschiedenen Farben gepflastert. Die griechische Kapelle, welche das Chorende einnimmt, ist die grösste und gezierteste von allen. Ein Mann, welcher ein brennendes Licht in der Hand hielt, sass neben einem Stein, welcher daselbst ein wenig über den Fussboden hervorragte, und welchen man den Mittelpunkt der Welt, el Nussf el Dűnja, nennt. Obgleich Mancher diese Benennung lächerlich finden dürfte: so muss ich gestehen, dass ich diese Lehre weit glaubwürdiger fand, als vieles andere, was ich in der Kirche des Grabes von heiligen Raritäten hörte. Denn jenes liesse sich noch wohl mathematisch beweisen, obgleich das nämliche auch von einem jeden Punkt auf der Erde gelten würde, da hingegen viele andere Traditionen wider Geschichte und wider gesunde Vernunft streiten.

Die Syrer haben das Westende des heiligen Grabes zu einer sehr kleinen Kapelle zubereitet, welche durch eine Mauer von dem neuen heiligen Grabe getrennt ist. Ausser diesen giebt es noch mehrere Kapellen in der Kirche, nämlich die Grotten-Kapelle des heiligen Kreuzes, die Kapelle auf dem Kalvarienberg u. s. w.

13. April, Sonntag. Da ich das Innere des heiligen Grabes noch nicht gesehen hatte: so begab ich mich des Morgens wieder dahin. — Nachdem die Armenier eine Messe in demselben gehalten, hielten sie auch die Franciscaner-Mönche, und nach deren Beendigung ging ich hinein. Es ist in zwey Zimmer getheilt, wovon das hinterste sehr klein, und worin das eigentliche Grab befindlich ist. In jenem hangen 14 und in diesem 44 silberne Lampen, von deren Dunst eine drückende Hitze darin herrschte.

In dem Kloster St. Salvator der Franciscaner-Mönche waren jetzt 20 Mönche, 3 portugiesische und 21 levantinische Kirchendiener (Schemmâs). Der General-Superior ist immer ein Italiener, der General-Procurator, der die Geldangelegenheiten des Klosters und vom ganzen Terra Santa versieht, ein Spanier. Der Vicarius war vorhin immer ein Franzose; da aber seit der französischen Revolution keine Mönche aus Frankreich kamen, so kamen die Spanier und Italiener darin überein, diese Würde in Zukunft durch einen aus ihrer Mitte abwechselnd jedesmal drey Jahre lang bekleiden zu lassen.

Nachmittags stattete ich dem griechischen Bischof von Karrak, welcher jetzt der Vicarius des abwesenden Patriarchen von Jerusalem ist, einen Besuch ab. Ich hatte einen Brief an ihn abzugeben und wurde sehr gut von ihm aufgenommen. Ich habe schon bemerkt, dass man ihn gewöhnlich den Lichtbischof, Motthrân el nûr, nennt. Ich fand in ihm einen Mann von mittlern Jahren, dem es nicht an Talenten und Kenntnissen in seinem Fache zu fehlen schien. In seiner Kleidung unterschied er sich gar nicht von den übrigen Mönchen. Das Hauptkloster, welches er bewohnt, ist ein grosses, aber sehr unregelmässiges und unansehnliches Gebäude. Er sowohl, als die meisten griechischen Mönche in Syrien und Egypten, ist kein geborner Syrer, sondern aus einem osmanischen Lande, wo man das Türkische und Griechische spricht, und es giebt aus diesem Grunde wenige griechische Mönche, welche das Arabische fertig verstehen. Ich musste mich also durch einen Dolmetscher mit ihm unterhalten, der ausser seiner italienischen Muttersprache auch die griechische verstand. Ich wusste, dass der Bischof vor einem paar Jahren einen Theil des todten Sees und dessen Umgebungen bereiset hatte, und hoffte daher einige interessante Nachrichten von ihm einzuziehen. Indessen erfuhr ich wenig von ihm. Ich erkundigte mich nach den Bädern von Callirrhoë; er wusste mir aber nichts davon zu sagen. Von Petra sagte er mir nur so viel, dass es 2 Stunden vom Südende des todten Sees entfernt sey; er sey aber nicht da gewesen. Es ist sehr selten, dass man einen Mönch antrifft, welcher an Untersuchungen Vergnügen findet. Ihr Ideenkreis ist ungemein beschränkt, und ihr Kloster ist das Centrum desselben. Gewöhnt an einen blinden Glauben, und erschöpft durch die zahlreichen geistlichen Übungen, liegt das Gebiet des Nachdenkens bey ihm gänzlich ohne Kultur. Ohne

Welt- und Menschenkenntniss huldigt er den abgeschmacktesten Vorurtheilen, und man muss in die Nachrichten, die man bisweilen noch von ihnen erhält, nicht wenig Misstrauen setzen. Unser Dolmetscher war ein interessanter Mann. Er erzählte mir, er sey ein Schiffskapitain gewesen und habe sich ein ansehnliches Vermögen erworben gehabt. Zweymal sey er verheurathet gewesen, habe aber am Ende gefunden, dass Alles in der Welt eitel sey, und sich daher entschlossen, von ihr auf immer Abschied zu nehmen. In dem einsamen Kloster Mar Szába habe er einen Aufenthalt gefunden, der ganz seinen Wünschen angemessen sey. Von einer wilden Oede umgeben, den Lockungen der Weiber und starker Getränke gänzlich entzogen, sich mit einer immerwährenden Fastenkost begnügend, habe er dort vor 9 Monden den Mönchsstand erwählt, um seine Fehler zu bereuen und ferner bloss Gott zu dienen. Mit Vergnügen sähe er den Zeitpunkt herannahen, wo man ihn zum Priester weihen werde. Er sey jetzt ganz ruhig und mit seiner neuen Lage sehr zufrieden. Er kannte die neuern Weltbegebenheiten genau, und versicherte mir, es würde den Franzosen nicht so leicht fallen, die Dalmatier unter ihre Botmässigkeit zu bringen.

Unser Gespräch kam beyläufig auf das heilige Feuer, und er fand es unbegreiflich, wie man es wagen könnte, an der Wahrheit dieser Erscheinung zu zweifeln. Diese Aeusserung bestätigte mich noch mehr in der Ueberzeugung, dass es den Menschen ungemein schwer falle, auch bei erlangter grösserer Menschen- und Weltkenntniss jugendliche Vorurtheile zu bekämpfen und das Zerr-Glas zu zerbrechen, womit diese uns alle Gegenstände, welche die Religion betreffen, betrachten lassen.

Der Bischof liess mir nach Landessitte zuerst eingemachte Kirschen, dann ein Glas Wasser und hierauf ein Glas Liqueur reichen.

Die Terrassen des Franciscanerklosters St. Salvator sind zum Theil mit Quadern gepflastert und man geniesst von ihnen einer angenehmen Aussicht über den grössten Theil der Stadt, den Oelberg und eine Strecke vom todten See.

Die Gegend umher ist durch Berge und enge Thäler abwechselnd genug, dass sie zur Zeit ihrer Blüthe, wo ohne Zweifel alle nahen Berge mit Gärten, Gartenhäusern, Oelbäumen, Weinbergen bedeckt waren, ungemein angenehm war. Besonders muss die Ansicht Jerusalems in jenen Zeiten vom Oelberge wirklich prachtvoll gewesen seyn, weil man von dort ihren ganzen Umfang übersah.

Jerusalem hat in ihren Ringmauern sehr viele verwüstete und unbebaute Stellen und Gärten, worin man eine erstaunende Menge von indischen Feigen (Cact. Opuncia L.) antrifft, welche zur Befriedigung derselben dienen. Die zahlreichen Früchte, deren Geschmack wässrigt süss ist, und deren häufiger Genuss auch nicht schadet, sind sehr wohlfeil, und man verkauft oft 30 bis 40 Stück für einen Para.

In dem Franciscanerkloster ist eine Schule für hiesige katholische Knaben. Ein Levantiner ertheilt ihnen Unterricht im Lesen und Schreiben des Arabischen, und ein Mönch im Italienischen und Lateinischen, so weit letzteres zum Gottesdienst nothwendig ist. Auf nützliche Kenntnisse wird in der Schule durchaus keine Rücksicht genommen, und sogar die Rechenkunst wird nicht gelehrt. Die lateinischen Gebete und Gesänge lernen die Knaben, wie ein Papagey, ohne Sinn herplappern. Die Knaben bleiben bis zu ihrem 12. Jahre in der Schule, worauf sie von ihren Eltern zu irgend einem Handwerk angehalten werden. Die Knaben dienen den Mönchen während der Messe, und singen im Chor. Sie erhalten dafür am Weihnacht- und Osterfest eine neue rothe Mütze und ein paar Schuhe, arme überdem ein tuchnes Oberkleid. Um Mittag speisen alle Knaben zusammen im Kloster und zum Abendessen erhalten sie ein Stück Brod. Die Zahl der Schulknaben beläuft sich jetzt auf 30. Für Mädchen ist durchaus keine Schule vorhanden. Für die männliche Jugend der übrigen Religionspartheien finden in den übrigen Klöstern, in den Synagogen und bey den Moscheen ähnliche Unterrichtsanstalten statt.

Der Boden, den die Stadt einnimmt, ist ausserordentlich uneben und hüglicht, und da das Hárram an der niedrigsten Stelle steht: so fliesst das Regenwasser dahin, wo es in einem beträchtlichen Behälter aufgefangen wird, dem es nie, selbst bey der grössten Dürre, an Wasser fehlt. Da Christen und

Juden die Ringmauer dieses heiligen Gebäudes nicht betreten dürfen: so bedienen sich die Mohammedaner bloss dieses Wassers, jedoch nicht zum Trinken, sondern bloss zur Wäsche und zum Vieh Tränken.

14. April, Montag. Heute Morgen wohnte ich dem feierlichen Gottesdienst in dem armenischen Kloster und der Patriarchal-Kirche Mar Jakûb bey, wo jährlich an diesem Tage nach dem Osterfeste die armenische Geistlichkeit sich in dem grössten Pomp zeigt, woran ihr die Franciscaner-Mönche und Griechen bey weitem nachstehen, und sie ist in diesem Stücke so eifersüchtig, dass sie Fremden von einer andern Religionsparthey vor diesem Tage nicht gern erlaubt, ihre Kirche zu besuchen. Dies Kloster ist in der Nähe des Schlosses befindlich und hat eine freiere Lage, als die Kirchen und Klöster der übrigen christlichen Religionspartheien. Es hat einen beträchtlichen Umfang und eine erstaunende Menge Zimmer zur Aufnahme der armenischen Pilger, ist aber übrigens sehr unregelmässig gebaut. Ausser einem grossen Hofe schliesst es mehrere kleine Höfe ein. Die Klosterkirche ist die ansehnlichste und schönste in Jerusalem. Sie bildet ein langes Viereck und hat in ihrer Mitte eine Kuppel, welche auf vier starken Pfeilern ruht. Das Pflaster der Kirche besteht aus einem sehr schönen Mosaiv, ist aber grösstentheils mit Teppichen belegt, um es zu schonen. Die Wände sowohl als die Pfeiler sind mit goldenen Verzierungen und Gemälden geschmückt und der Altar ist ungemein reich vergoldet. Die Kirche war nebst der Kuppel auf das geschmackvollste illuminirt und die Lampen bildeten Guirlanden u. s. w. Eine Menge von diesen Lampen sind von Silber. Das meiste Licht erhält die Kirche von der Kuppel, welche oben offen ist, wie die Kuppel über dem heiligen Grabe. Die Tracht der Geistlichkeit war in der That auffallend prächtig, und man kann sagen königlich. Gold und Seide waren das Wohlfeilste daran. Ihr Festgewand bestand aus den reichsten Goldstoffen, unter deren Last die athletischen Mönche zu schwitzen schienen. Der Patriarch und 20 Bischöfe trugen kalpakähnliche Mützen; 6 andre Mönche aber Mützen, welche

denen der europäischen Bischöfe ähnlich sahen. Alle diese waren vom reichsten Goldstoffe und dicht mit Diamanten, Rubinen, Smaragden und Perlen besetzt. Die Mützen der Bischöfe hatten überdem noch oben ein goldenes Kreuz mit Diamanten besetzt. Man hatte die Aufmerksamkeit für mich, mir in der Nähe des Altars einen Platz anzuweisen, wo ich die Procession am besten sehen konnte. Man machte dreymal unter Absingen von armenischen Hymnen, die Runde in der Kirche. Der Patriarch ging mit entblösstem Haupte, und hielt in der Hand ein Kreuz, welches von sehr hohem Werth seyn musste, weil es mit ungemein schönen grossen Diamanten besetzt war. Vier Kirchendiener trugen über ihn einen reichgezierten Baldachin, und drey andere gingen rücklings vor ihm, welche mit silbernen Rauchfässern räucherten. Einer der Bischöfe trug noch ein grosses Kreuz. Es waren etwa 34 Mönche und Weltgeistliche, und Kirchendiener, gross und klein gerechnet, nahe an 100 in der Procession, vor welcher 6 Fahnen hergetragen wurden. Die Weiber sind in einer besonderen Abtheilung, welche durch eine Mauer von der Kirche geschieden ist, mit derselben aber durch eine Thüre in Verbindung steht. Auf der einen Seite der Kirche ist in einem Zimmer ein Gemälde des heiligen Jacob, welches mit den grössten schönsten Perlen besetzt ist, und grosse Summen gekostet haben dürfte. Die armenische Geistlichkeit scheint ungeheuere Schätze zu besitzen, und da diese nur von Layen geschenkt wurden, so können sie zum Beweise der grossen Reichthümer dienen, welche sich die armenischen Kaufleute durch ihre Thätigkeit und Gewandheit und ihren weit ausgebreiteten Handel erwarben. Da die Mönche bey der armenischen Nation in der grössten Hochachtung stehen, so trifft man unter ihnen Mitglieder von den reichsten und angesehensten Familien an. Man versichert, die griechischen Mönche hätten ihre grössten Kostbarkeiten an dies armenische Kloster verpfändet, weil jene nicht selten Geldmangel leiden, den diese nie empfinden.

In der Procession waren auch 2 Kopten und 2 Habyssinier, Zwar waren von beiden mehrere in der Kirche, allein es fehlte an Paradekleidern. Auch war ein Indianer dort, welcher zu seinem grossen Kummer erst am Tage nach dem Lichtfeste ankam. Die Habyssinier hatten eine schwärzlichte Farbe, übrigens aber eine Mulatten-Form. An einem von ihnen bemerkte ich eine gebogene Nase. Der Indier war weniger dunkel, als die Habyssinier, von welchen ich an einer andern Stelle mehr sagen werde.

15. April, Dienstag. Auf dem kleinen Platze vor dem Eingange zur Kirche des heiligen Grabes wird beständig ein kleiner Markt von allerhand Kleinigkeiten gehalten, welche die Pilger zum Andenken mit in ihr Vaterland nehmen, und wovon sie ihren Anverwandten und Freunden sehr angenehme und theure Geschenke machen, weil man alles, was von Jerusalem kömmt, als etwas Heiliges ansieht, mit dessen Besitze Seegen verbunden sey. Ausser einigen Zeughändlern sieht man hier mehrere Personen männlichen und weiblichen Geschlechts, welche Heiligthümer aller Art verkaufen, besonders Rosenkränze aller Art, auch aus Knochen von Kameelen und Büffeln, Kreuze u. dergl.; Krucifixe von Holz, Perlenmutter u. s. w.; Modelle vom heiligen Grabe von Holz mit Perlenmutter ausgelegt, Heiligenbilder in Perlenmutter gravirt, allerhand Glaswaaren von Hebron, als Rosenkränze, Halskorallen, Armringe, Fingerringe und Mundstücke zu Pfeifenröhren; Tassen von Fajence und Porcellan u. s. w. Unter den seltnern Heiligthümern findet man Figuren von Heiligen, der Madonna u. s. w. auf Scheiben von einem Horn gegraben, welches man Korn Hantît nennt, und mir vom Nashorn zu seyn scheint. Man versicherte mir, es käme aus Habbesch nach Kahira, von wo man es hier erhalte und vorzüglich in Bethlehem verarbeite. Man verlangte für eine kleine Scheibe, die etwa 2 Zoll im Durchmesser hielt und etliche schlecht geschnitzte Heiligenfiguren zeigte, 17 Piaster. Einige Weiber von Bethlehem verkaufen hier auch die sogenannte Rose von Jericho (Anastat. hieroch. L.), welche hier unter dem Namen von Keff Mérriám, كف مريم [1]), bekannt ist, und nach ihrer Versicherung

[1]) d. h. Hand Mariens.

von Arabern von der Ostseite des Jordans hieher gebracht wird. Da die Pilgrimme aus fernen Ländern oft Münzen mitbringen, die hier nicht im Gange sind, so halten sich hier auch ein paar Wechsler auf, welche ihnen dieselben in gangbare Münzen umsetzen.

16. April, Mittwoch. Um Jerusalem sieht man jetzt etliche Gerstenfelder, die sehr schön in Aehren stehen. Heute wurde aber schon reife Gerste von Ramle als eine Seltenheit hieher gebracht; da Ramle weit niedriger liegt als Jerusalem, so wird dort das Getreyde beträchtlich früher reif.

(Einen Garten nennt man zu Jerusalem el Hackúra.)

Auf dem vormaligen Berge Zion steht jetzt ausser der ansehnlichen Moschee Nebbi Daûd und einer unansehnlichen Kapelle der Armenier, welche an der Stelle stehen soll, wo man den Messias gefangen nahm, kein einziges Gebäude. Nur in der Ringmauer der Moschee giebt es mehrere Wohnungen für etliche mohammedanische Familien.

(Da es mir gänzlich an Geld fehlte, meine Reise fortzusetzen, so sandte ich heute einen Expressen von hier nach Akre an den dortigen Negotianten Ant. Catafago ab, und liess ihn ersuchen, mir gegen einen Wechsel 1000 Piaster zu zahlen. Er kam aber nach mehreren Tagen unverrichteter Sachen wieder zurück. Hr. Catafago entschuldigte sich mit der gewöhnlichen Entschuldigung des Geldmangels, versprach aber, falls ich nach Akre käme, dass er sich bemühen wolle, meine Wünsche zu erfüllen. Ich war sehr missvergnügt über diese fehlgeschlagene Hoffnung, und um so mehr, da ich jetzt vor der Hand nicht im Stande war, meine Reise nach dem entworfenen Plane fortzusetzen. Da ich nicht auf die gewöhnliche Art der meisten Reisenden reiste, die meistentheils voraus berechnen können, wie viel Reisegeld sie nöthig haben, und die auch nicht nöthig haben, sich zu fürchten, eine beträchtliche bey sich führende Geldsumme zu verlieren, indem sie immer mit Kjerwanen reisen: so kam ich öfters mit meinem Gelde zu kurz, und da ein Reisender in diesen Ländern gewöhnlich gänzlich creditlos ist, sobald er nicht bestimmte Geldanweisungen hat: so gerieth ich mehrmals auf eine Zeitlang in Geldverlegenheit, und war genöthigt, meine Zeit fast unbenutzt vorbeystreichen zu lassen, bis ich endlich meine Geldanweisungen erhielt.)

Ausser der Schule findet man in dem Kloster St. Salvator Werkstätten für die nöthigen Handwerker, den Tischler, den Zimmermann und den Schmiedt. Ferner eine Rossmühle und Backöfen. Merkwürdig und fast einzig in seiner Art ist das Magazin der Heiligthümer, welche aus Rosenkränzen, Kreuzen, Madonnenmilch, Modellen vom heiligen Grabe u. dergl. bestehen, hier, besonders in Bethlehem, verfertigt werden, welche man durch die Conductoren nach Italien, Spanien und Portugal übersendet und von deren Absatz in jenen Ländern das Wohl aller in der Levante befindlichen Klöster von Terra Santa abhängt. Vielleicht giebt es in der Welt keine Handelsartikel, worauf so viel gewonnen wird, als auf diese, und man muss gestehen, dass dieses Kloster die einträglichste Handlung in der Welt führe. Die christlichen Einwohner von Bethlehem sind fast die einzigen Fabrikanten, welche das Kloster für ungemein niedrige Preise mit diesen Waaren versehen; denn das, was Jerusalem und Ain Kerrem, wo das St. Johanniskloster ist, für das Kloster liefern, ist von sehr weniger Bedeutung. Man kann also gewissermassen sagen, dass der Kunstfleiss der Bethlehemiten alle Klöster vom gelobten Lande in der ganzen Levante unterhalte. Indessen scheint die fromme Vorliebe der europäischen Katholiken von Jahr zu Jahr sich zu vermindern. Schon liefern Frankreich und Teutschland keine Beyträge mehr, und folgen auch Spanien, Portugal und Italien einst ihrem Beispiele, welcher Zeitpunkt vielleicht nicht mehr sehr fern seyn dürfte, so hören diese Institute natürlicher Weise von selbst auf — — — —

Ich sahe in dem hiesigen Kloster folgenden Kalender, der vielleicht noch nicht in dem Kalender-Verzeichniss des Hrn. v. Schwarzkopf befindlich ist: „Ordo divini officii recitandi sacrique peragendi ad praescriptum decretorum S. R. C. et rubricarum pro fratribus minoribus S. P. Francisci Ecclesiae Romano — Seraphico — Jerosolymitanae inservientibus. Decreto Rever. Patris Fr. Hilarii de Monte magno, totius ordinis S. P. Francisci Commissarius Generalis; dispositus pro anno 1806. Romae 1804. ex Typographia Johannis Junchi. Superiorum permissu." 70 S. in 8.

Da ausser der Zeit der Feste, zu deren Besuch die Pilgrimme nach Jerusalem kommen, wenig Verdienst in dieser Stadt ist: so verlässt ein beträchtlicher Theil der Handwerker dieselbe und vertheilt sich in alle umliegende Oerter, um dort diesem Mangel abzuhelfen.

Die Zahl der Einwohner wurde mir auf folgende Art angegeben, allein ich zweifle an der Richtigkeit dieser Angabe, indem sie mir gar zu niedrig scheint, und auch Andere mir die Einwohnerzahl im Ganzen auf 12000 angaben. Jerusalem war also der einzige Ort in der Levante, den ich sahe, wo man mir die Volkszahl beträchtlich niedriger angab, als sie in der That seyn dürfte.

1) Mohammedaner	4000	Seelen
2) Juden	2000	-
3) Griechische Christen . . .	1400	-
4) Katholiken	800	-
5) Armenier	500	-
6) Kopten	50	-
7) Habyssiner	13	-
8) Syrer	11	
	8774	Seelen.

Jerusalem zählt 15 Moscheen in seinen Mauern, wovon die Hauptmoschee, el Hárram, auf der Stelle steht, wo der vormalige jüdische Tempel stand. Mit diesem Gebäude stehen zwey andere in Verbindung, welche el Száhhará und el Acksa [1])

[1]) Von diesem Gebäude findet man Nachricht in folgendem Werk der oriental. Sammlung in Gotha: كتاب اتحاف الاخصافى فضايل المسجد الاقصى للشيخ ابراهيم بن محمد الاسيوطى 4. (*Présent aux personnes de marque, sur les vertus de la mosquée de Jérusalem, par Ibrahim Ossjuti, vulgairement appelé Sujuthy.*)

heissen. Diese Gebäude sind sehr ansehnlich, und es ist daher zu bedauern, dass es bloss Mohammedanern erlaubt ist, das Hárram zu besuchen. Indessen wird man in der orientalischen Sammlung zu Gotha mehrere Werke finden, wo man ausführliche Nachrichten davon antrifft, wie z. B. in der Reise des Schechs Cheïáry, in der Reise des Schechs Abd el Ganny el Nábolszý von Damask nach Jerusalem u. s. w. Denn zu dem ausgebreiteten Nutzen, den die Reisen von Mohammedanern stiften, gehört auch der, dass sie mit den berühmten Moscheen bekannt machen, wovon uns europäische Reisende natürlicherweise keine Beschreibung liefern konnten. — Ausser diesen Moscheen trifft man noch 5 mohammedanische Privat-Bethäuser, und ausserhalb der Stadtmauer noch 3 Moscheen, worunter aber die Moschee Nébbi Daûd bey weitem die vorzüglichste ist. — Ich vermuthe, dass etliche von den vorhin genannten Moscheen unbenutzt stehen. Im Hárram ist ein Kloster für indische Mönche, welche aus den entferntesten Gegenden hieher wallfahrten und hier eine gastfreie Aufnahme finden. — Zu den wohlthätigen Anstalten der Mohammedaner gehört auch ein Gasthaus beym Thore Szítte Mérriém, wo täglich gekochte Speisen an Arme ausgetheilt werden.

Die Juden haben 5 Synagogen, und die Karréiten (Karra oder Kárrain), deren Anzahl sich nur auf ein Dutzend Seelen beläuft, gleichfalls eine. Ich habe von keiner gehört, die nicht den Stempel der Unbedeutendheit an sich trüge, an einem Orte, wo sie zur Zeit der Blüthe ihrer Nation einen der berühmtesten Tempel in der Welt hatten, dessen heiligen Standort sie noch täglich sehen, ohne es einmal wagen zu dürfen, durch die Thore zu schauen, die zu demselben führen. Diese unglückliche Nation, welche auch hier, so wie überall, zu dem verachtetsten Volke gehört, gleicht dem Tantalus, welcher bey dem nahen Genusse des Ersehnten, nie zum wirklichen Genusse kommt, oder dem Wanderer in der Wüste, der bey dem vor ihm scheinbar wallenden Meere von Dunst vor Durst verschmachtet.

Ansehnlichere und sehenswürdigere religiöse Gebäude, als sie, haben die Christen, obgleich sie dieses Vergnügen beständig durch grosse Geldsummen erkaufen müssen. Die Griechen haben neun Mönchsklöster, welche aber grösstentheils fast bloss zur Aufnahme von Pilgern dieser Religionspartey bestimmt sind, indem die meisten nur ein paar Mönche haben, welche aus dem grossen Kloster, dem eigentlichen Sitze des griechischen Patriarchen von Jerusalem, dahin versetzt werden. Ausser diesen giebt es noch 5 Nonnen-Klöster, wovon zwey für Wittwen bestimmt sind, welche ihre letzten Lebenstage in frommer Ruhe zubringen wollen. Jedes von diesen Nonnen-Klöstern hat einen Procurator, welcher die oeconomischen Angelegenheiten desselben besorgt, und einen Pfarrer, welcher täglich den Gottesdienst versieht. Der Patriarch von Jerusalem hält sich schon seit vielen Jahren in Konstantinopel auf. Der jetzige heisst Antimus. Er ist einer der wenigen Gelehrten der griechischen Geistlichkeit und machte sich durch den Druck zweyer grossen theologischen Werke bekannt, welchen er in Wien auf seine Kosten besorgte, durch deren Bekanntmachung indessen die Wissenschaften wenig gewonnen haben dürften. [1])

Die Armenier haben zwey Klöster, wovon das grosse, Mâr Jakûb, für Mönche, das kleinere, Dêr Seïtune, für Nonnen bestimmt ist, die Wittwen sind. Letzteres führt seinen Namen von einem heiligen Oelbaum, welcher noch jetzt sorgfältig gepflegt wird.

Die Kopten haben ein unansehnliches ärmliches Kloster, Mâr Dschürdschus (heiliger Georg), und überdem haben sie im Dêr es Szultân neben der Kirche des heiligen Grabes einen Hof, wo etliche verheurathete Geistliche oder Weltpriester wohnen.

---

1) كتاب تفسير الزبور الالهى الشريف تاليف اب الاباء الجليل وراعى الرعاة النبيل البطريرك الكلى الغبطة والجزيل القداسة الزايد الحكمة كيريو انثيموس بطريرك مدينة اورشليم المقدسة وساير فلسطين (*d. i. Commentar über die Psalmen von Anthimus, Patriarch von Jerusalem und ganz Palästina.*) Dies Werk wurde zu Wien im J. 1791 in Fol. gedruckt, und enthält das Portrait des Verfassers.

In dem nämlichen Dêr es Szultân bewohnen die habyssinischen Mönche einen besonderen Hof. Ich fand daselbst 10 Mönche und 3 Nonnen. Sie haben keinen besondern Mönchshabit, und ihre Kleidungsstücke, so wie ihre Zellen, verrathen grosse Armuth.

Die Syrer haben bloss ein Kloster, Dêr el Addra genannt.

Nestorianer und Georgianer sind nicht mehr vorhanden, und die Griechen haben sich in den Besitz ihrer vormaligen Klöster gesetzt.

Die beiden Klöster der Franciscaner-Mönche habe ich schon vorhin angegeben.

Nach der Menge geistlicher Gebäude zu urtheilen, sollte man hier viele wahre Religiosität erwarten. Allein ich fand, wie man mir schon vorher gesagt hatte, gerade das Gegentheil. Die christlichen Einwohner erhielten alle ihren Jugendunterricht in den Klöstern, aber dieser Unterricht bestand bloss in dem Herplappern von sinnlosen Gebeten, wobey Geist und Herz vernachlässigt wurden. Sie halten es für eine grosse Sünde, den Besuch der Kirche zu unterlassen und die Fasten zu brechen. Allein übrigens schienen sie mir Menschen ohne Karakter, niederträchtig, falsch und lügnerisch, auf die man durchaus nicht bauen kann. Eine unüberlegte Mildthätigkeit der Klöster macht sie faul und das Beyspiel der Pilger macht sie dem Vergnügen bis zur Verschwendung ergeben. Daher ist ein begüterter Mann unter den Christen eine grosse Seltenheit. Den meisten Wohlstand soll man noch unter den Armeniern antreffen.

Jerusalems Einwohner treiben unterschiedliche Fabriken und Gewerbe, welche jetzt den Besuchen der Pilger ihre Fortdauer verdanken. Es sind hier 4 grosse Seifensiedereien, welche ein gutes Fabrikat liefern und welches daher theils durch Pilger, theils durch Kaufleute in andere, oft weit entfernte Provinzen verführt wird. An Oel fehlt es in dieser Gegend nicht, und die Soda wird von den Beduinen aus der Gegend des todten Sees in Menge hieher geführt.

Eine Katundruckerey beschäftigt etwa 20 Arbeiter, die alle Christen sind. Man bedient sich bloss der blauen Farbe.

Neben der Kirche des heiligen Grabes ist eine ansehnliche Saffianfabrik, wo Saffian von allen Farben bereitet wird, welcher einen Artikel des Ausfuhrs abgiebt. Es sind dort etwa 20 Meister und eben so viele Gesellen beschäftigt, die alle Mohammedaner sind. Diese Fabrik füllt die Nachbarschaft mit den hässlichsten Gerüchen an, weil es an Wasser fehlt, den überflüssigen Unrath, das faulende Blut u. s. w. aus einer engen Gasse fortzuspühlen, die ein wahres Scheusal abgiebt. Die Christen versichern, die Mohammedaner hätten diese Fabrik aus Verachtung neben der erwähnten Kirche, dem grössten Heiligthum dieser Stadt, angelegt, und wenn diese Beschuldigung auch ungegründet wäre: so muss man gestehen, dass man nie etwas Passenderes hätte erfinden können, um diesen Zweck zu erreichen. In dem Quartier der Juden ist die Schlächterey befindlich, welche aus gleichem Grunde eben so hässliche Dünste von sich giebt, und wovon daher die Juden versichern, dass ihre mohammedanischen Mitbürger diesen Platz aus Hass gegen sie dazu erwählt hätten.

Manche Einwohner sind mit der Bereitung von weissen Baumwollengeweben, imgleichen von gestreiften Zeugen zu Matrazen beschäftigt. Auch irdenes Geschirr wird hier in hinreichender Menge verfertigt. Pfeifenköpfe werden in grosser Menge und von vorzüglicher Güte bereitet, wodurch etwa 50 Christen und 20 Mohammedaner beschäftigt werden. Man verfertigt zweierley Arten, die in Hinsicht ihrer Güte verschieden sind. Die eine geringere Art bereitet man aus einem Thon, den man von Kástal, einem Dörfchen am Wege nach Ramle bringt; zu der besseren aber lässt man den Thon von Beirût bringen. Um dem Pfeifenthon eine grössere Stärke zu geben, mischt man ihm Râszúcht bey, welches calcinirtes Kupfer seyn soll. Um ihnen eine röthere Farbe zu geben, setzt man ihm Múghra, eine Art Röthel, zu, und die Politur giebt man den Köpfen endlich durch Kúrrbahárr und A'sbahán. Die Pilgrimme vergessen gewöhnlich nicht, eine kleine Anzahl davon in ihre Heimath mitzunehmen. Funfzig Meister, alle Christen, sind Rosenkranz-Drechsler, wozu sie theils Perlenmutterschalen, theils Knochen, theils etliche Arten harter Saamen benutzen.

Dreissig Christen bereiten Kreuze aus Perlenmutterschalen, Knochen u. s. w. Die hiesigen Silber- und Goldschmiede sind alle Christen und ihre Zahl beläuft sich im Ganzen auf etwa 50. Mehrere von ihnen bringen einen Theil des Jahres in benachbarten Oertern, zu Kárrak, el Szalt u. s. w. zu. Auch etwa 20 Schmiede sind Christen, welches gleichfalls von zwey Uhrmachern gilt. Ein Kopte und ein Jude beschäftigen sich mit der Buchbinderkunst, haben aber wenig Arbeit und wenig Geschicklichkeit. Sowohl hier als in Bethlehem werden viele Wachslichter verfertigt, womit grösstentheils dem Bedürfnisse der hiesigen Klöster, Moscheen und Synagogen abgeholfen wird. Die beiden fränkischen Klöster erhalten indessen diesen Artikel aus Italien. Jerusalem zählt 15 Rossmühlen, 5 öffentliche Bäder, 20 bis 25 Kaffeehäuser, 30 Barbierstuben und 25 Backöfen.

Unter den hiesigen Juden giebt es 3 Aerzte, 10 Gewürzkrämer, 10 andre Krämer, die Zucker, Tabak u. s. w. verkaufen, 20, die mit Süssigkeiten, grünen Früchten u. s. w. handeln; ferner 5 Kupferschmiede und Löther, 2 bis 3 Zinngiesser, 2 Kaffeebereiter (Bennân), 10 Schächter, 10 Fleischer, 10 Ellenwaarenhändler, 2 Färber, 10 Schneider, 5 Trödler, 3, die Schwefelfaden und Nadeln verkaufen; 2 bereiten Schnüre von Leinen- und Baumwollenzwirn, 3 verkaufen Zwirn und Seide, 5 beschäftigen sich mit dem Unterricht der jüdischen Jugend. Die Juden bewohnen ein besonderes Quartier, und es versicherte mir Jemand, dass hier vielleicht mehr Juden seyen, als alle Christen zusammengenommen. Ist dies richtig, so wäre die vorhin angegebene Summe sicher zu klein, und ihre Zahl müsste sich nahe an 3000 belaufen.

Die Franciscaner-Mönche sind die einzigen Europäer, die in Jerusalem ansässig sind.

Das Thal zwischen dem Oelberg und Jerusalem ist ein enger trockner felsigter Grund, welcher Wady Jûschphat (Thal Josaphat) heisst.

Die hiesige Festung ist klein; sie liegt neben dem Thore von Hebron (Bâb el Chalîl), und die Stadtmauer dient ihr auf der Aussenseite zur gemeinschaftlichen Mauer. Innerhalb ist sie durch einen trocknen ausgemauerten Graben von der vorbeygehenden Gasse getrennt, wo eine Zugbrücke in dieselbe führt. Beym Eingange sind ein paar Kanonen aufgepflanzt. Ein Aga liegt nebst etlichen Soldaten zur Wache darin. Der Thurm einer darin befindlichen Moschee wurde vor einem Dutzend Jahren vom Blitze getroffen, und sein oberes Ende zertrümmert. Also auch diese heilige Stadt ist für die schrecklichen Wirkungen der Naturkräfte nicht gesichert, obgleich die frommen Christen ernstlich versichern, dass ein solcher Fall nie die Kirche zum heiligen Grabe traf, noch je treffen werde.

Vorstädte sind nicht vorhanden, sondern alle Häuser liegen in dem Umfange der Stadtmauer. Einige wenige Hauptstrassen sind ziemlich grade, und haben ein erträgliches Pflaster. Allein bey weitem der grösste Theil der Gassen ist ohne Pflaster, enge, winklicht, krumm und schmutzig. Schon an den Hauptgassen sieht man mehrere vernachlässigte und zum Theil eingefallene Gebäude und Wohnhäuser; in den übrigen Quartieren aber findet man weit mehr in Schutt und Trümmern liegen, welche zum Theil mit elenden Häusern, die Dorfhäusern gleichen, und vernachlässigten Gärten bedeckt sind. Wäre Jerusalem durchaus bebaut, so müsste die Volksmenge bedeutend seyn, da ich eine Stunde weniger 8 Minuten brauchte, um die Stadt zu umgehen. Bedeutende öffentliche Plätze sind in Jerusalem nicht vorhanden; denn die Plätze vor der Festung und vor dem Eingange zur Grabkirche sind ihrer Kleinheit wegen zu unbedeutend, und der schöne grosse Platz, welcher das El Hárram umgiebt, und der zu den schönsten im osmanischen Reiche gehört, verdient aus dem Grunde nicht den Namen eines öffentlichen Platzes, weil Christen und Juden ihn bey Lebensstrafe nicht besuchen dürfen. Neben dem Hárram steht eine hohe Dattelpalme, und sonst findet man hie und da eine, indessen kann ihre Zahl höchstens ein halbes Dutzend betragen.

In der Stadt ist in geringer Entfernung von der Festung ein ausgemauerter ziemlich beträchtlicher Teich, welcher den grössten Theil des Jahres hindurch die öffentlichen Bäder mit

Wasser versieht, und welcher sein Wasser aus einem grössern gleichfalls ausgemauerten Teich erhält, der etwa 10 Minuten von der Stadt an dem Wege nach Ain Kérrim befindlich ist, und der zur Regenzeit seinen Wasservorrath erhält, indem keine Quelle vorhanden ist. Ein grösserer Teich, den man für Bethesda hält, ist vor einem der Eingänge zum Hárram, innerhalb dem Thore Bâb Szitte Mérriém befindlich; allein er ist seit langen Jahren trocken, und seine Mauern sind verfallen. Der grösste Teich ist ausserhalb dem Bâb el Chalîl befindlich, wo der Theil des Grabens, der am Fusse des Berges Zion liegt, durch eine starke Queermauer zur Aufbewahrung einer grossen Wassermenge geschickt gemacht wurde, die in einer kleinen Wasserleitung von den Teichen Salomons hieher gebracht wurde. Allein seit vielen Jahren ist diese Wasserleitung unbrauchbar geworden, und die Queermauer, welche zugleich zu einer Landstrasse dient, ist gleichfalls so vernachlässigt, dass sie nicht mehr im Stande seyn würde, hieher geleitetes Wasser aufzuhalten. Das gewöhnliche Trinkwasser ist daher Regenwasser, was man in den Cysternen, womit fast jedes Haus versehen ist, zur Regenzeit fast immer in hinlänglicher Menge auffängt. Das St. Salvator-Kloster der Franciscaner hat allein 24 Cysternen, daher hier beym Wassermangel alle katholischen Christen sich mit Wasser versorgen. Auch das grosse griechische und armenische Kloster sind reichlich mit Cysternen versehen. Fällt ein ungemein trockenes Jahr ein, so muss man Wasser aus dem Hiobsbrunnen oder noch aus ferneren Quellen bringen lassen.

Jerusalem steht, so wie Bethlehem, Hebron und Nablos, seit kurzem unter dem Pascha von Damask, welcher hier einen Mützellim oder Vice-Statthalter ernennt.

18. April. Schweinigel und Stachelschweine sind um Jerusalem nicht selten und man speiset sie, zumal die Beduinen. Diese legen den Schweinigel ins Feuer, bis seine Haut hart und schwarz geworden ist, da dann das fette Fleisch zart und wohlschmeckend seyn soll.

Der heutige und der folgende Tag wurde zu astronomischen Beobachtungen angewandt. — Des Nachmittags wehte ein starker Westwind.

Man verkauft schon Gurken, welche eine Lieblingsspeise der Levantiner abgeben. Die Beduinen bringen sie von el Gôr oder dem Jordanthale und von Ain Dschiddy hieher.

20. April. Seit meinem hiesigen Aufenthalte sahe ich mehrmals in die Ritzen der Gartenmauern die dickbauchigte Eidechse (Lacerta stellio L.) schlüpfen. Eine a.dere Eidechsenart, die ich aber nicht Gelegenheit hatte, genau zu untersuchen, schien mir Aehnlichkeit mit der grünen Eidechse (Lac. viridis L.) zu haben.

Besuch des Oelberges.

Des Morgens ging ich ausser der Stadt, um den Oelberg zu besuchen, welcher hier allgemein unter dem Namen Dschíbbel el Thûr bekannt ist. Ich hatte einen Mann aus dem Kloster mit mir genommen, damit er mir alle merkwürdigen Gegenstände zeigen möchte.

Wir gingen zum Thor Bâb Szittna Márriém hinaus, welches der kürzeste Weg ist, den man nehmen kann. Der Berg, worauf Jerusalem erbaut ist, ist bloss durch einen engen felsigten Grund von dem Oelberge getrennt; dieser Grund heisst noch jetzt das Thal Josaphat, Wady Jûschphat, in den hebräischen Schriften aber der Bach Kidron, obwohl man nur nach langen Regen zur Winterszeit fliessendes Wasser darin antrifft.

Mein Cicerone war sehr geschäftig, mich auf Alles aufmerksam zu machen, was einen frommen Pilger interessiren kann. Beym Hinabsteigen in den Grund zeigte er mir die Stelle, wo der heilige Stephan seinen Enthusiasmus mit dem Tode bezahlen musste. Weiter unten im Grunde eine griechische Kapelle, welche der Madonna gewidmet ist. Von hier fängt man den Oelberg zu ersteigen an, wozu man eine Viertelstunde braucht. Der Pfad ist an einigen Stellen steil und beschwerlich. Das erste, worauf man aufmerksam gemacht wird, sind eine Gruppe von 8 alten Oelbäumen, welche den Franciscaner-Mönchen zugehören und der Oelgarten genannt werden. Man hält sie für sehr heilig, und die aus ihrem Holze und ihren Fruchtkernen verfertigten Kreuze und Rosenkränze werden sehr geschätzt. Ihre Früchte sind die gewöhnlichen Oliven, die man im Kloster speist. Weiterhin kamen wir zu einem Gewölbe, worin nach der Sage die Apostel sich verbargen, als Jesus von Nazareth verrathen und gefangen genommen wurde. Etwas höher hinauf die Stelle, wo derselbe Jerusalems künftiges Geschick beweinte.

Oben auf dem Berge steht das kleine, grösstentheils zerstörte Dörfchen el Thûr, welches von Mohammedanern bewohnt wird. Man kann es vom Kloster angerechnet in einer halben, vom Stadtthor aber in einer Viertelstunde erreichen. Neben demselben ist ein Gebäude befindlich, wovon der grösste Theil zu einer Moschee dient, neben der aber eine sehr verfallene christliche Kapelle ist, dessen Fussboden aus dem natürlichen Felsen besteht, worin man eine kleine wunderbare Vertiefung zeigt, welche den Fusseindruck des Heilands bezeichnet, den er beym Hinauffahren zum Himmel zurück liess. Denn von hier aus, glaubt man, sey diese Fahrt vor sich gegangen, obgleich seine Biographen einen andern Ort angeben. Da diese Kapelle häufig von Pilgern besucht wird, und sie also die Quelle zu einem kleinen Einkommen abgeben kann: so hat ein Mohammedaner in Jerusalem den Schlüssel dazu, welcher indess für wenige Para einem Jeden den Eintritt verstattet, und ihm einen Trunk Wasser zukommen lässt. Derwische sind jetzt oben nicht wohnhaft. Eine paar alte Bauern aus dem Dorfe bieten den Pilgern etliche kleine würflichte Steine und irgend eine Pflanze an, die sie zuvor in das wunderbare Fussmaal hielten, und wofür sie eine milde Gabe verlangen. Die Pilger nehmen dergleichen Kleinigkeiten, des damit verbundenen Seegens wegen, wie sie sagen, mit sich (minschân bárakét).

Sowohl von hier als von der ganzen Seite des Oelberges, welche Jerusalem zugekehrt ist, geniesst man einer angenehmen Ansicht über die ganze Stadt, die sich von hier im vorzüglichsten Lichte zeigt, und eine Ansicht derselben von dieser Seite würde eine sehr gute Wirkung thun, indem der Boden, den sie in ihren Mauern einschliesst, nach dem Oelberge zu sehr stark abhängig ist, und würde eine weit ansehnlichere Stadt erwarten lassen, als man findet, wenn man sie näher kennen gelernt. Die Berghöhe, worauf sie erbaut ist, ist auf dieser Seite steil, und in geringer Entfernung von dessen Rande zieht sich die ansehnliche Stadtmauer hinein, unmittelbar hinter welcher sich die sehr ansehnlichen Gebäude des Hárram erheben, welche einen Theil des Platzes einnehmen, wo vor Alters der jüdische Tempel stand, und von dort ziehen sich die Häuser, Moscheen und Kirchen allmälig die Anhöhe hinan. Links zeigt sich die ansehnliche Davids-Moschee ausserhalb der Stadtmauer auf dem Theil des vormaligen Stadtplatzes, welcher der Berg Zion hiess. Diese Benennung ist indessen ganz unpassend, indem der sogenannte Zionberg durchaus nicht von dem übrigen Stadtboden durch ein Thal oder eine merkliche Vertiefung getrennt ist, und andere Theile des sehr unebenen Bodens derselben noch ein wenig höher, als derselbe, sind.

An und auf dem Oelberge stehen noch unterschiedliche Oelbäume, und man trifft hier mehrere Gerstenfelder, welche zum Theil recht gut standen. Die Gerste stand in Aehren.

Der Oelberg hat, von Jerusalem angesehen, eine liebliche und fast regelmässige Form. Er bildet oben 3 Erhabenheiten, wovon die mittlere am höchsten ist, und worauf das Dörfchen Thûr liegt. Hat man indessen dies Dorf erstiegen: so sieht man einige Minuten weiter nach Osten noch eine Erhabenheit, worauf ein mohammedanisches Grabgebäude steht, welches die Form einer Kuppel hat, und worum mehrere Begräbnissplätze herum liegen. Ich fand hier in dem nackten Felsenboden, welcher, so wie der ganze Oelberg, aus Kalkstein besteht, eine grosse Menge schwarzer Feuersteine eingeschlossen. Sowohl von der Moschee in Thûr, als besonders von hier, geniesst man einer weiten Aussicht nach den östlichen Gegenden von Palästina; man sieht die Gebürge von Edschlûn, el Belka und Kárrak deutlich; um aber den Spiegel des todten Sees zu sehen, war es heute zu dunstig. Nach andern

Seiten ist die Fernsicht weniger interessant; denn selbst das nur 2 Stunden ferne Bethlehem verbirgt sich hinter dem Bergrücken, worauf das griechische Kloster Mâr Elias erbaut ist. Indessen ist die hohe konische Bergspitze el Pherdéïs, ein paar Stunden ostsüdostwärts von Bethlehem, hier sichtbar. — Auch Bethania konnte ich von hier nicht sehen.

Ich kehrte von hier auf einem andern Pfade nach der Stadt zurück, der etwas weiter südwärts den Gräbern der Juden vorbeyführt, welche einen beträchtlichen Theil vom Fussabhange des Oelberges einnehmen. Die Juden haben nämlich den Gebrauch, welchen auch die Mohammedaner beobachten, dass sie ihre Todten immer in ein neues Grab legen. Ueberdem rührt die grosse Menge der jüdischen Gräber von einer ihrer allgemein angenommenen Lehren her, dass nämlich nach der tausendjährigen Todtenruhe, welche dem Ende aller Dinge folgt, alle Todten der Erde, seyn sie, von welcher Religion sie wollen, sich hier versammeln müssen, sobald sie durch die Posaune des Engels erweckt werden. Hatten sie das Unglück, einzelne Glieder zu verlieren: so muss ihr verstümmelter Körper sie aufsuchen, und müsste er auch alle Welttheile durchrollen. Ich sage durchrollen; denn die Juden glauben, dass die Todten unter der Erde hinrollen, bis sie das Thal Josaphat erreichen. Diese sichere Ueberzeugung, anderer Gründe nicht zu gedenken, macht, dass hier jährlich mehrere, oft reiche, Juden aus entfernten Gegenden ankommen, in der Absicht, hier ihre letzten Lebenstage zu beschliessen und im Josaphat-Thale ihr Grab zu erhalten, um jener Unbequemlichkeit beym Erwachen überhoben zu seyn.

Neben diesem Begräbnissplatze wurde ich durch den Anblick einiger kleinen Gebäude überrascht, welche ein hohes Alter zu haben scheinen, und so viel mir bekannt ist, bisher nicht von Reisenden beschrieben sind. Sie gehören in architektischer Hinsicht zu den merkwürdigsten Gegenständen, die man hier findet. Am Fusse des Oelberges und dicht am Ufer des jetzt trocknen Kidrons oder Wady Jûschphat standen ansehnliche Felsen von schmutzig weisslichtem Marmor zu Tage, welcher fast gar keine Schichten zeigt. Diese Felsen behaute man zu einer senkrechten Wand. Aus einem Theil derselben, der nordwärts gekehrt ist, bildete man ein kleines, ungemein zierliches Gebäude, welches jetzt unter dem Namen Tantûr Pháraûn bekannt ist und höchst wahrscheinlich im Alterthum zum Mausoleum diente. Der untere Theil desselben ist viereckig, besteht aus dem natürlichen Felsen und war ohne Thür. Er ist mit Wandpilastern jonischer Ordnung geziert, wovon auf jeder Ecke eine gekuppelte und auf jeder Seite zwey einzelnstehende befindlich sind. Auf den Säulen ruht ein artig geziertes Gebälk. — Auf dies untere Viereck ist ein zweiter viereckiger Aufsatz von grossen Quaderstücken ohne Mörtel, und auf diesen ein hoher Kegel aufgesetzt, welcher aus einem Stück zu bestehen scheint. — In diesem kleinen Gebäude ist, wie gesagt, keine Thüre befindlich; allein gleich daneben sieht man den Obertheil einer schön gearbeiteten antiken Thüre in einer Felsenwand; wenigstens Dreyviertel davon ist verschüttet, und man kann nicht mehr in die Höhle gehen, in die sie ohne Zweifel hinein führte. Da der Tantûr Pháraûn keine Thüre hat: so vermuthe ich fast, dass man aus dieser Höhle zu dem Innern des Tantûrs gelangte. Indessen konnte ich des Schuttes wegen, welcher den Fussboden des Kämmerchens bedeckte, mich von jener Vermuthung nicht vergewissern. Der aus einem Felsen gehauene Untertheil hat inwendig ein kleines Zimmerchen, welches, wie ich vermuthe, zur Aufnahme der Leiche diente. Die Raubgier, die auch die ehrwürdigsten Denkmäler nicht unverschont lässt, brach auf 2 Seiten durch die Wand, und so fand man das Zimmerchen und vermuthlich auch den Sarkophag. Die eine Oeffnung fand ich gross genug, dass ich hineinkriechen konnte. Aus diesem Zimmerchen führte eine kleine Treppe in die Höhe; die Stufen dieser Treppe waren unten in den Felsen gehauen, oben aber gemauert. Sie war jetzt fast ganz unbrauchbar, weil die Quadern des obern Vierecks aus ihrer Lage gewichen sind. Ich drang indessen bis an die Basis des Kegels vor, in welche man gleichfalls ein Loch hinein gebrochen hatte. Von der Steinart dieses Monuments findet man in der orientalischen Sammlung zwey Proben.

Auf der Südseite des Tantûr Pháraûn, und zwar in geringer Entfernung davon, sieht man in der nämlichen senkrecht gehauenen Felsenwand drey Fenster-Oeffnungen gehauen, welche durch zwey Säulen getrennt werden und welche ein beträchtliches Grottenzimmer erleuchten, aus welchem man in andere kleine Grotten gelangt, die vermuthlich auch zu Gräbern dienten. Der Eingang dazu ist auf der Südseite unten in der Felsenwand, aber so niedrig, dass man fast hineinkriechen muss. Diese Grotten scheinen theils durch die Natur, theils durch Kunst gemacht zu seyn. Die Christen nennen sie Magáret el Tállamîd, oder die Grotte der Jünger des Nazareners, oder auch Chabba el Rüssul, der Zufluchtsort der Apostel.

Nur ein paar Schritte davon südwärts steht ein kleines Felsengebäude, völlig von der Natur und der Verzierung des Tantûr Pharaûn, nur mit dem Unterschiede, dass statt des Kegels dasselbe mit einer kleinen viereckigen Pyramide *a* bedeckt ist. Jede Seite dieses Gebäudes, so wie das Tantûr Pháraûn, hat eine Länge von 15 Fuss, und man sieht nicht die geringste Oeffnung in den Wänden. Es muss bey den Juden in grosser Achtung stehen; denn ich sahe eine Menge hebräischer Namen an die Wände geschrieben. Nur 2 oder 3 Schritte davon sieht man in dem Felsen dahinter einen engen unterirdischen Gang, wovon man glaubte, dass er von unten in dies Monument führe, welches jetzt aber verschüttet war. Einige nannten es Kabbr Mûsza, das Grab Mose, Andere gaben ihm einen andern Namen. Nach der Architectur zu urtheilen, vermuthe ich, dass diese merkwürdigen Monumente aus den Zeiten Herodes des Grossen oder der Römer herrühren.

Eine kleine steinerne Brücke führt hier über das trockne Bett des Kidron, welcher Name indessen nur Christen und Juden aus ihren heiligen Schriften, keinesweges aber den Mohammedanern bekannt ist. Neben dieser Brücke zeigt man die Stelle, wo Jesus von Nazareth von den Sbirren des Statthalters Pilatus ergriffen und gefangen genommen wurde. Ein kleiner unförmlicher Eindruck in den Felsenboden wird von den Gläubigen für den Eindruck seines Fusses gehalten!

Wir verfolgten nun das Josaphatthal und kamen in kurzem zu einem tiefen, in Felsen gehauenen Brunnen, welcher hier unter dem Namen von Ain ümm el dérratsch bekannt ist, weil man auf 28 Stufen zu demselben hinab steigt. Die Mönche nennen ihn den Marienbrunnen. Ich fand das Wasser von einem etwas salzigen Nebengeschmack, aus welchem Grunde man es auch nur in Nothfällen zum Trinken gebraucht. Ich konnte nicht bemerken, dass das Wasser abfloss, obgleich ein unterirdischer Abflusskanal vorhanden ist. Die Führer ermangeln nicht, auch hievon eine Fabel zu erzählen. Oben beym Eingange zu diesem Brunnen ist eine kleine gemauerte Erhöhung befindlich, worauf die Mohammedaner ihr Gebet verrichten. Diesem Brunnen gegenüber, auf der Ostseite des Josaphatthales, liegt das kleine Dorf Szälwân, welches vor Alters Siloë hiess. Es liegt an dem sehr felsigten schroffen Fussabhange des Oelberges, worin viele Grotten sind, worauf oder zwischen welchen die geringen Bauernhäuser erbaut sind, oder die auch selbst zu Wohnungen und Viehställen dienen. Die Einwohner sind alle Mohammedaner, worunter viele unruhige Köpfe sind. Da Szälwân nur durch das kleine Josaphatthal von Jerusalem getrennt ist: so könnte man es, wenn man will, eine Vorstadt davon nennen. — Ein wenig weiter in diesem Thale hinab ist der Ain Szälwân oder Brunnen von Siloë, wo der Nazarener den Blinden sehend gemacht haben soll, und noch etwas weiter Bîr Aijûb oder Hiobsbrunnen, welcher zur Regenzeit und beym schmelzenden Schnee sehr viel Wasser ausfliessen lässt.

Vom Ain ümm el dérratsch stiegen wir die steile Seite des Berges, worauf Jerusalem erbaut ist, wieder hinan, und kehrten durch das Thor Bâb Nebbi Daûd wieder in die Stadt zurück.

Man säet und kultivirt um Jerusalem in Gärten und Feldern folgende Bäume und Gewächse: Aepfel- und Birnbäume, weisse und rothe Maulbeerbäume, Abrikosen, süsse und sauere Limonen, grosse Citronen (Citrus medica L.), Pomeranzen, Appelsinen, indische Feigen, welche so häufig sind, dass man von ihrer Frucht bisweilen 40—100 Stück für einen

Para verkauft; sehr viele Feigen, wovon ein Rottl bisweilen nur 3 Para kostet; vorzüglich viele Oelbäume und Weintrauben; ferner: Weizen, Gerste, Dúrra, Kerszénne, Linsen, Kichern, Bohnen, Phaseolen, Broccoli, Blumenkohl, Gurken, Badindschân, Kûssa, Körreá, Phakûs (فقوس). Von den Ebenen von Ramle und Jaffa bringt man die besten Wassermelonen hieher.

Gräber der Könige.

Nachmittags trat ich mit meinem Führer einen andern Spaziergang an. Wir gingen durch das Thor Bâb el Nâssr aus der Stadt, und kamen sogleich an den Schlupfwinkel des Propheten Jeremia (Chábba Jeremia el Nebbi). Dies ist eine grosse herrliche Grotte in einem soliden schichtlosen Felsen von weisslichtem Marmor. Obgleich die Natur sie gebildet zu haben schien, so vermuthe ich doch, dass sie ihr Entstehen der Kunst verdanke, indem man hier vormals vielleicht Bausteine brach. Es ist eine liebliche Einsiedeley, welche von einem Derwisch vom Üsbecky-Orden bewohnt wird, der die Pilger mit einem Trunk kühlen Cysternenwassers bewirthet und dafür ein kleines Geschenk erhält. Ein kleines Baumgärtchen erhöht die Reize seines Aufenthalts. In der Grotte sollen sich bisweilen sehr viele Tauben aufhalten und ihre Nester bereiten.

Von hier gingen wir zu den Gräbern der Könige, Kabbûr el Melûk, welche etwa 10 Minuten vom Bâb el Nâssr liegen. Zu beyden Seiten des Weges dahin stehen sehr viele Oelbäume. Man sieht rechts ein wenig vom Wege an einer offenen Stelle eine viereckige regelmässige Vertiefung, gleich einem trockenen Teiche, die ganz in Felsen ausgehauen ist. Auf einer Seite ist durch den Felsenrand dieser Vertiefung eine Oeffnung gebrochen, durch welche man, stark gebückt, in dieselbe gelangt. Hier erblickte ich auf einer andern Seite der Vertiefung in der Felsenwand eine lange ausgehauene Grotte, über welcher der Felsen mit Kränzen, Trauben, Laubwerk u. s. w. en Basrelief verziert ist, welche Verzierung aber durch den Zahn der Zeit sehr gelitten hat.

Unter dem Felsendach dieser Grotte sieht man linkerhand dicht auf dem Fussboden den fast verschütteten Eingang in die Königsgräber. Ich zog meine Oberkleider aus, die ich meinem Bedienten zu bewahren gab, und kroch rücklings, von einem Menschen begleitet, durch die enge Oeffnung. Da es inwendig stockfinster ist: so waren wir jeder mit einem Wachslicht versehen. Ich wurde durch eine beträchtliche Menge kleiner Zimmerchen überrascht, welche regelmässig in dem dichten Kalk- oder Marmorfelsen ausgehauen und durch kleine schmale Thüröffnungen mit einander in Verbindung standen. Fast alle hatten in ihren Wänden lange niedrige Nischen, die ohne Zweifel im Alterthume zur Aufnahme von Sarkophagen dienten. Jetzt fand ich keinen einzigen mehr, und nur in 2 Zimmerchen fand ich eine zerbrochene Marmorplatte, welche vielleicht einem Sarge zum Deckel gedient haben mochte. Ich sahe vorhin im Stadtgraben neben einer grossen Cysterne in der Nähe des Thores Bâb el Nâssr einen niedlich mit Laubwerk gezierten Sarkophag von weisslichtem Marmor, welcher jetzt zu einem blossen Trinktroge dient und freylich so im Grunde mehr nützt, als wenn er noch die Reste eines vor einem paar tausend Jahren verstorbenen Menschen enthielte. Ich möchte fast vermuthen, dass dieser Sarkophag aus den Königsgräbern geholt wurde, und dass nach und nach alle übrigen gleiches Schicksal hatten. Ich vergass die kleinen Zimmer dieses Labyrinths zu zählen, glaube aber, dass zwischen 30 und 40 vorhanden sind. Inschriften sind nicht vorhanden. Diese Königs-Gräber sind die merkwürdigsten künstlichen Grotten, die ich bisher sahe, und verdienen den Namen, den sie führen, obgleich man keine historischen Beweise hat, dass sie wirklich zur Aufbewahrung der Asche der jüdischen Könige und deren Familie dienten.

Nachdem ich diese Werke des Alterthums besehen, kehrte ich wieder in die Stadt zurück. Einige Bauern trieben mehrere Esel in die Stadt, welche mit Schifft, شفت, beladen waren. Hierunter versteht man die Ueberreste von den gepressten Oliven, welche man in den Bädern, Seifensiedereien u. s. w.

als ein sehr gutes Brennmaterial benutzt. Die davon übrig bleibenden Kohlen werden in den Haushaltungen zur Unterhaltung des Kohlenfeuers gesucht. Man presst die Oliven das erstemal, um das essbare Oel zu erhalten; hierauf zerquetscht man die Kerne, und so erhält man das Oel, welches zur Seife benutzt wird. Der Ueberrest ist jener Schifft.

Zur Seite des Hárram ist ein Gebäude befindlich, welches den frommen christlichen Pilgern ein sehr interessanter Gegenstand ist, obgleich es bey Manchen nicht wenig ihre Galle in Bewegung setzen dürfte. Dies ist der sogenannte Pallast des Pilatus. Der vormalige Eingang ist vermauert, aber der marmorne Thürrahmen erhält im Vorbeygehen noch manchen frommen Kuss. Obgleich es ein ziemliches Alter zu haben scheint: so möchte es doch schwer seyn, die Identität dieses Gebäudes mit dem ehemaligen Pallast eines verrufenen römischen Gouverneurs zu beweisen, indem bey der späteren Zerstörung der Stadt auch dieser Pallast ohne Zweifel nicht verschont wurde. Da man indessen alle Gegenstände, deren die Biographen des Nazareners gedenken, hier bis jetzt den Pilgern noch vorzeigt: so durfte auch dieses nicht fehlen. Dies Gebäude macht einen Theil der Wohnung des jedesmaligen Statthalters aus. Wenn auch kein religiöses Interesse den Reisenden bewegen könnte, dies Gebäude zu besuchen: so verdient es diese Aufmerksamkeit doch aus dem Grunde, weil man von einem obern Zimmer, welches man für den Saal hält, worin Pilatus durch ein gezwungenes Urtheil das Schicksal des Jesus von Nazareth entschied, den grossen schönen Platz übersieht, worauf die ansehnlichen Gebäude des Hárram stehen, und welcher, wie schon gesagt, zu den ansehnlichsten im osmanischen Reiche gehört. Auf der einen Seite steht die geräumige Wohnung des Statthalters nebst einigen andern Gebäuden. Einige Bäume auf dem Platze dienen ihm zu einer nicht geringen Zierde. Ich fühlte mich sehr geneigt, diesen Platz und das Hárram zu besuchen; allein ein Nichtmohammedaner setzte sich dadurch einer zu grossen Gefahr aus; entweder Muslim oder — Tod! Ich verwünschte in diesem Augenblick den Religionshass und Sektengeist der Menschen, welche uns so viele Genüsse verbittern und verwehren. Das Innere dieser Gebäude, welche aus dem eigentlichen Hárram oder der Moschee auf der Stelle des jüdischen Tempels, der A'ksa und der Száhhará bestehen, soll sehr reich verziert, mit vielen marmornen Säulen u. s. w. versehen und daher sehr sehenswürdig seyn. Da ich nicht im Stande bin, eine Nachricht davon mittheilen zu können: so macht es mir Vergnügen zu bemerken, dass man in den interessanten Reisebeschreibungen der gelehrten Scheche Abd el Gánny el Nabűlszy und Chejáry, imgleichen in mehreren andern geographischen und historischen Werken, welche in der orientalischen Sammlung zu Gotha befindlich sind, die ausführlichsten Nachrichten davon antreffen dürfte.

In einiger Entfernung von dem Pallast des Pilatus sieht man an einer wüsten, ganz mit Ruinen bedeckten Stelle ein gänzlich verfallenes Gebäude, welches aus einer ansehnlichen Kirche besteht, die mit einem Kloster umgeben gewesen zu seyn scheint. Unter dem Fussboden der Kirche ist eine Felsengrotte befindlich, zu welcher man auf mehreren Stufen hinabsteigt, und von welcher man vorgiebt, dass die Madonna darin gebohren seyn soll.

In der Nähe des Hárram führte man mich in ein Haus, welches zur Aufnahme indischer Derwische bestimmt ist, die aus den entferntesten Gegenden als Pilger hieher kommen. Da jetzt kein einziger hier war: so stand es unbewohnt. — Weiterhin zeigte man mir ein ansehnliches Gebäude, dessen Aussenwände aus geglättetem Marmor bestanden, das übrigens aber sehr in Verfall ist. Man nennt es el Tekkíje,[1]) und es ist eine wohlthätige Anstalt, wo vormals Pilger und arme Reisende umsonst gespeiset wurden. —

In dem Franciscanerkloster St. Salvator ist eine beständige Ebbe und Fluth von kommenden und abreisenden Mönchen, sobald die Seefahrt nicht durch Kriege unterbrochen

[1]) Tekkije heisst sonst im Arabischen ein Derwisch-Kloster. *Anmerk. Seetzens im Original-Tagebuch.*

wird und von dem südwestlichen Europa eine Menge Uebermachungen von spanischen Thalern, von Dublonen und allen fast nur erdenklichen Bedürfnissen der heiligen Väter stattfinden. Des anhaltenden Seekrieges wegen sieht man sich genöthigt, Manchem zu entsagen, woran es vorhin nicht fehlte. Der wenige Ueberfluss (im Vergleich mit vorhin) macht es indessen auch, dass man die Ankunft von Mönchen aus Europa und von Pilgern, von denen man keine Vergütung erwarten kann, sehr ungern sieht. Heute genossen die Rückbleibenden das nicht geringe Vergnügen, neun Mönche nach Europa abreisen zu sehen.

24. April, Donnerstag. Obgleich mein bisheriger Bedienter Jusef mir versprochen hatte, dass er mich bei der vorhabenden Reise um den todten See begleiten wolle: so kündigte er mir heute doch ganz unerwartet an, dass er seinen Entschluss aufgegeben habe. Als Grund führte er an, dass in verwichener Nacht ein armenischer Einwohner in seinem Hause von Räubern angefallen und tödtlich verwundet worden sey, dass er dadurch so sehr in Schrecken gesetzt sey, dass er seinen Vorsatz aufgegeben habe, und dass er jetzt Willens sey, wieder nach Damask zurück zu kehren.

Ritt nach Bethlehem.

Da ich auf meiner Reise nach Jerusalem Bethlehem, das man hier nur unter dem Namen von Bêt Lahhm oder Bêt Lachm kennt, nur im Vorbeygehen gesehen hatte, und dieser Ort für einen christlichen Pilger zu viel Interesse hat, als dass ich mich daran begnügen könnte: so beschloss ich, mich dorthin zu begeben und mich dort etliche Tage lang aufzuhalten. Ich ritt also Nachmittags dahin. Der Weg dahin führt zum Bâb el Chalîl (Hebrons-Thor) hinaus. Am Wege waren einige Bauern beschäftigt, ihre Felder mit 2 Ochsen zu pflügen. Mehrere Felder waren mit Weizen bestellt, welcher aber kurze Halme hatte und dünne stand. Es stehen in demselben mehrere einzelne Häuser, zum Beweise, dass vormals diese

Felder Baumgärten und Weinberge waren. Unter dem Kalkgerölle auf dem Wege sahe ich viele Feuersteine.

Die Bauern und Beduinen in dieser Gegend bereiten aus einer kleinen Pflanze, el Kréïha, einen Zunder, dessen sie sich statt des Zündschwamms bedienen. Sie klopfen diese Planze, bis alles zu einem wolligten Wesen geworden, und lassen sie alsdann an der Sonne trocknen.

Es begegneten uns etliche Beduinen, welche ihre Esel mit Gurken beladen hatten, die sie nach Jerusalem zum Verkauf brachten. Sie hatten dieselben zu Ain Dschíddy oder Engeddy der Hebräer am westlichen Rande des todten Sees gezogen, wo sie früher gross werden, als auf den Bergen um Jerusalem.

Unterwegs sahe ich einen dicken Rauch aus dem tiefen Kessel des todten Sees aufsteigen, welcher Erscheinung indessen nichts weniger als etwas Ungewöhnliches zum Grunde lag, obgleich Mancher dadurch ältere Nachrichten bestätigt zu sehen glauben möchte. Dieser Dampf rührte, wie man mir hernach versicherte, und wie ich späterhin selbst erfuhr, von den Beduinen her, die am Ufer des Sees Soda brennen, oder Kohlen und Kalk bereiten, oder die auch zufälliger Weise oder absichtlich das Gesträuch oder Schilf am Seeufer anzünden, welches alsdann mehrere Tage lang brennt und raucht.

Nahe vor Bethlehem stehen viele Oel- und Feigenbäume; auch findet man von erstern eine grosse Pflanzung bey dem griechischen Kloster Mâr Elias auf halbem Wege. Ueberhaupt ist der Weg von Jerusalem nach Bethlehem nicht unangenehm, obgleich er an vielen Stellen öfters nackten Felsenboden und zahllose Steine zeigt. Von Jerusalem bis Mâr Elias geht er fast immer in einer Horizontallinie fort; von dort nach Bethlehem aber führt er auf und ab.

Der General-Procurator von Terra Santa hatte mich mit einem Empfehlungsschreiben an den Viceprocurator in Bethlehem versehen, und aus diesem Grunde fand ich dort eine sehr gute Aufnahme. Man wies mir mein Logis im Gastzimmer an, welches ich aber äusserst melancholisch fand, da es sehr dicke Mauern und sehr kleine Fensteröffnungen hatte.

Ich sage Fensteröffnungen, den Glasfenster waren nicht vorhanden. Die Zellen der Mönche waren weniger unangenehm.

Der Viceprocurator führte mich darauf im Kloster herum. Am meisten gefiel mir das platte Dach, welches ganz mit Quadern gepflastert ist, sehr sorgfältig unterhalten wird, und von welchem man einer angenehmen Aussicht geniesst. Innerhalb der Klostermauer sind drey kleine Gärtchen mit Pomeranzen- und Limonen-Bäumen, etlichen Suppenkräutern und dergleichen.

Der Magnet, welcher seit dem Entstehen der christlichen Religion die Verehrer derselben mit wunderbarer Kraft nach Bethlehem hinzog, ist die Grotte, worin nach der Legende der Stifter derselben gebohren wurde. Sie ist nur etwa einen Steinwurf von diesem Dorfe und zwar auf dessen Ostseite befindlich. Sie ist unter dem Chor der prächtigen Kirche, welche vom Kaiser Justinian erbaut wurde. Drey Klöster, das der Franciscaner, das der Griechen und das der Armenier, stossen an dieselbe, und diese Gebäude zusammengenommen bilden ein einziges unregelmässiges Ganze aus, welches seiner äussern starken Mauern wegen eher ein Fort, als ein der Gottesverehrung gewidmetes Gebäude erwarten lässt. Eine ansehnliche Thüre führte vor Alters in die Kirche; sie ist jetzt aber grösstentheils zugemauert, und der Eingang ist so klein, dass man sich stark bücken muss. Und doch ist sie der einzige, der in die Kirche und die anstossenden Klöster führt. Durch sie gelangt man unmittelbar in das Westende des Schiffs der Kirche, wo man durch den Anblick von 4 Reihen hoher korinthischer Säulen von festem röthlich und gelblich gewölktem und geadertem Marmor überrascht wird, welche das Dach des Schiffs tragen, und wovon auf jeder Seite zwey Reihen dicht an einander stehen. Ich zählte hier 44, die alle aus einem einzigen Stücke sind. Der Marmor dazu wurde ohne Zweifel hier gebrochen, denn man sieht an mehreren Stellen des Berges, worauf Bethlehem erbaut ist, die nämliche Steinart hervorragen. Die Säulen haben keinen Piedestal. Das Dach besteht jetzt aus einem starken Gebälk, vorhin aber ohne Zweifel aus einem Steingewölbe, durch dessen nothwendig gewordnen Abbruch diese Kirche den grössten Theil ihrer Schönheit verlor. Ich vermuthe, dass diese Veränderung bey derjenigen Ausbesserung gemacht, die nach Nau's Nachrichten um 1600 vorgenommen wurde. Was die Verunstaltung dieser Kirche noch mehr erhöht, ist der Umstand, dass man das Chor durch eine Queermauer von dem Schiffe der Kirche gänzlich getrennt hat, so dass man in letzterem gar nichts von jenem sieht. Eine Verunstaltung, die nicht grösser seyn könnte, und die man dem gänzlichen Mangel an Geschmack der Griechen zuschreiben muss; denn die Griechen sind im Besitz der ganzen Kirche, mit Ausschluss der Grotte unter dem Chor, welche in den Händen der Franciscaner ist, obgleich die Griechen auch die Erlaubniss haben, sie zu gewissen Zeiten mit ihren Pilgern zu besuchen. Ihren täglichen Gottesdienst verrichten sie im Chorende, und das Schiff steht völlig unbenutzt. Von dem Mosaiv, womit es vormals geziert war, sieht man nur noch mehrere Ueberreste oben an den Wänden, aber zu hoch, als dass ich die Gegenstände unterscheiden konnte. Das hölzerne Dach der Kirche ist mit Bley bedeckt. Obgleich die Geschichte beweiset, dass der Kaiser Justinian diese Kirche bauen liess: so schien man hier doch allgemein zu glauben, dass der Kaiserin Helena die Ehre, ihre Erbauerin gewesen zu seyn, gebühre. Diese Dame ist das Idol der Mönche, und die Sage schreibt ihr die Erbauung so vieler Kirchen und Klöster zu, dass es schwer hält, sich davon ganz zu überzeugen.

Einer der Mönche, der Sakristan, führte mich nachher in das Heiligthum oder die berühmte Grotte unter dem Chor der Kirche. Sie ist tief, und man steigt auf mehrern marmornen Stufen in dieselbe hinab. Man wird überrascht, wenn man, statt einer ärmlichen Grotte, eine kleine prächtige Kapelle erblickt, die mit Marmor und grossen silbernen Lampen geschmückt ist, wovon fast jede ein gekröntes europäisches Haupt oder eine Republik zum Geber hatte. Es fiel mir auf, unter ihnen die französische Lampe mit dem Wappen der französischen Könige zu erblicken, welches mich überzeugte, dass die Revolution nicht bis in dies Heiligthum gedrungen sey.

Ueber der Krippe, die im Felsen ausgehauen und bunt verziert ist, sieht man ein liebliches Gemälde von einem spanischen Künstler, die heilige Familie vorstellend, und ein anderes vom nämlichen Künstler an einer andern Stelle jenem gegenüber, welches die Anbetung der Weisen vorstellt.

Der Sakristan, P. Francisco Munoz de los santos Angelos, war ein Spanier und zeichnete sich durch seine besondere Aufmerksamkeit und Höflichkeit aus, welche er gegen Fremde bewies. Er beschäftigte sich in seinen Nebenstunden mit der Verfertigung von künstlichen Blumen, womit er die Krippe und den Altar der Kirche zierte, und welche in der Folge nach Europa als sehr gesuchte heilige Sachen übersendet werden. Er versicherte mir, er fühle sich in dem Bewusstseyn, der Aufseher über das grösste Heiligthum in der Welt zu seyn, glücklicher als ein König, mit dem er nicht tauschen möge. Indessen hatte er sich dennoch von englischen Reisenden vortheilhafte Atteste geben lassen, weil er die Absicht hatte, nach Spanien zurück zu kehren, damit, falls er von Engländern gefangen genommen würde, ihm diese vortheilhaft seyn könnten. Ein Jahr nachher reisete er wirklich ab.

Die Zahl der Mönche im Franciscanerkloster belief sich auf zwanzig. Im griechischen Kloster sind nur 4, und im armenischen 2 Mönche. Letztere kündigen die Zeit des Gebets auf die gewöhnliche Art an, indem sie an ein langes horizontal aufgehängtes Holz nach einem gewissen Takt schlagen.

Des Abends kam ein angesehner Negotiant von Damask zum Besuch des hiesigen Heiligthums an. Er war ein unirter Grieche und einer von meinen Bekannten.

25. April. Am folgenden Tage besuchte ich das nahe Bêt Szahhûr, welches man für das Dorf der Hirten hält, denen die Geburt des Messias auf eine so feierliche Art durch himmlische Boten verkündet wurde. Dies kleine Dorf hat Mohammedaner und etliche wenige griechische Christen zu Einwohnern. Gewöhnlich schlagen dort auch ein paar Beduinen-Familien vom Stamme Taámir ihre Zelte auf. Die Mohammedaner haben ein kleines Bethaus. Man zeigt im Dorfe

eine Cysterne, woraus die Madonna getrunken haben soll, weswegen sie zu den heiligen Gegenständen gehört, die von den Pilgern aufgesucht werden.

Hinter dem Dorfe kommt man zuerst zu einer Stelle, wo das Haus Josephs gestanden haben soll, und weiterhin zu den unansehnlichen Ruinen einer vormaligen griechischen Kirche. Ausser einem Hügel von Schutt trifft man hier noch ein unterirdisches Gewölbe, worin die Griechen von Bêt Szahhûr ihren Sonntags-Gottesdienst feiern. Der Fussboden dieses Gewölbes bestand aus einem schlechten Mosaiv, von dessen Ueberresten ich eine Probe mitnahm. Das umherliegende Feld nebst mehreren alten Oelbäumen gehört dem Franciscaner-Kloster in Bethlehem, welches jenes mit Linsen und Kerszénne hatte bestellen lassen. Die Oelbäume werden sorgfältig gepflegt. Diese zerstörte Kirche ist etwa $\frac{1}{4}$ Stunde ostwärts von Bêt Szahhûr entfernt. — Die ausgezeichnete Bergspitze, welche el Pherdéis genannt wird, lag ostsüdostwärts von hier.

Auf dem Rückwege nach Bethlehem begegnete uns ein kleiner Trupp Núry oder Nauár, welches das nämliche Volk ist, das man bey uns Zigeuner und in den türkischredenden Ländern Tschíngany nennt. Ich werde an einer andern Stelle mehr von ihnen sagen (vgl. 21. November 1806).

In Bethlehem ist nur eine armenische Familie ansässig.

Bethlehem erhält sein Bau- und Brennholz von den südlichen Bergen, die an dem Wege nach Hebron liegen, aus einer Entfernung von etwa 3 Stunden. Man findet dort Eichen, Pinienbäume, Terpenthinbäume und andere.

Die hiesigen katholischen Christen arbeiten fast ganz allein für Rechnung des Franciscaner-Klosters St. Salvator in Jerusalem, wo alle Ausgaben und Einnahmen für das ganze Terra Sancta durch die Hände des General-Procurators fliessen. Sie bereiten fast bloss Rosenkränze aus Terpenthinbaum und andern Holzarten, die ich an einer andern Stelle genannt habe (s. ob. S. 15, 17), und wovon das Stück aufgereiht und mit einem hölzernen Kreuz versehen nur 4 bis 5 Para kostet. Die levantinischen Christen bedienen sich der Rosenkränze aus Perlenmutter, Chúrrma, Dôm u. s. w., die sich weit besser ausnehmen.

Die Zahl der mohammedanischen Einwohner soll sich auf etwa 100 Personen männlichen Geschlechts belaufen. Sie haben ein kleines Bethaus und 2 Scheche, statt dass die christlichen Einwohner 6 Scheche haben. Diese betragen sich völlig als Mohammedaner, und lassen sich von diesen durchaus nicht unterdrücken; schlechte Behandlung würden sie auf der Stelle durch gleiche Behandlung erwiedern. Die hiesigen Katholiken sind alle unirte Griechen und ihre Anzahl soll sich im Ganzen auf mehr als 1000 Seelen belaufen. Das Franciscaner-Kloster zahlt jährlich 2000 Piaster an Abgaben für sie. Nur dieses Geld und mehrere andere Vortheile, die sie vom Kloster ziehen, machen es, dass sie sich für Katholiken erklären, obgleich sie im Herzen durchaus keine wahre Achtung für die Mönche und für deren Lehre haben, und sie wenig Bedenken tragen würden, einer andern Parthey zu huldigen, wenn sie nur grössere Vortheile davon zu erwarten hätten.

Des Nachmittags wohnte ich dem Gottesdienst in der Kirche des Franciscaner-Klosters bey. Diese Kirche ist von der alten erwähnten Hauptkirche verschieden, und ob sie gleich keine Säulen hat: so kann man sie doch mit Recht hübsch nennen. Sie ist geräumig und hat ein steingewölbtes Dach. Einige Oelgemälde zieren die Wände. Nach Verrichtung der verordneten Religionsübungen ging ich mit den Mönchen in Procession in die heilige Grotte. Jeder von uns trug ein brennendes Wachslicht. Sowol in der Grotten-Kapelle, als in einem unterirdischen Gange, den wir nachher im Zuge verfolgten, und aus dem man wieder in die Klosterkirche in die Höhe steigt, sind etliche Altäre in gewissen Entfernungen, wo von dem diensthabenden Geistlichen etliche Gebete hergelesen werden, währenddem die Uebrigen niederknieen. Man findet darin die Josephs-Kapelle oder Grotte, die Kapelle und das Grab des heiligen Hieronymus, das Grab des heiligen Eusebius, das Grab zweyer weiblichen Heiligen, deren Namen mir nicht beyfallen, und endlich die Grotte der unschuldigen Kinder, unter welcher noch eine tiefere Grotte ist, die durch eine eiserne Thür verschlossen gehalten wird, zu welcher der General-Superior und der General-Procurator nur die Schlüssel haben, und welche nur jährlich einmal am Tage der unschuldigen Kinder geöffnet wird. Vor dem Altar der Krippe wurde von 2 kleinen Knaben das: *hic natus est*, mit besonderm Ausdruck gesungen, und ich bin überzeugt, diese Worte müssten von einem frommen Pilger, der die lateinische Sprache versteht, mit einem tiefen innern Gefühle empfunden werden. — Die Klosterkirche ist mit einer Orgel versehen, die man in allen Kirchen von Terra Sancta in der Levante antrifft. Die Syrer nennen die Orgel el Órgon und lieben diese grosse musikalische Maschiene, die man bei keiner andern Religionsparthey antrifft.

Die Bethlehemiten sind hier nur unter dem allgemeinen Namen der Téllhaméh bekannt.

Ritt nach Hebron.

26. April. Da ich die Absicht hatte, von Jerusalem über Hebron auf einem neuen, von Europäern bisher unbesuchten Wege gerade durch die Wüste des peträischen Arabiens nach dem Sinaï zu reisen, und ich in Jerusalem nicht erfahren konnte, ob dieser Weg, der vor Alters im Gebrauch war, es auch noch sey, und ob ich in Hebron Beduinen erhalten könne, die mich sicher dorthin bringen könnten: so nahm ich mir vor, selbst nach dieser Stadt zu reiten, und dort Erkundigungen hierüber anzustellen. Ein Bethlehemite, Namens Hanna Schíkamán, ein Katholik, den ich in el Szalt hatte kennen gelernt, wurde mein Begleiter. Er schaffte 2 Pferde für uns beide an, und am 26. April des Morgens um 6 Uhr ritten wir nach Hebron ab.

Der Weg dahin führt immer bergauf und ab. Diese Berge haben keine beträchtliche Höhe, und zwischen sich sehr kleine flache Thäler. Sie sind die Gipfel des langen Gebürgrückens, welcher sich vom Hermon aus durch ganz Palästina hinzieht und die Wasserscheidung für das mittelländische Meer und den Jordan und todten See abgiebt.

Der Weg, den wir einschlugen, war anfänglich ausserordentlich felsigt. Wir kamen bald in ein kleines Thal, welches Wady Örrtâs heisst, wo bey dem zerstörten Dorf Örrtâs eine kleine Quelle ist, welche das Thal wässert. Dies Dorf liegt $\frac{3}{4}$ Stunden von Bethlehem. Wir stiessen dort auf einen Haufen von neun bis zehn Zelten, welche von den Beduinen des Stammes Taámir bewohnt wurden. Eine ungegründete Sage versichert, dass der König Salomon hier seinen Garten gehabt habe. Die Bethlehemiten haben hier noch etliche kleine Aecker mit Gurken, Melonen und dergleichen.

Aus diesem Grunde kamen wir in den Wady el Táuahhîn (Mühlgrund), an dessen Ursprung die berühmten grossen Teiche befindlich sind, die man dem nämlichen König zuschreibt, und die im Arabischen unter dem Namen el Bürrâk bekannt sind. Es sind ihrer drey, welche an dem flachen Berghange einer hinter dem andern liegen. Neben dem obersten steht ein kleines Fort, welches einem Chân gleicht und den Namen Kállât el Bürrâk führt. Ich sahe diesmal bloss den untersten Teich, unterhalb welchem ein ungemein schönes Gerstenfeld war. Er ist beträchtlich und wirklich sehenswerth, zumal in einer Gegend, wo grosse nützliche Werke so selten sind. Er bildet ein langes Viereck, und obgleich er sehr tief ist: so ist er doch ganz in Kalkfelsen ausgehauen. Diese Teiche stifteten vormals, wo sie noch in gutem Stande waren, einen dreyfachen Nutzen. Einmal trieben sie die Mühlen, wovon der vorhin genannte Grund seinen Namen erhielt, und die in der Gegend von Jerusalem, wo fliessendes Wasser so selten ist, sehr nützlich waren; ferner diente ihr Wasser zur Wässerung der Bergseiten und des kleinen Thals, und endlich wurde es nach Bethlehem und Jerusalem geleitet, wo es einen Ueberfluss an dem trefflichsten Trinkwasser hervorbrachte, statt dass man sich dort jetzt mit Regenwasser behelfen muss.

Wir blieben etwa eine halbe Stunde hier, um ein frugales Frühstück einzunehmen.

Südwärts von den Teichen Salomons waren alle Berge mit Gesträuch von Steineichen bewachsen. Wir kamen durch einen Grund, Ain Attál genannt, und sahen die wenigen Ueberreste eines zerstörten Klosters Dér Benât, aus dessen Namen man sieht, dass es ein Nonnenkloster war.

Um $\frac{1}{4}$ nach 8 Uhr erreichten wir neben dem Grunde

Wady el Biár das zerstörte Dorf Phagûr. Wir stiessen in dieser Gegend auf einige Beduinen vom Stamm Rschéïde, welche Kameele, Rinder, Esel und Ziegen halten. Die Hirten waren Bekannte von meinem Begleiter, sie reichten uns Kameelmilch, die ich zum erstenmal trank, und deren Geschmack ich sehr gut fand. Einige Bauern waren weiterhin mit der Ackerarbeit beschäftigt.

Um halb 10 Uhr kamen wir an eine Felsencysterne, worin wir gutes treffliches Wasser fanden. Eine Viertelstunde weiter passirten wir neben dem zerstörten Dorf Kophîl hin; hier war ein Teich und eine Oelbaumpflanzung. Ein Beduine schoss nach einem Vogel, den er Sréas nannte, und dessen Fleisch essbar seyn soll. Nahe bey diesem Ort liegt das Dorf Bêt Szúmmar, welches noch bewohnt ist. Wir liessen hier unsere Pferde ein wenig grasen.

Weiterhin wuchsen viele Terbenthinbäume und Andrachne in dem Gebüsche. Auf einem Berge lag das verwüstete Dorf Bêt Száuy. Auf einem andern Berge lag links vom Wege das Dorf Hallhûl, wo die Sage den Prophet Jonas begraben lässt. Unterhalb demselben ist im Thal Ain Aijûb, eine Quelle.

Um $\frac{1}{4}$ auf 12 Uhr passirten wir einen verwüsteten Ort, welcher Szírruéh heisst, wo ein guter Quellbrunnen und etliche gute Weizenäcker waren, die gegätet wurden. Neben dem Quellbrunnen sieht man die Ruinen eines beträchtlichen Gebäudes, das vermuthlich ein Chân war, und auf einer Anhöhe einen verfallenen Thurm. In einer steilen Felsenwand bemerkte ich den Eingang zu einer Grotte, der aber mit Schutt angefüllt war. Wir hielten hier etwa $\frac{3}{4}$ Stunden.

Alle Berge zwischen Bethlehem und Hebron bestehen aus Kalkstein, und man sieht nur wenige Landeskultur auf diesem Wege. Das Gebiet von Hebron war vorhin voller Dörfer, die aber fast alle in Ruinen liegen, und deren Anblick den Reisenden mit Trauer füllt. Sie führen noch alle ihre vormaligen Namen, und man würde darunter noch viele wieder erkennen, welche in den hebräischen Schriften als Städte genannt sind. Nomaden ziehen jetzt auf den wüsten und mit Gebüschen bedeckten Feldern vormaliger Bauern umher; aber wie unbedeutend ist die Anzahl derselben im Vergleich mit der Volkszahl der Vorzeit! Der Ruin seines Gebiets musste natürlicher Weise auch den Verfall von Hebron verursachen.

Nahe vor dieser Stadt sahe ich rechts auf einem Berge die zerstörten Ueberreste von Chürrbet el Nassára, welcher Name beweiset, dass seine Bewohner vormals aus Christen bestanden. Das Thal ist hier sorgfältig kultivirt; der Weizen stand schön und die Felder waren durch Mauern von rohen Steinen befriedigt. Der Weg war hier ausserordentlich steinigt. An den Bergseiten sieht man viele vormalige Gartenhäuser, die jetzt mehrentheils eingestürzt sind. Die Berge sind terrassirt, und die Terrassen sind häufig in den nackten Felsenboden ausgehauen. Wahrscheinlich waren sie vorhin mit Weinreben bepflanzt; jetzt werden sie mit Getreyde besäet. Die Berge um Hebron sind äusserst felsigt und ihre Gebürgsart besteht gewöhnlich aus festem grauem Kalkstein oder Marmor, zwischen welchem man aber auch röthlichen findet. Obgleich es ganz an fliessendem Wasser fehlt: so hat diese Gegend doch eine liebliche Abwechslung von Bergen und flachen Thälern, welche sie in der Vorzeit, wo alles aufs Beste kultivirt war, sehr angenehm machten.

Wir erblickten die Stadt nicht eher, bis wir ihr schon sehr nahe waren, weil sie in einem engen Thale liegt und fast auf allen Seiten mit Bergen umgeben ist. Es war $\frac{1}{4}$ nach 1 Uhr, als wir daselbst anlangten. Da hier keine Christen ansässig sind (einen einzigen ausgenommen, der aber seine Familie in Bethlehem hat): so kehrten wir bey einem Mohammedaner ein, welcher ein Bekannter von meinem Begleiter war; er hiess Hösseïn, und ich fand bey ihm eine gute Aufnahme.

Der alte Name dieser Stadt, den die Europäer beybehalten haben, ist in Syrien und Palästina so ganz ausser Gebrauch gekommen, dass ihn nur höchstens Christen und Juden aus ihren heiligen Schriften kennen. Der jetzt gebräuchliche Name ist Chalîl, und diese Benennung rührt von Abraham her, dessen Grab in der Hauptmoschee vorhanden seyn soll, und welchen die Mohammedaner Chalîl Allah (Allahs Freund) nennen.

Hebron ist jetzt eine ganz offene Stadt und in der Länge theils an dem abhängigen Fusse eines Berges, theils in dem kleinen Thale erbaut. Seine Hauptquartiere sind unter den Namen Háret el Schech, Háret Ketûn, Háret el Kalla, und Háret Ksásy bekannt. Letzteres erhält seinen Namen von den Glasfabriken, welche in demselben befindlich sind. Bey der Stadt sind viele Oelbäume.

Das Schloss liegt in dem obern Theil des Schlossquartiers Háret el Kalla, ist klein und hat so wenig in- als auswendig etwas Merkwürdiges, wie mir mein Wirth versicherte. Es war mir nicht erlaubt, in dasselbe zu gehen. Gleich daran stösst die Hauptmoschee el Hárram (das Heiligthum), welche wegen Abrahams Grab bey den Mohammedanern in ausserordentlicher Achtung steht, und wohin sie aus weit entfernten Ländern wallfahrten. Diese Moschee hat 2 viereckige Thürme ohne die geringste Schönheit, zeigt von aussen überhaupt nichts Imposantes, und da sie mit engen Gassen umgeben ist: so fällt sie auch wenig in die Augen. Eine Marmortreppe führt auf den Hofplatz. Mir war es als einem Christen nicht erlaubt, denselben zu betreten; und obgleich Hösséïn mir versprach, für etliche 40 Piaster mir diese Erlaubniss von dem Oberaufseher dieses Tempels zu verschaffen: so glaubte ich doch diese Summe nützlicher anwenden zu können, indem ich doch nur wenig davon sehen würde, da ich, wie Hösséïn sagte, nicht das Innere der Moschee um keine Geschenke in der Welt betreten dürfte. Ueberdem wird man in mehreren arabischen Werken, die in der orientalischen Sammlung befindlich sind, ausführliche Beschreibungen davon antreffen, worin man auch historische Nachrichten davon finden dürfte. Diese Moschee ist weit kleiner und unendlich unansehnlicher, als die Hauptmoschee oder das el Hárram in Jerusalem. Indessen versicherte mir Hösséïn, dass es ihr inwendig nicht an Zierde fehle, und dass sie unter andern mehrere Säulen habe. Vorhin reiseten die christlichen Pilger auch nach Hebron, allein dies ist schon seit langen Jahren nicht mehr in Gebrauch. — In dem Schlossquartier findet man die Basare; sie sind weder gross noch schön, aber ich fand sie ziemlich lebhaft.

In dem Glasquartier, Háret el Ksásy, fand ich 4 Glasöfen zu grünen Gläsern, 12 zu Armringen und 10 zu Korallen. Es arbeiten bei jedem Ofen 4 bis 9 Leute, wovon viele kleine Knaben sind. Den Sand dazu holt man zwey Stunden weit von hier; die Soda von den Beduinen. Das Tausend weisse Korallen kostete jetzt anderthalb Piaster oder 60 Para, woraus man sieht, dass die Fabrikate sehr wohlfeil sind. Man verfertigt hier Korallen und Armringe von weisser, gelber, schwarzer, blauer, grüner, brauner und rother Farbe. Der Fritte setzt man Bley und Zinn zu. In einer der Glashütten, worin Gläser verfertigt werden, blies einer der Arbeiter ein grosses, sehr dünnes Glas, welches er vor mir zerplatzen liess. Da dies eine Art von Ehrenbezeugung ist, so musste dieselbe mit einem kleinen Trinkgelde erwiedert werden. — Ausser dem Glase bereitet man in Hebron auch Seife.

Auch hier wohnen die Juden in einem Quartier beysammen, welches, so wie gewöhnlich, sehr enge Winkelgässchen hat. Sie sind Talmudisten und ihre Anzahl beträgt 55 bis 60 Familien. Unter sich sprechen sie spanisch, mit andern Religionspartheien aber arabisch. Ich traf indessen einen an, welcher ein schlechtes Teutsch sprach, welches er auf seinen Wanderungen in Teutschland erlernt hatte. Auch Holland und mehrere europäische Länder durchreisete er, wahrscheinlich als Betteljude, wenigstens schienen seine Vermögensumstände nichts weniger als glänzend zu seyn. — Die Juden haben einen Schech, welcher seine Nation vertritt.

Die Einwohnerzahl von Hebron dürfte sich auf etwa 5000 Seelen belaufen.

Die Stadt hat kein anderes Wasser, als das was sie aus 2 Teichen erhält, welche beyde mit Quadersteinen ausgemauert sind. Einer davon ist besonders ansehnlich, und bildet ein länglichtes Viereck. Quellwasser ist hier gar nicht vorhanden, und die Teiche werden bloss mit Regenwasser angefüllt.

In der Nähe der Stadt findet man eine verfallene Moschee, el arbáin Schehíd genannt, welche bey den Mohammedanern in grosser Achtung steht.

Hebron gehört zu den ältesten Städten in Palästina, und nach den hebräischen Schriften wurde es 7 Jahre vor Soan (Assuan) in Oberegypten erbaut (4. B. Moses 13, 23), dessen Gründungszeit sich indessen im Dunkel der Zeit verliert.

Ich sahe hier eine zahme junge Gazelle (Antilope dorcas L.), deren sehr kurzer Schwanz schwarz war, auf welchem die Haare oben einen scharfen Rücken bildeten.

Ich hatte das Vergnügen, von meinem Wirth zu erfahren, dass der Weg, den ich nach dem Sinaï wählen wolle, möglich sey, obgleich er gänzlich ausser Gebrauch gekommen sey. Denn die Mekkapilger von Hebron, die vor Alters diesen Weg nahmen und sich bey einer gewissen Station auf der Pilgerstrasse, die von Kahira nach Medina und Mekka führt, an die grosse Kjerwane von Egypten anschlossen, reisen jetzt zu diesem Ende entweder nach Maân, oder über Jericho nach Mserîb in Haurân. Zwey ein Viertel Tagereisen von Hebron treffe man auf diesem Wege die Ruinen einer beträchtlichen Stadt an, die Abde heisst. Diese Ruinen sind ohne Zweifel die nämlichen, von welchen Montagu hörte. Der Bruder meines Wirths hatte eine Reise nach Sues, Tôr, el Kszêr (Kossair) gemacht. Obgleich er in A'kabáh gewesen war, so hatte er doch von dem alten Namen desselben, Aïleh, nichts gehört. A'kabáh sey ein kleines Schloss, das am östlichen Arm des arabischen Meerbusens liege, und zugleich eine Station der Pilgrimme, die von Egypten nach Mekka reisen. Der erwähnte Meerarm ist sehr seicht, weswegen die Schiffe nicht nahe kommen können, er sey auch schmäler, als der westliche Arm bey Sues. Das kleine Schloss wird von etlichen Bauern bewohnt, die zugleich zur Garnison dienen; ausserhalb demselben ist jetzt kein Haus vorhanden. Madian am Ufer des arabischen Meerbusens kannte er nicht, wohl aber Madájin Szálehh. — Die Einwohner von Hebron brachten vorhin ihre Handelsprodukte, die für Egypten bestimmt waren, gewöhnlich nach Gasa, wo sie zur Rückfracht sich die nöthigen egyptischen Produkte kauften. Seit dem Einfall der Franzosen in Egypten lernten sie aber einen neuen Handelsweg gradezu durch die Wüste nach Sues kennen, wohin jetzt jährlich mehrere kleine Kjerwanen abgehn. Die süd- und südostwärts von Hebron umherziehenden Beduinen liefern die Kameele zum Transport, und es bringt daher deren Interesse es mit sich, dass sie für die Sicherheit der übersandten und zurück mit sich nehmenden Waaren sorgen.

Hösséïn versicherte mir, etliche Stunden südwärts von Hebron finde man noch an 2 Orten beträchtliche Ruinen: der eine Ort heisse Ümm el A'mad, d. h. die Mutter der Säulen, wo man, wie schon der Namen anzeigt, mehrere schöne Säulen antrifft; der andere heisse Szemmúe, dessen Ruinen noch beträchtlicher seyn sollen. Er erbot sich, mich dorthin zu führen, welches mir aber diesmal die Zeit nicht erlaubte. Er hatte auch die Landschaft Dschebâl, das alte Gebalene, besucht, mit dessen Bewohnern die Hebroner in Handelsverbindung stehen, und nannte mir folgende bewohnte Oerter derselben: Tophíle, Bszéra, Eéïme, Bósra und Schóbeck, welches Büsching Scháubak nennt. Sollte Tophíle vielleicht das Tophel der Hebräer seyn (5. B. Moses 1, 1)?

27. April. Obgleich die Mohammedaner versichern, dass Abraham, der bey ihnen in ausserordentlicher Achtung steht, in der Hauptmoschee zu Hebron begraben sey: so streitet doch dieses gänzlich mit der so genauen Angabe desselben in den hebräischen Schriften. Weit wahrscheinlicher ist es, dass man das Grab dieses berühmten Schechs, so wie das Grab seines Weibes Sara und seines Enkels Jakob, nordwärts von Hebron in einem Thale suchen müsse, welches jetzt Wady el Ráme oder Némra heisst, und in jenen alten Zeiten Mamre hiess. Da mein Begleiter diese Stelle nicht kannte, so war mein Wirth so gefällig, mich dorthin zu begleiten.

Wir schlugen zuerst den nämlichen Weg ein, den wir gekommen waren, liessen ihn aber nachher links liegen. Nach etwa einer halben Stunde kamen wir zu einer kleinen Quelle, welche Ain Némra heisst, und gleich darauf in das flache Thal Wady el Ráme oder Némra und zu den Ruinen einer grossen Kirche, welche der Kaiser Konstantin erbauen liess. Hösséïn versicherte mir, dies seyen die Ueberreste des alten

Hárram, welches nachher durch eine besondere Veranlassung in die Stadt verlegt worden. Von der Aussenmauer der Kirche hat sich nur noch wenig mehr als das Fundament erhalten, weil man vermuthlich die Baumaterialien zu dem neuern Hárram in Hebron benutzte, dessen Mauern auch zum Theil aus grossen Steinen bestehen. Die Quadersteine von den Ueberresten der Kirche sind sehr sorgfältig gearbeitet, liegen ohne Mörtel auf einander und sind bey einer verhältnissmässigen Höhe und Breite zum Theil drittehalb Klafter lang. Man sieht daraus, dass damals noch der alte römische Geist in der Architektur webte, der späterhin immer mehr und mehr verloren ging. Die Steine bestehen aus einem sehr festen Kalkstein oder Marmor, und etliche fand ich voll von versteinerten Ostraciten. Die Kirche bildete ein langes Viereck. Ich fand in derselben noch eine sehr sorgfältig gearbeitete Cysterne, welche aber jetzt ohne Wasser war. Diese merkwürdige Ruine liegt an dem abhängigen Fusse eines mittelmässigen, flach ansteigenden Berges auf der Nordseite des Thals, an welchem man höher hinauf mehrere Ruinen findet, welche man Chŭrbet el Bóttrach nennt. Sollte hier vielleicht der Sitz eines griechischen Patriarchen gewesen seyn, wie der Name anzuzeigen scheint?

Eine Höhle fand ich hier nicht, allein diese konnte leicht durch die Last von mehreren Jahrtausenden eingestürzt oder durch den Schutt der darüber gebauten Gebäude verdeckt geworden seyn.

Das flache Thal hat einen braunrothen, ziemlich fruchtbaren Boden, in welchem besonders der Weizen sehr gut fortkömmt. Bey den Mohammedanern ist die Sage im Gange, Gott habe zum Ersten der Menschen eine Scholle von dieser Erde genommen. Eben das giebt man von mehreren Gegenden vor, und diese frommen Sagen streiten ebenso mit einander, wie die von den Reliquien in manchen christlichen Ländern, wo man die nämliche Reliquie an mehreren und oft sehr weit von einander entfernten Oertern zeigt.

Beym Abschied verlangte Hösséïn ein Geschenk von mir, und als ich ihm eines gab, was ihn hinreichend entschädigte, so verlangte er doch noch dies und jenes. Ich habe die Dienstfertigkeit eines Mohammedaners gegen einen Christen fast ohne Ausnahme sehr eigennützig befunden.

Wir ritten von hier nach Bêt Ainûn, welches etwa $\frac{1}{4}$ Stunde ostwärts von den Ruinen jener Kirche liegt. Bêt Ainûn ist gänzlich zerstört und unbewohnt, und man sieht dort nichts, als eine Menge eingestürzter Häuser. Bald nachher erreichten wir das Dorf Èszáueh, welches zwar gleichfalls zerstört ist, wo aber noch mehrere mohammedanische Bauerfamilien unter den eingestürzten Häusern wohnen. In der Nähe sieht man einige kleine Grotten in den felsigen Bergseiten.

Etwa $\frac{3}{4}$ Stunden weiter zeigte mir mein Begleiter an einer steilen Bergseite das zerstörte Dorf Quesíba. Seine vormaligen Felder und diese ganze Gegend umher ist mit vielem Gesträuch und Gebüsch bewachsen.

Einige Zeit darauf kamen wir zu einem grossen ausgemauerten Teich, welcher Birket el Arûd heisst, durch Vernachlässigung aber so unbrauchbar geworden ist, dass er jetzt völlig trocken ist. Von hier führte vor Alters eine Wasserleitung, die ich weiterhin an unserm Wege bemerkte, nach der zerstörten Bergfestung el Pherdéis; jetzt ist sie ganz unbrauchbar geworden, weil sie an vielen Stellen durch Steine und Erde verstopft ist.

Wir fanden hier 30 Zelte der Beduinen vom Stamme Taámir, bey welchen wir einkehrten und von welchen wir mit etlichen Milchspeisen und frischem Fladen-Brode bewirthet wurden. Diese Beduinen halten viele Ziegen und Schaafe, wenig Rindvieh und Esel, aber keine Kameele. Ich hätte gewünscht, einen nicht weit entfernten Zelthaufen, dem Stamme der Rschéide zugehörig, besuchen zu können, um dort zum erstenmal dicke saure Kameelmilch zu schmecken; da wir indessen seitwärts zu weit hätten abbiegen müssen: so erlaubte es die Zeit nicht, sie aufzusuchen.

Das Gesträuch bedeckte weiterhin noch immer die Bergseiten. Bäume waren ganz einzeln in demselben zerstreut und unter ihnen bemerkte ich etliche Pinien. So gering ihre Zahl aber auch ist, so beweisen sie doch die Möglichkeit, hier nach einem paar Menschenaltern einen herrlichen Wald aufblühen zu sehen, wenn nicht die verderblichsten Waldverwüster, die Araber, hier hauseten, und Feuer, Kameele, Ziegen und die Axt nicht alles Aufkommen unmöglich machten. In diesem Gesträuch sahe ich hier einen zerstörten Ort, Namens Brekût. — Die Berge sind alle sehr felsigt, obgleich die Felsen nicht in hohen Massen hervorragen.

Der Pfad führte über eine Anhöhe, hinter welcher wir zu dem Kallat el Burâk, oder dem Schloss von Salomons Teichen, gelangten, wovon ich den untersten vorhin beschrieben habe (s. ob. S. 45). Die Bergebene umher ist fruchtbar und war mit schönen Weizenfeldern bedeckt. Die sie einfassenden Berghöhen aber sind sehr nackt und felsigt. In dem Schlosse wohnen 20 bis 30 mohammedanische Bauerfamilien in kleinen ärmlichen Häusern. Es kann, nach seiner Bauart zu schliessen, kein hohes Alter haben; die drey Teiche aber, die hinter einander liegen, und zwar einer immer tiefer als der andere, sind ohne Zweifel ein Werk des Alterthums, obgleich man ihren Urheber nicht mit Gewissheit anzugeben weiss. Ich fand die Länge des obersten hundert und sechs und dreissig, und seine Breite 80 bis 90 meiner Schritte, seine Tiefe mochte 25 bis 30 Fuss betragen. Er ist zum Theil in Felsen ausgehauen, zum Theil aber ausgemauert. Es stand jetzt ziemlich viel Wasser darin, worin sich eine Menge Frösche hören liessen. Der darunter liegende Teich scheint eine gleiche Grösse zu haben, und der dritte sie noch an Grösse zu übertreffen. Obgleich ihr Nutzen vorhin sehr bedeutend war: so verdienen diese Werke doch in Hinsicht der Schönheit nicht, dass Reisende sich die Mühe geben, sie zu besuchen, indem z. B. die Wasserbehälter unweit Konstantinopel, zu Belgrad und in dessen Gegend ganz ohne Vergleich sehenswerther, schöner und reizender sind. Ich verlangte den sogenannten versiegelten Brunnen Salomons zu sehen, welcher [die Teiche] durch einen unterirdischen Kanal mit einer reichen Wassermenge versieht. Ein Bauer begleitete mich, und wir hatten uns mit einem Licht versehen. Er zeigte mir im Getreyde, etwa 100 Schritte von dem obersten Teich entfernt, das Loch, durch welches man in denselben hinabsteigt. Allein ich fand dasselbe jetzt so enge, dass ich meinen Vorsatz aufgab. — Die Sonne war schon untergegangen, als wir wieder im Kloster ankamen.

Da ich mit meinem Begleiter keinen Kontrakt wegen unserer Reise geschlossen hatte: so musste ich ihm jetzt beträchtlich mehr bezahlen, als es sonst nöthig gewesen wäre. Ich warne alle Reisende, sich in dieser Hinsicht für die Bethlehemiten, hier gewöhnlich Télhaméh genannt, in Acht zu nehmen. Meine eigene und die Erfahrung der Reisenden, die mit ihnen zu thun hatten, beweisen, dass sie zu den habsüchtigsten und lügenhaftesten Menschen gehören, obgleich sie wegen ihres Umgangs mit den europäischen Mönchen etwas mehr Kultur in ihrem Betragen zeigen, als man sonst bey den Bewohnern von andern Dörfern findet.

28. April. Ich hatte mir vorgenommen, von hier nach Ain Kérrim zu reisen, wo das berühmte St. Johanniskloster ist, und das nur zwey Stunden von hier entfernt liegt; allein es fand sich Niemand, der Lust gehabt hätte, mich dahin zu begleiten. Schon seit anderthalb Jahren stehen die Bethlehemiten in Fehde mit den dortigen Einwohnern, mehrere Personen von beiden Seiten verloren bereits ihr Leben in den einzelnen Gefechten; sie beschränken sich aber nicht bloss hierauf, sondern ihre Rache dehnt sich auch auf das Eigenthum aus, indem sie sich Pferde tödten, Oel- und Feigenbäume umhauen u. s. w. Welch' eine fast anarchische Regierung muss es seyn, wo dergleichen Fehden ungeahndet Jahre lang fortdauern können!

Heute wehte ein stürmischer kalter Wind aus Südwesten.

Nachmittags kehrte ich wieder zu Fuss nach Jerusalem zurück. Man zeigte mir bey dieser Gelegenheit nahe bey Bethlehem, ein wenig ostwärts vom Wege, den sogenannten Davidsbrunnen, welcher aber demjenigen, dessen Namen er führt, wenig Ehre macht.

Am 29. April fiel des Morgens und den 1. May des Abends ein kleiner Regen in Jerusalem.

3. May. Gestern Nachmittag und heute Morgen wohnte ich dem feierlichen Gottesdienst in dem Kiáme oder der Kirche zum heiligen Grabe bey, welcher zur Ehre der Kreuzerfindung gehalten wurde. Man zeigt dort in einer Kapelle, zu welcher man auf vielen Stufen hinabsteigt, die Stelle, wo man das Kreuz fand. Diese Kapelle war erleuchtet, und man hatte eine tragbare Orgel in sie bringen lassen, um den Act, der etliche Stunden dauerte, desto feierlicher zu machen. Der General-Superior erschien im bischöflichen Gewand. Sein Stab, seine Mütze und das Kreuz, das er trug, waren reich mit kostbaren Edelsteinen besetzt. Es ist zum Erstaunen, wie sehr sich die Mönche und die hiesigen katholischen Christen für dergleichen religiöse Schauspiele interessiren, welche jedoch alle dem in der Jakobskirche des armenischen Klosters weit nachstehen.

5. May. Die Gerste ist zum Theil schon reif und einige Felder sind bereits geschnitten.

Nach der gewöhnlichen Rechnung sollte der Tschúchadâr, welcher die Nachricht von der glücklichen Rückkunft der grossen syrischen Pilgerkjerwane zu el Hössa bringt, schon vor 5 Tagen hier angekommen seyn. Dies Aussenbleiben ist die Ursache, dass die Mohammedaner anfangen, für das Schicksal der Pilger besorgt zu seyn. (Erst 7 Tage später, den 12. May, kam dieser Tschúchadâr an; seine mitgebrachte gute Nachricht verursachte unter den mohammedanischen Einwohnern die lebhafteste Freude; man hörte viele Flintenschüsse und der Mützéllim liess ein Dutzend Kanonen abfeuern.)

Die Ankunft des Janitschars des französischen Commissairs Mr. Pillavoine zu Akre in seinem rothen Paradekleide im Kloster machte zuerst viel Aufsehn, und man erwartete zum Vortheil des Klosters viel Gutes davon. Die Mönche waren mit den Ausgaben missvergnügt, welche manchmal vornehme und geringe mohammedanische Einwohner von ihnen erzwangen, und freuten sich, in der Nähe jetzt einen so bedeutenden Schutz zu haben, dessen sie seit mehrern Jahren hatten entbehren müssen. Da überdem heute die Superioren des grossen griechischen und armenischen Klosters dem Franciscaner-Mönchsobern einen Besuch abstatteten: so glaubten die Christen, es seyen wichtige Verhandelungen zu ihrem Besten gepflogen worden. Allein hierin irrten sie sich; denn es war ein blosser Ceremonie-Besuch, welchen sich die Superioren der 3 grossen Klöster gewöhnlich abstatten, um sich zu ihren Festtagen Glück zu wünschen, und Alles dürfte seinen gewöhnlichen Gang gehen.

Man wird sich aus meinen vorigen Nachrichten eines gewissen griechischen Christen Namens Jusef von Akre erinnern, welchen ich in es Szalt antraf, und der mit mir nach Karrak zog. Er hatte dort einen falschen Namen angenommen; sein wahrer Name war Thuma. Er war von einer guten bürgerlichen Familie in Akre, und sein Vater hatte zu seiner Zeit eine bedeutende Person daselbst und in Szûr vorgestellt, in welchem letzteren Orte ihm vom Schech Daher viele öffentliche Bauten aufgetragen wurden. Er hinterliess seinen Söhnen indessen weiter nichts als eine Menge Anweisungen auf ausstehende Schulden, die aber durch die Veränderung der Regierung verloren gingen. Thuma hielt sich während der Belagerung von Akre bey der französischen Armee auf, und erwartete nach der Einnahme von Akre durch die Franzosen zur Eintreibung dieser Forderungen gelangen zu können. Diese sahen sich endlich genöthigt, ihren Plan aufzugeben, und Thuma musste die Flucht ergreifen. Er verlangte dringend Dienste bey mir, und da ich meinen damascenischen Bedienten von hier zurückgehen liess: so gewährte ich ihm seine Bitte. Thuma war mit einer kleinen Kjerwane von Karrak gekommen, die 4 oder 5 Tage unterwegs war, bevor sie den Jordan erreichte. Der Jordan war sehr angeschwollen gewesen, und nur mit Mühe hatte er den Fluss zu Pferde sitzend passiren können. Von den Schaafen, wovon die Karraker eine kleine Heerde nach Jerusalem trieben, gingen beym Durchsetzen über den Fluss viele verloren. Selbst ein junger Beduine, ein geübter Schwimmer, ward vom Strome fortgerissen und ertrank. Seine Bekannten bejammerten weinend seinen Verlust.

7. May. Des Nachmittags fiel ein kleiner Regen.

9—23. May. Da ich noch keine astronomischen Beobachtungen zur Längenbestimmung von Jerusalem genommen hatte: so wandte ich heute dazu an. Diese Arbeit wurde mir indessen sehr verderblich. Schon vor Beendigung der nachmittägigen correspondirenden Beobachtungen fühlte ich mich so unpässlich, dass ich sie aufgeben musste. Meine seit mehreren Wochen geführte sitzende Lebensart, mein vieles Schreiben beym Mangel an Bewegung und reichliche animalische Kost und Wein contrastirten zu sehr mit den Anstrengungen auf der letzten Reise und der grossen erzwungenen Frugalität im Genusse, dass dies natürlicherweise einen nachtheiligen Einfluss auf meine Gesundheit äussern und meinen Unterleib gänzlich in Unordnung bringen musste, und ich glaube, die heute ausgestandene Hitze that den letzten Ausschlag. Ich litt heftige Schmerzen im Unterleibe, welche von Verstopfung in den Gekrösen herrühren mochten, die sich hart und stark geschwollen fühlten. Sie wurden entzündet, und diese Entzündung theilte sich auch der Leber mit, die sich gleichfalls hart anfühlte und manchmal so schmerzhaft war, dass ich nicht liegen konnte, und, kaum eingeschlummert, durch schreckende Träume wieder erweckt wurde. In der Nacht nach dem 13. und 14. hatte ich ein starkes Fieber. Nur in einer Stellung konnte ich ruhen, nämlich sitzend an ein Kissen mit dem Rücken gelehnt. Ich hatte diese 2 Tage zur Ader gelassen und dann purgirt. Vom Liquor anodynus, äusserlich auf die rechte Weiche gegossen, empfand ich eines Abends eine plötzliche schmerzstillende Wirkung; er half nachher aber nichts. Eine dauerhafte Wirkung empfand ich von etlichen Klystieren, die mich vielleicht wieder vom Rande des Grabes zurückführten. Der hiesige Klosterarzt Fra Francisco stand mir mit seinem guten Rathe bey. Den 15. May machte ich eine ganz auffallende Bemerkung. Seit einigen Jahren hatte ich fast ununterbrochen einen Fluss auf mein linkes Ohr, welcher mich etwas schwerhörig machte. Wie erstaunt war ich, als an diesem Tage mein Ohr das Schlagen einer Taschenuhr mehr als einen

Fuss weit hören konnte. Ob dies von dem äusserst geringen Genuss von Nahrungsmitteln während meiner Krankheit, oder vom Liquor anodynus, oder endlich von dem Klystier herrührte, weiss ich nicht gewiss, ich vermuthe indessen, das letzteres die Hauptursache dieser Veränderung war. Am 16. May des Abends erhielt ich wieder ein Klystier, und hatte in der Nacht wenig Schmerzen und wenig Fieber. Jetzt fing ich an mich ausser der befürchteten nahen Gefahr zu halten. Am 21. May dauerte mein Uebel noch immer fort; der Geschwulst im Unterleibe, den ich für einen Skirrhus hielt, hatte fast die Grösse eines Gänseeies, war hart und schien mit der Basis an die innere Seite des rechten Hüftbeins befestigt zu seyn. Obgleich ich die genaueste Diät beobachtete: so wollte doch das Stechen und Reissen in demselben noch nicht aufhören, und die Nacht brachte ich besonders sehr unruhig zu. Schon 5 bis 6 Tage lang fühlte ich Schmerzen in der Leber, die durch Mitleidenschaft zu kränkeln schien, und es war mir nicht möglich, weder auf der rechten, noch linken Seite zu liegen. Schon in Halep und Damask rührte sich dies nämliche Uebel des Unterleibes, und ohne Zweifel aus gleichen Ursachen. Die Maschine geht so lange, bis sie bricht.

Das Kloster der Franciscaner-Mönche ist für einen Fremden ein trauriger Aufenthalt, sobald er erst seine Neugierde befriedigt hat. Mein kleines Zimmer mit gewölbter Decke hat nur ein mittelmässig grosses Gitterfenster, aus welchem ich gar keiner Aussicht auf eine Gasse oder ins Freie geniesse. Für mich ist es daher wegen meiner jetzigen hypochondrischen Stimmung unerträglich geworden, und ich wünsche nichts mehr, als dasselbe aufs schnellste zu verlassen, sollte ich auch in Gefahr gerathen, unterwegs umzukommen. Die grösste Schwierigkeit, die sich meiner Abreise entgegen setzte, war der Mangel an Reisegeld, weil ich hier, ungeachtet ich noch 4000 Piaster in Egypten stehen habe, von Niemand auch nur 100 Piaster vorgeschossen erhalten konnte, um die Reise um den todten See zu machen. Jetzt durch meine Krankheit genöthigt, diese Reise fürs erste aufzugeben, und nur auf eigene Pflege und Selbsterhaltung zu denken, jetzt hat mir der P. General-Procurator versprochen, mir Geld zu meiner Reise nach Jaffa und dem Karmel vorzuschiessen.

Die Witterung blieb bis zum Tage meiner letzten astronomischen Beobachtungen immer sehr angenehm. Gleich darauf aber nahm die Sonnenwärme zu, und es wehte vor dem Himmelfahrtsfeste 3 Tage lang bey wolkiger Luft ein heisser Südwind, den Viele unangenehm fühlten. Ich litt gar nicht davon, weil ich in meinem gewölbten Zimmer blieb. Seit jenem Feste weht täglich etliche Stunden lang ein etwas stürmischer Wind. Meine Phantasie schildert mir den Karmel jetzt als ein Paradies, wo ich, ausser einer trefflichen Aussicht über das Meer, das Vergnügen mir male, die Kühle dieses Windes an seiner Quelle zu geniessen. Ich habe mir vorgenommen, mehrere Monate lang daselbst zuzubringen, bis, wenn es der Himmel will, meine Gesundheit gänzlich wieder hergestellt ist. Während der Zeit will ich meine wissenschaftlichen Arbeiten so viel wie möglich beschränken, und mir durch Baumpflanzen und Garten-Arbeiten, zumal in der Frühe, häufige Bewegungen machen. Kurz! ich denke die Lebensart eines Einsiedlers zu führen. Schon ist die Hoffnung wieder in mir aufgelebt; meine Phantasie beschäftigt mich mit diesem angenehmen Bilde, und meine Todesgedanken machen frohern Vorstellungen Platz. Meine Hypochondrie wurde vorzüglich durch den Geldmangel genährt, und die Güte des General-Procurators, der demselben abhelfen wird, brachte mir neues Leben.

In der Nacht vor dem 22. May spürte ich zum erstenmal keine Schmerzen mehr im Unterleibe. Meine Krankheit dauerte also 13 Tage. Wenn ich jedesmal meine astronomischen Beobachtungen mit einer solchen Krankheit erkaufen muss: so kommen sie mir wahrlich theuer zu stehen!

Die hiesige Hitze ist jetzt (22. May) für einen Nordteutschen sehr leicht erträglich, vorausgesetzt, dass er an den vorzüglich heissen Tagen von 10 Uhr Vormittags bis 2 oder 3 Uhr Nachmittags zu Hause bleibt.

Das Cysternen-Wasser hat jetzt einen etwas fauligten Geschmack angenommen, der sich aber nach einigen Tagen wieder verlieren soll.

Das Fest der Himmelfahrt wurde von den hiesigen Mönchen mit vieler Feierlichkeit gehalten. Am Nachmittage vor demselben zogen sie in feierlicher Procession, begleitet von der katholischen Gemeinde, auf den Oelberg, wo sie bey der Kapelle, deren ich gedacht, und von wo der Nazarener seine himmlische Fahrt angetreten haben soll, ein Zelt aufgeschlagen hatten. Lebensmittel wurden ihnen aus dem Kloster zugeführt. Sie blieben dort bis zum folgenden Morgen, wo die Procession wieder zurück kehrte. Meiner Krankheit wegen konnte ich diesem Feste nicht mit beywohnen.

23. May. Gestern liess ich meine 2 Reisekoffer nebst 2 Kisten, wovon die eine mit Mineralien, die andere mit Pflanzen gefüllt ist, und die beide für Gotha bestimmt, einballiren, und heute erhielt ich vom General-Procurator 200 Piaster ausgezahlt, wofür ich ihm einen Wechsel von 400 Piaster zustellte. Der Ueberschuss von 200 Piastern war zum Geschenk für das Kloster bestimmt, worin ich mehrere Wochen gut aufgenommen gewesen war. Thuma von Akre trat heute seinen Dienst bey mir an. (Ich habe ihn täglich für zwey Piaster accordirt.)

24. May. Am folgenden Tage wurde ich durch die Ankunft eines neuen europäischen Reisenden äusserst überrascht. Er war der Renegat Joseph von Antiochien, der sich bey meiner Abreise von Halep beym französischen Generalcommisair Hrn. Corancé in dieser Stadt aufhielt, und der durch mystische Träumereien in gewissen Punkten ein Narr geworden war. Bald nach meiner Abreise nach Damask, sagte er, sey auch er nach Constantinopel abgereiset, wo er bey dem bekannten französischen Envoyé Hrn. Rommier, den Bonaparte an den persischen Hof beorderte, eine Anstellung erhielt. Mit ihm kam er wieder nach Halep zurück, wo Mr. Rommier den Hrn. Outré, Schwager des jüngern Hrn. Rousseau, französischen Commissairs in Basra, dermalen in Halep, zu seinem

Dolmetscher annahm, weil er, als in Bagdad geboren, ausser der türkischen und arabischen auch die persische Sprache erlernte. Joseph reisete einige Zeit darauf mit ihm nach Tehhrân, wo der jetzige persische Schach sein Hoflager hatte. Mr. Rommier fühlte sich wegen der eilfertigen beschwerlichen Reise schon vor seiner Ankunft in Tehhrân etwas unpässlich, und wurde gleich nachher von einem Fieber befallen, welches ihn nach einem Aufenthalt von 2 Wochen hinraffte. Joseph versicherte, Mr. Rommier sey äusserst thätig gewesen, um seine erhaltenen Aufträge auszuführen, so viel möglich über alles Nachrichten einzuziehen und aufzuzeichnen, weswegen er bey wachsender Besorgniss einer gefährlichen Krankheit gewöhnlich bis tief in die Nacht hinein arbeitete. Diese ängstliche Thätigkeit trug gewiss nicht wenig dazu bey, ihn ins frühe Grab zu stürzen. Ich las in der Folge in öffentlichen Blättern, dass Hr. Corancé den englischen Consul Hrn. Barker als Ursache des Todes jenes Envoyé's angeklagt habe. Mir ist der Fortgang dieses Processes unbekannt, allein ich halte Hrn. Barker einer solchen That unfähig, und ich zweifle nicht, dass er sich gründlich rechtfertigen werde.

Die Unterhandlungen geriethen durch den Tod des Hrn. Rommier auf einmal ins Stocken. Um indessen die Papiere desselben zu retten, wurden sein Secretair und Joseph gewählt. Hr. Outré blieb noch am Hofe, bis er dort neue Verhaltungsbefehle von Bonaparte erhielt. Der Secretair eilte sehr, um die Papiere nach Europa zu befördern. Man reisete wieder, wie auf der Hinreise, mit Kurierpferden, und die heftige Anstrengung stürzte auch jenen ins Grab. Er wurde von der Ruhr befallen, welche ihn noch vor seiner Ankunft in Bagdad hinraffte. Joseph nahm also seine Papiere und brachte sie richtig nach Bagdad und von dort nach Halep an den französischen Generalcommissair Hrn. Corancé.

Obgleich dieser wünschte, dass Joseph nach Constantinopel reisete und sich dem französischen Gesandten vorstellte: so war er doch dazu nicht geneigt, weil er, wie er mir versicherte, in Persien ein Gelübde gethan, dass, wenn er glücklich wieder in Halep ankäme, er eine Wallfahrt nach Jerusalem machen wolle. Durch das Geschenk eines persischen Teppichs erhielt er von dem französischen Vice-Consul zu L. einen Pass als ein von Rab im Departement de la Donnère gebürtiger Franzose, und mit diesem reisete er über Alexandrette, Seida, Akre und Jaffa hieher. Er war jetzt sehr gut mit orientalischen und französischen Kleidungsstücken versehen, und es schien ihm nicht an Geld zu fehlen. Noch immer hatte er seinen Sparren von der Dreieinigkeit, dem Antichrist, Lucifer und den Jesuiten, und obgleich er in jedem andern Gespräch sich als einen vernünftigen Menschen bezeigte: so wurde er doch sogleich ein Narr, wenn er auf diese Punkte kam, die eine solche mystische Verwicklung in seinem Gehirn hervorgebracht hatten, dass es seiner Denkkraft nicht möglich war, sich wieder herauszuwickeln. Das Ende der Welt setzte er auf etwa 30 Jahre fest. (Bey meiner zweiten Anwesenheit in Jerusalem erzählte man mir: Joseph habe gleich nach meiner Abreise den General-Superior ersucht, etliche Tage in der Kirche des heiligen Grabes zuzubringen, um dort ganz sich den Andachtsübungen zu widmen. Er blieb dort 40—50 Tage, und da dies etwas Ungewöhnliches war, die Mönche seine mystische Schwärmerey kennen lernten, und sie jetzt sehr ungern sehen, wenn sich Jemand über die vorgeschriebene Pilgerzeit hier aufhält: so gab man ihm zu verstehen, dass seine Bussübungen jetzt hinreichend seyen, und dass es jetzt Zeit sey, wieder an seine Abreise zu denken. Obgleich er sich gar nicht dazu geneigt fand: so musste er doch endlich der fast gebrauchten Gewalt nachgeben, und reisete etliche Tage nachher wieder nach Jaffa ab, von wo er nach Cypern und von dort über Spanien nach Frankreich zu reisen Willens war.)

Reise von Jerusalem nach Akre.

25. May, Pfingsttag. Nie hatte ich meine Abreise von einem Ort mit mehr Sehnsucht erwartet, als von Jerusalem. Mein Aufenthalt war mir in den letzten Tagen daselbst so zuwider, dass ich hätte vor Missvergnügen und Melancholie umkommen müssen, wenn ich dort noch einige Wochen hätte zubringen müssen. Heute war der glückliche Tag, wo ich endlich

meine Wünsche erreicht sahe. Die Phantasie übt bey einem Gefühlvollen eine ausserordentliche Gewalt aus über den Körper. Ungeachtet ich bey weitem noch nicht gänzlich wieder hergestellt war: so fühlte ich mich doch beym wirklichen Antritt meiner Reise weit stärker, als ich mich bisher geglaubt hatte. Ich hatte die Verabredung getroffen, dass man mir mein Gepäck mit Kameelführern nach Jaffa nachschickte.

Es war 8 Uhr des Morgens, als ich Jerusalem verliess. Die Luft war wolkigt und es wehte ein kühler Wind. Ausser meinem Bedienten und Maulthiertreiber ritten ein paar Mohammedaner mit mir. Der Weg führte immer über Berge, deren Boden sehr felsigt und steinigt, und daher an vielen Stellen sehr unfruchtbar ist. In der Nähe der Stadt giebt es indessen auf dieser Seite beträchtliche Oelbaumpflanzungen, die sehr gut fortkommen. Ueberhaupt gedeiht der Oelbaum in den Berggegenden Palästinas fürtrefflich, und unter einer sichren weisen Regierung könnten die Produkte dieses nützlichen Baumes einen beträchtlichen Ausfuhrartikel abgeben. Man sieht auf dieser Seite der Stadt einige mohammedanische Mausoleen, die aber meistentheils äusserst in Verfall sind. Die einzelnen kleinen Weizenfelder am Wege fingen schon an gelblicht zu werden.

Nach Verlauf von einer halben Stunde erblickten wir südwärts in einiger Entfernung das griechische Kloster Mussállabéh in einem flachen Grunde, und nach $\frac{3}{4}$ Stunden waren wir in der Nähe des Dorfes Lífty (vermuthlich das nämliche als Lefka bey Büsching), welches wir rechts in einem tiefen Thale liegen liessen.

Um halb 10 Uhr erreichten wir das Dorf Kalóny (b. Büsching Coloni), welches an einem Berge liegt. Ich bemerkte in dem Thale daneben viele Oel- und Fruchtbäume, Granatäpfel, Feigen und Weinreben. Zur Regenzeit fliesst ein Bach durch dieses Thal, dessen Bett jetzt aber trocken war; eine steinerne dreybogigte Brücke, die aber sehr vernachlässigt wird, führt über dasselbe, vor welcher sich in einer flachen Vertiefung noch ein wenig stehendes Wasser erhalten hatte. Dieser Wady führt sein Regenwasser ins mittelländische Meer. Dies Thal heisst nach Büsching das Terbentinthal.

Um $\frac{1}{4}$ nach 10 Uhr hatten wir links auf einer hohen Bergspitze Kástal, welches nur von wenigen mohammedanischen Bauern bewohnt wird. Auf der nämlichen Seite lag weiterhin auf einem hohen spitzen Berge die Festung Miláne und rechts vom Wege das Dorf Szuwáne.

Es begegneten uns hier etliche Derwische, die man Üsbécky nennt, welche nach Jerusalem wallfahrteten, wohin Derwische aus allen mohammedanischen Ländern, selbst aus Indien, ziehen.

Um halb 12 Uhr erreichten wir das ansehnliche Dorf Kŏrriéh oder Kŏrriéh el Ŏnnib, wo viele Oel-, Feigen- und Granatäpfelbäume und viele Weinberge sind, von welchen letztern es seinen Zunamen erhielt. Die Pilger müssen hier einen Gaffar oder Passagegeld bezahlen, welchen der Schech dieses Orts und dessen Verwandte unter sich theilen. Der jezzige Schech, Abu Gusch, ist in dieser ganzen Gegend sehr bekannt und nach den Umständen sehr beliebt oder gefürchtet. Er hat viele Dörfer unter seinem Befehl, wovon er dem Mützéllim in Jerusalem nur so viel bezahlt, als ihm beliebt, indem selbst dieser für ihn in Furcht steht. Um ihn indessen nicht zu viele Gewalt erhalten zu lassen, sucht die schwache machiavellistische Regierung ihn immer in Streit mit andern Dörfern zu erhalten, und dies ist der Grund, warum die verderbliche Fehde der Bauerndörfer, worin auch unter andern Bethlehem und Ain Kérrim verwickelt waren, so lange fortdauern konnte. Abu Gusch hält sich häufig in Jerusalem auf, wo er von den Klöstern beständig Abgaben erpresst, obgleich er ihnen den Namen von Geschenken giebt, und die Klöster müssen ihm dessen ungeachtet mit Höflichkeit begegnen und ihn bey guter Laune zu erhalten suchen, weil er sonst den Pilgern die Passage nach Jerusalem abschneiden und sie berauben würde. Ich lernte diesen gefürchteten Schech im St. Salvator-Kloster zu Jerusalem kennen, als er wünschte, meinen astronomischen Beobachtungen mit beyzuwohnen. Er ist ein starker robuster Mann von einigen 40 Jahren. Er hatte 4 Weiber und noch neulich heurathete er die Tochter des berühmten arabischen Beduinendichters Nimmr, des Oberschechs vom Stamme der Aduân in el Belka. Eines von seinen Weibern wohnte in Jerusalem.

Obgleich ich als ein Franke nicht nöthig hatte, Gaffar zu bezahlen: so hatte mir ihn doch der Dolmetscher des Klosters angerechnet, und zwar mehr, als andre Pilger bezahlten. Man hielt mich zwar in Kórriéh an, um den Gaffar zu bezahlen, liess mich aber weiter reisen, als mein Maulthiertreiber die Entrichtung desselben in Jerusalem bezeugte.

Um halb ein Uhr kamen wir zu dem Dorfe Tarîs, hinter welchem wir einige Bauern auf ihren Dreschtennen antrafen, wo sie ihre Gerste durch Ochsen austreten liessen, weil Dreschwagen und Dreschschlitten hier unbekannt sind. Wir hielten eine halbe Stunde bey ihnen still, um uns etwas zu erfrischen. Die Weiber waren beschäftigt, die zurückgebliebenen Aehren auf den Feldern aufzulesen.

Die Berge wurden jetzt immer flächer und gehen endlich in die grosse Ebene über, welche bey dem Dorfe Latrûn anfängt und sich bis an das mittelländische Meer erstreckt. Es war $\frac{1}{4}$ auf 4 Uhr, als wir dieses Dorf erreichten, welches auf einem Berge liegt, und zu dessen Seite man Dêr Aijûb sieht.

Die weite herrliche Ebene war anfänglich etwas welligt und hügligt, und zeigte einen fürtrefflichen schwarzen Boden, der aber sehr wenig kultivirt war. In den hebräischen Schriften heisst diese Ebene Saron.

„Eine Blume bin ich in Saron." (Hohel. Salom.)

Kurz vor Rámle zeigten sich grosse Schaaren von Raben und Störchen, welche letztern hier Bédscheá heissen. Es war 6 Uhr, als wir in Rámle ankamen. Ich trat in dem spanischen Franciscaner-Hospitz ab, an welches mir der General-Procurator ein Empfehlungsschreiben mitgegeben hatte. Dies Kloster ist ein geräumiges gutes Gebäude, welches 14 bis 15 Zimmer enthält, das mehr zur Aufnahme der hin- und herreisenden Franciscanermönche, als von europäischen Pilgern dient, die hier zu den grossen Seltenheiten gehören. Ausser dem Vice-Procurator traf ich hier nur einen Mönch an. Da dies Hospitz ganz allein auf Kosten Spaniens unterhalten wird: so sind die hiesigen Mönche auch immer Spanier. Es hatte zur

Zeit des französischen Einfalls in Syrien durch die aufgebrachten mohammedanischen Einwohner sehr gelitten. Man raubte alles, und drohte den Mönch zu ermorden, der sich glücklicherweise zu einem Mohammedaner flüchtete, welcher ihn selbst bis an das Ende seines Lebens beschützte und ihn nicht verrieth. Die Einwohner, äusserst aufgebracht darüber, erschossen ihn in der Thüre; aber augenblicklich trat der Bruder des Ermordeten an seine Stelle. „Ihr habt meinen Bruder ermordet! rief er; aber auch ich bezeuge Euch, dass der Flüchtling nicht unter meinem Dache sey, und dass ich seinen Aufenthalt nicht wisse." Der Pöbel glaubte endlich seinen Versicherungen, und der arme Mönch war gerettet. Ein auffallenderer Zug von Gastfreundschaft und Dankbarkeit lässt sich wohl kaum denken. Das unglückliche Opfer desselben und sein Bruder waren Maulthiertreiber, welche dem Franciscanerkloster in Jerusalem beständig von Jaffa Meerfische zuführten. Dies Gewerbe war aber gar nicht bereichernd, und sie waren nichts weniger als wohlhabend.

Der Boden um dies Städtchen ist zwar sandig, aber keineswegs in einem solchen Grade, dass es deswegen den Sonntagsnamen el Rámle (Sand) verdiente. Auf der Ostseite ist ein grosser ausgemauerter Teich befindlich. Indische Feigen wachsen hier in grosser Menge und zwischen den Häusern sieht man manche Dattelpalmen, welche dem Ort ein sehr orientalisches Ansehn geben, um so mehr, da die Häuser fast alle Kuppeldächer haben. Rámle liegt jetzt inwendig halb in Ruinen und ist zu einem geringen Flecken herabgesunken. Es hat indessen noch vier Moscheen, und ausser dem spanischen noch ein griechisches und armenisches Hospitz zur Aufnahme der Pilger von diesen zwey Religionspartheien, welche die Seereise der Landreise vorziehen. Es ist ein offner Ort.

Man baut um Rámle viel Tabak und gewinnt eine nicht unbedeutende Menge Oel aus den vorhandenen Oelbäumen. Ein Theil der wenigen Gärten umher werden durch Schöpfräder gewässert, welche von Pferden in Bewegung gesetzt werden. Man zieht hier auch Süssholz und bereitet viele schwarze Wasserkrüge, wovon das Hundert jetzt viertehalb Piaster kostete.

Ausser den Mohammedanern wohnen hier griechische und armenische Christen. Juden sind jetzt nicht vorhanden; auch trifft man ausser dem katholischen Kloster keine Katholiken an. Die Zahl aller Einwohner dürfte jetzt nur 2000 bis 3000 betragen.

Die Tschakale, die sich vormals in erstaunender Menge um Rámle aufgehalten haben sollen, müssen sich seitdem sehr vermindert haben. Wenigstens hatte ich keine Gelegenheit, auch nur einen zu sehen, oder des Nachts schreien zu hören.

Lydd liegt etwa eine Stunde nordwärts von hier. Es führt noch fast den nämlichen Namen, als zu den Zeiten der Römer, wo es Lydda hiess. Diese vormalige Stadt ist jetzt zu einem Dorfe herabgesunken, und ihrer Zerstörung hatte Rámle sein Daseyn zu verdanken. Lydd soll der Geburtsort des heiligen Georg seyn, wie Christen und Mohammedaner versichern. Nach Büsching war vormals hier ein Franciscaner-Kloster vorhanden, welches schon seit vielen Jahren nicht mehr existirt. Ich besuchte diesen Ort nicht.

26. May. Am folgenden Tage verliessen wir um halb sieben Uhr Rámle. Wir ritten geschwinde, um Jaffa zeitig zu erreichen, weil der Tag heiss werden zu wollen schien.

Nach einer halben Stunde erreichten wir das mohammedanische Dorf Serphánd. Südwärts von diesem Dorfe ist das Grabmal des berühmten Fabeldichters und Weisen Lockman, welcher hier überall unter dem Namen Lukmánn el Hakîm [1]) bekannt ist. Der arabische Verfasser des Táriech Muntechab [2]) erwähnt schon dieses Grabmals. Lockmans Fabeln wurden arabisch, begleitet mit einer französischen Uebersetzung, von den Franzosen in Kahira gedruckt. Ihnen ist das Leben dieses Philosophen vorgesetzt, welches viele interessante Züge von ihm enthält. Ich vermuthe, dass man in den arabischen Reisebeschreibungen des Schechs Cheáry und Abd el Gánny el Ná-

[1]) *d. i. Lokmân der Weise.* [2]) *d. i. Ausgewählte Geschichte.*

bluszý einige Nachrichten von diesem Grabmal finden werde. Beyde sind in der Orientalischen Sammlung in Gotha befindlich. Wäre ich nicht durch die Eilfertigkeit meiner Eseltreiber daran verhindert worden: so würde ich meinem lebhaften Wunsche, dahin eine Wallfahrt zu machen, haben genügen können. Ich wünsche nichts mehr, als dass bald ein europäischer Reisender diese heilige Ruhestätte eines der weisesten Männer des Alterthums, besuchen möge, welche ihm einen lieblichern Stoff zum Nachdenken bieten würde — — — —

Die weite Ebene, welche man nur ostwärts durch Berge begränzt sieht, ist zwar an mehrern Stellen sandigt; allein nichts desto weniger ist der Boden fruchtbar, und würde es bey einer grössern Bevölkerung und einer sorgfältigern Kultur noch in einem weit höhern Grade seyn. Ich sahe unterschiedliche Felder mit Wassermelonen und Kûsza bepflanzt. Jaffa ist in Egypten und den benachbarten syrischen Städten wegen seiner grossen fürtrefflichen Wassermelonen berühmt; aber die wenigsten wachsen davon bey Jaffa, sondern sie werden meistentheils von dieser Ebene dahin geführt.

Um 8 Uhr erreichten wir das Dorf Jasûr, und eine halbe Stunde nachher das Dorf Héidará, wo ich unterschiedliche Baumwollenfelder antraf. Mehrere Oelbaumpflanzungen, die ich unterwegs bemerkte, schienen mir nicht vorzüglich zu seyn, welches vielleicht dem Volksmangel und der daher herrührenden vernachlässigten Aufsicht zugeschrieben werden muss.

Es war $\frac{3}{4}$ auf 10 Uhr, als wir in Jaffa ankamen, wo am Thore meine Reisetaschen untersucht wurden; man hatte seit kurzem den Zöllnern eine geschärftere Aufsicht empfohlen. Ich trat in dem Franciscaner-Kloster ab, dem ich gleichfalls vom P. General-Procurator in Jerusalem empfohlen war, wo ich eine gefällige Aufnahme fand, und wo, da es am Hafen-Strande liegt und man dort einer weiten Meeransicht und einer frischen Luft geniesst, ich mich sehr wohl befand.

Jaffa, Gasa, Rámle, Lydd, Jerusalem u. s. w. hatten noch vor kurzem ihren besondern Pascha; jetzt sind sie indessen, Jerusalem ausgenommen, welches unter der Botmässigkeit des

Paschas von Damask steht, zum Gouvernement des Paschas von Szeida (zu Akre) geschlagen, welcher in Jaffa einen Mützéllim angestellt hat.

Die Stadtmauer ist eben nicht sehr hoch und stark, aber durch den letztern Pascha von Jaffa u. s. w., Abu Márrak, gut ausgebessert. Sie hat 2 Bastionen, die mit einigen Kanonen besetzt sind. Auf der Landseite wird jetzt nur ein Thor geöffnet, welches für die Einwohner seine Unbequemlichkeiten hat. Auf der Meerseite ist Jaffa ganz offen. Die Stadt liegt auf und an einem Hügel, und man gelangt von den am Hafen liegenden Häusern aus dem obersten Stock in eine dahinter befindliche Gasse. Die Häuser längs dem Hafen sind gut und ihre Lage ist angenehm. Fast alle Häuser sind von Kalkstein erbaut, und haben platte oder Kuppeldächer. Da in der Nähe der Stadt keine Steine vorhanden sind: so werden sie zu Schiffe hieher gebracht. Die Kaufhallen der Stadt sind klein und unansehnlich, indessen fand ich sie ziemlich lebhaft. Seit der Invasion der Franzosen in Jaffa liegen noch viele Häuser in Schutt, an deren Aufbauung man nicht zu denken scheint. Der schmale Hafen wird durch ein Felsenriff gebildet, welches aber grosse Lücken hat. Es deuchte mir, die Reste von altem Mauerwerk darauf zu bemerken. Das kleine Kastell auf einer Klippe zur Beschützung des Hafens, dessen Büsching erwähnt, ist nicht mehr vorhanden. Die meisten egyptischen und syrischen Küstenschiffe können in den Hafen einkehren; nur einige grosse, imgleichen europäische Schiffe finden ihn nicht von genugsamer Tiefe und müssen daher auf der Rhede liegen bleiben. Der Hafen ist sehr fischreich. Ich zählte bey Jaffa bloss 12 kleinere und grössere Küstenschiffe, und ich glaube, dass unser Hooksyhl als Hafen fast eben so bedeutend sey, als die uralte Stadt Jaffa.

Ausser dem Franciscaner-Kloster oder Hospitz giebt es hier noch ein griechisches und armenisches, welche zur Aufnahme der Pilger bestimmt sind. Das griechische ist beträchtlich grösser, als die beiden andern, welche indessen nicht so unbedeutend sind, dass sie den Namen von kleinen Häusern verdienten, welche ihnen Büsching giebt. Das Franciscaner-

Kloster ist grösstentheils von Holz gebaut, und hat ausser dem Erdgeschosse, das zum Magazin dient, 2 Stockwerke. Es wird, so wie das Kloster in Rámle, allein auf Kosten Spaniens unterhalten. Ausser dem Vice-Procurator fand ich hier nur 2 Mönche.

Die Einwohner bestehen aus Mohammedanern, Griechen, Armeniern, Katholiken und 2 Samaritern, die beym Mützéllim als Schreiber angestellt sind. Die Zahl der katholischen Christen beläuft sich auf anderthalb hundert, und die Zahl aller Einwohner auf etwa 2500 bis 3000 Seelen. Juden giebt es jetzt gar keine.

Da hier keine Quellen und in der Nähe fliessendes Wasser vorhanden sind: so muss man sich mit Brunnenwasser begnügen. Zur Winterzeit, wenn das Meer hoch geht, ist das Wasser des Klosterbrunnens ein wenig gesalzen. Vier Stunden südwärts von hier ergiesst sich der kleine Fluss Rubîn, und 2 Stunden nordwärts der Fluss el Audsche ins mittelländische Meer. Von der Mündung des letztern Flusses bringt man Süsswasserfische hieher.

Man bereitet hier gute Seife, bessert Schiffe aus und verfertiget Pfeifenköpfe. Tabak wird ziemlich viel umher gebaut. Die Stadtgärten wurden vormals durch den berüchtigten Abu Dáhab, in neuern Zeiten aber durch die Franzosen unter Bonaparte, durch Dschessár Pascha und zweymal durch den Pascha Abu Márrak verwüstet. Jetzt fangen sie wieder an aufzublühen, weil die Vegetation hier schnell vor sich geht. Ich besuchte den neu wieder angepflanzten Garten eines Christen, welcher ihm nach seiner Versicherung vorhin jährlich 2000 Piaster Einkünfte verschaffte. Er wurde, so wie die übrigen Gärten, durch ein Wasserrad gewässert.

Ich bediente mich hier des Seebades, wovon ich die heilsamsten Wirkungen verspürte, und machte bey dieser Gelegenheit eine Sammlung von hiesigen Meerprodukten. Im Fluthmark fand ich viele Stücke Bimstein und unterschiedliche grosse Steinfrüchte von der thebaischen Palme, welche man el Dôm nennt, und woraus man Korallen drechselt. Laufkrabben (Cancer cursor L.) sind hier häufig vorhanden, und verdienen ihres schnellen Laufes wegen völlig ihren Namen. Blaue Meerlungen (Medusa pulmo L.) wurden in erstaunender Menge in den Hafen getrieben und durch die Wellen an den Strand geworfen. Man nannte sie hier ihrer Form wegen Kandîl el bahhr (Meerlampe). Tschakale hatte ich auch hier nicht Gelegenheit zu sehen.

Am 29. May wehte ein stürmischer Wind.

Ich lernte hier zwey Geistliche armenisch-unirter Religion kennen, welche Jerusalem als Pilger besucht hatten, und jetzt wieder in ihre Heimath zurückkehrten. Einer davon hatte mehrere Welt- und Menschenkenntniss, als man gewöhnlich bey der armenischen Geistlichkeit antrifft. Er hatte sich lange in Italien aufgehalten, wo er zu Rom, wahrscheinlich in der Propaganda, seine Studien machte, und wo er die italienische Sprache erlernte.

30. May. Die Kameelführer hatten meine Sachen gebracht. Ich dachte also nur auf meine Abreise.

Ein griechischer Schiffer von Beirût war segelfertig, um nach Akre abzugehen. Ich accordirte daher mit ihm (um 8 Piaster) unsertwegen und wegen meines Gepäcks, und um 10 Uhr verliessen wir Jaffa, welches von der Meerseite eine malerische Ansicht darbietet. — Unser Schiff war eines von den gewöhnlichsten Küstenschiffen, welche man Schachtûr nennt. Es hatte etwa die Grösse eines Fischer-Evers von Blankenese an der Elbe; doch giebt es andere, die grösser sind. Diese Schiffe haben kein Verdeck, und sind mit 3 Segeln versehen. Ist Windstille, so wird gerudert. Eine grössere Art von Küstenschiffen sind die egyptischen von Damiât, die daher auch einen andern Namen führen.

Wir segelten immer in geringer Entfernung von der Küste, die eben und sandig ist. Hinter dieser Ebene zeigten sich aber tiefer landeinwärts Berge. Um 5 Uhr Nachmittags hatten wir Káissérie neben uns, welches vormals Caesarea Palaestinae hiess, und welches das Schicksal aller köstlichen Bauunternehmungen des grossen Herodes hatte, es liegt in Schutt und seine wenigen Trümmer werden von einigen armen Fischerfamilien bewohnt, welche für landende Seefahrer öfters nicht ohne Gefahr seyn sollen.

Um 11 Uhr Nachts kamen wir gegen Tantúra (von Büsching Tartura genannt), dessen Lage durch einen Thurm bezeichnet wurde. Es that mir sehr leid, diesen Ort nicht besuchen zu können, um über das Daseyn der Krokodilen auf dieser Küste eigne Untersuchungen anzustellen. In solchen Fällen sieht man so ganz das Unzweckmässige der Seefahrt für beobachtende Reisende ein, falls anders eine Landreise möglich ist. Nur meine Schwäche, als Folge der Krankheit, erlaubte mir nicht, letztere zu wählen. Ich erkundigte mich in der Folge nach diesem interessanten naturhistorischen Gegenstande, und erhielt von mehrern Personen die Bestätigung des Daseyns dieser merkwürdigen Thiere in jener Gegend. Unter andern erzählte mir ein Matrose von Háipha, ein griechischer Christ, auf einer Fahrt von seinem Wohnort nach Akre Folgendes. Die Krokodile, die im Arabischen Temszách heissen, findet man etwa eine halbe Stunde südwärts von Tantúra in dem Fluss Sérka, [1]) worin sich vielleicht hundert und mehrere aufhalten dürften. Eine uralte Sage versichere, einst sey ein Paar Krokodile von Egypten hieher gebracht, und dies habe sich hier so sehr vermehrt. Da man die Gefährlichkeit dieses Thieres kennt: so macht man erst ein grosses Geschrey, bevor man den Fluss passirt, welcher nahe an seiner Mündung seicht ist und keine Brücke hat. Ein Bauer trieb einst einen mit Getreyde beladenen Esel durch den Fluss, welcher von einem lauernden Krokodil ergriffen und verzehrt wurde. Der Matrose versicherte, er habe ein erschossenes Krokodil am Ufer dieses Flusses gefunden, welches 21 Fuss lang, und so fett gewesen, dass sein Fett den Boden tränkte. Man glaubt dort, dies Thier falle alle Thiere der dortigen Gegend an, den Büffel ausgenommen, den es nicht bezwingen könne. Durch seine Be-

[1]) Auf der Karte des Hrn. Prof. Paulus von Palästina ist südwärts von Caesarea ein Fluss Zirca verzeichnet. Ist dies ein Irrthum? Oder giebt es hier zwey Flüsse gleichen Namens?

schreibung vom Temszách im Sérka sahe ich, dass es wirklich ein Krokodil sey. Es habe, sagte er, die Gestalt einer Eidechse, und sehr harte Schuppen, so dass es nur bey den Augen und vorne unter den Vorderbeinen tödtlich verwundet werden könne. Ihm war es besonders aufgefallen, dass dies Thier seinen Oberkiefer ausserordentlich weit in die Höhe und rückwärts bewegen konnte.

1. Juny. Um zwey in der Nacht kamen wir gegen Atlît über, und als ich des Morgens um halb 6 Uhr erwachte, wurde ich durch den Anblick des Vorgebürges vom Karmel, welches die Araber Râs el Kírmel nennen, überrascht, unter welchem wir in sehr geringer Entfernung vom Strande hinfuhren. Es ist durch eine sehr schmale Ebene vom Meere getrennt; diese Seite ist steil, felsigt, mit etwas Gesträuch bewachsen und zeiget nichts Angenehmes. Auf seinem Scheitel sieht man das jetzt unbewohnte und verfallene Kloster der Karmelitaner-Mönche. Mit Majestät stieg die Sonne empor und ihre ersten Strahlen begrüssten dies heilige Vorgebürge. Um aufrichtig zu seyn, muss ich gestehen, dass ich mir den Karmel weit reizender geträumt hatte, als ich ihn jetzt fand, und mein sehnlicher Wunsch, bald auf eine Zeit lang dort ein Einsiedler zu werden, wurde sehr abgekühlt.

Mit diesem Vorgebürge fängt der Meerbusen (el Dschûn) an, welcher zwischen Háipha und Akre befindlich ist, und einen flachen Ausschnitt in der Küste bildet. Háipha blieb in einiger Entfernung, es liegt ein wenig in den Meerbusen hinein am nördlichen Fusse des Karmel. Die Ufer um den Busen sind sehr flach und sandigt. Akre liegt in dem Winkel, welchen die Bucht auf ihrer Nordseite mit der allgemeinen Küstenlinie macht. Es war halb 9 Uhr, als wir des Morgens in den Hafen dieser Stadt einliefen, welche sich wegen ihres ziemlich ebenen Bodens von der Meerseite weniger hübsch ausnimmt, als Jaffa. Die neue Moschee, welche Dschessar Pascha erbauen liess, nimmt sich vortheilhaft aus, aber fast alle übrigen Gebäude sind hinter der hohen Mauer versteckt, welche die Stadt auch auf der Meerseite einschliesst.

Der Hafen hat eine regelmässige Form, und wird durch eine starke hohe Mauer gebildet, welche auf einem Felsenriff aufgeführt ist, und welche sich mit einem starken Thurm endet, worauf etliche Kanonen befindlich sind. Diesem gegenüber steht in einiger Entfernung ein andres kleines Fort im Wasser und in der Mitte der weiten Hafenmündung, welches beständig mit einer Wache besetzt ist, etliche Kanonen hat und mit dem vorhin angeführten den Hafeneingang sichert. Dies Fort dient auch zu einem Leuchtthurm, welcher im Arabischen: el Mdára heisst. Von der Hafenmauer waren schon etliche Stellen eingestürzt, obgleich sie erst vor wenigen Jahren von Dschessar Pascha neu aufgeführt wurde. Im Grunde des Hafens ist ein kleines Gebäude von Pfahlwerk erbaut, wo das Auf- und Abladen der Schiffe geschieht. Die Waaren bleiben hier aber nicht liegen, weil kein Raum dazu vorhanden ist, sondern werden sogleich durch das dort befindliche Hafenthor in die Stadt gebracht, wo sie in etlichen Chânen aufbewahrt werden. Innerhalb dem Thore ist das Zollamt. Im Hafen sieht man fast weiter nichts von der Stadt als die Aussenseite etlicher Gebäude, welche auf der Meerseite der Stadt zu einer Mauer dient. An einer Stelle ist auf der Hafenmauer ein Kiosk erbaut, woraus man einer angenehmen Aussicht über einen Theil der Stadt, über den Hafen und über den ganzen Meerbusen bis an den Karmel geniesst. Man findet jetzt im Durchschnitt im Hafen nur ein Dutzend kleiner und grosser Küstenschiffe. Ein einziges europäisches Schiff, welches ich hier fand, bediente sich der russischen Flagge. — Der Hafen hat einen Felsengrund, kleine Schiffe sind immer sicher in demselben; allein europäische Schiffe, die den Winter über hier aufgehalten werden, ziehen die Rhede von Häipha dem Hafen vor.

Innerhalb dem Hafenthor kommt man auf einen Platz, welcher zum Theil mit Arkaden umgeben ist, und welcher an einen ansehnlichen Chân stösst, welcher von Dschessar Pascha erbaut wurde. Der untere bedeckte Gang, welcher den regelmässig viereckigten Hofplatz umgiebt, ruht auf 32 starken Säulen von egyptischem Granit, welche aber weder Kapital noch Piedestal haben. Ohne Zweifel fand man diesen seltenen Schatz hier unter den vormals zahlreichen Ruinen des alten Ptolemais, wovon man noch hier und da mehrere Granit- und Marmorsäulen theils als Baumaterial angewendet, theils unbenutzt herumliegen sieht.

Gleich daneben ist ein kleiner Chân befindlich, welcher vom Röm. K. Generalconsul und dem neapolitanischen Viceconsul Hrn. Catafago bewohnt wurde, welchem letztern ich empfohlen worden war. Er hatte die Gefälligkeit, mir auf meine Bitte einige Zimmer in dem sogenannten französischen Chân zu meiner Wohnung anweisen zu lassen. Dieser Chân ist der grösste in Akre, welches in allem 5 Châne hat, wovon 3 von Dschessar Pascha erbaut wurden. Ich hatte das Vergnügen, beym Hrn. Catafago etliche von den hiesigen Franken kennen zu lernen, unter andern den Negozianten Hrn. Giustini von Triest, welchem ich während meinem Aufenthalte in Akre manche Gefälligkeit verdanke.

Mein Logis war, weil es seit geraumer Zeit unbewohnt stand, sehr vernachlässigt und überdem gänzlich von Möbeln entblösst. Da es indessen geräumig genug und luftig war, und überdem eine Lage an einer volkreichen Strasse hatte: so entschloss ich mich jetzt, den Sommer hier zuzubringen, weil das Karmelitaner-Kloster auf dem Karmel noch unbewohnt war. Mein Tagebuch aufs Reine zu bringen, wird meine vorzüglichste Beschäftigung seyn.

Akre, von seinen Einwohnern A'kke genannt, verdankt seine neuere Bedeutendheit dem grausamen Dschessar Pascha, dessen Name in der Geschichte immer mit Schande befleckt seyn wird, obgleich man seine Bemühungen um die Wiederbelebung dieser Stadt lobenswürdig nennen muss. [1]) Die Festungswerke der Stadt, seine hübsche Moschee, seine Châne, und seine Kaufhallen machen ihm Ehre. Schon vor ihm liess sein bekannter Vorgänger, Schech Dáher, Akre auf der Landseite mit einer hohen ansehnlichen Mauer einfassen. Während der Belagerung durch die Franzosen wurde sie an vielen Stel-

[1]) Man nennt jetzt zwar den Pascha von Akre, weil er hier seine Residenz hat; allein der osmanische Hof kennt ihn in allen Schriften nur unter dem Namen des Paschas von Séida, weil dort der eigentliche Sitz desselben ist.

len verdorben, Dschessar Pascha liess sie gleich nach ihrem Abzuge nicht nur völlig wieder herstellen, sondern umgab dieselbe in einer Entfernung von etwa 120 Fuss mit einem 90 bis 100 Fuss breiten hohen Walle, welcher in- und auswendig mit einer starken Mauer eingefasst ist und auf der Aussenseite einen trocknen Graben hat, den der jetzige Pascha Soliman während meinem hiesigen Aufenthalte völlig in Stand zu bringen suchte, indem er seine Aussenseite ausmauern liess. Dieser Wall ist mit einer starken Brustwehr und mehrern Rondelen versehen, die mit einer Menge Geschütz besetzt sind. Auch ist hier eine kleine Soldaten-Caserne. Die Fläche des Walls wurde in einen Garten verwandelt, welcher mit vielen Dattelpalmen, Tamarisken und anderm Gesträuch besetzt ist, und wo man mehrere Gemüsearten, z. B. Kûsza, Kárra und andere, zieht. Da es dem Garten an Wasser fehlte: so liess er eine Kastenkunst anlegen, welche von Maulthieren getrieben wird und in 2 Hüben das Wasser zu dieser bedeutenden Höhe bringt, wo es auf die gewöhnliche Art durch kleine Kanäle vertheilt wird. Die Dattelpalmen kommen sehr gut fort, werden in wenigen Jahren einen beträchtlichen Nutzen abwerfen und überdem den Anblick der Stadt ungemein verschönern. Ausser diesen Datteln liess er schon früher noch ein paar Pflanzungen neben seinem Saraï anlegen, deren jährlicher Ertrag schon jetzt zu 3—4000 Piastern verpachtet seyn soll. Die hiesigen Datteln kommen den egyptischen sehr nahe, und gewähren, besonders so lange sie frisch sind, eine sehr angenehme Speise. — Der Wall würde einen ungemein hübschen Spatziergang darbieten, wenn nicht die Aussicht durch die hohe Brustmauer grösstentheils behindert würde. Die nahe umliegende Gegend zeigt jetzt nichts Angenehmes, da die Gärten durch die Franzosen grösstentheils zerstört wurden, und man nur sehr langsam arbeitet, sie wieder herzustellen.

Der Umfang von Akre innerhalb der Mauer ist klein; es ist aber stark bevölkert. Die Häuser sind meistens von Kalkquadern erbaut und haben platte Dächer. Nur wenige Strassen haben eine erträgliche Breite; die meisten sind enge, krumm und winklicht, die wenigsten haben ein erträgliches Pflaster, und einige haben noch gar keines. Ein paar Stellen der Stadt liegen noch in Ruinen.

Das hiesige Trinkwasser hat einen etwas salzigen (bracken) Geschmack. Man bringt es aus einigen Schöpfbrunnen ausserhalb der Stadt, wovon der Ain el Szitt das beste liefert. Das Brunnenwasser in der Stadt ist nur im Nothfall trinkbar. Unter der neuen Moschee des Dschessar Pascha ist eine grosse Cysterne für Regenwasser befindlich; ausserdem weiss ich von keinen Cysternen, es möchte denn eine im Kloster der Franciscaner-Mönche von Terra Santa vorhanden seyn. Dschessar Pascha liess mit einem grossen Aufwande das Wasser einer 3 Stunden nordwärts von Akre entfernten Quelle, el Kábre, hieher leiten und in der Stadt vertheilen. Da das Wasser über ein unebenes Terrain geführt wurde: so musste man an einigen Stellen lange Brücken-Aquädukte anlegen u. s. w. Dies nützliche Werk, welches seinem Urheber wahre Ehre machte, wurde durch die Franzosen zerstört, und jetzt müssen die Einwohner ihr schlechtes Trinkwasser kaufen.

Akre hat 3 öffentliche Bäder, 4 Moscheen, eine griechische Kirche mit einem Kloster daneben, wo ein Bischof und zwey Mönche wohnen; einen griechich-unirten Bischof; eine Maroniten-Kirche, und im französischen Chân ein kleines Franciscaner-Kloster, worin sich nur 2 bis 3 Mönche aufhalten. Sowohl der griechisch-unirte als der maronitische Bischof machten ihre Studien in Rom; sie sind gewöhnliche Pfarrer, und man muss sich unter ihnen ja keine europäische Bischöfe vorstellen.

Die hiesigen Juden versammeln sich im Hause des jüdischen Banquiers vom Pascha, Hrn. Haijîm, im französischen Chân.

3. Juny. Da diese Stadt ihres geringen Umfangs ungeachtet als der Sitz eines Paschas immer einiges Militair hat, und dies keine andere Beschäftigung hat, als bey den Kaffeehäusern zu sitzen und die Vorbeygehenden anzusehn: so fehlt es hier auch nicht an solchen Leuten, welche sich durch die Belustigung des Publikums ihren Unterhalt verschaffen. So sahe ich hier während meinem Aufenthalte in Akre mehrmals

Tänzer von Damask, Ringer und Fechter, Possenreisser, die eine plumpe Farce spielten, Erzähler u. s. w., welche die Anwesenden auf öffentlicher Gasse einige Stunden zu unterhalten suchen. Possenreisser sollen gewöhnlich Kopten seyn. Ihre Gesellschaft besteht meistentheils nur aus 2 oder 3 Personen, wovon immer einer ein Knabe ist. Die Hauptsache ihrer Kunst besteht darin, dass der Eine den Tölpel macht, welcher sich durch sein Betragen eine Menge derber Ohrfeigen zuzieht, die um so mehrern Beyfall finden, je mehr sie klatschen. Des Abends ist überdem vor einem oder dem andern Kaffeehause Musik, welche von einem oder ein paar, gewöhnlich egyptischen, Sängern und etlichen Musikanten besorgt wird. Ich brachte des Abends gewöhnlich eine Stunde bey einem stark besuchten Kaffeehause zu, um dieser Musik mit beizuwohnen, und ich muss gestehen, dass ich nach und nach wirklich Geschmack daran fand. Die Sänger wechseln mit Volksliedern (Ganníje), Mauál's, [1]) die man mit den französischen Quatrains oder italienischen Stanzen vergleichen könnte, und mit Schoggl, einer Art von bessern Liedern, die man Sonetten oder kleine Gedichte nennen könnte, ab. Diese und die Volkslieder haben für europäische Ohren gefälligere Melodien, als die Mauál's, die mit einer furchtbaren Anstrengung und oft gezogener und trillernder Stimme mehr geschrieen als gesungen werden, und die daher öfters den Sängern Brüche zuziehen sollen. Sie sind reich an Wortspielen und Spitzfindigkeiten; es ist gewöhnlich, dass dieser und jener Anwesender verlangt, dass der Sänger für ihn, oder für einen ihm bekannten anwesenden Fremden ein Mauál singe, da dann der Sänger nicht unterlässt, ein solches zu wählen, welches etwas Schmeichelhaftes für denjenigen, dem er es singt, enthält, wofür man ihm einoder mehrere Para schenkt. Der Gegenstand der Lieder betrifft gewöhnlich die Liebe, bisweilen auch neuere Vorfälle, indem fast jede, etwas merkwürdige historische oder jede lächerliche Begebenheit Veranlassung zu einem neuen Liede giebt. Die Musik besteht gewöhnlich aus einer oder zwey

---

[1]) *Eigentlich Geheul, Wehklage.*

Violinen, einem Hackebrett, einem Tambour de Basque und einem paar kleinen Pauken (el Nackarât), um den Takt anzugeben. Seltener hört man eine Derwischflöte, oder ein anderes brummendes Rohrinstrument, welches man mit unserm Fagot vergleichen könnte, oder auch die schneidenden Töne einer Schalmey. Mehrmals liess sich auch ein arabischer Bänkelsänger hören, welcher einzelne Stücke aus der Geschichte des Beni Helál absang, und seinen Gesang mit der Erbábe oder arabischen einsaitigen Geige begleitete. Diese aus mehreren Bänden bestehende Geschichte ist fast ganz in Versen abgefasst und gehört in ganz Syrien, Palästina, Arabien und Egypten zu den bekanntesten und beliebtetsen Erzählungen, und es giebt vielleicht keinen Beduinen, Bauer und Städter, der nicht mehrere oder wenigere Fragmente davon auswendig wüsste. Die Geschichte des Beni Helál ist ein grosses Heldengedicht, dessen Versbau dem Wohlklange der Hexameter nahe kommt und diese noch insofern übertrifft, dass diese Verse sich mit einem Reime enden, der, welches einen Beweis von dem auffallenden Reichthum der arabischen Sprache abgeben dürfte, oft mehrere Seiten der nämliche bleibt. Ich hatte sehr häufig Gelegenheit, sie von Bauern oder Beduinen declamiren zu hören, und ich muss gestehen, dass der liebliche Cadenz der Verse mir viel Vergnügen machte. Man sieht aus dieser Geschichte von Beni Helál, wie es möglich war, dass sich einst unter den Griechen Homers herrliche Dichtungen erhielten. Denn mit der Odyssee dürfte man jenes historische Gedicht am ersten vergleichen können.

Die Fechter und Ringer bedienen sich des nämlichen Kostüms und des nämlichen Verfahrens, als ich es in Konstantinopel beobachtet habe. Die Tänzer sind gewöhnlich 2 glattbärtige junge Leute, welche sich zum Tanze auf eine besondere bunte Art kleiden, zumal derjenige, welcher das Mädchen vorstellt; oft lassen sie den Oberleib nackt. Sie begleiten ihren Tanz, der aus sonderbaren convulsivischen Bewegungen und oft sehr unanständigen Situationen besteht, mit den kleinen metallenen Fingerscheiben, womit sie den Takt angeben.

Akre hat nur 2 Thore, eines am Hafen und das andere auf der Landseite an dem Ostende der Stadt, dicht am Strande. Dies hat für die Einwohner grosse Unbequemlichkeiten, und wird nur dadurch einigermassen erträglich, dass die Stadt klein ist. Es hat für die Regierung den Vortheil, dass man nur für die Sicherheit eines Thores zu sorgen hat, und die Aufsicht über Verzollung der Produkte dadurch erleichtert wird. Ausserhalb dem Thor ist der mohammedanische Begräbnissplatz und etliche schlechte Gärten sind auf einem hohen Boden, der zum Theil aus Flugsand besteht. Auch wohnen dort unter einigen Ruinen die öffentlichen Mädchen, welche des Militairs wegen hier geduldet werden. — Der schmale niedrige Strand längs dem Meerbusen besteht ebenfalls aus Sand und wird öfters bey stürmischen Winden zum Theil vom Meerwasser überströmt. Der Strand um den Meerbusen ist der Weg nach Háipha; man wählt indessen gewöhnlicher die Wasserfahrt. Einer meiner gewöhnlichsten Spaziergänge war längs diesem Strande bis an die Mündung des kleinen Flüsschens el Náamên (النعمين), Belus der Alten, welcher etwa $\frac{1}{2}$ Stunde von der Stadt entfernt ist. Dies Flüsschen führt höher hinauf auch den Namen el Kerdáne, da nämlich, wo etliche Mühlen an seinem Ufer angelegt sind. Da seine Mündung seicht ist: so ist keine Brücke darüber gebaut, obgleich diese Landstrasse sehr häufig besucht wird. Er bildet in geringer Entfernung von seiner Mündung mehrere kleine Sümpfe, die voll von zahmen Rohre (Arundo donax L.), langen Binsen u. s. w. stehn, und die des Sommers, wenn sie etwas austrocknen, hässliche Dünste von sich geben. Es würde einer bessern Regierung sehr leicht fallen, diese auszutrocknen und zu kultiviren. Allein in einem Lande, wo so viele Stellen des trefflichsten Bodens unbenutzt liegen, wem fiele es wohl ein, auf solche Verbesserungen zu denken?

Der flache sandige Strand um den Meerbusen ist wenig reich an ausgeworfenen Meerprodukten; indessen traf ich dort etliche Meerkörper an, die ich auf der Nordseite von Akre, wo der Strand aus Kalkfelsen besteht, nicht antraf. Da ich während meinem hiesigen Aufenthalte fast täglich den Strand besuchte, und mit der grössten Aufmerksamkeit seine Produkte sammelte: so darf ich mir schmeicheln, dass die für das orientalische Museum bestimmte Sammlung zu den vollständigsten gehöre, die man von der syrischen Küste in Teutschland hat. Sowohl in Jaffa als hier und in Szûr trifft man die wahre Purpurschnecke der Alten, und dies ist Murex trunculus L. Ich habe Versuche mit dem Safte des Thieres angestellt, welche dies unläugbar beweisen.

Ich besuchte nachher die von Dschessar Pascha erbaute neue Moschee, die neben seinem Saráï befindlich ist. Es ist etwas ganz Eigenes, dass es einem Christen erlaubt ist, diese Moschee zu besehen, da dies in den allerwenigsten Städten des osmanischen Reichs erlaubt ist. Sie ist auf 2 Seiten mit einer guten gewölbten Kaufhalle umgeben. Von 3 Seiten führen Treppen von Marmor in den Vorhof derselben, der wegen der darunter befindlichen grossen Cysterne 8 bis 10 Fuss höher, als die ihn umgebenden Gassen sind. Der Vorhof ist mit polirten Marmorplatten gepflastert und mit offenen Arkaden umgeben, die auf Säulen ruhen. Der Portik der Moschee besteht aus 6 Granitsäulen, die aber schlecht polirt sind und keine regelmässigen Knäufe haben. Inwendig bildet die Moschee ein gleichseitiges Viereck, welches von einer Gallerie eingefasst wird, das auf Marmorsäulen ruht, die ein weites Kuppeldach tragen. Diese Säulen sind sehr gut polirt, theils von fleischrother, theils weisser Farbe; allein sie sind schwach, und ihre Knäufe gehören keiner Ordnung an, obgleich sie nicht schlecht in die Augen fallen. Man hat nach osmanischer Art bald um die Knäufe, bald um das Piedestal messingene polirte Reifen zur Zierde angebracht. Die Wände der Moschee und ihre Kuppel sind inwendig auf eine sehr gefällige Art mit bunten Farben bemalt, und an die Wände sind einige Sprüche aus dem Koran geschrieben. Von der Mitte der Kuppel hängt eine grosse schöne europäische Lustre von Krystallglase herab, und ausserdem sind noch einige gläserne Armlampen nach levantinischer Art angebracht. Der Fussboden der Moschee ist mit feinen egyptischen geflochtenen Rohrmatten belegt. Das Innere ist sehr helle, und Alles zeigt sich in einem sehr freundlichen Lichte. Ich fand in der Mitte der Moschee ein Dutzend Mohammedaner, wovon Einer in einem lebhaften Vortrage vielleicht den Koran erklärte, indem es ausser der Zeit des Gebets war. Neben der Moschee, die von aussen einen weissen Kalkbewurf hat, stehen auf dem Hofe, der sie umgiebt, einige schöne Cypressen und Dattelbäume, welche ihr nicht wenig zur Zierde gereichen. Zwischen ihnen sieht man das marmorne Mausolee des Erbauers dieser Moschee, der in Hinsicht seiner Humanität gewiss diese Ehre nicht verdient hätte. Ausserhalb der Moschee und zwar auf der Seite des Saráï ist bey dem dortigen Eingange ein kleines hübsches marmornes Gebäude, wo aus der Moschee-Cysterne immer Wasser zum Trinken für Vorbeygehende aufgefüllt wird, und wo die Mohammedaner sich vor dem Gebet waschen. Dschessar Pascha beschenkte seine Moschee mit einer kleinen Bibliothek, die nie veräussert werden darf. Solche Bibliotheken findet man bey allen Moscheen, die etwas bedeutend sind.

Das neben der Moschee befindliche Saráï wurde gleichfalls von Dschessar Pascha gebaut; es ist zwar ziemlich gross, aber ganz unregelmässig gebaut. Ein Garten daneben ist voll von schönen Dattelpalmen, und wird öfters von den hiesigen Franken zu einem Spaziergange benutzt. Die Dattelpalmen werden durch die gewöhnliche Schöpfmaschine gewässert, und der Boden umher vom Unkraut rein gehalten. Es stehen hier auch etliche Cypressen und Granatäpfelbäume. Dschessar Pascha führte hier zum Behuf seiner Bauten eine Art plumper kleiner Karren ein, deren Räder aus einem Stück bestehen. Man scheint aber jetzt wenig Gebrauch davon zu machen.

Die Küste von Akre ist ziemlich reich an Fischen. Man bedient sich im Hafen sonsten eines grossen Zugnetzes, welches im Arabischen Dscharûpheh, جاروفه [1]) heisst. Ich hörte, dass der Pächter der Fischerey jährlich 5000 Piaster an den Pascha bezahle.

4. Juny. Auf der Nordseite von Akre ist der Strand etwa eine kleine halbe Stunde weit felsigt und besteht aus

[1]) *Dies Wort fehlt im Meninskischen Lexicon.*

Kalkstein, der von dem Meerwasser und den Meerwürmern angefressen ist. Auf den Felsen, die von der täglichen Fluth bedeckt werden, wächst eine Menge Tange, Flustra, Ulva, Korallinen, Sertularien, Schwämme, Korallen u. s. w., und ein Naturforscher, der sich einige Jahre lang in Akre aufhalten könnte, würde hier eine gute Gelegenheit finden, Beobachtungen über diese Meerbewohner zu machen. Meine Sammlung von denselben und von den dortigen Conchylien wird hoffentlich unsern teutschen Naturforschern willkommen seyn. — An dieser Felsenküste findet sich die Purpurschnecke häufig. Sie giebt einen purpurfarbenen Schleim von sich, obgleich in geringer Menge. Ich färbte Papier dauerhaft damit. Nicht jede Schnecke gab diesen Saft; andere hingegen schienen sich beym Sterben fast ganz in diesen Schleim aufzulösen. Man erkennt die purpurgebenden gewöhnlich an einer blaulichten Mündung, und die Spindellefze hat oft eine blaulichte Kruste. Es würde nützlich seyn, zu untersuchen, von welchen Meerpflanzen sie sich vorzüglich ernähre, indem es wahrscheinlich ist, dass sie diesen blauen Saft vorzüglich von einer Pflanze erhält. Und ist dies: so wäre es vielleicht möglich, aus dieser Pflanze unmittelbar den Purpur zu ziehen. Ausser dieser wahren Purpurschnecke findet man hier noch eine andere, die gleichfalls eine ähnliche, obgleich weit schlechtere Farbe liefert. Dies ist die Helix Janthina L. Das Vordertheil ihres Bewohners ist sehr auffallend, indem es aus kleinen zusammenhängenden Seifenblasen zu bestehen scheint.

6. Juny. In den Conchylien auf der Nordseite von Akre fand ich viele kleine Bernardiner-Krebse. Eine andere Krebsart hatte vorne am Thorax 2 Einschnitte oder Zähne. Actinien finden sich ziemlich häufig in den Felsenritzen, die immer mit Meerwasser bedeckt sind. Eine sehr verschlungene Art Serpula bedeckt die Strandfelsen so sehr, dass sie den Verlust des Gesteines durch die Meereswellen durch ihre Bauten zu ersetzen sucht.

Ich fand heute die Rana rubeta L. und die griechische Schildkröte auf dem Felde.

7. Juny. Ein starker Regenschauer, welcher heute Nachmittag fiel, gehörte zu den Seltenheiten in dieser Gegend.

8. Juny. Ich war heute zum Diner beym Herrn Grafen von Sigowich, K. K. General-Consul, eingeladen. Hr. Graf Sigowich war in seinen frühern Jahren venetianischer Consul in der Barbarey und nachher mehrere Jahre in Alexandrien bis zur Zeit der französischen Eroberung von Egypten. Durch die Beendigung der venetianischen Republik verlor er sehr viel. Nach dem Verlust seines Postens in Alexandrien reisete er nach Wien, um sich seinem neuen Monarchen, dem damals Venedig zugefallen war, vorzustellen, und erhielt von ihm das General-Consulat von Syrien von Gasa bis Lattakia. Seit einem Jahre befindet er sich hier. Sein Consulat würde sehr einträglich gewesen seyn, wenn nicht unglücklicher Weise Venedig wieder in die Hände der Franzosen gefallen wäre, wodurch seine gehofften Einkünfte auf Nichts reducirt wurden, indem die Consuls des Kaisers von Oestreich keinen festen Gehalt beziehen. Der Graf ist ein Mann von etwa 60 Jahren und zeichnet sich durch eine gefällige Höflichkeit und nicht gemeine Geistesbildung aus. Seine liebenswürdige Gemahlin ist eine Venetianerin, welche dem schönen Geschlecht ihrer Vaterstadt Ehre macht.

11. Juny. Ich bediene mich hier des Meerbades mit dem sichtlichsten Nutzen, und ich bin immer mehr überzeugt, dass es zu den kräftigsten Stärkungsmitteln gehört, welche die Aerzte empfehlen können.

Die schöne himmelblaue Seelunge (Medusa pulmo L.) ist auch hier nicht selten. Ihre Substanz ist beträchtlich fester, als bey den meisten übrigen Medusen.

14. Juny. Gegen Abend kam endlich der französische General-Commissair Mr. Pillavoine, den ich in Konstantinopel hatte kennen gelernt, und den man seitdem alle Jahre erwartet hatte, hier an. Ein paar Monate vor ihm hielt sich der neue französische für Szeida bestimmte General-Commissair

einige Wochen hier auf; er war aber kurz vor meiner Ankunft nach dem Ort seiner Bestimmung abgereiset. Jetzt sind alle französischen Consulate in der Levante besetzt, aber der Seekrieg mit England macht es, dass sie fast ohne Geschäfte sind, indem der französische Handel gänzlich im Stocken ist. Man hört nichts als Klagen von den französischen Handelshäusern und den lebhaften Wunsch der Beendigung des Krieges. Ich habe mich bisher noch immer vergebens bemüht, gegen einen Wechsel auf Kahira Geld zu erhalten, und Jedermann versichert mir, es würden jetzt fast gar keine Geschäfte mit Egypten gemacht.

15. Juny. Die Einwohner von Akre lieben geräuschvolle Vergnügungen leidenschaftlich. Täglich hört man Tanz und Musik in einzelnen Häusern. Die Beschneidung und eine Hochzeit wird immer durch eine Procession und Musik gefeiert u. s. w. Es sind hier mehrere egyptische Familien ansässig und diese haben den Gebrauch, ihre Töchter zu beschneiden, auch hier beybehalten.

Die Witterung war bisher in Betreff der Hitze nicht beschwerlich. Gewöhnlich fängt sie in der Mitte dieses Monats an, sich zu verstärken, und in den Hundstagen erreicht sie ihre grösste Höhe.

Man fischt hier und, wie es scheint, auf der ganzen Küste Syriens Badeschwämme. Die hiesigen sollen von vorzüglicher Güte seyn. Es zeigten sich heute 17 Bööte, welche zu dieser Fischerey bestimmt sind; jedes Boot hat seine Taucher, welche oft viele Faden tief untertauchen, um die Schwämme von den Felsen loszureissen. Diese Bööte sollen einem Entrepreneur in der Gegend des Marmora-Meeres zugehören. Dieser reiche Aga hat ein ausschliessendes Privilegium, die Schwämme überall fischen zu lassen. Tripolis scheint indessen eine Ausnahme zu machen. Des Abends legen diese Fischerbööte an die nächste Küste an.

Ausserhalb der Stadt sieht man einige wenige Sycomoren (Ficus sycomorus L.), welche die Araber el Dschümmês nennen, und deren Früchte, die um die Mitte des Junius reif sind, man geniesst. Sie haben immer sehr kurze, aber oft sehr starke Stämme, aus welchen man in Egypten bekanntlich die Mumiensärge machte. Bey Tripolis fand ich diesen Baum nahe am Strande bey einem der Strandthürme, und er blieb mir damals unbekannt; auch bey Beirût soll man Sycomoren finden; sie sind indessen im Ganzen genommen in Syrien sehr selten.

Die egyptischen Weiber behalten auch hier ihre Tracht bey. Sie zeichnen sich besonders durch die langen schwarzen spitz zulaufenden Beutel aus, worin oben die untere Hälfte des Gesichts versteckt ist, und welche bis auf den Bauch herabhängen. Nur die uralte Gewohnheit konnte ein so hässliches Kleidungsstück erträglich finden, bey dessen Anblick man unwillkührlich an die Futterbeutel erinnert wird, welche man den hiesigen Lastthieren vor das Maul hängt.

25. Juny. Seit einem paar Tagen hat die Hitze zugenommen. Dies ist alle Jahre der Fall vom 21. Juny etwa angerechnet. Indessen ist sie noch immer sehr erträglich, und würde es noch mehr seyn, wenn nicht die hohen Stadtmauern, zumal auf der West- und Nordwestseite, die kühlenden Meerwinde in etwas zurückhielten.

29. Juny. Seit mehrern Tagen sieht man hier Wassermelonen zum Verkauf; es ist aber eine kleine Art, welche nur die Grösse eines Kindeskopfes hat. Späterhin bringt man in grosser Menge Wassermelonen von Jaffa hieher, die sich durch ihre Grösse und Güte auszeichnen.

Ausser den Früchten des Sycomors verkauft man jetzt in den Basaren Aepfel von Damask, kleine schlechte Pflaumen und halb reife Fruchtkolben von Mays, welche man röstet, und welche alsdann von Klein und Gross als eine beliebte Speise gegessen werden. Abrikosen aus hiesigen Gärten sieht man seit anderthalb Wochen nicht mehr; man bringt aber viele von Damask hieher, die weit grösser sind.

Der hiesige Pascha Soliman ist sehr einfach in seiner Kleidung und scheint wenig prunkliebend zu seyn. Da er vormals zu dem Corps der Mammeluken in Egypten gehörte:

so behielt er auch seitdem eine Vorliebe für ihre Tracht, deren er sich immer bedient, und wovon die weite Tuchhose das Ausgezeichnetste ist. Soliman war viele Jahre lang Sklave von Dschessar Pascha, welcher ihn sehr liebte und nach und nach zu wichtigen Stellen beförderte. Indessen kam ihm beym Absterben seines Herrn sein Nebenbuhler, Ismail Pascha, zuvor, der sich zum Nachfolger in der Paschawürde erklärte. Soliman erhielt indess die Bestallung von Konstantinopel und mit Hülfe des Paschas von Damask und durch Einverständniss mit einer Parthey unter den Soldaten des Ismail Paschas, die ihren Herrn verrieth, wurde er in seine Würde eingesetzt. Er geht öfters mit einem kleinen Gefolge durch die Stadt, und ich sahe ihn einst selbst einen christlichen Krämer, der einige Melonenschaalen auf die Gasse geworfen hatte, mit einem Stock, den er gewöhnlich trägt, einige derbe Streiche zuzählen. Das Manoeuvre geht sehr geschwinde vor sich; der Krämer wurde schnell von 2 Sbirren aus seinem Laden herausgerissen und in einem Augenblick aufs Gesicht niedergeworfen.

Die beiden Paschalike Thrablos und Szeida (Akre) haben die Obliegenheit, die Kosten der Relais-Kjerwane (el Dschérde) zu bestreiten, und dieselbe zu organisiren. Diese Kjerwane zieht bekanntlich der grossen Pilger-Kjerwane bis auf halbem Wege, nämlich bis nach Heddíje, entgegen und bringt ihr alle Bedürfnisse an Lebensmitteln, Thierfutter u. s. w., welche sie in Mekka und Medina entweder gar nicht oder nur zu einem zu hohen Preise erhalten könnte.

1. July. In einer grossen Procession wurden etliche kleine Knaben, die beschnitten werden sollten, mit Musik durch die Stadt geführt. — Der Pascha oder sein Schatzmeister und andere Personen von der Regierung oder vom Militair haben die Gewohnheit, sich fast täglich etliche Stunden lang beym Stadtthore zu setzen, wo sie ihre Geschäfte eben sowohl betreiben als im Divan oder in ihrem eignen Hause. Dies erinnert mich an eine uralte Sitte, worauf in den hebräi-

schen Schriften an mehrern Stellen angespielt wird, z. B. in Buch Ruth, Klagelieder Jeremiä 5, 14 u. s. f.

Täglich kommen hier Kameelzüge an, welche mit Weizen beladen sind. Man schüttet denselben auf einem öffentlichen Platz vor dem neuen Chân in kleinen oder grössern Haufen unter freiem Himmel auf. Beständig liegen Küstenschiffe im Hafen, welche dies Getreyde laden und nach Beirût bringen, welche Stadt einen bedeutenden Handel damit nach dem Gebürge von Kesruân und der Drusen führet. Die Käufer, gewöhnlich Beirûter, kommen immer selbst hieher und kaufen das Getreyde unmittelbar von den Bauern.

2. July. Vielleicht ist im ganzen osmanischen Reiche keine Stadt von gleicher Grösse, wo man öffentliche Vergnügungen so sehr liebt, als in Akre, und es scheint, dass man sich unter einem menschlichern Pascha wieder dafür schadlos halten wolle, was man vorhin aus beständiger Furcht für einen grausamen Tyrannen versäumte. Heute wurden wieder ein paar kleine Knaben, die beschnitten werden sollten, in einer geräuschvollen Procession durch die Stadt geführt. Den Anfang des Zuges machten 2 verkleidete Possenreisser, welche als 2 wilde Thiere an Ketten geführt wurden, und die beständig mit Prügeln auf sich und auf Andere losschlugen. Ein Dritter zu Pferde trieb sie gleichfalls durch Prügel vor sich her. Auf ihn folgten etliche Trommelschläger; hierauf eine Gruppe Tänzer von Damask, in Weibertracht verkleidet. Dann folgten etliche Paradepferde, welche zu dem Ende vom Pascha hergegeben werden; hierauf kamen einige Fechter; dann die Knaben prächtig geputzt und zu Pferde sitzend, und hinter ihnen ein Trupp Musikanten mit vielen grossen türkischen Trommeln und Schalmeien. Den Beschluss machte ein Haufen Weiber, welche häufig ihr gewöhnliches Freudengeschrey Li li li etc. erschallen liessen. Eine solche Procession muss den Vätern der Knaben eine beträchtliche Ausgabe verursachen.

3. July. Auf dem sandigen Boden auf der Ostseite von Akre sieht man eine erstaunende Menge von Erdschnecken,

welche sich öfters so dicht um die dort stehenden Gewächse, besonders Binsen u. s. w., ansetzen, dass sie eine dicke Kruste darum bilden. Sie sind sehr fest daran geklebt, und ich vermuthe, dass sie bloss des Nachts ihrer Nahrung nachgehen. Die nämliche Schneckenart fand ich auf dem Sandboden zwischen Tripolis und dessen Hafen, besonders auf den Sandhügeln in der Nähe der Stadt.

Auf der nämlichen Seite von Akre findet man einen Teich von Salzwasser, welches bey heftigen Stürmen aus dem Meere dahin geführt wird, an dessen Ufer ich eine unzählige Menge von der essbaren Herzmuschel (Cardium edule L.) fand, die durch das Zurücktreten des verdünsteten Wassers auf dem Trocknen blieben, starben und die daher einen sehr hässlichen Gestank von sich gaben.

Ich sahe hier einen Trupp von den Einwohnern Akre's nach der Stadt zurückkehren. Sie trugen etliche Fahnen und hatten in ihrer Mitte einen von jenen schwärmerischen Derwischen, welche das Land überall durchstreifen, und der immerwährend in heftiger Bewegung und mit einer hohlen gurgelnden Stimme ein paar Worte, vielleicht La alláh ill' Alláh, wiederholte. Seine Beine und der Obertheil seines Körpers waren nackt, sein Haupt entblösst, und er trug, was unter den Mohammedanern nur bey einigen Derwisch-Orden im Gebrauch ist, sein eignes starkes Kopfhaar, welches ihm bis an den Nacken reichte.

6. July. Akre hat nur 7 Kaffeehäuser, welche von 5 bis 10 Piaster tägliche Pacht thun. Dies wird einem Jeden unglaublich scheinen, wenn man bedenkt, dass jede Person auf einmal nur eine Tasse zu trinken gewohnt ist, wofür sie einen Para bezahlt, dass ferner der Pächter genöthigt ist, 2 bis 3 Aufwärter zu besolden, die Kohlen zum Anzünden der Pfeifen, das Wasser, welches Jedem nach Belieben zum Trunk gereicht wird, zu kaufen u. s. w. Nur der ungemein starke Besuch dieser Häuser kann eine solche Abgabe möglich machen. — Bey einem jeden Kaffeehause ist ein eigner Mann befindlich, welcher einen Vorrath von Nergîlen hat, die er unter die

Rauchliebhaber vertheilt, welche ihm für jede mit einem besondern Tabak (Tŭmbak, nicht Tüttun) gefüllte Pfeife einen Para bezahlen. Man fordert das Nergîl unter dem Namen von Néffas. Dieser Nergîldschy zahlt keine Pacht; er sorgt nur bloss für die abendliche Beleuchtung des Kaffeehauses oder der Gasse vor demselben. Christliche Kaffeehäuser sind in der Levante sehr selten; hier fand ich indessen ein solches. Der Kaffee in den levantinischen Kaffeehäusern ist selten gut. Man kocht immer den alten Absud wieder auf und vermischt ihn höchstens mit etwas frischem Kaffee.

12. July. (Zur blossen Notiz.) Glaubte ich an Zauberey, so würde ich sagen, irgend ein Hexenmeister habe den Staub meines Logis in Flöhe verwandelt; eine Kunst, welche den Wundermann Mose zum Meister hatte. Diese verdammten schwarzen Elephanten des Microcosmus haben mich seit lange aufs Unbarmherzigste gequält, und mich zum unbezahlten Nachtwächter gemacht. Ja! sie würden dem Bader das Brod vor dem Maule weggenommen haben, wenn ich sonst gewohnt gewesen wäre, mich freiwillig schröpfen zu lassen. Indessen so wie des Einen Unglück in dieser Welt immer des Andern Glück ist: so zieht meine Wäscherin den Vortheil davon, und da Hexen immer weiblichen Geschlechts zu seyn pflegen, so muss ich fast glauben, dass sie mir diese Plage auf den Hals geschickt habe. Nach langem vergeblichem Nachdenken habe ich endlich einen Zufluchtsort gefunden, wo ich für ihre Anfälle gesichert bin. Dies ist eine Fensterbank meiner dicken Mauer. Hier habe ich ein Hemd und ein Entaríh (Art Schlafrock), welche frey von diesen Bewohnern sind. Bevor ich nun dies Asyl des Abends besteige, entkleide ich mich durchaus, und nachdem ich es betreten, bediene ich mich der genannten Kleidungsstücke. Auf diese Art bin ich ein paar Fuss über das Gebiet dieser blutdürstigen Bohrer erhaben, und es macht mir jetzt nicht wenig Vergnügen, wenn ich an den Schmerz dieser schwarzen Armee denke, den sie nothwendig empfinden muss, wenn sie mich bey nächtlicher Dunkelheit in meiner unüberwindlichen Festung erblickt, die selbst für die grössten

Luftspringer unter ihnen unerstürmbar bleibt. Des Morgens lasse ich diese Kleidungstücke an ihrem Ort, und bediene mich meiner gewöhnlichen. Mein Lager ist indessen sehr unbequem, weil ich mich so wenig eines Ober- als Unterbettes bediene, und ich fast die Lage eines Embryonen nachzuahmen suchen muss, da die Fensterbank nur etwa 3 Fuss lang ist.

13. July. Am Strande auf der Nordseite von Akre wächst sehr viel Chelidonium glaucum L. Meerzwiebeln sind in dieser Gegend sehr häufig. – Meerflöhe (Cancer) giebt es in grosser Menge im Fluthmark am Strande.

Man findet hier auch in der Nähe Meerschildkröten, welche nordwärts von Akre ihre Eier häufig in den Sand am Strande legen. Einige sammeln sie und essen sie, wie Hühnereier, oder bereiten ein Oel daraus, dessen man sich wider Rückenschmerzen u. s. w. bedient.

20. July. Man verkauft hier schon seit ein paar Tagen 2 Sorten reifer Weintrauben, eine runde dunkelschwarze und eine länglichte grössere, die weniger dunkel ist. Man bringt sie von den Ufern des Náamên.

Noch immer fällt mir die Hitze nicht beschwerlich, indem die Meerwinde, die gewöhnlich des Tages wehen, die Atmosphäre abkühlen. Mir ist diese Erfahrung ungemein lieb, indem ich daraus sehe, dass ich mich immer mehr und mehr an das heisse Klima gewöhne. Mein Gehör ist seit Jerusalem völlig wieder hergestellt, welches für mich von der grössten Wichtigkeit ist. Die Fortdauer und Stärkung desselben verdanke ich dem Meerbade und meiner Mässigkeit im Essen. Da ich mir selbst die Speisen zubereiten lasse: so wähle ich bloss levantinische Gerichte, wovon ich Eier, Pilláu, dicke saure Milch vorzüglich liebe. Fleisch esse ich selten, und Wein und Brantwein trinke ich nie, bloss Wasser. Wer in diesen Ländern reiset, hüte sich für eine europäische Tafel; die meisten levantinischen Gerichte sind weit gesunder, und unter diesen gehört der Reis, als Pilláu oder als Füllung etlicher Gartenfrüchte, und dicke saure Milch zu den gesündesten von allen.

Die hiesigen Basare sind mit den meisten Bedürfnissen reichlich versehen. Zucker- und Wassermelonen giebt es in bewundernswürdiger Menge; indianische Feigen oder die Früchte des Cactus opuntia L. sieht man gleichfalls häufig, und man erhält sie sehr wohlfeil; obgleich ihr Geschmack grade nicht delikat ist: so findet man ihre wässrigte Süssigkeit doch nicht unangenehm, wenn man sich etwas daran gewöhnt hat, und sie haben das Gute, dass man eine Menge davon ohne Nachtheil für seine Gesundheit geniessen kann. Die Weintrauben sind gleichfalls wohlfeil, obgleich es die ersten sind; die Aepfel aber sind theuer, weil man sie von Damask erhält. Gurken und Bádinschân sind in grosser Menge vorhanden und wohlfeil. Kirschen giebt es nicht. Die hiesigen Feigen sind sehr gut; man hat eine grüne und eine schwarzblaue Art. Butter ist schlecht, und noch dazu so selten, dass die Bürger öfters genöthigt sind, zugleich Reis zu kaufen, weil die Verkäufer nur auf den Reis gewinnen, auf die Butter aber wenig oder nichts, weil sie von dem herrschaftlichen Taxator, der auch hier, wie in manchen europäischen Städten, sein Unwesen treibt, auf einen zu niedrigen Preis gesetzt ist. 5 Eier kosten jetzt 3 Para. Brod ist in Menge vorhanden und ziemlich gut; man verkauft auch eines, welches auf europäische Art zubereitet ist; ich ziehe ihm indessen das gewöhnliche frische Fladenbrod vor, welches wirklich schmackhafter ist. Mayskolben werden überall geröstet verkauft. Die Basare sind des Tags sehr lebhaft.

Ein Méwlewíh-Derwisch geht täglich herum, um überall Trinkwasser unentgeldlich und ungefordert an Mohammedaner, Christen und Juden auszutheilen. Bey diesem humanen Geschäft findet er indessen doch seine Rechnung, indem er täglich manche Para dafür als Almosen erhält. Er begleitet sein Austheilen immer mit einem besondern Gesange, den ich aber nicht verstand.

Am 25. July fand ich den Hannasch (Coluber Hannasch) ausser der Stadt. Er hatte die gewöhnliche glänzend-schwarze Farbe, entschlüpfte mir aber in ein Loch in der Erde, bevor ich ihn erhaschen konnte.

Schöne Züge.

Ein Christ in Diensten des Banquiers vom hiesigen Pascha, einem reichen damascenischen Juden, Namens Haijîm, liess sich mit seinem Herrn in das Gefängniss einsperren, worin dieser von Dschessar Pascha geworfen wurde. Als dieser Tyrann befahl, dass seinem Banquier die Ohren und die Nase abgeschnitten und ein Auge ausgestochen würde, bat der Christ, dass man diesen grausamen Befehl an ihm vollziehe, dass man aber seinen Herrn schonen möge. Seine Grossmuth blieb unempfunden, und die Strafe wurde an dem Banquier vollzogen. Man versichert, späterhin habe der Pascha vorgehabt, ihn zu ermorden, und auch dann habe dieser treue Bediente sich erboten, für seinen Herrn zu sterben. Der Banquier blieb etwa 3 Jahre lang, bis an des Tyrannen Tode, in einer Art von Gefängniss im Schlosse, und diese ganze Zeit über blieb der Bediente bey ihm. Mit Dschessar Pascha's Tode erhielt jener seine Freyheit, und seitdem behandelt dieser seinen Bedienten als seinen Freund, den er öfters seinen eigenen Glaubensgenossen vorzieht. Diese wurden mehrmals darüber eifersüchtig und thaten alles, um ihn zu bewegen, den Christen zu verabschieden. Einst kamen hier etliche angesehne Juden von Damask oder Halep von seiner Freundschaft, welche in seinem Hause logirten. Auch diese stellten ihm das Unschickliche vor, dass ein Jude einem Christen den Vorzug vor seinen eignen Glaubensgenossen gebe. Der Banquier gerieth über diesen Verweis in einen so edlen Zorn, dass er von seinen Gästen verlangte, sogleich seine Wohnung zu verlassen. Sogar seiner Frau liess er die Wahl, entweder sich gut mit diesem Christen zu betragen, dem er so viel verdanke, oder nach ihrer Familie in Damask zurück zu kehren. Da der Banquier einige Dörfer vom Pascha gepachtet hat: so hat er jetzt seinen Bedienten zum Aufseher über zwey davon gesetzt.

Erster Besuch des Karmels.

31. July. Da morgen die griechischen Christen das Eliasfest auf dem Karmel feiern, und bey dieser Gelegenheit viele

Wallfahrter dahin kommen: so beschloss ich auch demselben mit beyzuwohnen. Ich fuhr daher Nachmittags mit einem Fährbote nach Háipha. Der Wind war ziemlich gut, wie denn des Sommers gewöhnlich ein guter Westwind von 10 oder 11 Uhr angerechnet weht, welches die Küstenschiffahrt hier im ganzen genommen ziemlich regelmässig und angenehm macht. Indessen blieben wir fast so lange unterweges, als der Landweg um den Meerbusen beträgt, nämlich $2\frac{1}{4}$ Stunden. Es fuhr eine Judenfamilie mit hinüber, weil auch die Juden diesen heiligen Berg an diesem Feste besuchen. Ein gleiches ist der Fall mit Mohammedanern und sogar Drusen.

Háipha ist ein sehr kleines unansehnliches Städtchen; ich würde es einen Flecken nennen, wenn es nicht auf der Landseite eine gute Mauer hätte, welche vom Schech Daher gebaut wurde, als er diese neue Lage, statt der $\frac{1}{4}$ Stunde westlichern des alten Háipha, welche gänzlich zerstört war, für einen neuen Ort wählte. Bey den Landleuten und Beduinen umher ist Háipha auch unter dem Namen von Ammára bekannt. Die Mauer hat etliche viereckige Thürme. An der Meerseite, wo die Küstenboote anlanden, ist ein kleines Schloss, worin etliche Soldaten liegen, und ausserhalb der Stadtmauer in einer höhern Lage, anderthalb hundert Toisen davon entfernt, ist ein starker Thurm, welcher das Städtchen dominirt, der aber selbst wieder vom Karmel dominirt wird. Háipha ist schlecht und weitläuftig gebaut, ohne Strassenpflaster, und die Häuser füllen nicht den Platz aus, den die Stadtmauer einnimmt. Es sind hier ein paar Dutzend ärmliche Kaufläden und ein paar Kaffeeboutiquen. Die Einwohner leben meistentheils vom Acker- und Gartenbau. — Háipha liegt an dem nördlichen Fuss des Karmel-Vorgebürges und am Südufer des Meerbusens von Akre. Es ist hier eine ziemlich sichere Rhede für europäische Schiffe. Das alte Háipha hiess bey den Alten Porphyrion, weil man die Purpurschnecke dort häufig fand. Die Franken nennen Háipha immer Kaîpha.

Gleich nach meiner Ankunft ritt ich in Gesellschaft von mehreren Wallfahrtern nach dem Kloster, welches auf dem Scheitel des Vorgebürges, und zwar auf dessen westlichem

Rande liegt. Man kommt erst über eine Ebene, und reitet dann auf einem zwar ziemlich steilen, übrigens aber bequemen Pfad den Berg hinan. Von Háipha bis zum Kloster hat man kaum 1 Stunde nöthig. Der Berg besteht hier aus Kalkstein, und ist mit wenigem Gesträuch bewachsen. Die Aussicht von oben über das Meer und über die kleine Ebene des alten Háipha ist sehr angenehm. Es ist hier jetzt so wenig ein Dorf, als auch nur ein einziges Haus vorhanden. Neben dem Kloster ist ein Garten befindlich, welcher vorhin ansehnlich war, jetzt aber ganz wüste liegt und nur einige Weinreben und Feigenbäume hat. (Das Grottenkloster, zu unserer lieben Frauen Theresia genannt, kennt hier Niemand, und es muss schon seit lange zerstört seyn.) Der Karmelitaner-Mönch sucht die Früchte bis zu ihrer Reife so viel als möglich zu beschirmen. Er besucht wöchentlich etliche Mal das Kloster, um dort Messe zu lesen.

Das Karmeliter-Kloster, Mâr Elias, ist ein ansehnliches steinernes Gebäude, und soll zu den Zeiten des Schech Daher von den Karmelitaner-Mönchen gebaut seyn. Durch Kriegs-Unruhen, besonders aber beym neulichen Einfalle der Franzosen in Syrien, hat es sehr gelitten, und es ist jetzt ohne angewandte beträchtliche Reparaturkosten nicht bewohnbar. Die Kuppel der Kirche ist eingestürzt, und von allen Mönchszellen ist jetzt nur eine mit einer Thüre versehen. Hier traf ich den einzigen Karmelitaner-Mönch Pater Giulio, einen Maltheser, an, welcher sich seit einiger Zeit in Háipha aufhält, bis er durch milde Beyträge in den Stand gesetzt wird, das Kloster wieder herstellen zu können. Ich war ihm von einem seiner Bekannten in Akre empfohlen; allein er entschuldigte sich, dass er mich nicht logiren könne, damit, dass er nur dies eine Zimmer habe, welches er immer verschlossen hielt, und dass er Frauenspersonen bey sich habe. Mir war dies nicht wenig unangenehm; denn es waren 400 bis 500 Menschen von jedem Geschlecht und Alter in und um das Kloster, und alle Zimmer waren voll. Zu essen war weiter nichts zu erhalten, als Brod und etliche Früchte. Viele Leute waren bewaffnet und man hörte häufige Flintenschüsse. Mehrere waren betrunken. Des Abends war man ausgelassen lustig. Eine Menge Menschen hatten das platte Dach des Klosters eingenommen; man tanzte, sprang, schrie, sang u. s. w. Ausserhalb dem Kloster hatten Etliche ein Feuer angezündet und sich umher gelagert. Männer und Weiber lagen in den Zimmern und Gängen durch einander. Mehrere Soldaten des Pascha streiften immer hin und her u. s. w. Kurz! man schien ein Bacchusfest zu feiern. Ich suchte Ruhe in einem Winkel; allein ich fand sie nicht, und ich brachte die Nacht sehr missvergnügt und schlaflos zu, weil der Lermen nicht aufhörte. Unter andern Umständen und in einer bessern Gesellschaft würde mir der Aufenthalt sehr angenehm gewesen seyn, weil die Nacht ungemein schön und helle war, und der Anblick des Meeres viel Reizendes hatte.

Am folgenden Morgen war das Fest. Jedermann eilte mit Sonnenaufgang, in der verfallenen Klosterkirche eine Messe zu hören, die von dem Karmelitanermönch und von griechischen Geistlichen gelesen wurde. Andere gingen in eine andere griechische eingestürzte Kirche, die in geringer Entfernung vom Kloster steht, um dort gleichfalls dem griechischen Gottesdienst mit beyzuwohnen. Nach Beendigung desselben überliess man sich wieder gleichen Vergnügungen. Ein Haufen übte sich, nach einem Ziel zu schiessen. Ich wollte Pflanzen suchen; allein eine Kugel, die mir vorbey zischte, nahm mir die Lust dazu. Mehrere stiegen zu der Eliasgrotte unterhalb dem Kloster hinab, welche man el Chuddr nennt; noch Andere besuchten einen etwas entferntern Ort, wo es Quellwasser giebt und der el Sziách genannt wird; man findet in seiner Nähe die sogenannten versteinerten Melonen vom Karmel. Andere berauschten sich. Ich wusste nicht, was mich heute an diesem Orte zurückhalten sollte, wo ich für mich so wenig Unterhaltung fand, und kehrte daher ein paar Stunden nach Sonnenaufgang wieder nach Háipha und gleich darauf mit dem Fährboote nach Akre zurück.

3. August. Heute war die Hitze beträchtlich stärker, als bisher, und ein wenig unangenehm für mich. Indessen

bemerkte ich, dass auch Andere dieses empfanden. Leichte weisse Wolken schwebten in der Luft. Man versicherte mir, dass die heisse Jahreszeit bis Mitte Septembers dauere.

Von Cypern bringt man viele weisse, graugewölkte Marmorfliesen hieher. Ich weiss aber nicht, ob man den Marmor dazu in den Gebürgen bricht, oder ob man vielleicht Ruinen von alter Architectur dazu verarbeitet.

Die meisten hiesigen Franken sind jetzt zum grossen Feste nach Nazareth gereiset. Nazareth und der Karmel veranlassen sie zu den meisten Lustparthieen. Ihre Spaziergänge wählen sie längs dem Strande bis zur Mündung des Náamên, zwischen den Gärten, an dem Hafen, auf der Wallmauer und in dem Palmengarten neben dem Saráï des Pascha.

Der venetianische Dukaten gilt hier jetzt zehn, der Kaiserthaler fünftehalb Piaster.

Der Karmel (el Kirmel oder el Kírmaên) ist ziemlich reich an Medicinalpflanzen. Man findet dort das Tausendgüldenkraut in Menge; auch die Mandragore (Atropa Mandragora L.), welche die Araber Abd es Szalâm oder Abrûch [1]) nennen. Ich sahe etliche von ihren schwarzen knolligen Wurzeln, welche einigermaassen die Form eines monströsen menschlichen Körpers hatten. Ich vermuthe, dass die Wunderpflanze, deren Flav. Josephus bey seiner Beschreibung von Machaerus auf der Ostseite des todten Sees gedenkt, die Mandragore sey. Ausser diesen findet man hier noch eine medicinische Wurzel, welche man Schürrsch el Sümbul [2]) nennt.

8. August. Des Nachmittags kündigten viele Kanonenschüsse an, dass der Pascha in seiner Würde bestätigt worden, und dass er überdem den Titel Emîr von Akre erhalten habe.

Akre hat eine Rindviehheerde von etwa 200 Stück, welche alle Abend in den äussern trocknen Stadtgraben zusammen getrieben werden. Ueberdem hält der Pascha eine

---

[1]) *Der zweyte Name fehlt bey Meninski; statt des erstern hat er Abu Szalem.*

[2]) *Wahrscheinlich spica aromatica.*

Heerde ansehnlicher Ochsen, welche gleichfalls aus 200 Stück bestehen dürfte. Sie sind nicht von der langbeinichten Art von Halep, sondern haben ganz die europäische Form; ihre Hörner indessen sind durchgängig klein und übel geformt, und manchmal so sehr nach dem Kopfe gekrümmt, dass man ihre Spitzen absägen muss, damit sie demselben nicht schaden. Sie weiden in der Nähe der Stadt, und scheinen mit elenden dürren Gewächsen, wenigstens in dieser Jahrzeit, vorlieb nehmen zu müssen. Sie werden nach und nach den Metzgern überlassen, weswegen das Rindfleisch hier fast gewöhnlicher ist, als das Schaaffleisch, welches besser als jenes und daher auch theurer ist. Indessen ist auch hier das Schaaffleisch bey weitem nicht so gut, als in Jerusalem. Ziegenfleisch gehört in Akre gleichfalls zu den gewöhnlichen Fleischspeisen.

15. August. Heute war das Fest der Madonna und der Krönung Bonaparte's zum französischen Kaiser. Um es feierlicher zu begehen, hatte der französische General-Commissair Mr. Pillavoine ein Dutzend Drehbassen vom Pascha geliehen, welche zu verschiedenen Malen abgefeuert wurden. Mr. Pillavoine empfing die Glückwünsche im Namen seines Kaisers, und es liess sich bey ihm die Musik des Pascha hören.

Gestern Abend war eine Hochzeit; man zog in einer Procession mit Fackeln, Musik und Fechtern, die mit Schild und Schwerdt fochten, durch die Stadt. Heute war wieder eine Procession.

Die Lacerta ocellata L., ein schönes Thier, findet sich hier auf den mohammedanischen Begräbnissplätzen ausser der Stadt. Weit häufiger, als diese, aber ist die Lacerta stellio L.

Nachmittags zwischen 3 und 4 Uhr rief ein Derwisch von einer Gallerie eines Moscheethurms mit lauter Stimme: „Schenkt mir ein Hemd und eine weisse Unterhose um Gottes, des Freygebigen, Willen!" Er fuhr eine Zeitlang mit diesem Rufen fort. Man versicherte mir, dass sie sich mehrmals in gleicher Absicht auf die Moscheethürme begeben, und dass sie häufig in Kurzem ihr Gebet erhört sähen.

18. August. Ein mohammedanischer Knabe hatte seinen erhaltenen Unterricht im Schreiben beendigt, und er wurde deswegen in Procession, mit Musik begleitet, durch die Stadt geführt. Diese Sitte scheint mir sehr nachahmungswerth zu seyn.

Der Azedarach (Melia azedarach L.) wächst hier ziemlich häufig in den Gärten. Ich fand indessen keinen einzigen grossen Baum davon, weil die Franzosen sie alle abgehauen hatten. Das Holz von diesem Baum soll in einigen Gegenden Syriens ein gewöhnliches Bauholz abgeben. Die Araber nennen ihn el Sénsalácht. Der Stechapfel (Datura stramonium L.) findet sich hier an mehrern Stellen auf Schutt, und wird el Börrsch (البرش) genannt. — Széiszabân nennt man hier einen schwachen Strauch, der in den Gärten an den Hecken wächst. Die wohlriechende Mimose, die ich bey Tiberias fand, ist hier gleichfalls in den Gärten; man nennt sie Ambar oder auch Sáher el Müsk wegen des Bisamgeruchs ihrer Blüthen. Physalis Alkekengi L. wächst hier häufig; man legt ihre Blätter auf Fontanellwunden.

Die Actinia, die sich häufig in den Felsenritzen am Strande, welche beständig mit Meerwasser bedeckt sind, findet, ist Actinia rufa L. Dort fand ich auch einen sehr dicken äusserst hässlichen Wurm, eine Spanne lang, 2 Daumen im Durchmesser haltend und vorn und hinten etwas zugespitzt. Er war unten und oben mit Warzen besetzt, wovon die untern zu Füssen zu dienen schienen. Er zeigte wenig Leben. Ist dies etwa Sipunculus nudus L.? Seine Farbe war bräunlicht-erdfarben. Die Haut war dünn und etwas trocken anzufühlen. Inwendig war die Substanz des Wurms sehr weich. Ich nahm ihn mit mir nach Hause; er ging aber sehr schnell in Fäulniss über, und sein Saft, der durch ein leinen Tuch drang, phosphorescirte im Dunkeln stark.

An der nämlichen Stelle fand ich einige Gruppen von hellen länglicht-eyförmigen blasenartigen Körpern von Bohnengrösse, welche mit ihrem Ende an den Steinen festsassen, und welche bey der geringsten Berührung einen kaum sichtlichen feinen Wasserstrahl von sich sprützten.

Oniscus marinus L. war am Strande sehr häufig unter den ausgeworfenen Meerprodukten, und auch Oniscus oceanicus L. fand ich etliche Male.

(In dem Flecken Schiffa Ammr, auf der grossen Ebene Merdsch ibn Amer, giebt es etliche Judenfamilien. Dieser Ort liegt südostwärts von Akre.)

19. August. Abends war eine Procession mit Fackeln wegen einer Hochzeit, und am folgenden Tage eine mit Musik.

Akre hat nur einen Uhrmacher, der noch dazu ungeschickt genug ist. Der Luxus in diesem Punkte ist hier nicht gross. Wer nach osmanischer Art Mest (lederne Socklinge) und Pantoffeln trägt, findet sie hier nicht in den Läden vorräthig, sondern muss sie sich eigends machen lassen.

Das Paschalik Seida (Akre) hat jetzt einen bedeutenden Umfang, indem es sich vom Kelpflusse bis an die Gränze Egyptens serstreckt, und sich über Beirût, Seida, Szûr, Akre, Jaffa, Gasa, die Berge der Metáuly, das Land Szóffat und Tiberias erstreckt. Auch ein Theil des Drusengebürges steht unter dem hiesigen Pascha, welcher aber dem Emîr beschîr, oder dem Fürst des Drusengebürges, für eine gewisse jährliche Summe überlassen ist.

Zum Paschalik Damask gehören ausser Damask die Städte Maárra el Nöomán, Hamáh, Iloms, alle Länder ostseits vom Jordan, Nablos, Jerusalem und Hebron. Um die Einkünfte zu heben und gelegentlich grosse Avanien zu machen, zieht der Pascha jährlich mit etlichen tausend Soldaten nach den drey letztgenannten Oertern, weil ohne eine solche bewaffnete Macht wenig von den Bewohnern dieses Gebürges zu erhalten ist. Abdalláh Pascha ist mit diesem Truppencorps bis zum Anfang des Gebürges von Nablos vorgerückt; die Bewohner desselben, die sehr kriegerisch sind, waren zuerst entschlossen, Gewalt mit Gewalt zu vertreiben; allein der Pascha war so geschickt, den Mützéllim von Szanûr durch grosse Versprechungen auf seine Seite zu bringen, welcher durch seinen Einfluss es dahin brachte, dass sie eine grosse Summe an den Pascha bezahlten.

Das Gebürge der Metáuly war mehrere Jahre in Aufruhr. Soliman Pascha von Akre, der mildere Gesinnungen hegt, als der tyrannische Dschessar Pascha, schloss weislich einen Vergleich mit den dortigen Metáulischen Hauptschechen, und stellte dadurch die Ruhe wieder in dem Grade her, dass man jetzt dort sicher reisen kann, welches vorhin nicht möglich war. Dies Gebürge liegt ost- und südostwärts von Szûr, und erstreckt sich nach Osten bis an den See von el Hhule, wo ich vor $\frac{1}{2}$ Jahre unten an seinem Fuss hinzog.

Die Sonnenhitze hat jetzt schon merklich abgenommen.

21. August. Gestern Abend war eine Procession und heute Abend wieder, die feierlichste von allen, die ich hier noch gesehen. Einer von den Hausofficieren des Paschas, der Zeltmeister, verheurathete seinen Sohn. Diese Procession wurde von der Musik des Pascha und vielen Soldaten begleitet. Jedermann trug ein Wachslicht, und überdem wurden viele Lampen und türkische Pechfackeln an Stangen getragen.

Seit einiger Zeit verkauft man in den Basaren Pfirschen, welche man von Seida hieher bringt. Da sie nur halb reif sind: so ist dies Obst sehr ungesund und verursacht leicht ein Fieber.

Man bringt von Beirût eine Art weisslichter Wasserkrüge zum Trinken hieher, welche aber denen von Bagdad weit nachstehen, indem der Thon von Beirût nicht so fein ist und man daher dies Geschirr nicht so zart drehen kann, als das Bagdader, welches das feinste ist, das ich in der Levante angetroffen habe.

22. August. Der nämliche Hausofficier des Pascha veranlasste heute wieder einen feierlichen Aufzug, indem er seinen zweyten Sohn beschneiden liess. Den Anfang des Zuges machte ein in einen Schaafpelz verhüllter Kerl, welcher einen Strick um den Hals trug, an welchem er von einem andern geführt wurde. Hierauf folgte einer zu Pferde, masquirt, welcher Bahn machte. Dann kamen 10 Männer in einer Reihe hinter einander, wovon jeder einige Effecten auf dem Kopfe

trug. Hierauf folgte ein Knabe, welcher auf einem Gerüste getragen wurde und eine Binsenmatte webte. Man versicherte mir, dass man bey noch grössern Processionen dieser Art oft mehrere Leute hinter einander tragen sehe, wovon jeder ein besonderes Handwerk treibe. Ich finde diese Idee sehr hübsch, indem man dadurch das thätige bürgerliche Leben bezeichnet, worin dieser Knabe jetzt eintritt. Auf diesen Weber folgten Musikanten mit Trommeln und Schalmeien, dann ein tanzender Fechter, mit Säbel und Schild bewaffnet, welchem mehrere Männer folgten. Hierauf kam ein Kameel, dessen Kopf mit bunten Federn geschmückt war, und das in seinem Sattel eine kleine Fahne trug; dann kamen etliche prächtig aufgeschirrte Paradepferde mit aufsitzenden Knaben, die alle beschnitten werden sollten, und endlich ein Trupp Weiber, welche den Zug beschlossen, und ein häufiges Freudengeschrey ausstiessen.

27. August. Gestern und vorgestern herrschte eine starke Hitze. Es wehte der Wind Simáuwy. Heute ist die Witterung gemässigter.

(Zur Notiz. Ein hiesiger englischer gewesener Schiffskapitain, Mr. Wood, lieh mir folgendes sehr interessante Werk: The new practical Navigator, being an epitome of Navigation etc. by John Hamilton Moore, teacher of navigation, Hydrographer and Chart-seller. 13. edition. London 1798 gr. 8. m. K. Preis gebunden 8 Shillings. Manche Nachrichten daraus würden auch für die Herrschaft Jever nützlich seyn; z. B. die Abhandlung über Fluth und Ebbe. Ich lernte daraus die Methode, die Abweichung der Magnetnadel zu beobachten.)

Folgender Vorfall ist in medicinischer und naturhistorischer Hinsicht zu wichtig, als dass er hier nicht eine Stelle verdienen sollte. Bey dem hiesigen neapolitanischen Arzt, Hrn. Monghelly, sahe ich einen Mann aus der Barbarey, welcher zu den Truppen des Pascha gehörte, und welcher schon mehr als $\frac{1}{4}$ Jahr lang eine lebendige Eidechse im Magen zu haben vorgab, die, während dem er auf dem hiesigen mohammedanischen Begräbnissplatze schlief, ihm durch den offenen Mund hineinschlüpfte. Zwey von seinen Kameraden, die gerade ge-

genwärtig waren, wurden von seinem Geschrey aufmerksam, und versicherten mit vielen Schwüren, sie hätten die Eidechse hineinschlüpfen sehen, die nach ihrer Angabe die Lacerta aurata L. gewesen seyn dürfte, welche man dort bisweilen findet. Der Kranke klagte häufig über das unangenehme und sehr schmerzhafte Gefühl, welches ihm dies Thier verursache, wenn es seine scharfen Nägel an die Magenwände setze, und seine peinliche Miene stimmte mit dieser Aussage überein. Der Kranke war bereits nach Jerusalem gereiset gewesen, um sich dort heilen zu lassen; allein der franciscanische Klosterarzt hatte die Kur von sich abgelehnt. Man ersuchte nun Hrn. Mongelly, seine Kur zu übernehmen; es wurden 50 Piaster für ihn deponirt, und überdem die Bezahlung der Arzneymittel versprochen, wenn er ihn heilen würde. Hr. Mongelly gab Brechmittel, Abführungs- und Wurmmittel u. s. w., aber alles umsonst, und er gab daher seine Kur auf. Obgleich ich bey einem so besondern Vorfall mich noch durchaus nicht von der Wahrheit des Factums überzeugen kann, so lange nicht eine Leichensection es unwidersprechlich beweiset: so sehe ich mich doch genöthigt, zu bemerken, dass man bey dem Kranken kaum einen Betrug oder eine Melancholie voraussetzen könne, weil er in Gegenwart des Arztes die Arzneymittel nahm, die ihn nicht wenig angriffen und überdem das Geld dafür verloren war, und er, so viel ich weiss, keine Wiedererstattung von irgend einem für ihn zu hoffen war.

4. September. Jetzt habe ich Hoffnung, dass meinem Geldmangel bald werde abgeholfen werden, indem ich nach langem Harren von Egypten die Nachricht erhalten, dass mein ausgestellter Wechsel dort acceptirt sey. Ein Reisender, der nicht schnell mit Kjerwanen fortreiset und überdem oft in Augenblicken Sachen kaufen muss, wo er es nicht erwartete, kommt in der Levante häufig in Verlegenheit, indem er nie viel Geld bey sich führen darf, wenn er allein reiset, und er nie das Nöthige vorher berechnen kann.

Die Mohammedaner beobachten bey ihrem Gebet den grössten Anstand, die Juden den grössten Eifer und die Christen stehen ihnen in beiden Stücken weit nach.

Man bringt jetzt vielen Dúrra (Holcus Sorghum L.) zum Verkauf hieher. — Baumwolle wird in der Ebene von Akre in Menge gebaut. Schon (den 18. Septbr.) fangen sich einige Früchte zu öffnen an und die Wolle zu zeigen. Der Boden zwischen den Pflanzen wird aufgehackt. Ein Baumwollenfeld hat das Ansehn, als wenn es mit kleinen Johannisbeersträuchern besetzt sey.

Auf der Terrasse des K. K. Generalconsuls Grafen Cigowich fand ich die kleine türkische Eidechse (Lacerta turcica L.), welche nur reichlich zwey Fingerbreit lang war. Der Schwanz ist abwechselnd schwarz und weiss geringelt; der Obertheil des Körpers gelblicht-erdfarben, mit schwarzen und weisslichten Punkten. Die Zunge ist breit.

Südwärts etwa viertehalb Stunden von Beirût soll man in der Nähe eines Dorfes sehr viele Judensteine finden.

Gryllus oxycephalus L. fand ich auf den Feldern um Akre. Scorpio hottentottus L. wurde hier in einem Zimmer des französischen Châns gefangen: pectinum dentibus 22, manibus linearibus, caudae segmentis angulatis etc.

26. September. Ich fing die ansehnliche Wespe, die sich bey den Weintrauben aufhält und mit ihnen in die Stadt gebracht wird. Ihr Stich macht eine heftig schmerzende Entzündung mit starker Geschwulst. Sie scheint noch nicht beschrieben zu seyn; wenigstens finde ich in Linée's Natursystem von Gmelin keine Beschreibung dazu. Vespa antennis antrorsum [extrorsum?] parum crassioribus, fronte flavescente. Das rundliche Schild zwischen den Augen nämlich und ein kleineres dreyeckiges darüber sind citrongelb; auch das untere lange Gelenk der Fühlhörner hat vorne etwas Gelblichtes; imgleichen der dritte und vierte Bauchring. Der dritte Bauchring hat überdem oben einen kleinen spitzig-dreieckigen Fleck, und auf jeder Seite davon zwey Punkte, jener und diese von schwarzer Farbe. Der vierte Bauchring hat auf jeder Seite einen ähnlichen Punkt, und ist unten schwärzlichtbraun. Die Fühl-

hörner, der grösste Theil des Kopfs, die Brust, der After, die Flügel und die Beine sind rostfarben, der Bauch, die Augen und die Spitze der Kiefer schwärzlicht. Ihre Länge beträgt 10 Linien.

Gestern fand ich ein Nest von einer kleinern gelb- und schwarzbunten Wespenart an den Binsen auf der Ostseite von Akre in den salzigen Niederungen nahe bey dem Flüsschen Náamên. Da ich diesmal keine Lust hatte, in ein Wespennest zu rühren: so gab ich auf eine nähere Untersuchung Verzicht.

27. September. Ich hatte Gelegenheit, einen hiesigen Fuchs (Canis vulpes L.) zu untersuchen. Er kommt im Ganzen mit dem europäischen überein; nur die Vorderfüsse waren nicht schwarz, sondern hatten die Farbe des Rückens. Unten waren der Hals, die Brust und der Leib weiss. Die Haare dieses Thieres sind hier kürzer, als in Europa, und daher wird sein Fell auch nur mit einem halben Piaster bezahlt.

Am 28. September fing man 4 Thunfische, welche hier in dieser Jahreszeit nicht selten sind und häufig gegessen werden.

Am folgenden Tage fand ich einige Laufkrabben (Cancer cursor L.) an der Mündung des Náamên auf dem ebenen Sandstrande. Es war ein wenig vor Sonnenuntergang. Sie laufen mit einer bewundernswürdigen Schnelle, und man glaubt in der Ferne, einige von den schnellfüssigen Strandläufern (Tringa) zu sehen. Sie sind etwas kleiner, als unsere gemeinen Strandkrabben. Ihre Farbe ist wachsgelb, und auf dem Rücken ist eine schwache schwärzlichte Zeichnung. Das Merkwürdigste an diesem Thiere sind die Augen, die schwarz und weiss gewölkt sind, einen Glanz, wie polirten Achat, und eine keulförmige Gestalt haben. An dem äussern Ende des Keulenauges ist ein Büschel feiner Haare von gelblichter Farbe. Das Thier trägt seine Augen gewöhnlich seitwärts in eine rinnenförmige Vertiefung des Brustschildes geschlagen. Der Thorax hat vorn auf jeder Seite der Augen einen scharfen Winkel, und hat eine rauhe Oberfläche, wie Chagrin. Die 8

Beine sind lang und, so wie die Scheeren, gleichfalls rauh. Die rechte Scheere war an dem gefangenen Exemplare grösser, als die linke. Die Spitzen der Scheeren und der breite Schwanz sind weisslicht. Die Laufkrabben gehören zu den schönsten Krabben, die ich noch gesehen.

18. September. Heute war wieder eine Hochzeit-Procession, indem der Diwân-Effendy oder geheimer Secretair des Pascha eine der Gemahlinnen heurathete, welche Dschessar Pascha hinterliess. Der Diwân-Effendy war zwar schon in Konstantinopel verheurathet; allein seine Frau hatte den Aufenthalt in der grossen Hauptstadt gegen den in einer kleinen Provinzialstadt nicht vertauschen wollen, und begnügte sich jetzt mit dem jährlichen Gehalt von 1200 Piastern, welche er ihr aussetzte. Die Paschas erhalten ihre geheimen Secretaire gewöhnlich von Konstantinopel, und man versichert, dass diese dem Hofe nicht selten als Spionen dienen. Da Soliman Pascha nicht lesen kann: so hat sein Secretair ziemlich freies Spiel, zu schreiben, wie er will, und er versicherte einem hiesigen Europäer, dass er sich häufig dieser Freyheit bediene, wenn das Dictirte seines Herrn ihm zu hart ausgedrückt, oder unwahr schiene. — Soliman Pascha hatte die Absicht, die jetzt verheurathete Dame mit seinem Mützéllim in Jaffa zu verbinden, welchem er zu dem Ende hieher kommen liess. Allein er lehnte diesen Vorschlag so gut als möglich von sich ab. „Zwar erkenne ich, sagte er, ganz die Ehre, die mir durch eine solche Verbindung zu Theil werden würde, allein ich habe schon eine junge Frau, mit der ich zufrieden lebe, und würde ich eine zweite nehmen: so sähe ich meinen Hausfrieden, der mir über Alles geht, sicher zerstört." — Nach Dschessar Pascha's Tode stand diese Dame schon in ehlicher Verbindung mit dessen Nachfolger Ismaïl Pascha, welcher aber nur kurze Zeit diese Würde bekleidete, die er sich als ein Rebelle der Pforte anmaasste, die ihm aber von dem jetzigen Pascha entrissen wurde. Eine andere nachgelassene Wittwe Dschessars ist mit einem Officier im Dienste Soliman Pascha's verehlicht.

Am 26. September war wieder eine kleine Procession mit zu beschneidenden Knaben.

In der Nacht vom 26. bis 27. September fiel nach mehrern Monaten der erste Regenschauer wieder, welcher zwar stark war, aber nur kurze Zeit dauerte.

Reise nach Szûr und den Gebürgen der Metáuly und von Szóffat.

12. October. Der hiesige neapolitanische Arzt, Hr. Adamo Mongelly, hatte einen Kranken in Szûr, einen Zollinspector, zu besuchen, und da ich diesen im Alterthume so berühmten Ort gleichfalls kennen zu lernen wünschte: so wählte ich seine Gesellschaft. Es war des Morgens 20 Minuten vor 7 Uhr, als wir Akre verliessen.

Wir verfolgten zuerst die Ebene von Akre, welche sich nordwärts bis an das Vorgebürge von Nakúra erstreckt. Etwa eine halbe Stunde von der Stadt liessen wir rechts den Weiler Abu A'ttabéh liegen, in dessen Nähe man einen beträchtlichen Theil des Aquädukts sieht, welchen Dschessar Pascha anlegen liess, um seine Stadt mit Trinkwasser zu versehen. In dieser Gegend wächst die Meerzwiebel in sehr grosser Menge.

Nach $\frac{3}{4}$ Stunden passirten wir eine neue steinerne Brücke, welche Soliman Pascha vor einem paar Wochen anlegen liess. Neue Anlagen in diesem nur Zerstörung kennenden Lande sind so selten, dass ein Reisender ja nicht unterlassen muss, solche Phänome zu bemerken. Das Bett des Baches war zwar jetzt völlig trocken; allein zur Regenzeit schwillt er so sehr an, dass er das Fortkommen der Reisenden hinderte, und daher machte sich der Pascha durch ihre Anlage um sein Publicum verdient.

Eine Viertelstunde weiter erreichten wir das Dorf Schmerrîn, dessen Einwohner wir ausserhalb dem Dorfe mit dem Dreschen des Sesams beschäftigt fanden. Hier ist ein Brunnen, dessen Wasser von vorzüglicher Güte ist, und welches unter andern der jüdische Banquier Haijîm für sich zum Trinken holen lässt. Zwanzig Minuten dahinter kamen wir zu einem Weiler, welcher 10 Beutel oder 5000 Piaster jährliche Pacht thun soll. Hier sieht man wieder einen beträchtlichen Theil von dem erwähnten Aquädukt.

Obgleich der Boden grösstentheils fürtrefflich ist: so liegt er doch an mehrern Stellen ohne Kultur und ist mit kurzem Gesträuch bewachsen. Unter diesem fiel mir besonders eines auf, welches Méttanán heisst, und das ich vorhin noch nicht gefunden hatte.

Schwarze Gewitterwolken stiegen nach und nach aus dem Meere hervor und zogen vereint, vom Winde getrieben über unser Haupt, begleitet mit Donner und Blitz und einem heftigen Regenguss. Halb durchnässt flüchteten wir uns unter einen dichten Dornstrauch, bis das Gewitter vorbey war.

Zwanzig Minuten weiter kamen wir an einen kleinen Bach, welcher in seinem fernern Laufe unterschiedliche Gärten tränkt, die von Cyprioten bearbeitet werden; ein Haufen von ihren kleinen Wohnungen werden Háret el Kobarsza genannt.

Es war 20 Minuten nach 10 Uhr, als wir das Dorf Sîb erreichten. Es liegt auf einem flachen Hügel am Meere, und ist jetzt ein blosses, obgleich ziemlich grosses Dorf; mehrere vorhandene Reste von vormaligen Häusern beweisen aber, dass dieser Ort ehedem ansehnlicher war. Sib heisst in den hebräischen Schriften Achzib und späterhin Ecdippa. In einiger Entfernung östlich davon liegt das Dorf el Bossa. Von Sib an bis Szûr führt der Weg immer längs dem Meerstrande.

Sieben Minuten nach 11 Uhr kamen wir an einen trocknen Bach, und 10 Minuten weiter hielten wir bey einer Quelle still, um zu Mittag zu speisen.

Um $\frac{1}{2}$ 1 Uhr setzten wir unsere Reise weiter fort. Gleich hinter der Quelle fingen wir an das Vorgebürge zu ersteigen, welches man Râs el Nakúra oder el Nawákir nennt, und welches einen Theil von dem Metáuly-Gebürge ausmacht, das hier ans Meer stösst. Büsching irrt sich, wenn er sagt, dass man erst zum Cap blanc und dann zu Nakúra komme, weil man von dieser Seite zuerst Nakúra passirt.

Das Vorgebürge, welches man hier ersteigt, ist felsigt, mit Gesträuch bewachsen, und am Meere steilseitig. Ein hier vorhandener Wartthurm ist unter dem Namen el Bürrdsch el mŭ͡schrephý bekannt. Das Gebiet der Metáuly, welches überall bergigt ist, erstreckt sich von hier bis zum Flusse Áúallý eine Stunde südwärts von Szeide; ostwärts erstreckt es sich bis an el Húle in der Gegend von Bänjás (Paneas oder Caesarea Philippi), und es begreift unter andern Bellad Bschára, Bellad el Schegîf, Aklîm el tüphách, Aklîm el Schúmar, Bellad Schbáa (شباع), wo man viele Weintrauben findet u. s. w.

Um 2 Uhr erreichten wir ein Wachthaus, wo Christen und Juden ein Passagegeld bezahlen und welches daher den Namen el Gáffar führt. Wir bezahlten indessen als Franken nichts. Dies Wachthaus liegt in einer kleinen Ebene, und ostwärts davon höher an einem flachseitigen Berg hinan in einer Entfernung von einer kleinen Viertelstunde liegt das Dorf Nakúra. Der Schech dieses von Metáuly bewohnten Dorfes nimmt das Passagegeld ein, wofür er die Verpflichtung über sich genommen, für die Sicherheit der Strasse zwischen Akre und Szûr in dieser vorhin sehr verschrieenen Gegend zu sorgen, zu welchem Ende er die Wächter in den Wartthürmen besoldet, welche beständig Acht auf alle Kommende und Gehende haben müssen; eine Einrichtung, welche diese Strasse jetzt völlig sicher gemacht hat.

Um halb 4 Uhr kamen wir zu einem zerstörten Gebäude, und $\frac{1}{2}$ Stunde weiter zu einem Wartthurm, wo ein Wächter Reisende mit Kaffee bewirthet. Hinter diesem Thurm und schon vor ihm fängt das eigentliche weisse Vorgebürge oder Cap blanc an, welches im Arabischen mit einem gleichbedeutenden Namen el Bejáda genannt wird, weil die hohen steilen Felsenwände, welche dies Vorgebürge am Meere bildet, aus einem mürben weissen Kalkstein bestehen, der voll von schwarzen Feuersteinen ist. Der Weg ist hier in den Felsen gehauen und an etlichen Stellen so gefährlich, dass man durch einen Fall oder durch das Straucheln seines Thieres in den fürchterlichsten Abgrund hinab stürzen würde, wo unten das schäumende Meer ein heftiges Getöse macht. Man muss den ausserordentlich sichern Gang der Maulthiere kennen, um auf einer solchen Passage nicht zu zittern. Unten im Fuss der höchsten Felsenwand grub das Meer eine grosse Höhle aus, welche man Magáret el Nûhh, die Klage- oder Seufzer-Höhle, nennt, zu welcher

Benennung folgender Vorfall, dessen Andenken eine Sage erhält, Veranlassung gab. Eine junge schöne Braut zog mit Sang und Klang diese Strasse, hatte aber das Unglück, mit ihrem Pferde diese ungeheure senkrechte Wand hinabzustürzen und ihr Grab in den Wellen zu finden. Ihr Geist weilt seitdem in dieser Höhle und lässt seine Klagen nach der verschiedenen Witterung laut oder schwach erschallen. Sogar in Akre, in Szûr und tief landeinwärts, setzte man hinzu, höre man bisweilen beym heftigen Sturm seine erschütternden Jammerlaute!

Bald nachher fing eine schmale Ebene an, die sich noch nordwärts der Halbinsel von Szûr hinzieht, und die durch das Zurückziehen des Metáuly-Gebürges vom Meerufer gebildet wird. Wir holten hier etliche Beduinen vom Stamme Hhémerât ein, welche gerade eine grosse Schlange tödteten, welche ich für den Hannasch (Coluber Hannasch L.) erkannte.

Um 5 Uhr passirten wir ein trocknes Flussbett, wo viele Stellen mit Gesträuch, andere mit einer erstaunenden Menge von blühenden Meerzwiebeln bedeckt waren.

Es war 20 Minuten vor 6 Uhr, als wir durch einen Bach ritten, welcher aus der berühmten Quelle Râs el Ain entspringt und, so wie 2 andere Bäche, die wir 20 Minuten weiterhin passirten und die gleichen Ursprung haben, einige Mühlen treibet. Gleich dahinter fing der nackte Sandboden an, woraus die kleine schmale Halbinsel besteht, an deren Ende die Stadt Szûr erbaut ist. Der Sand besteht meistentheils aus Conchyliensande, und dient öfters dem Winde zum Spiel, der an mehrern Stellen Dünen davon gebildet hat. Der Weg führt immer längs dem Strande, weil dort der Sand, von den Meerwellen durchnässt, am festesten ist. Nahe vor Szûr verliessen wir diesen Weg, ritten queer über die Halbinsel, wo sie am schmälsten ist, und kamen im Dunkeln um 7 Uhr in dieser Stadt an, welche im grauesten Alterthum zu den blühendsten, reichsten und berühmtesten Städten gehörte. Hr. Mongelly begab sich zu seinem Kranken, und ich wählte mein Logis in einem Zimmer neben der griechischen Kirche.

13. October. Des Morgens regnete es wieder. Der Bru-

der des Kranken, ein vormaliger französischer Drogman, den ich schon in Tripolis hatte kennen gelernt, ladete mich ein, mein Logis im Hause seines Bruders zu nehmen; eine Einladung, die mir sehr willkommen war.

Die Halbinsel, worauf Szûr erbaut ist, ist $\frac{1}{2}$ Stunde lang und meistentheils $\frac{1}{4}$ Stunde breit. Dicht vor der Stadt, und zwar auf deren Ostseite, ist sie am schmälsten und nur 6 bis 7 Minuten breit. An dieser Stelle ist auf jeder Seite ein Wachtthurm befindlich.

Szûr hat eine griechische, eine griechisch-katholische und eine maronitische Kirche. Die Mohammedaner haben eine Moschee, welche von Dschessar Pascha ausgebessert wurde, und welche von den hiesigen Metáuly, welche die grösste Einwohnerzahl ausmachen, besucht wird. Man gab mir die Einwohnerzahl auf folgende Art an: 3 bis 4 maronitische, 10 griechische, 30 bis 40 griechisch-katholische, 10 bis 12 mohammedanische (Sunniten) nnd 100 Metáuly-Familien (Schijiten). Nach dieser Angabe würden sich alle Einwohner nur auf etwa 800 Seelen belaufen, welches mir daher etwas zu geringe scheint. Man sieht aber daraus, zu welchem Grade von Unbedeutendheit das vormals so volkreiche Tyrus herabgesunken ist!

Das vormals von dem berühmten Emîr der Drusen Fahhr eddîn erbaute Szarái ist jetzt gänzlich in Verfall und völlig unbedeutend. Die Stadtmauer, welche Schech Daher auf der Landseite bauen liess, ist an einigen Stellen gut, an andern blieb sie unvollendet, so dass daselbst die Stadt beynahe offen ist. Die Gassen sind unregelmässig und ungepflastert. Die Häuser stehen grösstentheils weitläuftig und haben kleine Gärten neben sich, in welchen unter andern etliche Dattelbäume stehen, welche reife Früchte bringen. Im Hafen zählte ich nur 7 kleine Küstenschiffe, und 3 etwas grössere auf der Rhede.

Man führt von hier Brenn- und Schiffbauholz, Kohlen, Tabak und Feigen nach Damiât in Egypten. Feigen werden in so grosser Menge von dem nahen Gebürge hieher gebracht, dass man sie nicht nach dem Gewicht, sondern nach Getreydemaass verkauft. Das Schiffbauholz ist sehr klein, wenigstens das, was ich am Strande liegen sahe; man erhält es von Eichen.

Szûr hat nur ein Thor. Es liegt an dem Nordufer der Endspitze der Halbinsel, und der kleine Hafen ist auf seiner Westseite. Er hat eine geringe Tiefe, und die etwas grössern Küstenschiffe müssen auf der Rhede liegen bleiben. Man hat von den Ruinen des alten Tyrus eine Menge Säulen horizontal auf einander gelegt, welche die Wellen brechen und dadurch den Hafen sichern. Diese Säulen bestehen grösstentheils aus grauem Granit; ich fand aber auch einige darunter von rothem Granit von ansehnlicher Stärke und mit polirter Oberfläche. Da Syrien keine Granitberge hat: so vermuthe ich, dass sie von Egypten zu Schiffe hieher gebracht wurden.

Szûr erhält sein Trinkwasser aus einem Ziehbrunnen, welcher gleich ausserhalb dem Thore befindlich ist, und dem es nie an Wasser fehlt. Es ist ein stumpfer Thurm darüber gebaut, und über der Mitte des Brunnens ist eine Steinwand aufgerichtet, wodurch Schöpfende beiderley Geschlechts von einander getrennt werden. Das Wasser ist gut; man versicherte mir aber, dass es zu einer gewissen Jahrszeit roth und übelriechend werde, dass es sich aber durch Meerwasser, welches man in den Brunnen giesse, in kurzem wieder abkläre und seine vorige Farbe wieder erhalte. Ich vermuthe, dass diese besondere Erscheinung von Insekten herrühre, welche von dem Salz des Meerwassers sterben. Sie wurde die Veranlassung, dass die Einwohner diesen Brunnen weiblichen Geschlechts halten, indem sie dadurch auf den Monatsfluss der Weiber anspielen. Der Brunnen ist ziemlich tief, und man lässt die Gefässe an einem Strick hinab, um sie zu füllen. Ausser diesem Brunnen giebt es noch etliche Privatbrunnen in der Stadt, deren Wasser aber dem Wasser dieses Brunnens an Güte weit nachsteht.

Man sieht noch in Szûr die Ruinen einer grossen ansehnlichen Kirche, die ein hohes Alter haben muss. Die Stadt nimmt nicht den ganzen Raum, der von der Landmauer umgeben wird, und noch viel weniger den Raum des alten Tyrus ein, welches das ganze Ende der jetzigen Halbinsel bedeckte, das bekanntlich in den ältesten Zeiten eine Insel bildete. Dies Ende ist ziemlich hoch und scheint in einer geringen Tiefe einen Felsenboden zu haben. Die Verbindung dieser Insel mit dem festen Lande wurde durch den Damm bewirkt, welchen Alexander von Macedonien bey der Belagerung von Tyrus mit der ausdauerndsten Anstrengung aufwerfen liess. Die Meerenge zwischen der Insel und dem festen Lande scheint damals nur etwa $\frac{1}{4}$ Stunde breit gewesen zu seyn. An diesen neuen Damm legte sich nach und nach so viel Muschelsand an, dass er die vorhin angegebene Breite erhielt, und dass dadurch mehrere Hügel, wie unsere Seedünen, gebildet wurden. Auch ein Theil der alten Insel wurde von diesem Sande überschüttet, unter welchem man noch an einigen Stellen beträchtliche Ruinen vom alten Tyrus, Spuren von Gassen, Gewölben u. s. w. finden soll. Man versicherte mir, ein Kameel sey einst durch den Sand in ein Loch gefallen, und man habe dort eine Reihe von alten Kaufläden gefunden. Von dem hohlen Boden, welchen Pococke auf der Halbinsel gefunden haben will, wie Büsching nach ihm erzählt, konnte ich keine Spur gewahr werden.

Es mögen wohl wenige Städte seyn, deren Gegend so unfruchtbar und widrig wäre, als der Sandstrich, der diese Stadt mit dem festen Lande verbindet, auf welchem man kaum einige wenige Sandpflanzen antrifft. Freylich würde es der Kunst möglich seyn, ihn fruchtbar zu machen, indem man das köstliche Wasser des Râs el Ain auf einem Aquädukt hieher leitete, durch dessen Anwendung zur Wässerung selbst die höchsten Sandhügel fruchtbar gemacht werden könnten. Allein, wem fiele es bey einer so verdorbenen Regierung und bey dem so fast zum Nichts herabgesunkenen Zustande des Glanzes vom alten Tyrus wohl ein, auf ein solches gemeinnüziges Unternehmen zu denken? Der alte Handel nahm einen andern Gang, der Hafen ist unbedeutend und für europäische Schiffe gänzlich unbrauchbar; mehrere Häfen auf der syrischen Küste sind besser: was für ein Grund liesse sich also erdenken, dass einstens ein Wiederaufleben dieser Stadt möglich sey?

Büsching sagt: der hiesige Hafen sey besser, als der von Szeida und Akre. Ersteres kann ich nicht widerlegen, weil ich ihn nicht sahe; letzteres ist jetzt aber ganz ungegründet. Die hiesige Rhede ist indessen nicht übel, und die europäischen Schiffer ziehen sie der Rhede von Szeida vor, überwintern hier, und nehmen hier ihre Ladungen ein. Nichtsdestoweniger steht sie der Rhede von Háipha nach, welche die Kapitaine ihrer Sicherheit wegen der hiesigen vorziehen. Nordwestwärts vom Hafen sieht man in beträchtlicher Ferne viele Klippen, die über der Meeresfläche hervorragen.

Man weiss, dass das alte Tyrus mit einer ungeheuer hohen und starken Mauer umgeben war; von dieser glaube ich auf der Südseite der jetzigen Stadt am Strande noch einige Ueberreste gefunden zu haben, welche aus sehr grossen Quadern bestehn, die ohne Mörtel auf einander liegen. Auf derselben Seite fand ich eine Menge Granitsäulen im Wasser liegen. Meine Phantasie malte mir das reiche Bild des alten Tyrus in seiner Blüthe, indem sie mich an das schöne Gemälde erinnerte, welches der feurige Dichter und Seher Hesekiel, Busi's Sohn, (Hesekiel Kap. 26—28) entwirft, und worauf auch Jesaias (Kap. 23) und Sacharja (Kap. 9, V. 2 ff.) anspielen. Welch' tragische Veränderung, durch ein unglückliches Geschick bewirkt!

An den Felsen am Strande fand ich viele rothe Meernesseln (Urtica rufa L.), Patellen, Mondschnecken (Turbo) mit starker Schaale und schwarzen Flecken, eine Menge Purpurschnekken (Murex trunculus L.), die man hier, so wie alle übrigen Meerconchylien, besonders an Fastentagen speiset; ein grosses in die Queere kannelirtes Kinkhorn; Millepora polymorpha L., und sonst viele kleine Korallinen und Meergewächse.

Die Metáuly erbauten hier vor etwa 40 Jahren ein sogenanntes Saráy; es ist aber ein unansehnliches Gebäude, worin jetzt etliche Soldaten lagen. Szûr gehörte vormals den Metáuly-Schechen; allein jetzt gehört es unmittelbar zu dem Paschalik von Szeida (Akre), und der dortige Pascha setzt hier einen Mützéllim.

Auf den Sandhügeln ausserhalb der Stadt haschte ich die schöne Eidechse (Lacerta ocellata L.), wovon man in meinen amphibiologischen Beyträgen eine Beschreibung finden wird. Laufkrabben sahe ich in Menge am südlichen Strande der Halbinsel. Sie hatten sich in einiger Entfernung vom Wasser Löcher in den Sand gegraben, worin sie des Tages verborgen sitzen, und worin sie vielleicht ihre Eier legen. Ich hielt sie zuerst für Mauselöcher. Die Laufkrabbe zeigt sich am häufigsten einige Zeit vor Sonnenuntergang.

Merkwürdig waren mir die Spuren einer alten Glashütte am südlichen Strande der Halbinsel, welche theils aus einem Theil vom alten Mauerwerk dieses Gebäudes, theils aus mehr oder weniger grossen Stücken von weisslichten, blassgelben, grünen, violetten und rothem Glase bestanden, welche unter dem Gerölle zerstreut lagen. Da bekanntlich in dieser Gegend dies köstliche chymische Produkt erfunden seyn soll, welches man anfänglich zu ungeheuren Preisen verkaufte: so könnte es gar wohl seyn, dass diese Glashütte schon im grauen Alterthume angelegt wurde. — Unter dem Gerölle fand ich auch ein Stück von schönem Porphyr.

Den ganzen Tag hindurch war die Luft mit schwarzen Wolken bezogen. Es fielen etliche Regenschauer, welche des Nachmittags mit Donner begleitet wurden. Man versicherte mir, dieser Regen sey für die Baumwollenfelder sehr nützlich, indem die Güte derselben dadurch erhöht werde, mit deren Erndte man jetzt den Anfang zu machen dachte.

Zwey Stunden nordwärts von Szûr fliesst der Fluss el Kâsmíhje (القاصميه), welcher den grössten Theil seines Wassers aus dem langen Thale el Bkâa, welches den Libanon vom Antilibanon trennt, erhält. Es soll eine steinerne Brücke von nur einem Bogen darüber führen, ein Umstand, der mir sehr auffallend ist, da ich, nach den Armen dieses Flusses zu schliessen, die ich in el Bkâa sahe, ihn weit grösser vermuthet hätte. Ich war Willens, von Akre nach der Mündung dieses Flusses, und alsdann eine Zeit lang längs seinen Ufern, und zum zweiten Male nach dem Hermon zu reisen, um diesen merkwürdigen Berg in der wärmeren Jahrszeit zu besteigen;

allein das lange Ausbleiben meines Reisegeldes, welches ich von Kahira beziehen musste, machte es mir unmöglich.

15. October. Heute donnerte es ein wenig, und späterhin kam ein starkes Gewitter, mit Regen begleitet.

Nachmittags ritt ich, von meinem Bedienten begleitet, nach Râs el Ain, welche Quelle eine Stunde ostsüdostwärts von Szûr entfernt liegt. Auf dem Wege dahin bemerkte ich ein paar kleine Felder von Sesam und vom Wunderbaum (Ricinus communis L.), aus deren beider Saamen man ein Oel gewinnt, wovon ersteres zur Bereitung der Speisen und zum Brennen, letzteres aber bloss zum Brennen benutzt wird. In der Nähe der Quelle zieht man auch Badindschân und weissen Kopfkohl.

Um Râs el Ain herrscht eine blühende Vegetation, welche mit der Unfruchtbarkeit der Halbinsel von Szûr sehr absticht. Ich fand dort eine grosse babylonische Weide, welche hier zu den Seltenheiten gehört, und einen ansehnlichen Baum, el Szídschre genannt, welcher in andern Gegenden el Sziddr heisst, und gewöhnlich unter der Gestalt eines Strauches erscheint. Sein Stamm hatte nur eine mittelmässige Höhe, aber seine Krone war ausgebreitet. Er trug kleine Früchte, die, wenn sie reif sind, essbar seyn sollen. Ausser diesen standen hier noch etliche grosse schattige Bäume und einige Pflanzungen von Maulbeerbäumen und Limonien. Ich hatte hier Gelegenheit, meine Sammlung von syrischen Gewächsen um ein Beträchtliches zu vermehren.

Râs el Ain besteht aus 3 Bassins, wovon das eine, worin die Quelle ist, 54 Fuss ins Gevierte hat; das zweite hat ungefähr die nämliche Grösse und Form, das dritte aber ist dreyeckigt und klein. Alle drey sind nur durch einen Zwischenraum von einem paar Fuss von einander getrennt, und mit sehr grossen Quadern aufgemauert, welche ein hohes Alter vermuthen lassen. Es ist merkwürdig, dass die Oberfläche des Wassers in den Bassins, die mit einander in Verbindung stehn, beträchtlich über den rund umher befindlichen Boden erhaben ist, und dies bringt mich auf die Vermuthung, dass in uralten

Zeiten von den benachbarten Bergen Quellwasser in einer unterirdischen Leitung hieher gebracht wurde, deren Mündung im Grunde des Hauptbassins befindlich ist, da sich dann jene Erscheinung nach hydrostatischen Gesetzen sehr leicht erklären lässt. Man hat eine übertriebene Idee von der Tiefe des Hauptbassins; ich hatte zu meinem Leide vergessen, einen Bindfaden mit mir zu nehmen, um dass gewiss Ungegründete derselben durch eine genaue Messung zu zeigen. Es halten sich in demselben Wasserschildkröten, Fische, Frösche und kleine Kinkhörner (Buccina) und Neriten von schwarzer Farbe auf, und in den Rinnen wachsen viele Wasserpflanzen. Auf seiner Südseite ist ein Aquädukt von 18 Bogen; auf der Nordseite sind gleichfalls ein paar Aquädukte; sie dienen theils zur Wässerung, theils zur Treibung von Mühlen. Das Hauptbassin hat mehrere Abflussrinnen, wovon zwey die andern Bassins füllen. Dicht neben dem Bassin sind ein paar Wassermühlen, und weiterhin an den zwey oder drey Bächen, die durch die Quelle gebildet werden, noch etliche; im ganzen sieben, jede von zwey Gängen. Eine achte Mühle stand unbenutzt.

Wenige Zeit nach meiner Zurückkunft nach Szûr starb unser kranker Wirth an einem wiederholten Blutsturz, und man hatte kaum noch Zeit, ihn nach dem Gebrauche seiner Kirche (er war griechisch-katholischer Religion) mit den Sakramenten zu versehen. Sobald man seines Todes gewiss war, liess sich sogleich die Todtenklage (el Wúlwalý) hören, welche die junge Wittwe mit einem gellenden, Mark und Bein durchdringenden Tone anfing, indem sie aus dem Zimmer ihres todten Mannes auf den Hof hervorstürzte, und augenblicklich stimmten die übrigen weiblichen Personen im Hause mit ein. Ihr lautes Geschrey wechselte mit Weinen und Schluchzen ab. Dies dauerte bis spät Abends, und andere Verwandtinnen vereinigten sich mit ihnen, um dem Verstorbenen diese letzte Ehre zu erzeigen. „Gut warst du und so brav, jammerte man; dein Haus gehörte den Gästen, deine Hand war den Armen geöffnet. Froheit und Wohlseyn gefährteten dich, wenn du dich zu einer Gesellschaft begabst. Ach! dass du jetzt auf immer aus unserm Kreise abwesend seyn wirst! Siehst du nicht den Kummer deines zärtlichen Weibes, deiner holden Kinder, deiner Verwandten und Freunde? Hörst du nicht die lauten Klagen, die dein Bruder ausstösst, wenn er an deinen Verlust gedenkt? Du legtest eine Mine unter deinem Hause an, und siehe da, es zerfiel in Trümmer. Ach! warum verweiltest du nicht noch einige Jahre bey uns, dass deine Kinder, die armen Würmlein, versorgt gewesen wären? Woher nehmen wir nun das Benöthigte, um sie gross zu ziehen? O weh mir! weh mir! Wie gross ist unser Verlust! Wie gut warst du und wie brav! Deine Mitbürger liebten dich, und unser Stadt-Aga war dein Bruder. Dir schenkte er sein Zutrauen; du sassest neben ihm; dir reichte er seine eigene Pfeife dar, und überall zeichnete er dich ehrenvoll aus. Und dennoch verliessest du uns? dennoch öffnetest du in unsern Augen die Quellen der Thränen? Warum, o sage, warum säetest du eine solche Saat von Jammer? Edel warst du und gut. Und wir sollten nicht unsere Klage erschallen lassen? Den Thränenstrom sollten wir im Laufe hemmen?" u. s. w. Die nächste Anverwandte vertrat die Stelle der Wittwe, wenn diese durch heftige Anstrengungen ihre Kräfte erschöpft hatte. Obgleich die Todtenklage in den ersten Augenblicken des Schmerzes natürlich seyn kann: so ist sie nach mehrern Stunden doch gewiss weiter nichts, als ein Gebrauch, wobey das Herz oft wenig fühlt. Nie hatte ich sie in solcher Nähe gehört; sie machte daher diesen Abend einen auffallenden Eindruck auf mich, und der mit der heftigsten Anstrengung hervorgestossene gellende Ton der Wittwe durchdrang mir Mark und Bein.

Der Bruder des Verstorbenen unterlag dem tiefsten Kummer, und sein lautes Weinen und Klagen wurden nur bisweilen durch eine dumpfe Stille unterbrochen. Seine Freunde brachten ihn zu uns in ein oberes Zimmer herauf. Man mühte sich, ihn nach Möglichkeit zu trösten. „Lange Zeit schon, sagte man, konntest du diesen Augenblick erwarten, und ist nicht der Tod das Loos aller Sterblichen? Ich, sagte einer von ihnen, verlor meinen geliebten Bruder durch die Grausamkeit des Dschessar Pascha; musste ich mich dennoch nicht bey dem härteren Schlage des Schicksals beruhigen?" — Man liess die Kinder des Verstorbenen zu ihm bringen. „Siehe da! sagte man, das ist dein Bruder! Auf sie verpflanze die Liebe, die du zu deinem Bruder hegtest. Sorge für ihren Unterhalt, für ihre Erziehung und sey so ihr Vater." Um dieses zu verstehen, muss man wissen, dass die Kinder eines verstorbenen Mannes nicht bey der Wittwe bleiben, sondern bey ihrem ältesten Oheim. — Man führte ihn endlich des Nachts in ein anderes Haus, damit er die Todtenklage nicht weiter höre.

16. October. Mit Tagesanbruch fing diese schon wieder an. Die Leiche wurde gewaschen, bekleidet und in dem Hofe in einen offenen Sarg gelegt, den man mit einem weissen Gewande überdeckte. Ein dichter Kreis von Anverwandtinnen und Freundinnen setzte sich um den Sarg, und die nächste Anverwandtin vertrat wieder die Stelle der Wittwe, während dem die übrigen einen eintönigen melancholischen Gesang anstimmten. Der Bruder wurde wieder zu uns gebracht und äusserte den nämlichen wahren Kummer, als gestern. Ich eilte, eine Wohnung zu verlassen, wo die Trauer weilte, um meine Reise nach dem Metáuly-Gebürge anzutreten. Hr. Mongelly segelte einige Stunden später nach Akre ab. Als ich über den Hof ging, wo die Leiche war, rief mir die Anverwandtin mit erhöhter Stimme zu: „Ach! mein Herr Mûsza, wer hätte das gedacht, dass der gute N. N. uns so plötzlich verlassen würde! Noch so jung und schon ein Raub des Todes! Weh' mir, o weh' mir!" Sie fuhr fort; die Uebrigen stimmten mit ein, und ich eilte, als brännte es mir auf der Ferse.

Ich ritt in Begleitung meines Bedienten den nämlichen Weg zurück, den wir gekommen waren. Nach drittehalb Stunden erreichten wir das Ende der Ebene, wo die Berge ans Meer stossen, auf deren Scheitel das Dorf Schémmeá liegt. Man hatte mir in Akre von einer merkwürdigen Inschrift gesprochen, welche hier über dem Eingange einer grossen Höhle vorhanden seyn, und welche aus 24 Zeilen bestehen sollte. Ich erkundigte mich daher bey dem ersten Wachtthurm, der auf dem Vorgebürge el Bejáda steht, nach dieser Sache. Der Wächter sagte, es sey vor Jahren ein solcher Stein an dem Wege gewesen; allein er sey ins Meer hinabgestürzt. Indessen merkte ich aus allem, dass er im Grunde nichts davon wisse.

Wir blieben die Nacht in dem Dorfe Nakúra in dem Mensil oder Gastzimmer des Schechs. Dies Dorf besteht aus etwa 30 Häusern, die von Metáuly bewohnt werden, und ist sehr unansehnlich. In einer etwa halbstündigen Entfernung sieht man nordwärts davon auf einem Berge die Ruinen eines Tempels, wovon noch mehrere Säulen stehen. Man nennt diese Stelle Ümm el amûd (die Säulenmutter); die Umstände erlaubten es mir nicht, sie zu besuchen.

Der vorige Schech dieses Dorfes stand bey seinen Mitbrüdern in grosser Achtung. Er war vor kurzem gestorben und sein kaum sechszehnjähriger Sohn folgte ihm in seinem Posten, wobey er sich des Rathes seines Oheims bediente.

Ich setzte meine Erkundigungen in Betreff der Inschrift fort, und erfuhr hier so viel, dass eine solche wirklich vorhanden sey, und zwar neben einer Höhle, die am Fuss des Vorgebürges von Nakúra unterhalb dem Wachtthurm Bürrdsch el müschrephy befindlich ist; indessen könne man nur durch Schwimmen oder vermittelst eines Bootes dazu gelangen. Da ich jenes nicht verstand, und dieses nicht vorhanden war: so musste ich also zu meinem Leide auf die Untersuchung derselben Verzicht leisten. Ich wünsche, dass andere Reisende durch diese Schwierigkeit nicht gehindert werden, und dass dem Publikum bald durch sie eine treue Abschrift davon zu Theil werde.

17. October. Es war ein Viertel nach 7 Uhr, als wir am folgenden Morgen dies Dorf verliessen. Die Berge ostwärts davon, die wir hinan ritten, waren zuerst äusserst steinigt, unfruchtbar und so dicht mit Gesträuch und Krüppelholz bewachsen, dass wir kaum den verschlungenen und verlornen Pfad finden konnten. Wir stiessen in diesem Gebüsche auf ein paar Beduinenzelte.

Nach 1 $\frac{1}{2}$ Stunde erreichten wir das Dorf Almân, welches von Maroniten und Griechen bewohnt wird, und aus etlichen 20 Häusern besteht. Die Einwohner haben einen Pfarrer und eine kleine Kirche. Die Häuser bestanden aus Leimwänden und hatten ein Dach von dünnen Balken. Almân liegt auf einem Berge, und der Boden umher ist steinloser, als um Nakúra. Einige Bauern waren von Beckféïa auf dem Drusengebürge. Das Dorf hat einige Obstbäume und man baut vielen Tabak. Ausser diesem Dorfe trifft man auf diesem Gebürge noch mehrere Oerter an, wo Christen allein oder mit Metáuly vermischt wohnen.

Die in mehrern Gegenden Syriens eingeführte Einrichtung der Wochenmärkte, el Szûk, findet auch auf dem Metáuly-Gebürge statt, und man versicherte mir, dass viel Volks zusammenkomme. So viele Tage der Woche, so viele Dörfer giebt es auch, wo Wochenmärkte sind. So versammelt man sich des Montags in dem Dorfe Nbthíje, des Freitags zu Bint Dschebêl, am Sonnabend zu Swóje u. s. w.

Da der Weg nach dem nächsten Dorfe Erméïsch, welcher 5 Stunden beträgt, unsicher war: so nahmen wir 2 Bewaffnete von hier mit uns. Wir kamen ein verwüstetes Dorf, Schürbe, vorbey, wo sich bloss Beduinen aufhalten. Weiterhin zeigten mir meine Leute nordwärts vom Wege, etwa eine starke Viertelstunde entfernt, die Stelle, wo nach ihrer Versicherung 7 bis 8 stehende und noch mehrere umgestürzte Säulen vorhanden sind, die eine ausgezeichnete Länge und Stärke haben, und zum Theil noch mit ihrem Gebälke versehen sind. Diese Ruinen heissen el Blât, und liegen an einer felsigten Bergseite und so sehr im Gesträuch versteckt, dass ich sie der Nähe ungeachtet nicht gewahr werden konnte. Die Müdigkeit meiner Wegweiser und der Mangel eines Pfades waren die Ursachen, dass ich sie unbesucht lassen musste.

Um halb zwey Uhr erreichten wir das Dorf Rámiéh, welches ein wenig nordwärts vom Wege auf einer Anhöhe liegen blieb und bloss von Metáuly bewohnt wird. Weiterhin hatten wir südwärts in einer halbstündigen Entfernung das Dorf Éite, wo es viele Feigenbäume und Weinberge giebt, und bald nachher erreichten wir das kleine verfallene Dorf Erméïsch, welches bloss von Maroniten bewohnt wird und aus 15 elenden Häusern besteht. Ich traf hier in dem Dorfpfarrer einen

Mann an, der sich durch seinen Anstand auszeichnete, obgleich er wohl wenig wohlhabender, als die übrigen Einwohner, seyn mochte. Arme Maroniten, die in ihrer Heimath auf dem Libanon und Kesruân aus Mangel an kultivirbarem Boden nicht fortkommen können, begeben sich hieher, wo sie eine hinreichende Fläche fruchtbaren Bodens finden. Dies Dorf bezahlt jetzt 9 Beutel oder 4500 Piaster jährlicher Abgaben.

Hier und in allen Dörfern dieses Gebürges bäckt man eine Art Fladenbrod, welches nur die Stärke eines Packpapiers hat. — Wilden Mastix fand ich unterwegs sehr häufig in dem Gesträuch, und meine Leute nannten ihn el Szerrîs. Auch Smilax schlinget sich häufig hoch an Bäume und Gesträuch hinauf, und ist hier unter dem Namen Örbêt bekannt. Er ist mit krummen Dornen bewehrt.

Süd - oder südostwärts von hier sieht man das Dorf Szâsza auf einem hohen ausgezeichneten Berge, welcher schon zum Gebürge von Szóffat gehört. Man soll dort noch eine Burg (el Kalla) finden, und die Juden sollen jährlich eine Wallfahrt dahin anstellen.

Wir hatten von Erméïsch bis Jarûn, wo ich die Nacht bleiben wollte, noch $1\frac{1}{2}$ Stunden. Ich nahm einen Wegweiser mit, weil der Weg meinem Bedienten unbekannt war. Kaum waren wir indess $\frac{1}{4}$ Stunde von seinem Dorfe entfernt, als er wieder umkehrte, mit der Versicherung, dass jetzt der Weg sehr leicht zu finden sey. Wir kamen durch eine an mehrern Stellen sehr felsigte Gegend, die mit vielem Gesträuch und Gebüsch bewachsen, und wo wir ganz das Gegentheil von dem fanden, was der Bauer uns versichert hatte. Schon machten wir uns auf ein Nachtlager im Freyen gefasst, als wir endlich einige Zeit nach Sonnenuntergang Jarûn erreichten, wo wir bey einem griechisch-unirten Bauer einkehrten, dessen Vorfahren aus Haurân hieher kamen, und der daher noch den Zunamen el Haurány führte.

18. October. Jarûn, vormals ein grosser Marktflecken, jetzt ein mittelmässiges Dorf, hat eine hohe Gebürgslage, und ist an und auf einer spitzigen Anhöhe erbaut. Es wohnen

hier 20 bis 30 sunnitisch-mohammedanische, 10 metáulische und eben so viele griechisch-unirte christliche Familien. Es stehen hier viele Feigenbäume, und man baut vielen Tabak, zu welchem Ende der Boden viermal gepflügt wird, statt dass zur Weizensaat eine zweymalige Pflügung hinreichend ist. An Düngung der Felder denkt hier niemand, so wie man fast in ganz Syrien wenigen oder gar keinen Gebrauch davon macht. Einzelne Felder sind sehr fruchtbar und sollen vom Weizen oft das 24ste Korn tragen. Jarûn zahlt jährlich 5000 Piaster an herrschaftlichen Abgaben.

Der Zweck meiner Reise hieher war, mich nach der merkwürdigen Inschrift zu erkundigen, die sich hier auf einer Säule befinden und mit griechischen Buchstaben, aber in einer fremden Sprache geschrieben seyn sollte (Büsching, Erdbeschreibung. Palaestina S. 486). Allein, sie muss schon lange zerstört oder zum Hausbau angewandt seyn; denn kein Mensch wusste mir etwas davon zu sagen. Ein paar Minuten ausserhalb dem Dorfe besahe ich die Ruinen eines ansehnlichen Tempels, zu dessen Bau man grosse Quadersteine von grauem Marmor angewendet hatte, und welcher auf einem konischen Hügel erbaut war. Im Umfange der Aussenmauer, wovon wenig mehr als die Fundamente erhalten war, fand ich mehrere umgestürzte Säulen korinthischer Ordnung, welche in zwey Reihen gestanden hatten und sehr gut gearbeitet waren. Einige sehr grosse Quadersteine, welche wahrscheinlich den Obertheil einer Thüre ausgemacht hatten, zeigten sehr geschmackvolle Verzierungen. Kurz! alles schien zu beweisen, dass dies Gebäude zur Zeit der Blüthe der Baukunst errichtet wurde. — Am Fusse dieses Hügels ist ein weiter, in Felsen gehauener Brunnen, oder, wenn man will, tiefes Bassin, worin Quellwasser ist.

Um 9 Uhr verliessen wir dies Dorf und ritten nach Kuffr Burhem, welches etwa $\frac{5}{4}$ Stunden von ihm entfernt liegt und schon zum Gebiete von Szóffat gehört. Da vor etlichen Tagen ein Bedienter vom Schatzmeister des Paschas von Akre in dieser Gegend angefallen und beraubt war: so begleitete mich der Sohn meines Wirths bewaffnet bis dahin. Kuffr Bŭrhem liegt südostwärts von Jarûn, und der Weg dahin führt mehrentheils über offene und angebaute Felder. Wir kehrten beym dasigen Pfarrer ein. Die Einwohner dieses Dorfes bestehen aus etlichen 30 maronitischen Familien. Man findet mitten im Orte die Reste eines schönen Tempels, welcher am Vorderende, wie fast alle alten Tempel, die ich sahe, 3 Thüren hatte, die schön gearbeitet und mit Kränzen und Leisten von Lorbeerblättern gezieret waren. Die hervorragende Verzierung über der Hauptthüre (mir fällt jetzt der Kunstausdruck nicht ein) hatte nicht die gewöhnliche dreyeckige Form △, sondern bildete einen Bogenschnitt ⌓. Ich bemerke dieses, weil man daraus vielleicht auf die Zeit der Erbauung dieses Tempels schliessen könnte. Jede Seite des Thürrahmens bestand aus einem Stück, so wie der Obertheil desselben. Neben dieser Mittelthüre war ein Brunnen, der aber verfallen und jetzt trocken war. Von dem vormaligen Portik stand auf der einen Seite nur noch eine Marmorsäule von einfacher dorischer Ordnung. Die Mauern bestanden, aus äusserst sorgfältig gearbeiteten grossen Quadern ohne Mörtel.

Fünf Minuten vom Dorfe entfernt sieht man gleichfalls die Ruinen eines beträchtlichen Gebäudes, wovon aber fast nichts mehr steht, als die Thüre, wovon gleichfalls jede Seite, so wie der Obertheil, aus einem grossen Marmorstück besteht. Dieser Obertheil ist geschmackvoll verziert und ist wegen einer hebräischen Inschrift äusserst merkwürdig, welche auf dem untern Rande desselben auf einer Leiste befindlich ist, und welche einen Beweis von dem hohen Alter dieses Gebäudes abzugeben scheint. Sie ist gut erhalten, und es würde einem Reisenden leicht seyn, eine richtige Abschrift davon zu machen, wenn er sich hier länger aufhalten könnte, als es mir die Umstände erlaubten. Sie ist gänzlich mit Krusten-Flechten dicht überzogen, welche zum Theil die Vertiefungen der Buchstaben ausfüllen, und dadurch ihre ursprüngliche Form undeutlich machen. Durch heisses Wasser würde man diese, wie ich glaube, leicht davon entfernen können. Ein anderer Umstand, der mich bey der Abschrift hinderte, war der Mangel an einer Leiter; denn das Ding, was man mir unter diesem Namen brachte, war völlig unbrauchbar. Nichts desto weniger machte ich folgende Kopie so genau, als es mir möglich war.

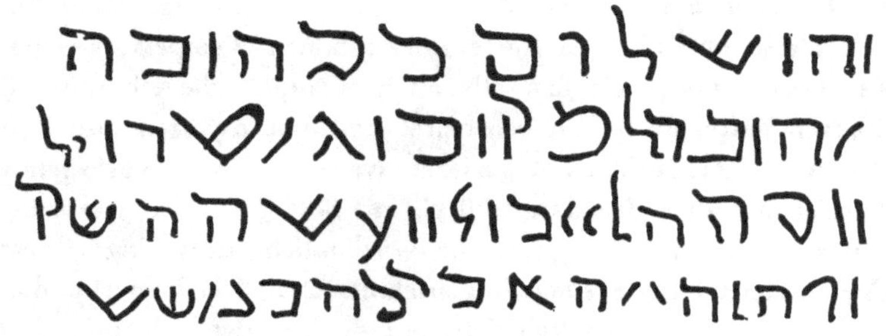

Die ganze Inschrift machte nur eine Zeile aus. Sie ist die erste und die einzige, die ich auf meinen Reisen fand, die wenigstens ein Alter von 2000 Jahren haben dürfte, und verdiente, dass sie von einem Reisenden richtig kopirt würde, weil ich der vorhin genannten Ursachen wegen kaum erwarten darf, dass man diese Abschrift lesbar finden werde.

Mehrere grosse, schön gearbeitete Baustücke lagen daneben und waren mit einer pfirsichblüthrothen Krusten-Flechte bewachsen. Gleich dahinter zeigte man mir eine kleine in Felsen ausgehauene Grotte, welche Kabbr benât Jakûb, das Grab der Töchter Jakobs, genannt wird. Alle diese Ruinen werden öfters von jüdischen Pilgern besucht, indem sie bey dieser Religionsparthey in der grössten Achtung stehen. Der Pfarrer versicherte mir, vor einigen Jahren sey ein fremder Jude gekommen, und habe sich nach Anleitung eines Buches, das er mit sich führte, nach mehrern Gegenständen, besonders auch nach dem Brunnen beym Eingange des Tempels erkundigt. Es scheint daher, dass es in der jüdischen Literatur ein Werk giebt, worin diese Pilgerörter beschrieben sind.

Auch diese Maroniten bauen vielen Tabak, wovon der Kantar jetzt nach seiner verschiedenen Güte 120—150 Piaster kostete.

Ich nahm hier einen Wegweiser an, um uns nach Meïrûn zu begleiten, welches etwa 2 ½ Stunde entfernt ist. Man kommt zuerst über äusserst unfruchtbare felsigte und steinigte Berge. Links zeigte sich das Dorf-Schesch auf einem Berge, dessen Einwohner alle Christen sind. Weiterhin erblickten wir auf der nämlichen Seite das Dorf Szofszâf. In dieser Gegend fand ich unter dem Kalkgerölle auf den Feldern viele Basalt- oder Trappsteine. Bald darauf zeigte sich Szóffat auf einem sehr hohen Bergscheitel.

Nahe vor Meïrûn standen viele Oelbäume und etliche Weinpflanzungen. Dies kleine Dörfchen liegt auf einem felsigten Berge in einer unfruchtbaren Gegend und wird nur von 7 mohammedanischen und 2 drusischen Familien bewohnt. Wir kehrten in die Wohnung des Schechs ein, welcher ein für diesen Ort ansehnliches Gastzimmer hatte. Er war nicht zu Hause; sondern suchte sein gutes Reitpferd auf, welches man ihm vor einem paar Tagen aus dem Hause gestohlen hatte.

Meïrûn ist ein berühmter Wallfahrtsort der Juden, welche hier eine verschlossene Kapelle haben, die Mesáreá benât Jakûb genannt wird. Man versicherte mir, dass jährlich zur Erndtezeit, also im May oder Junius, viele Juden hieher kommen und ein 8 Tage langes Fest feiern. Das Merkwürdigste dabey ist, dass viele von ihnen oft kostbare Kleider hier verbrennen, nachdem sie dieselben vorher in Oel getränkt. Wahrscheinlich wird man in der jüdischen Geschichte die Ursache dieses Festes und dieses sonderbaren Gebrauchs finden. Man sieht hier noch die Ruinen eines alten Tempels von der nämlichen Form, als in Kuffr Bűrhem; allein man verwandte weit weniger Fleiss auf die Bearbeitung der Zierrathen. Zur einen Seitenmauer dieses Tempels wählte man einen rohen Marmorfelsen, dessen Seite man senkrecht arbeitete. In den Felsen umher sieht man unterschiedliche Grotten, welche zu Grabhöhlen dienten.

Dies Gebürge ist reich an alten Ruinen und verdiente daher in dieser Hinsicht noch eine genauere Untersuchung. Man findet ausser der genannten noch zu Káddas, eine Stunde von Itrûn, dergleichen, und in dem Wady el Kerm, 6 Stunden von Kuffr Bűrhem, soll man noch eine sehr alte Burg (Kalla) antreffen.

Ich sammelte hier in den löcherigten Felsen unterschiedliche Erdschnecken, welche sich dort in Menge finden.

Man erblickt von hier einen Theil des Sees von Tiberias, obgleich man 4 Stunden nöthig hat, um an sein Ufer zu kommen. Das Städtchen Szóffat (Saphat) liegt ostwärts von hier auf einem hohen langen Bergrücken und ist durch ein sehr tiefes Felsenthal von Meïrûn getrennt. Es ist etwa 2 Stunden entfernt.

Am Fuss des Felsenberges, worauf Meïrûn liegt, ist eine reiche Quelle, welche einen kleinen Bach bildet und im Thale unterhalb Szóffat hinfliesst. Dies Wasser soll nur zur Regenzeit den See von Tiberias erreichen, und zwar in der Gegend von Bêt Széïda.

Ich erkundigte mich nach dem Bache, den ich auf meiner Wanderung von Bêt Széïda nach Tiberias im Frühling nahe vor Médschdil antraf, und man versicherte mir, er käme von Hottîn.

Die hiesigen Bauern scheinen wenig Weizen zu bauen; wenigstens wurde uns nur Gerstenbrod gereicht. Unsere Maulthiere befanden sich in diesem Stück nichts besser, als wir, indem man sie mit Dúrra fütterte, womit sie sehr wenig zufrieden schienen.

19. October. Mit Tagesanbruch verliessen wir dies Dorf und setzten unsere Rückkehr nach Akre fort. Ein bewaffneter Druse begleitete uns. Es halten sich auf dem Gebürge Szóffat viele Drusen auf, unter andern in dem grossen Dorfe Bêdschénn, 1 oder 1 $\frac{1}{2}$ Stunde von Meïrûn, in Rámeá, Abu Sznên u. s. w.

Nach $\frac{1}{2}$ Stunde erreichten wir das Dorf Szemmúa, welches viele Oelbäume hat. — Wir kamen nachher über den höchsten Rücken des Gebürges von Szóffat, welcher die Wasserscheidung zwischen dem mittelländischen Meere und dem See von Tiberias ausmacht. Ich genoss hier das Vergügen, von dieser beträchtlichen Höhe den ganzen schönen See mit seinen lieblichen Umgebungen ostwärts, und westwärts den Karmel und einen kleinen Theil des mittelländischen Meeres zu erblicken. Der See von Tiberias schien kaum eine Stunde entfernt zu seyn, obgleich man vielleicht 5 Stunden nöthig hatte, ihn zu erreichen.

Um 10 Uhr passirten wir das kleine Dorf Hrády, welches nur aus 7 Häusern besteht. Nach $3\frac{1}{2}$ Stunde erreichten wir das ansehnliche Dorf Rámeá, welches auf einer Anhöhe am Fuss eines hohen felsigten Berges liegt. Die Häuser sind besser gebaut, als in den übrigen Dörfern, und man könnte es einen Flecken nennen. Vor diesem Dorfe kamen wir durch ein ansehnliches Gehölz von Oelbäumen, wovon um Rámeá 80000 Stück vorhanden seyn sollen. Das Oel ist daher der Hauptertrag dieses Orts. Das ganze Thal und der Fuss der Berge, welche dasselbe auf beiden Seiten einfassen, ist mit Oelbäumen bedeckt. Das jetzige Jahr war sehr schlecht, weil die Bäume wenig trugen. Statt dass in andern Jahren 600 bis 700 Kantar Oel gewonnen werden, hatte der Pascha jetzt nur 40 Kantar erhalten. Ein Kantar Oel kostet 168 Piaster; ein halbes Müdd Oliven liefert 3 bis 6 Ukíeh Oel, je nachdem der Boden und die Bearbeitung desselben gut ist. Der Pascha eignet sich den Ertrag dieser grossen wichtigen Anpflanzungen zu. Weinbau und Seidenbau ist auch in etwas vorhanden, und Getreyde baut man weiter nach der Ebene von Akre zu und auf den Bergen.

Es wohnen in Rámeá etwa 60 griechische und eben so viele drusische Familien. Wir waren bey einem Christen eingekehrt, wo ich den Pfarrer in geflickten ärmlichen Kleidern antraf. Er sprach von der wichtigen Neuigkeit, dass die katholischen Griechen sich wieder mit den Altgriechen vereinigen wollten, und dass zu dem Ende im Kloster Dêr Mchállas auf dem Drusengebürge, dem Sitz des griechisch-unirten Patriarchen, eine Kirchenversammlung stattfinden werde. — Am Fusse der Anhöhe von Rámeá ist ein Quellbrunnen trefflichen Wassers. Dies Dorf ist 5 Stunden von Akre entfernt.

Wir verfolgten das Thal, das oberhalb Rámeá anfängt und sich mit der Ebene von Akre endigt, und hatten rechts das Dorf Néhhef und weiterhin das Dorf Dêr el Beéin, in dessen Nähe auf den Bergen eine Höhle vorhanden ist, worin sich der berühmte drusische Fürst Fachr el Dîn eine

Zeitlang versteckt gehalten haben soll. Wir kamen darauf das Dorf Mêschd el Krûm vorbey, das unter einem ansehnlichen Berge liegt. Die Thalebene, in welcher man überall Oelbaumpflanzungen antrifft, ist hier fast steinleer, und der Boden schwarz. Die Bauern waren mit der Erndte der Oliven beschäftigt.

Nach Verlauf von 2 ½ bis 3 Stunden erreichten wir die Ebene von Akre, wo wir das Dorf Abu Sznên vorbey kamen, welches auf einem Hügel liegt. Auf dieser Ebene wird Baumwolle in grosser Menge gebaut, deren Erndte nur wenige Tage dauert und die seit einem paar Tagen beendigt war. Das verderbliche System der Erpressungen, welches überall im osmanischen Reiche herrscht, und welches man bey allen Volksklassen, am meisten aber bey den Bauern anwendet, und wodurch man diese immer im Stande der Armuth erhält, bewog auch Soliman Pascha von Akre, sich den Alleinhandel mit der Baumwolle vorzubehalten, welcher äusserst einträglich ist. Er lässt sich dieselbe zu einem gezwungenen niedrigen Preise von den Bauern liefern und verkauft sie nachher für das Doppelte an die Gebürgsbewohner von Hasbéïa, Raphéïa, dem Drusen- und Metáuly-Gebürge u. s. w., und keinem Bauer in dem Gebiete von Akre ist es erlaubt, auch nur das Geringste an Fremde zu verkaufen, sondern er ist genöthigt, sein ganzes Produkt nach Akre zu bringen. Des Seekrieges wegen geht jetzt gar keine Baumwolle nach Europa, wohin vormals ein bedeutender Handel damit getrieben wurde.

Die Sonne war bereits untergegangen, als wir wieder in Akre anlangten.

20. October. Da ein Reisender, der astronomische Beobachtungen macht, leicht das Missvergnügen haben könnte, dass zufälligerweise seine Secundenuhr schadhaft würde, ein Verlust, welcher in Ländern, wo keine Uhrmacher sind, unersetzlich wäre, und ich aus diesem Grunde immer gewünscht hatte, zwey Secundenuhren zu haben, damit in solchem Falle die eine der andern Stelle vertreten könne: so war es mir nicht wenig lieb, dass ich hier eine solche Uhr bey dem nea-

politanischen Arzt Hrn. Adamo Mongelly antraf, welche er mir überliess. Schlimm indessen ist es, dass eine Axe darin gebrochen ist (Asse del spirito) und sie aus dem Grunde nicht geht. Ich hoffe jedoch in Egypten einen Uhrmacher zu finden, der diese Uhr wieder herstellen kann. Sie zeigt Stunden, Minuten, Secunden, Monats- und Wochentage.

Madame Cigovich, Gemahlin des K. K. Generalconsuls, hatte die Güte, mir eine Mantis religiosa L. mitzutheilen, welche sie in einem kleinen Garten auf der Terrasse ihres Hauses gefangen hatte.

Zu Ende des Octobermonats trug man hier frisches Zuckerrohr in Menge zum Verkauf umher, welches man in Enden schneidet, die man schälet und alsdann aussaugt. Der Zuckersaft ist kühlend und sehr angenehm. Jedes Rohr war 8 bis 9 Fuss lang und kostete 3 Para. Man zieht das Zuckerrohr an dem Flüsschen Naaméïn.

Zweite Reise nach dem Karmel.

27. October. Seit langer Zeit sind in unsern mineralogischen Sammlungen die sogenannten versteinerten Melonen vom Karmel bekannt, und da ich wünschte, die Lagerstätte dieser merkwürdigen Körper kennen zu lernen, und zugleich die orientalische Sammlung in Gotha mit einigen davon zu bereichern: so beschloss ich, noch einmal vor meiner Abreise von Akre den Karmel zu besuchen. Ich wählte diesmal den Landweg, der immer längs dem Meerufer um die Bucht von Akre herumführt. Es war etwa 3 Uhr Nachmittags, als ich Akre verliess.

Da unsere Esel schnell liefen: so erreichten wir schon nach 10 Minuten die Mündung des Naaméïn. Der ganze Strand von Akre bis Háipha ist flach, sandig und ohne Gewächse; doch stehen ein paar hundert Schritte vom Wasser im Flugsande einzelne Pflanzen, welche einen Sandboden lieben.

Es begegnete uns ein Trupp Náuar oder Zigeuner, wovon ich in der Folge einige Nachrichten mittheilen werde. Da die Sonne sich zu neigen anfing: so traf ich am Strande eine erstaunende Menge Laufkrabben (Cancer cursor L.) an, welche schnell entweder landeinwärts oder ins Wasser eilten, aber wenn wir passirt waren, wieder zurückkehrten. Man findet einzelne einige hundert Schritte vom Wasser entfernt, wo sie sich im Sande Löcher machen. Zwey Stunden nach unserer Abreise von Akre kamen wir zu der Mündung des Flusses Mkóttha (مقطع), welcher in den hebräischen Schriften unter dem Namen des Kischon bekannt ist, und zweymal grösser als der Naaméïn ist. Seine Mündung ist so seicht, dass man hindurchreiten kann. Wir fanden nur etwa 1½ Fuss Wasser; allein der Boden bestand aus Triebsand und hatte einige Vertiefungen. Mein Esel sank in den Sand, und ich musste im Wasser absteigen. Das Thier blieb wie todt liegen, und war nicht zu bewegen, wieder aufzustehn. Mit Hülfe eines Bauern wurde er ans Land geschleppt, und nun erst, wie er festen Boden fühlte, verlor sich sein stoisches Phlegma und er stand wieder auf. Von hier bis Háipha ist noch ½ Stunde, und man kommt längs einigen Gärten hin, deren Früchte, zumal die Feigen, sehr gesucht werden. In dem Winkel des Meerbusens zwischen Háipha und der Mündung des Mkóttha ist die Rhede für die europäischen grössern Schiffe, die für Akre bestimmt sind. Bloss ein nördlicher Wind, welchen man el Káramány nennt, und welcher mit Heftigkeit bläst, richtet bisweilen grossen Schaden an, und manche hier stationirten Schiffe gehen verloren. Die sichersten Rheden auf der ganzen syrischen Küste sollen die von Alexandrette oder Skenderûne, und die nordwärts von Beirût an der Mündung des Beirûtflusses, den man el Gnäs nennt, seyn.

Man rechnet von Akre nach Háipha zu Lande 3½ Stunde für einen Fussgänger. Mit Thorschluss kamen wir in Háipha an, wo wir die Nacht in der Boutique eines Raseurs zubrachten.

Háipha ist bisweilen ein guter Getreydemarkt, indem man das Getreyde vom Gebürge von Nablos und von der fruchtbaren Ebene Merdsch ibn Amer hieher führt. Diese Ebene fängt etwa eine Stunde ostwärts von Háipha an, erstreckt sich bis an Dschinin und den Thabor, und es finden sich viele Dörfer darauf.

Das hiesige Trinkwasser ist noch etwas salziger, als das von Akre.

28. October. Mit Sonnenaufgang ritten wir nach dem Ort, wo sich die versteinerten Melonen vom Karmel finden, und welcher el Sziách genannt wird. Da der Weg nicht ganz sicher seyn sollte: so nahm ich ausser meinem Bedienten und dem Eseltreiber zwey Bewaffnete mit mir. Nach Verlauf von 40 Minuten kamen wir an die Spitze des Karmel-Vorgebürges, wo die berühmte Grotte des Elias, el Chuddr, ist, welche ich auf dem Rückwege besuchte.

Die Karmelitaner-Mönche, welche vormals das Eliaskloster auf dem Scheitel des Vorgebürges bewohnten, hielten eine Ziegenheerde von etlichen hundert Stück.

Wir ritten um das Vorgebürge herum, wandten uns dann links und erreichten nach 1 Stunde und 40 Minuten den Anfang des engen Thales Wady el Sziách, auf dessen anderer Seite das Dorf Tíreh liegt, welches wir aber von hier nicht sehen konnten. Es wird von Mohammedanern bewohnt, und ist ohne Zweifel der Flecken Tyrus, dessen Büsching gedenkt. Die Bauern von Tíreh haben in dem erwähnten Thale etliche kleine Gärten, worin sie Badindschân, Melonen, Weintrauben, Feigen u. s. w. ziehen. Sie werden von einer Quelle gewässert, welche etliche hundert Schritte höher hinauf aus einem Felsen entspringt und in einen Behälter fliesst, welcher in Felsen ausgehauen ist. In dieser Quelle fand ich jene schwarzen kleinen Kinkhörner und Neriten wieder, welche man hier so häufig im Quellwasser an Steinen antrifft. An den felsigten Bergseiten weidete eine Ziegenheerde in dem Gesträuche, die den Einwohnern von Tíreh zugehört.

Noch ein paar hundert Schritte über der Quelle höher hinauf kamen wir an ein zerstörtes Gebäude, welches ein Kloster gewesen seyn soll, und fanden dahinter in einer Felsenwand eine kleine Grotte mit einer kleinen Quelle klaren Wassers. Diese Felsen bestehen theils aus einem festen, grösstentheils aber aus einem weissen mürben Kalkstein mit vielen Nieren und Adern von schwarzem Feuerstein. Die felsigten Bergseiten sind hier mit vielem Gesträuch von wildem Mastix, Andrachne (Arbutus Andrachne L.), einem besondern kleinen Strauch, welcher aus lauter Stacheln besteht, u. s. w. bewachsen.

Die Stelle, wo man die sogenannten versteinerten Melonen findet, ist oberhalb dieser kleinen Grotte befindlich. Ich liess einen Bauer von Tíreh kommen, um uns diesen Weg zu zeigen, weil meine Leute die Stelle nicht kannten. Wir krochen zwischen dem Gesträuch den Berg hinan, und erreichten nach etwa 10 Minuten einen offnen Ort, wo wir bald viele Fragmente von den Melonen und nachher auch mehrere ganze fanden, welche jedoch gar nicht häufig sind. Sie haben meistentheils eine Linsenform, und einige halten einen Fuss im Durchmesser. Ihre äussere Schale besteht gewöhnlich aus Horn- oder Feuerstein, und die Höhle ist inwendig mit Chalcedon oder Quarzkrystallen ausgekleidet. Man findet sie theils zwischen dem Gerölle, theils noch in der Erde und an den Felsen festsitzend.

Die Aehnlichkeit, welche man zwischen diesen Steinen und einigen Garten- und Baumfrüchten, z. B. Melonen, Birnen, Aepfeln, Weintrauben u. s. w., fand, erregte schon seit lange die Aufmerksamkeit der Menschen, und es fand sich nun auch bald ein frommer Müssiggänger, vermuthlich ein Mönch, welcher diese Erscheinung durch folgende Legende erklärte. Um den heiligen Karmel zu besuchen, kam einstens Lazarus, der zweymal belebte, hieher. Von der Wanderung ermüdet, und vom Hunger gequält, erblickte er hier ein Weib in einem Garten, welche Früchte ablas. „Gute Frau! sagte er, reich' mir von deinen Früchten eine Gabe, dass ich meinen Hunger und Durst stille, und der Herr vergelte es dir! — Freund! bist du närrisch? rief sie ihm entgegen; siehst du nicht, dass dies Steine und keine Früchte sind? — So? sagte er voller Unwillen über die Bosheit des geizigen Weibes, und indem er seine Augen zum Himmel hob, rief er: es sey, wie du gesagt hast!" Und:

Schnelle versiegte der Saft, der vormals mit Süsse
Füllte die lockende Traub', und goldne Melone
Schwellte, die duftige Birne nährte, und Nüsse,
Aepfel von lieblicher Säur' und Pflaume und Bohne.
Blätter zerfielen zu Staub; smaragdenes Grüne
Schwand durch ein Wunder, den Frevel dass es versühne.
Und dass der Nachwelt es dien' zur warnenden Lehre,
Siehst du die Früchte, an Form zwar vorigen gleichend,
Steinern doch, als wenn die Erd' sie täglich gebähre,
Fleisch von Chalcedon, Krystall für Saamen dir reichend.
Und in der Mitte der grausen Schreckenvereine
Siehst du der Thörin Bild in gefühllosem Steine.

Auf der Rückreise besuchte ich el Chuddr, wo wir einen mohammedanischen Schech antrafen, welcher als ein Einsiedler hier wohnt, um von den einzelnen Pilgern ein Geschenk einzunehmen und die Aufsicht über die heilige Grotte zu führen, wo Elias gewohnt haben soll. Sie hat die Grösse einer kleinen Kirche, und ist ganz in den Felsen ausgehauen. Jetzt ist sie ein mohammedanischer Betort, und wird für so heilig gehalten, dass man sie nur baarfuss zu betreten erlaubt. Ausser den Mohammedanern wird sie auch von Christen, Juden und Drusen besucht. An den Wänden innerhalb der Grotte fand ich unterschiedliche griechische Inschriften, welche ich aber der Dunkelheit wegen nicht lesen konnte. Bey dieser Grotte ist eine kühle Cysterne, woraus der Einsiedler den Pilgern einen Trunk anbietet. Die Einwohner von Háipha und Akre, zumal die Mohammedaner, schwören sehr häufig bey el Chuddr oder Elias, und dieser Schwur wird für sehr bindend gehalten.

Der ganze Karmel gehört zum Gebiete von Akre. Man nannte mir drey Dörfer, welche auf seinem Rücken befindlich seyn sollen.

Von hier ritten wir zu den Ruinen des alten Háipha, welches in dem Erdwinkel lag, wo der Meerbusen sich zu bilden anfängt. Die dortigen Ruinen sind von weniger Bedeutung. Das Merkwürdigste ist eine Menge Grabhöhlen, welche in niedrigen Felsen ausgehauen sind. Das höhere Ufer ist sandigt und man findet dort viele Erdschnecken. Dicht am Wasser selbst fand ich viele Meerconchylien, und unter ihnen auch etliche Purpurschnecken, doch in zu geringer Menge, als dass die vormalige Stadt daher den Namen Porphyreon verdient hätte. Ein völlig nackter Mann war hier mit dem Fischfange beschäftigt, er watete im Wasser und bediente sich des Wurfnetzes. Es war etwa 3 Uhr Nachmittags, als wir wieder in Háipha ankamen.

Háipha hält eine Heerde von etwa 250 Stück Rindvieh und 1500 Ziegen, welche letztern auf dem felsigten Karmel hinlängliche Weide finden. Noch ging man hier aus, um die Baumwolle einzuerndten, welches Geschäft vorzüglich den Weibern und Kindern obliegt.

29. October. Mit Sonnenaufgang fuhren wir mit einem Fährboot nach Akre zurück. Auf der Rhede von Háipha lag ein neapolitanisches Schiff, welches neulich an 150 christliche Pilger von Smirna nach Jaffa gebracht hatte, und jetzt in Akre Weizen für Konstantinopel laden wollte, von wo es um Ostern wieder nach Jaffa zurückkehrt, um die Pilger wieder in Empfang zu nehmen.

Ein grosser Delphin schoss uns in der Nähe des Fahrzeuges etlichemal in bogenförmigen Sätzen vorbey. Die Araber nennen ihn el Derphîl.

Die syrischen Matrosen bedienen sich ihrer nackten Füsse sehr vortheilhaft, um ein einzelnes Tau hinanzuklettern, indem sie dasselbe zwischen die grosse und zweite Zehe klemmen, wenn sie mit ihren Händen höher hinaufrücken. — Wir blieben diesmal 3 Stunden unterwegs.

Gleich nach meiner Ankunft in Akre erhielt ich die Neuigkeit, welche der Kapitain des erwähnten neapolitanischen Schiffes, Vincenzo Cacace, mitgebracht, dass der russische Gesandte in Konstantinopel sich zur Abreise bereite und ein Bruch zwischen seinem Monarchen und dem osmanischen Kaiser zu befürchten sey.

2. November. Des Vormittags hatten wir ein Gewitter,

von einem Regenschauer begleitet, und des Abends kam ein stärkeres mit vielem Regen.

Man sieht in Akre noch viele Leute, welchen der tyrannische Dschessar Pascha Nasen und Ohren abschneiden, oder ein Auge ausstechen liess, welches letztere er bisweilen mit vieler Gewandheit und sichtlichem Vergnügen selbst verrichtete.

Am 4. November fiel am Mittag wieder ein Gewitterregen.

10. November. Da auf Uebermorgen meine Abreise festgesetzt war: so schrieb ich unterschiedliche Briefe, und übergab dem neapolitanischen Schiffskapitain Vincenzo Cacace ein starkes Paket für Hrn. Baron v. Zach, welches ich nach Konstantinopel an den russischen Gesandten Baron von Italinsky adressirte. Mit dem nämlichen Kapitain liess ich auch 4 Kisten, zur weitern Spedition nach Triest, nach Cypern abgehen. Mein Gepäck liess ich grösstentheils zu Schiffe nach Egypten vorausgehen. Ich machte Besuche und erhielt Gegenbesuche.

Der Kapitain Vincenzo Cacace ladet hier für Rechnung des Pascha viertehalbtausend konstantinopolitanische Kêl Weizen, welcher wahrscheinlich zum Geschenk für Rageb Efendy, einen Grossen in Konstantinopel, bestimmt ist.

11. November. Da ich in Jerusalem Geld nöthig haben werde, und es nicht rathsam seyn würde, viel Geld unterweges mit mir zu führen, weil ich nicht geneigt bin, mich an eine Kjerwane anzuschliessen: so zahlte ich heute eine gewisse Summe an das hiesige Franciscaner-Kloster von Terra Santa und erhielt dafür eine Anweisung an den General-Procurator zu Jerusalem.

Die hiesigen Franken bestehen aus dem R. Kais. General-Consul Graf von Cigovich und Gemahlin; dem französischen General-Commissair Mr. Pillavoine (dessen Frau und Kinder in Marseille sind); dem französischen Dolmetscher und Unterdolmetscher oder jeune de langue; dem neapolitanischen Viceconsul Mr. Catafago nebst Frau und Kindern, und dessen

Schwager nebst Frau und Kindern; Kaufmann Malagamba, einem Genueser; Kaufmann Gaëtani Palma, einem Neapolitaner, nebst Frau und Kindern; Kaufmann Giustini von Triest, jetzigem ragusaischen Viceconsul, nebst Frau und Kindern; Kaufmann Juliany nebst Frau und Kindern; Arzt Adamo Mongelly, einem Neapolitaner; einem Schneider von Ragusa; einem Schnupftabaksfabrikanten aus den R. Kais. Landen, und 3 oder 4 Franciscanermönchen im Kloster Terra Santa, die Spanier sind. In Háipha hält sich ein Karmeliter-Mönch, ein Malteser, auf. Ausser dem K. K. General-Consul und dem neapolitanischen Viceconsul, welche im Chân el sgîr wohnen, wohnen alle übrigen im französischen Chân.

Kurz vor Sonnenuntergang kündigten einige Kanonenschüsse den Anfang des mohammedanischen Fastenmondes Ramadân an. —

Reise nach Nazareth, Nablos und Jerusalem.

12. November. Nach einem langen Aufenthalt an einem Ort, der im Grunde wenig Interesse für mich hatte, wozu ich aber, theils um meine Gesundheit wieder herzustellen, theils eine Sammlung von den dortigen Meerprodukten zu machen, theils um mein Journal aufs Reine zu schreiben, theils wegen der Schwierigkeit, Reisegeld von Egypten zu erhalten, genöthigt war, verliess ich endlich den 12. November Akre ohne Bedauern. Es war 20 Minuten nach 9 Uhr, als wir, ich nebst meinem Bedienten Thuma, nach Nazareth abreiseten. Der Eigenthümer unsrer Maulthiere, ein dortiger Christ, begleitete uns bewaffnet. Die schöne Witterung war uns sehr günstig. Welche Verschiedenheit zwischen hier und meinem Vaterlande, wo Regen, Schnee, Eis und Stürme jetzt unaufhörlich herrschen!

Nach 20 Minuten erreichten wir etliche Mühlen, welche am Ufer des Náaméïn liegen und mit schilf- und binsenvollen Sümpfen umgeben sind, welche durch das Aufstauen des Mühlenwassers entstehen. Man nennt diese Mühlen auch die Mühlen von Kerdáne.

Die Ebene von Akre ist auf diesem Wege fürtrefflich und

besteht aus einem schwarzen Boden. Am Wege bemerkte ich einige Maulwurfhügel, welche eine Höhe von 3 Fuss hatten. Nie erinnere ich mich so hohe Haufen von diesem Thiere angetroffen zu haben. Man nennt den Maulwurf in dieser Gegend el Chlünn, statt dass er ostwärts vom Jordan el Chülld genannt wird. Man trieb die Ziegen in die gelesenen Baumwollenfelder, und liess sie die Blätter der Stauden fressen.

Zehn Minuten nach 11 Uhr erreichten wir einen ansehnlichen isolirten Hügel, an dessen Fuss ein Ziehbrunnen ist, und $\frac{1}{2}$ Stunde dahinter fingen die Berge an, deren Seiten sich sehr sanft verflächen, übrigens aber vielen nackten Felsenboden und Blöcke von Kalkstein zeigten. Nordwärts in einiger Entfernung sahen wir die Dörfer Dammûn (Demmûn) und Schâb an einem niedrigen Berge.

Wir verfolgten von jetzt an immer einen engen Grund, welcher allmälig aufwärts führte. Die niedrigen Berge auf beiden Seiten sind sehr steinigt, und mit vielen Gesträuchen bewachsen, die nachher mit kleinen Bäumen abwechselten, die grösstentheils Steineichen waren. Dieser Grund fängt in der Nähe von A'bbelîn, einem Dorfe südwärts vom Wege, an und dauert etwa 2 Stunden. Da diese Gegend sehr einsam ist: so soll sie bisweilen etwas gefährlich seyn.

Um halb 3 Uhr erreichten wir die fruchtbare Ebene Merdsch el Bottôf, und kamen an ein Dorf, welches auf einem hohen Hügel liegt und Bîr Dauíhje heisst. Es ist jetzt verwüstet und ohne Einwohner. Am Fusse des Hügels ist ein zerstörter Chân und ein Ziehbrunnen. Nordwärts vom Wege liegt in einiger Entfernung das Dorf Kuffr Mánda am Fuss eines Berges, wo man nach der Versicherung der Mohammedaner das Grab Szabûr, des Weibes von Mose, findet. Dies Dorf hat der Negotiant Anton Catafago zu Akre nebst noch drey andern, Elût, Sébda und Bêt Láhhem, auf 3 Jahre vom Pascha zu Akre gepachtet. Zwey andere Dörfer, Schdéïde und el Mackr, hat der jüdische Banquier des Pascha, Hrn. Haijim, gepachtet, welcher überdem noch eine Menge andrer Dörfer in Pacht haben soll, die ihm grossen Gewinn abwerfen. Soliman Pascha wurde durch dringende Umstände zu diesem Schritte bewogen. Er war von der Pforte zum Nachfolger von Dschessar Pascha ernannt; allein die Paschawürde wurde ihm von seinem vorigen Freunde Ismaïl streitig gemacht, welcher sich wider die Pforte auflehnte und sich zum Pascha erklärte. Soliman war genöthigt, ihn zu befehden, und da seine Einkünfte nicht hinreichten, um die grossen Ausgaben für seine Truppen zu bestreiten: so suchte er theils bey dem Franciscanerkloster zu Nazareth, theils bey den Franken erzwungene Vorschüsse, mit dem Versprechen, sie dafür die Einkünfte gewisser Dörfer so lange geniessen zu lassen, bis die vorgeschossene Summe wieder bezahlt seyn würde. Das Glück begünstigte ihn, und er hielt sein Wort. Der Banquier Haijîm hatte ohne Zweifel das Meiste vorgeschossen; allein seine Lage nöthigte ihn, Andere statt seiner auftreten zu lassen, weil sein Reichthum ihn in neue Gefahr bringen würde. Eine jede solche Verbindung mit der osmanischen Regierung ist immer sehr schlüpfrig, und es müsste auf die Ausführung des Gesetzes, dass kein Franke sich in dergleichen einliesse, von dem Gesandten seiner Regierung aufs genaueste gesehen werden. Dies ist um so mehr nöthig, wenn der Franke zu gleicher Zeit einen Consularposten besitzt, indem dieser durchaus nicht im Stande ist, bey eintretenden Fällen mit der gehörigen Energie bey der osmanischen Regierung vorzuschreiten, mit welcher es sein Interesse erfordert auf freundschaftlichem Fusse zu stehn. Er sieht sich genöthigt zu allerhand Chicanen und Intriguen, um der Habsucht der Osmanen entgegen zu arbeiten, und seinen Karakter dadurch auf mannigfache Art zu beflecken. Ich kenne Fälle, wo die Verbindungen des Consuls mit der osmanischen Regierung für die Individuen seiner Nation nicht selten sehr schädlich waren. –

Eine Viertelstunde nach 3 Uhr erreichten wir das Dorf Sapháry, welches Büsching Safuri oder Saphory nennt, das vor Alters aber Sepphoris und Diocaesarea hiess. Es liegt auf einem Berge und hat ausser vielen Oelbäumen einige Feigenbäume. Die Einwohner, die alle Mohammedaner sind, bauen vielen Tabak. Der Weg zieht sich auf der Nordseite am

Fusse der Anhöhe hin, auf welcher es erbaut ist, und wir kehrten daher nicht in dasselbe ein. Ich bemerkte hier einige Baustücke, welche zu alten Gebäuden gedient hatten. Sapháry liegt auf der Nordseite der grossen Ebene Merdsch ibn Amer (nicht auf der Westseite, wie Büsching sagt). Es war vor Alters eine Stadt, die schon ihrer hohen Lage wegen fest war, und eine Zeit lang die Hauptstadt von Galiläa. Auf dem Hügel oberhalb dem Dorfe sieht man noch die Ruinen eines grossen Gebäudes, welches wahrscheinlich einst das feste Kastell war, dessen Büsching erwähnt. Prof. Köhlers Vermuthung, dass dieser Ort bey Abulfeda unter dem Namen von Szafd vorkomme, ist ohne Zweifel unrichtig, weil jenes Szafd das jetzige Szóffat ist, welches Städtchen bey Büsching Saphat heisst, und dessen ich vorhin gedacht.

Nahe vor Nazareth sahen wir nordwärts das Dorf Rény. Es war $\frac{1}{4}$ vor 5 Uhr, als wir Nazareth erblickten, welches wir 5 Minuten nachher erreichten. Ein wenig ausserhalb dem Orte steht die griechische Kirche der Verkündigung, Knîsset el Baschára, wovon die Griechen behaupten, dass auf dieser Stelle der himmlische Bote der Madonna erschien, obgleich die Franciscanermönche das nämliche von ihrem Kloster versichern. Doch dergleichen ungereimte Widersprüche sind so wenig hier als in Europa selten. Wir kehrten bey dem hiesigen Hauptpfarrer der Griechen, Hanna, ein.

13. November. Nazareth, welches bey den Syrern und Arabern unter dem Namen von Násra bekannt ist, dieser in der ganzen Welt, wo Christen wohnen, so berühmte Ort, ist jetzt ein Flecken und liegt an einer ziemlich steilen Bergseite, an welcher seine Häuser bis oben hinan gebaut sind. Die Häuser bestehen fast alle aus Kalksteinquadern, und sind gewöhnlich etwas geräumiger und besser, als in den übrigen Dörfern des Gebürges von Szóffat und anderer Districte. Die wenigen Gassen sind ungepflastert. Von dem Flecken ist südostwärts ein kleines rundliches Thal, welches auf allen Seiten von Bergen umgeben ist, die jede ferne Aussicht rauben, und es machen, dass man Nazareth erst erblickt, wenn man ihm sehr

nahe ist. Die Bergseiten, die man von hier aus sieht, sind fast ganz ohne Kultur, felsigt und mit wenigem Gesträuch einzeln bewachsen. Die Aussicht von Nazareth ist daher nichts weniger, als angenehm, und steht den freundlichern Umgebungen von Bethlehem weit nach. Ich stellte mir immer vor, dass man den nahen und ausgezeichneten Thabor von hier sehen könne; allein auch darin irrte ich mich, indem er hinter gleich hohen Vorbergen versteckt liegt.

Das merkwürdigste und ansehnlichste Gebäude in Nazareth ist das Kloster der Franciscanermönche von Terra Santa, welches an dem untern Rande desselben liegt. Obgleich es für hiesige Gegend, wie gesagt, ansehnlich genug ist: so ist es doch durchaus nicht mit dem schönen Aeussern so vieler tausend Klöster in Europa zu vergleichen. Es hat ausser dem Erdgeschoss ein Stockwerk, und ist mit einer Mauer umgeben. Man kommt zuerst über den äussern Hof, und alsdann über den innern, wo die Wohnung des Viceprocurators und die Schule ist, worin die hiesigen katholischen Knaben von einem Mönche und von einem arabischen Schulmeister den gewöhnlichen mönchischen Unterricht erhalten. Auf dem Hofe sind 3 Cysternen, welche jetzt fleissig von den Einwohnern besucht werden, weil die Quelle ausserhalb dem Dorfe bey der vorhin genannten griechischen Kirche jetzt sparsam fliesst und nicht hinreicht. Die Zahl der Franciscanermönche wechselt immer ab; man kann aber im Durchschnitt 15 bis 20 rechnen.

Ich habe schon gesagt, dass das hiesige Kloster dem Soliman Pascha, bevor er Ismaïl besiegte, eine bedeutende Summe vorschoss, dafür wurden ihm von Ersterm ausser Nazareth die Einkünfte von 5 andern Dörfern auf etliche Jahre überlassen und zwar für eine jährliche Pachtsumme von 100 Beuteln oder 50000 Piastern. Jeder Bauer dieser Oerter zahlt für ein Gespann von 2 Ochsen dem Kloster 150 Piaster; ausser diesen zahlt er unter andern Titeln demselben noch 50 Piaster an baarem Gelde und $2\frac{1}{2}$ Grára Gerste und 1 Grára und 1 Keïl (Kilo) Weizen. Rechnet man dies alles zusammen: so kommt dem Bauer die Pacht für ein Gespann auf 320 Piaster zu stehn, und man klagt, dass diese Abgaben drückend seyen. In den erstern Jahren des Dschessar Pascha zahlte das Kloster für Nazareth und zwey Dörfer nur 8 Beutel oder 4000 Piaster; seitdem aber ist der Getreydepreis und mit ihm auch die Grundpacht in allen Ländern ausserordentlich gestiegen.

Die 5 Dörfer, welche jetzt ausser Nazareth unter dem Kloster stehn, sind folgende: Mschédil, Maalûl, Jáffa, Schebáta und Chnéphis. Ausser diesen ist noch ein Ort, welcher Szemmúne heisst, wo egyptische Bauern in Rohrhütten wohnen, welche dem Kloster im Ganzen tausend und etliche hundert Piaster zahlen. Nazareth gehört jetzt zu dem Lande Szóffat und scheint auch vorhin nie einen besondern Distrikt ausgemacht zu haben.

Da die Felder von Nazareth in der fruchtbaren Ebene Merdsch ibn Amer (Esdrelon) liegen: so erkundigte ich mich beym Pfarrer nach dem Ertrage des Getreydes. Er versicherte mir, vom Weizen werde gewöhlich das 12te Korn, von der Gerste etwas mehr, von der Dúrra (Holcus Sorghum) aber über das 200ste Korn geerndtet. Der letztere Ertrag würde fast unglaublich scheinen, wenn man sich nicht erinnerte, dass sie sehr weitläuftig gesäet werde. [1]) Die nämliche Gerste trägt je nach der verschiedenen Güte und Bearbeitung des Bodens 2, 3 oder 4 Zeilen.

Alle Berge dieser Gegend bestehen aus Kalkstein, welcher häufig mürbe und weiss ist.

Ich besuchte des Morgens den Vice-Procurator des Klosters, einen Spanier, der kein Geistlicher ist, obgleich er den Ordenshabit trägt, und fand in ihm einen umgänglichen Mann. Es steht, so wie alle Klöster von Terra Santa in der Levante, unter dem General-Procurator in Jerusalem.

---

[1]) Mein Bedienter erzählte mir am 13. August in Akre, wohin er von Nablos zurückkehrte: er habe unterwegs in der nämlichen Ebene einen Dúrrastengel gefunden, welcher 55 Aehren trug, und in einer Aehre habe er 211 Körner gezählt. Nimmt man an, dass alle Aehren so reich waren: so trug dieser einzige Stengel oder ein einziger Saamen 11605 Körner! Obgleich ich glaube, dass er die vollste Aehre zählte, und diese Pflanze eine grosse Seltenheit war so beweiset sie doch, wenn auch nicht mehr, wenigstens eine sehr grosse Fruchtbarkeit.

Nachmittags besuchte ich die Klosterkirche, die zwar nicht gross, aber niedlich und mit Gemälden, Vergoldungen und Tapeten, silbernen Lampen und schönem Marmor reich gezieret ist. Das Chor ist beträchtlich erhaben und unter demselben ist eine Grottenkapelle, zu welcher man auf mehrern Stufen hinabsteigt, und welche man für die Stelle ausgiebt, wo die Madonna die bekannte frohe Botschaft erhielt. Man findet hier zwey Gemälde, welche diese Scene vorstellen, und welche trefflich gearbeitet sind. Man hat dem Bilde der Madonna eine silberne Krone aufgesetzt; welch' eine geschmacklose mönchische Verzierung! — Man sieht in dieser Grotte eine kurze Säule, welche unten abgebrochen ist, so dass der Obertheil zu hangen scheint, und fromme Pilger, die immer geneigt sind, mit einer Menge Fabeln ihre Freunde nach ihrer Rückkunft zu unterhalten, unterlassen nicht, dies für ein Wunder auszugeben. Wer indessen nicht ganz von Vorurtheilen geblendet die Sache besieht, wird durchaus nichts Wunderbares daran bemerken, indem das obere Ende dieser Säule sorgfältig in dem Gewölbe der Grotte befestigt ist. Die Mohammedaner erzählen viel von einer ähnlichen in freier Luft hangenden Säule in dem Hárram zu Jerusalem; ohne Zweifel hat man dieselbe oben auf eine ähnliche Art befestigt; damit aber etwas vernünftigere Pilger den Betrug nicht entdecken möchten, hat man eine solche Vorrichtung getroffen, dass man mit Mühe den Obertheil sehen kann, und überdem lässt man sie dies Wunder auch nur einen Augenblick ansehen.

Die Maroniten bestehen aus 20 Familien, und haben hier eine Kirche, welche oben am Berge an dem höchsten Theil des Fleckens steht. Auch die meisten Griechen, deren Anzahl etwa 60 Familien beträgt, besitzen eine Kirche. Die Altgriechen machen etwa die Hälfte aller christlichen Einwohner aus. Die Mohammedaner bewohnen 40 bis 50 Häuser; ihre Moschee ist eingestürzt. Die ganze Einwohnerzahl dürfte sich also auf reichlich 1000 Seelen belaufen.

Kleine Kinder waren emsig beschäftigt, die Baumwolle aus ihrer Schale zu klauben, wozu sie sich öfters ihrer Zähne bedienen mussten. Mit dieser Schaale füttert man die Kühe; ein Nahrungsmittel, das bloss den Magen zu füllen scheint.

Nazareth hat ein paar Dutzend ärmlicher Kaufläden und zwey Kaffeehäuser, die aber jetzt des Ramadans wegen des Tages verschlossen gehalten werden.

Ein Sohn von dem berühmten Schech Dáher, welcher eine sehr zahlreiche Familie hinterliess, wohnt hier und erhält von dem Pascha zu Akre eine kleine jährliche Pension, die hinreicht, ihn als einen wohlhabenden Bauer leben zu lassen.

Ausser dem Kloster zeigen die hiesigen Franciscanermönche noch 2 Stellen, welche von den Pilgern besucht werden, und die ich mir auch zeigen liess. Die eine ist die Josephskapelle, welche in geringer Entfernung vom Kloster liegt, und sehr klein und unansehnlich ist. Man zeigt in ihr eine kleine Grotte, worin dieser Tischler seine Werkstätte gehabt haben soll.

Weiter vom Kloster entfernt und in dem obern Theile des Fleckens steht eine bessere und grössere Kapelle, welche, so wie jene, verschlossen gehalten wird. In ihrer Mitte ragt ein grosser Felsenblock hervor, welchen man oben und auf allen Seiten so behauete, dass er jetzt die Form und Höhe eines grossen runden Tisches hat. Eine päbstliche Bulle, welche in ihr aufgehängt ist, versichert: man wisse, dass Jesus von Nazareth vor und nach seiner Auferstehung hier mit seinen Jüngern speisete, und verspricht demjenigen einen sechsjährigen Ablass, der hier eine Messe lesen lässt, oder ein Unser Vater und Ave betet. Leider muss ich gestehen, dass ich die seltene Gelegenheit versäumte und beides vergass. Mein Cicerone, ein alter Mann, erfuhr zufälliger Weise, dass ich bey dem griechischen Pfarrer eingekehrt sey. Er schüttelte den Kopf darüber, und meinte, es sey doch ganz unschicklich, dass ein Franke, in welchem er natürlicherweise einen Katholiken voraussetzte, bey einem Ketzer logire.

Des Abends wohnte ich dem Gottesdienst in der griechischen Kirche bey. Zwischen ihr und Nazareth stehen viele Oelbäume und indische Feigen, deren es auch beym Kloster giebt, und weiter südwärts sieht man ziemlich viele Feigenbäume. Die Kirche steht halb in die Erde gesenkt, weswegen sie von aussen als sehr unansehnlich in die Augen fällt. Man wird nicht wenig überrascht, wenn man beym Eintritt in dieselbe eine der besten griechischen Kirchen erblickt, die man ausser Jerusalem weit umher in dieser Gegend findet. Sie wurde vor etwa 40 Jahren von dem Vater meines Wirths gebaut, welcher als Pfarrer überall milde Gaben zu ihrem Bau einsammelte. Der Altar hat viele Vergoldungen und Gemälde von Heiligen; vor demselben hat ein Theil des Fussbodens ein mosaivisches Pflaster. Auf der Nordseite steigt man aus der Kirche zu einer Grotte hinab, in welcher ein Brunnen guten Wassers ist, wovon man mir einen Trunk reichte. Es ist etwas sehr Gewöhnliches in der Levante, in griechischen Kirchen einen Brunnen zu finden. Ueberall bezeiget die griechische Religionsparthey viele Ehrfurcht für das Wasser, und an Stellen, wo es keine Quellen giebt, welchen um Konstantinopel und in Griechenland gewöhnlich ein Heiliger vorgesetzt ist, suchte man den Mangel durch Brunnen zu ersetzen. Die lieblichen Najaden des Alterthums verwandelten sich nach der Einführung des Christenthums in misanthropische Heilige. — Der Kirchendiener zündete mir zu Ehren in der Grotte ein paar Wachslichter an, und erwartete hernach eine milde Gabe für die Kirche und für sich. Es stehen drey Pfarrer an dieser Kirche.

Von der höchsten Stelle des Berges, an welchem Nazareth erbaut ist, soll man das mittelländische Meer und den Thabor sehen können.

Ritt nach dem Thabor und Kuffr Kénneh.

14. November. Kein Reisender, welcher Nazareth besucht, unterlässt leicht, den Thabor zu besuchen, welchen die Araber Dschíbbal el Thûr nennen, und der südostwärts von hier liegt. Weil der Thabor einsam ist und bisweilen von raubsüchtigen Beduinen besucht werden soll: so liess ich mich, ausser meinem Bedienten, von zwey jungen Griechen begleiten, welche sich mit Flinte und Chandschar bewaffnet hatten. Es war ½ 6 Uhr des Morgens, als wir Nazareth

verliessen. Der Weg führte immer über Berge, auf welchen sich viel nackter Felsenboden zeigte, die übrigens aber mit vielem Bullân, einem mehrmals angeführten kleinen Strauche, gleich unserer Heide, bewachsen sind. Nachher kamen wir durch ein Gehölz von einzeln stehenden Bäumen, die meistens aus Steineichen und einer andern Eichenart, Mellûl genannt, bestanden. Der Boden bestand aus braunem Leimen, wie in Haurân.

Nach Verlauf von $1\frac{3}{4}$ Stunden hatten wir den Fuss des Thabors erreicht, welcher auf dieser seiner Nordseite nur durch ein enges Thal von den übrigen Bergen getrennt wird. Wir ritten bis fast die Hälfte seiner Höhe hinan, obgleich das Steigen unsern Eseln sehr schwer wurde. Der obere Theil war zu steil; wir stiegen daher ab und gingen zu Fusse hinan. Man zeigte mir westwärts das Dorf Dabúry am Fuss des Thabors. Der Berg ist mit vielem Gebüsche bewachsen. Ausser den genannten Bäumen fand ich auf demselben noch Terbenthinbäume und ausserdem einen Strauch, welchen Einige Líbna, Andere Ábhar oder Hausch nennen, und wovon man die Früchte benutzt, um Fische durch Betäubung zu fangen. Aus den Terbenthinbaum-Früchten bereitet man hier ein Brennöl. Von der Steineiche sowohl als von der Eiche Mellûl, die entweder Quercus aegilops oder Quercus Cerris ist, geniesst man die Eicheln, von der erstern roh, von letzterer aber in der Asche gebraten, weil sie sonst zu bitter sind. Diese sind beträchtlich grösser, als jene, haben die Grösse von Datteln, und ihre starken Kelche haben zurückgebogene hakenförmige Schuppen. Die hervorragenden Felsen waren mit vielen Flechten bewachsen. Das ausgezeichnet konische Ansehn des Thabors liess mich erwarten, dass ich in ihm einen Basaltberg finden werde; allein ich irrte mich. Er besteht durchaus aus Kalkstein. Indessen schloss ich aus einem paar Basaltsteinen, die ich oben in einer Mauer fand, dass nicht weit von hier Basalt angetroffen werden müsse; und diese Vermuthung wurde in der Folge richtig befunden.

Es war halb 9 Uhr, als wir den Gipfel des Berges erreichten. Er bildet eine kleine Ebene, worauf man zwischen den einzelnen Bäumen und Gesträuchen viele Spuren von vormaligen Gebäuden antrifft, deren Schutt etliche kleine Hügel bildet, worunter man noch einzelne Kellergewölbe sieht. Unter dem vorhandenen Mauerwerk fand ich durchaus keine grossen Quadern, dergleichen sich zum Beyspiel die Römer bedienten, obgleich die Herbeyschaffung der Bausteine sehr leicht war, weil der ganze Gipfel aus einem Felsenboden besteht. Ich vermuthe daher, dass hier im Alterthume nie ein Gebäude von schöner Architektur stand. Man sieht hier noch einen kleinen Ueberrest von dem Chorende einer Kirche, welche die Griechen bey ihrer jährlichen Wallfahrt hieher besuchen. Funfzig bis sechszig Schritte davon sieht man ein unterirdisches Gewölbe, worin die Franciscaner-Mönche von Nazareth bey ihrer Wallfahrt am Fest der Verklärung die Messe lesen. Daneben ist eine in Felsen ausgehauene tiefe, brunnenförmige Cysterne. Von den Schutthaufen bey der Grotte geniesst man einer ausgedehnten Aussicht. Ostwärts erblickt man durch ein Thal die Jordanebene oder el Gôr, dessen Lauf man eine beträchtliche Strecke südwärts verfolgen kann, und welche im Hintergrunde die Berge von el Botthîn (Batanaea) hat. Südsüdwestwärts liegt der Dáhhi oder Dáchy, gleichfalls ein isolirter Berg, obgleich von unregelmässiger Form; und westsüdwestwärts dehnt sich die herrliche fruchtbare Ebene Merdsch ibn Amer aus. Nordwärts sieht man in der Nähe den Berg Traân und den Chân el Szûk, weiterhin die Berge von Tiberias, daneben durch eine Bergvertiefung einen Theil von dem reizenden See und endlich das Städtchen Szóffat auf seinem hohen Berge. Südwärts erblickt man das Gebürge von Nablos in weiter Ferne. Meine Leute zeigten mir auch in der Richtung von Tiberias die Gegend, wo Christus mehrere Tausende mit fünf Broden sättigte und welche hier unter dem Namen von Chams chubsât (die fünf Brode) von den Wallfahrtern besucht wird. Es sind an dieser Stelle einige grosse Steine auf einem Hügel. Es ist der nämliche Wallfahrtsort, welchen Büsching den Berg der Seligkeiten nennt.

Der Chân el Szûk ist etwa $\frac{3}{4}$ Stunden vom Thabor entfernt. Es wird dort wöchentlich an einem bestimmten Tage ein Markt gehalten, wo alsdann viele hundert Menschen zusammen kommen. Man nennt diesen Chân auch Ain el Tidschâr oder die Quelle der Kaufleute; doch ist diese Benennung nicht so gewöhnlich, als erstere. Meine Begleiter versicherten mir, bey hellem Wetter könne man sogar den Schechberg oder Hermon, obgleich nur schwach, sehen. — Zwischen den Ruinen der Thabor-Spitze ist noch ein sehr kleines Feld, welches vorhin mit Getreyde bewachsen war.

Nachdem wir hier ein sehr frugales Frühstück eingenommen, stiegen wir um 9 Uhr wieder hinab, und schlugen den Weg nach Kuffr Kénneh ein, welches nordwärts vom Thabor und nordostwärts von Nazareth liegt, und zwar weiter vom Thabor entfernt, als Nazareth. Der Weg dahin ist bergigt. Wir stiessen auf einen Beduinen vom Stamme Bscháteh, welcher sich im el Gôr aufhält; er war mit einer tüchtigen Keule bewaffnet; sein Anblick konnte uns indessen natürlicher Weise keine Furcht einflössen, weil die Beduinen immer einen sehr grossen Widerwillen gegen Schiessgewehre bezeigen.

Um 11 Uhr erreichten wir das kleine Dorf Ain el Máhel, welches auf einem Berge liegt, und bey welchem eine Quelle ist. Die Einwohner bestehen aus Mohammedanern und Christen. Es wachsen hier ziemlich viele Oelbäume. Hinter dem Dorfe führte der Weg wieder bergab, und an dieser Seite wuchs an einer quelligten Stelle viel wilder Fenchel, welchen man Schómar nannte, und der eine Länge von 8 bis 9 Fuss erreicht hatte.

Um 12 Uhr kamen wir in Kuffr Kénneh oder Kuffr el Kénneh an. Es ist ein mittelmässig grosses Dorf und liegt an einer Anhöhe, von einem rundlichen Thal umgeben, welches von Bergen auf allen Seiten eingefasst wird. Seine Einwohner bestehen aus 40 griechisch-christlichen, und etwas mehr mohammedanischen Familien. Man findet hier viele Feigen- und etliche Granatäpfelbäume. Die Bauern halten Bienen, deren Honig trefflich ist. Dies Dorf wird hier allgemein für das vormalige Kana in Galiläa gehalten, wo Jesus von Nazareth das bekannte Wunder der Verwandlung des Wassers in Wein verrichtet haben soll. Wir wandten uns hier an den griechischen Pfarrer, welcher uns in die kleine armselige Kirche führte, und uns daselbst einen rohgearbeiteten steinernen Taufstein wies, den er für einen der Wasserkrüge ausgab, worin die Verwandlung vor sich gegangen seyn sollte! Er führte uns nachher in seine ärmliche Wohnung und bewirthete uns mit Oliven, Feigen, Honig und fünf Broden, von welchen letztern er keinen grössern Vorrath hatte. Ich gab ihm beym Abschied ein kleines Geschenk für unsere gastfreundschaftliche Aufnahme.

Ausser dem Dorfe ist eine Quelle, neben welcher ich einen hübschen antiken Sarkophag von Marmor antraf, welcher jetzt zu einem Trinktroge für das Vieh diente.

Um 10 Minuten vor 1 Uhr ritten wir wieder nach Nazareth zurück, über flache Berge, welche, wenigstens längs dem Wege fast ganz ohne Kultur lagen. Ein Viertel vor 2 Uhr passirten wir das Dorf Réni, wo eine Quelle ist. Die Bauern bestehen zur Hälfte aus Mohammedanern, zur andern Hälfte aus griechischen Christen. Um halb 3 Uhr kamen wir wieder in Nazareth an, welches also vom Thabor und von Kuffr Kénneh fast gleich weit entfernt zu seyn scheint. Die Luft war heute beständig wolkigt und die Sonne kam nicht zum Vorschein, und die nämliche Witterung dauerte am folgenden Tage fort.

15. November. Schon ein paar Stunden vor Tagesanbruch standen wir auf, um nach Dschinîn abzureisen. Allein kaum waren wir ein wenig ausserhalb Nazareth: so fiel ein so heftiger Regen, dass wir uns genöthigt sahen, schnell wieder umzukehren, und für heute die Reise einzustellen, weil die bezogene Luft mehrern Regen erwarten liess. Nachher kamen noch ein paar Gewitterschauer mit Donner und Blitz, und auch in der folgenden Nacht regnete es. Der wolkigten Luft ungeachtet brach die Sonne mehrmals hervor.

Es lagen in Nazareth 60 bis 70 Reuter, Moggrebiner und Egypter, welche Art von Kavallerie des Pascha man el Hauáry nennt. Sie sind meistentheils verheurathet, wohnen in besondern Häusern und dürfen den Einwohnern nicht beschwerlich fallen. Sie leben bloss von ihrem Solde, el Mánda, welcher täglich $2\frac{1}{4}$ Piaster beträgt, wovon er auch die Futterungskosten seines Pferdes bestreiten muss. Ein Beirakdâr oder Fahnführer hat 5 bis 20 gemeine Kavalleristen unter seinem Befehl, wofür er den Sold zieht, obgleich er zur Friedenszeit von dieser Anzahl nur 2 bis 8 hält, so dass der Ueberschuss des Soldes ihm zu Theil wird.

Die Bauern waren mit dem heutigen Regen sehr zufrieden, und wünschen noch recht viel, weil jetzt die Ackerzeit ihren Anfang nimmt. Man pflügt hier überall bloss mit Ochsen; doch erfuhr ich hier, dass man sich in der Gegend von Gasa der Kameele dazu bediene. Fällt nur noch etwas mehr Regen: so fängt man an, Weizen und Gerste zu säen.

Hier und in andern Dörfern der Landschaft Szóffat sieht man viele kleine konische Hütten, welche die Form eines konischen runden Zeltes haben und von Leimen erbaut sind. In ihnen ist der Ofen zum Brodbacken, welchen man el Thabúne nennt.

16. November. Nach beygewohntem Gottesdienst in der griechischen Kirche verliessen wir um 8 Uhr Nazareth und ritten nach Dschinin, welches etwa 6 Stunden davon entfernt ist. Die Witterung war des Morgens kühl, nachher aber wurde sie sehr angenehm. Unser Eseltreiber, ein Mohammedaner, war unbewaffnet, weswegen ich vermuthe, dass die vorige Versicherung, der Weg sey wegen der Araber auf dem Merdsch ibn Amer unsicher, ungegründet war. Die Leute, welche sich mit dem Transport von Menschen und Waaren ernähren, verbreiten oft mit Fleiss solche Nachrichten, um ihren Verdienst zu erhöhen. — Es sprangen drey Gaselle vor uns auf, welche sich mit schnellen Schritten vom Wege entfernten.

Gleich darauf kamen wir an einen engen Felsengrund, wo der Weg oder vielmehr Pfad an vielen Stellen beschwerlich ist, indem er natürliche Felsenstufen bildet. Um $\frac{1}{2}$ 9 Uhr waren wir an der Stelle, wo die Berge auf beiden Seiten am höchsten sind und auf ihrer Spitze hohe schroffe und überhangende Felsenwände bilden. Diese Stelle heisst el Kóffshy (القفزه). Die fromme Sage versichert, der Felsen auf der Westseite sey derjenige, von welchem die Nazarener ihren Landsmann Jesus, der ihnen durch seine Schwärmerey gehässig geworden war, herabstürzen wollten. Man erbaute aus diesem Grunde vor Alters unter dem Felsen neben einer Grotte eine Kirche, von welcher man noch einige Ruinen sieht. Zur Regenzeit fliesst das Wasser des Thales von Nazareth durch diesen Grund in die Ebene Merdsch ibn Amer, welche etwa 10 Minuten hinter el Kóffshy anfängt. Diese Ebene ist eine der schönsten, fruchtbarsten und grössten in ganz Palästina. Ostwärts, etwa eine Stunde vom Wege entfernt, zeigte sich der Thabor von dieser Seite völlig isolirt, und der Umriss seiner Oberfläche bildet einen regelmässigen Halbzirkel; ich erinnere mich kaum einen Berg gesehen zu haben, welcher eine so regelmässige Form hatte.

Etwas weiter südsüdwestwärts vom Thabor liegt der gleichfalls isolirte Berg el Dáhhy, welches man fast el Dáchhy ausspricht, auf dessen Spitze ein Wallfahrtsort (Mesárr) der Mohammedaner ist. Es war 10 Uhr, als wir über den Fuss dieses Berges ritten, der uns auf der Ostseite liegen blieb. Er ist länglicht, unregelmässig und seine Spitzen sind nackt und felsigt. Es halten sich oben bloss etliche Beduinenfamilien auf. Sein Fuss besteht aus Basalt; übrigens aber besteht er ganz aus Kalkstein. Er liegt grade auf der Wasserscheidung, und ein Theil seines Wassers fliesst nach der Ebene westwärts, ein Theil ostwärts in den Jordan. Ich vermuthe, dass Büsching den Dáhhy und Hermon mit einander verwechselt habe, und dass der Berg, den er Hermonim oder den kleinen Hermon nennt, der Dáhhy sey, den er unrichtig Daaï nennt. Ich halte den Dáhhy für eben so hoch, als den Thabor; allein er ist weniger ausgezeichnet, weil seine Seiten sich unmerklicher verflächen. Die Ebene Merdsch ibn Amer zieht sich auf beiden Seiten des Dáhhy und geht ostwärts in die Ebene von el Bîssán und el Gôr über.

Merdsch ibn Amer, welche Arvieux fälschlich Mardsche Ebu Aamer nennt, welche vor Alters die Ebene von Jisreel oder Esdrelon hiess, erstreckt sich von Südost nach Nordwest und hat zwischen Nazareth und Dschinîn eine Breite von 5 Stunden. Ostwärts wird sie vom Thabor, el Dáhhy und den Bergen der Landschaft Hárrte (Areta) begernzt; südwärts durch das Gebürge von Nablos; westwärts durch den Karmel und das mittelländische Meer; nordwärts durch das Gebürge von Szóffat (Saphet). Auf dem ganzen Wege nach Dschinîn traf ich jetzt kein fliessendes Wasser an, und es muss erst lange regnen, bis sich in dieser Gegend fliessendes Wasser bildet, indem der schwarzbraune, lockere und steinlose Boden erst vieles Wasser verschluckt. Alles überflüssige Wasser ergiesst sich nachher in den Fluss Mokóttha, welcher sich nordwärts von Háipha in den Meerbusen von Akre ergiesst.

In der jüdischen Geschichte wurde diese Ebene durch eine glückliche Schlacht bekannt, welche Barak, Abinoams Sohn, dem Sissera, General des Fürsten der Kananiter Jabin, lieferte und worin dieser eine gänzliche Niederlage erlitt. Der General selbst entfloh in das Zelt eines Beduinen, Namens Heber, eines Nachkömmlings von Hobab, des Schwagers von Mose, dessen Weib Jael ihn versteckte, aber nachher im Schlafe ermordete. Ihre Heldenthat gab Veranlassung zu einer der schönsten und feurigsten Oden, welche man in den hebräischen Schriften findet. [1]) In unsern Tagen wurde sie durch eine noch merkwürdigere Schlacht berühmt, welche Bonaparte bald nach der Invasion der Franzosen in Syrien einer grossen überlegenen osmanischen Armee lieferte, die gänzlich in die Flucht geschlagen wurde. Diese Schlacht fiel bey dem Dorfe Phûl (die Franzosen schreiben Fouly) vor, welches westwärts vom Fusse des Dáhhy entfernt liegt, und dessen Ruinen ich von weitem sahe. Man findet eine ausführliche Nachricht davon in dem Leben Bonapartes und den Nachrichten von der französischen Expedition in Egypten und Syrien.

Die Ebene ist ausserordentlich fruchtbar, und auf den Brachfeldern schiessen die wilden Gewächse, besonders eine

---

[1]) Man sehe dieselbe im Buch der Richter, Kap. 5. Ich würde eine Uebersetzung in Versen davon geliefert haben, wenn ich einen richtigern Text vor mir gehabt hätte, als den lutherischen; ich behalte mir daher dieses Vergnügen bis zu meiner Rückkunft nach Europa vor.

Distelart, sehr hoch auf. Man bauet ausser den gewöhnlichen Getreydearten viele Baumwolle, Dúrra und Sesam. Die Nazarener haben fast alle ihre Getreydefelder in dieser Ebene, und dies ist die Ursache, warum sie ihre nahen Berge fast ganz ohne Kultur liegen lassen.

Es ziehen auf dieser Ebene viele Beduinen umher. Sind Arvieux Nachrichten richtig: so muss seitdem eine grosse Veränderung mit ihnen vorgegangen seyn. Wenigstens wusste man mir in Háipha und in Nazareth nichts von den Emirs aus dem Hause Turabeya zu sagen, die dort ganz unbekannt waren. Die Einfuhr- und Ausfuhrzölle auf dieser ganzen Küste werden jetzt ganz allein von dem Pascha von Akre gehoben, unter dessen Befehlen, seit Abu Marraks Abgang von Jaffa, diese ganze Küste steht. Ich vermuthe daher, dass dieser bedeutende Beduinenstamm seit Arvieux Zeit gänzlich unterdrückt worden sey. In Nazareth, welches seine Getreydefelder und Weiden auf dieser Ebene hat, und wo man sie also gewiss genau kennt, wusste man mir nur zwey bedeutende Beduinenstämme anzugeben, welche hier herumziehen, die el Szeckr (السكر) nämlich und die el Szbeïhh (الصبيح). Unter erstern soll man noch einige Emirs antreffen, welche von den benachbarten Dörfern Abgaben einziehen, damit sie das Vieh der Bauern ungehindert weiden lassen; woraus erhellet, dass sie sich als Grundherren dieser Ebene angesehen haben wollen. Indessen lässt sich daraus gar nicht auf ein gegründetes Recht schliessen, indem in allen Gegenden, wo Beduinen sind, das nämliche von ihnen verlangt wird, falls sie nur mächtig genug sind. Von Nazareth und einem paar dazu gehörigen Dörfern beziehen sie eine jährliche Abgabe von 500 Piastern. Sie selbst sind von allen herrschaftlichen Abgaben frey. Alles Gesagte gilt auch von dem Stamme der Szbeïhh. Ausser diesen arabischen Beduinen findet man dort auch Turkmannen, welche unter Zelten wohnen und ihre türkische Sprache beybehalten haben. Sie treiben ausser der Viehzucht zugleich etwas Ackerbau, und sind aus diesem Grunde genöthigt, dem Pascha eine jährliche Pacht zu entrichten. Dass die hiesigen Beduinen nach Schulze'ns Versicherung in weissen Zelten wohnten, ist etwas ganz Ungewöhnliches, und mir kaum glaublich, da alle umherwohnenden Stämme in schwarzen Zelten wohnen, und man nicht unterlassen haben würde, mir solches als eine grosse Seltenheit anzugeben. Das nämliche gilt von seiner Nachricht von den musikalischen Talenten der Schaafe, Böcke und Lämmer dieser Beduinen, welche nach dem Ton der Flöten taktmässig hüpften und tanzten, und sich dadurch vor allen ihres Gleichen in der ganzen bekannten Welt auszeichneten. [1])

Um $\frac{1}{2}$ 11 Uhr erreichten wir das Dorf Saúle, welches von den Franzosen verbrannt, seitdem aber wieder aufgebaut wurde. Die Einwohner sind Mohammedaner. — Ich fand hier einen grossen Hánnasch (Coluber Hánnasch) von schwarzer Farbe todt am Wege.

Um 11 Uhr erblickten wir ostwärts in weiter Ferne das Jordanthal oder el Gôr in der Gegend von Bissán und hinter demselben das ansehnliche Gebürge von Adschlûn.

Etwas weiter kamen wir über einen Kalkberg, von welchem wir ostwärts das Dorf Núris an der Seite eines hohen Berges erblickten. Am nördlichen Fusse desselben bezeichnete ein geschlängelter grüner Streif im Thale den Lauf einer Quelle oder eines Baches, welcher ostwärts fliesst, und sich zur Regenzeit hinter el Bissán in den Jordan ergiesst. Dies Wasser ist der Brunnen Jesreel, welcher aus den hebräischen Schriften bekannt ist, und den man an dieser Stelle auf der Charte von Palästina angegeben findet. Die Berge, woran Núris liegt, heissen auf der nämlichen Charte die Berge von Gilboa, jetzt aber die Berge der Landschaft Hárrte, welche Büsching Areta nennt. Auf dem Rücken des Berges, den wir passirten, liegt das Dorf Sérraéin. Es lag lange Zeit in Ruinen, welche, so wie einige benachbarte Grotten, Räubern zum Aufenthalt dienten, welche die Strasse unsicher machten. Glücklicher Weise entschloss sich vor kurzem ein Schech von dem Gebürge Nablos, dies Dorf wieder aufzubauen. Er brachte viele Kolo-

[1]) In der angeführten Stelle (in Büsching) Psalm 114 ist durchaus von keinem Tanz der Lämmer und Schaafe nach der Musik die Rede; sondern nur von einem natürlichen Hüpfen derselben.

nisten mit sich, und obgleich man erst seit kaum 2 Monaten zu bauen angefangen hatte: so waren doch schon die meisten Häuser fertig. Die Bauart derselben ist roh, und die Steine waren alle vorhanden, weswegen es leicht war, so schnell mit dem Bau fortzuschreiten. Neben dem Dorfe bemerkte ich ein paar Sarkophage von Kalkstein. Sérraéin ist der nämliche Ort, welchen Büsching Zaraeïn nennt, und den man für die ehemalige jüdische Stadt Jesreel hält. Ostwärts davon erblickt man auf der Spitze eines Berges das Dorf Wusár, dessen Einwohner, so wie die von Sérraéin, aus Mohammedanern bestehen.

Die Baumwollenstaude erhält sich in dieser Gegend bey guter Kultur ein paar Jahre.

Um $\frac{1}{2}$1 Uhr erblickten wir rechts auf einer Anhöhe das zerstörte Dorf Arránch. In dieser Gegend waren die Felder sehr steinigt. Der Wind wehte jetzt kalt und es fielen bisweilen einige Regentropfen.

Um $\frac{1}{2}$ 2 Uhr kamen wir in Dschinîn an. Wir waren also nur 5$\frac{1}{2}$ Stunde unterwegs; allein unsere kleinen Esel liefen recht brav. Wir kehrten bey dem griechischen Pfarrer ein, wo wir mit Eseln und einigen Rindern traulich zusammen wohnten. Dschinîn (جنين), welches bey Büsching, nach egyptischer Aussprache des Dschim, Ginin heisst, bey welchem man überdem mehrere Benennungen davon antrifft, auf der Karte: Ginaea, liegt an dem abhängigen Fusse niedriger Berge, welche vormals nach Büschings Versicherung zu dem Gebürge Gilboa gehörten, jetzt aber zu dem Gebürge von Nablos gerechnet werden. Dieser Flecken gewährt von der Nordseite einen sehr freundlichen Anblick. Vor ihm ziehen sich Gärten und Baumpflanzungen hin, welche von einer reichen Quelle gewässert werden, die in dem Orte selbst entspringt. Hinter ihnen erhebt sich der Flecken mit 2 Moscheen, wovon sich die eine mit ihrer Kuppel und ihrem Thurm recht hübsch ausnimmt. Den Hintergrund macht der Berg, an welchem man ein paar ansehnliche Grabmale von mohammedanischen berühmten Schechen und viele indische Feigen erblickt. Feigenbäume trifft man hier noch in ziemlicher Menge an; allein von den vormaligen Dattelpalmen sind nur noch 5 vorhanden. Ausser 3 bis 4 griechisch-christlichen Familien bestehen alle Einwohner aus Mohammedanern, die etwa 150 Häuser bewohnen. Dschinîn hat unterschiedliche Kaufläden, fast so viel als Nazareth, und 2 Kaffeehäuser. Manche Häuser sind zerfallen und unbewohnt und der Chân liegt gleichfalls grösstentheils in Trümmern.

Die hiesige Quelle, welche mit einigem Geräusch aus der Erde hervorkommt, trieb vorhin eine Mühle; allein diese ist jetzt verfallen, weil man ihr Wasser zur Bewässerung der Gärten nöthig hatte. Nur zur Regenzeit erreicht sie den Mkóttha-Fluss (Kischon).

Nach Büsching soll die Ebene Merdsch ibn Amer oder Esdrelon 2 Stunden von Dschinîn entfernt seyn. Allein man versicherte mir, dass die Ebene, die sich nordwärts von hier ausdehnt, mit jener zusammenhänge, einen Theil davon ausmache und daher auch den nämlichen Namen führe. Wenn Brocard die Entfernung dieses Orts vom Jordan auf 7 Meilen angiebt: so müssen darunter wohl französische verstanden werden, weil sie reichlich 7 Stunden beträgt.

17. November. Obgleich es heute unvergleichlich schönes Herbstwetter war, und ich daher sehr wünschte, einen Ritt nach Bissán, dem alten Betsean oder Scythopolis, zu machen: so war es mir doch nicht möglich, so wenig einen Wegweiser, als einen Esel zu erhalten, weil die Leute jetzt sehr mit dem Ausklauben und der Reinigung der Baumwolle von ihrem Saamen beschäftigt, und die meisten Lastthiere unterwegs sind, nach Damask die fertige Baumwolle zu bringen, um dort von dem jetzigen sehr hohen Preise zu profitiren. Der Kantar reiner Baumwolle kostete hier 260 Piaster, und man versicherte mir, dass er in Damask mit 460 bis 500 Piastern bezahlt werde. Man macht diesen Weg in 2 Tagen, wobey man aber oft die Thiere so sehr übertreibt, dass der Eigenthümer derselben mehr Schaden als Vortheil hat. Denn man hält hier ausser den Maulthieren viele grosse Esel, die sehr hoch im Preise stehen und oft mit 250 Piastern bezahlt werden, zum Transport. Aehnliche Bemerkungen lassen sich

auch in Europa bey Dörfern machen, die von Fuhrleuten und Kärnern bewohnt werden.

Man bestellet die Felder auf der Ebene gewöhnlich 2 Jahre nach einander und lässt sie im dritten Jahre brach liegen. Gedüngt werden sie nie. Die Einwohner von Dschinîn halten ziemlich viele Kühe. Es sind hier 5 Weber, welche eine Art weisser grober Baumwollen-Leinwand verfertigen, die zu Hemden und andern Kleidungsstücken benutzt wird.

Zu Dschessár Pascha's Zeit waren die nahen Gebürgswege der Räuber wegen sehr unsicher; seit kurzem ist indessen die Sicherheit so ziemlich wieder hergestellt. Die Einwohner von Dschinîn und auf dem ganzen südwärts bis Hebron sich erstreckenden Gebürge tragen beständig ein grosses Chandschar in ihrem breiten ledernen Gürtel, und wenn sie über Feld ziehen, führen sie immer ihre Flinte mit sich.

Reisende Christen und Pilger, welche diesen Ort berühren, müssen hier einen Gáffar oder ein Passagegeld von $9\frac{1}{2}$ Piaster erlegen. Auch von mir verlangte man ihn heute, liess sich aber nach Vorzeigung meines Passes mit dem dritten Theil davon begnügen. Dies Geld wird unter die Scheche von Arrábe und Berkîn und unter den Mützéllim von Szanûr vertheilt. Arrábe ist ein Flecken, welcher südwestwärts einige Stunden von hier auf dem Gebürge von Nablos liegt. Berkîn, gleichfalls ein volkreicher Flecken, wird von Mohammedanern und Christen bewohnt und ist etwa eine Stunde ostwärts von hier entfernt. Dies Passagegeld scheint ohne Zweifel seinen Ursprung darin zu haben, dass es als ein Geleite für die Sicherung der Wege gehoben wurde, obgleich es jetzt wenig dazu angewendet zu werden scheint. Von 100 Wallfahrtern, die nach Jerusalem reisen, hebt man hier etwa 800 bis 1000 Piaster; die Beträchtlichkeit dieser Einnahme beruht auf der Menge der Pilger.

Dschinîn steht unter der Gerichtsbarkeit des Mützéllim von Szanûr, einer Festung auf dem Gebürge an dem Wege nach Nablos.

Ritt nach Bîssán.

18. November. Der Pfarrer hatte die Gefälligkeit, mir seinen Esel zu überlassen, weil kein anderer zu erhalten war; sein Sohn begleitete mich wohlbewaffnet. Bîssán liegt 6 Stunden ostwärts von Dschinîn entfernt. Es war $\frac{1}{4}$ nach 7 Uhr, als wir abreiseten.

Wir verfolgten zuerst die Ebene, welche hier südwärts von einer niedrigen Bergreihe, welche die Vorberge von dem Gebürge von Nablos ausmachen, und nordwärts von den Bergen von Béllad Hárrte (Areta) begrenzt wird. Nach einer Stunde erreichten wir das Dörfchen Bêt Kadd, welches auf einem Felsenhügel liegt und bey welchem die herrliche Ebene gänzlich aufhört, indem beide erwähnten Bergreihen gleich hinter demselben zusammenstossen, welche wir jetzt passiren mussten.

Um $\frac{1}{2}$ 10 Uhr erreichten wir das Dorf Phákuá, welches fast auf dem höchsten Bergrücken liegt, welcher die Wasserscheidung zwischen dem mittelländischen Meere und dem Jordan ausmacht. Dies Dorf hat viele indische Feigen, aber ausserdem wenige Bäume.

Das Gebürge Gilboa ist in den hebräischen historischen Schriften vorzüglich durch das unglückliche Ende des ersten jüdischen Königs Saul berühmt, welcher hier in einer Schlacht mit den Philistern nebst seinen 3 Söhnen fiel. Als die Feinde am folgenden Tage das Schlachtfeld durchsuchten, fanden sie ihn unter den Erschlagenen. Als ein Zeichen ihres Sieges führte man sein Haupt und seine Waffen in ihrem Lande überall zur Schau umher, seinen Körper aber hing man auf den Mauern von Bethsan auf. Kaum hatten die Einwohner von Jabes in Gilead, welches ungefähr Bethsan gegenüber auf der andern Seite des Jordans lag, und dessen wahrscheinliche Lage ich an einer andern Stelle angegeben habe, dies vernommen: so gingen sie bey nächtlicher Stille nach Bethsan und brachten die Leiche nach ihrer Stadt, wo sie dieselbe verbrannten (1. Sam. 31). Sein geistreicher Thronfolger schrieb über diesen unglücklichen Vorfall eine rührende Elegie (2. Sam. 1, 19—27), welche seinem Gefühle Ehre macht.

Erschlagen sind die Edlen Israels
Auf deiner Höh'! Es fielen dorten, ach!
Die Helden. O! verkündet's nicht zu Gath;
Sagt's in den Gassen nicht zu Askalon,
Dass freun sich der Philister Töchter nicht,
Dass nicht der Unbeschnittnen Töchter dort
Laut jubeln auf!
Ihr Berge Gilboa's!
Kein Thau netz' und kein Regen tränke euch;
Kein Acker trage Hebeopfers Frucht!
Entfiel doch dort der Schild des Helden Hand,
Der Schild von Saul, als wär' gesalbt er nicht.
Nie fehlt' der Bogen Jonathans das Ziel.
Nie kehrt' vom Kampf zurücke ungetränkt
Vom Blute der Erschlagnen Saulens Schwerdt,
Und von der Helden Fett. Getrennet sind
Im Tod' auch nimmer Saul und Jonathan,
Im Leben, ach! ein holdes, trautes Paar,
Wie Adler schnell im Kampf, wie Löwen stark.
O! klaget, Töchter Israels! ob Saul;
Mit rosigem Gewande ziert' er euch,
Verschönend es mit güldner Kleinod' Schmuck.
Wie fielen, ach! die Helden dort im Kampf!
Auf deinen Höhen fiel mein Jonathan!
O Bruder! Bruder! Jonathan! Um dich
Klag' jammernd ich! Du warst mir Seelenwonn';
Dich liebt' ich inniger, als je ein Weib.
Gefallen sind die Helden, und dahin
Sind jetzt die Tapfern! —

Eine Strecke hinter Phákuá genossen wir der Aussicht über das herrliche Jordanthal, oder die fruchtbare Ebene von el Gôr, auf deren andern Seite sich die Gebürge von el Botthîn, Adschlûn und Belka erheben. Auf einer der höchsten Stellen des Adschlûn-Gebürges erblickten meine Gefährten, die ein scharfes Gesicht hatten, die alte Burg Kallât el Róbbat, welches ich im Anfang dieses Jahrs besucht hatte. Nahe vor uns, am Fusse des auf der Ostseite steilen Berges, worauf wir standen, sahe ich zwey kleine Flüsse, welche die Ebene von el Bîssán durchschlängeln, nach diesem Orte laufen und sich unmittelbar hinter demselben vereinigen und in den Jordan ergiessen. Sie entspringen beide am Fuss des Berges in weniger Entfernung von einander; der südliche heisst el Hauára, der nördliche el Aszy. Die Ebene von Bîssán ist ein Theil der Ebene el Gôr, wovon sie gleichsam einen Golf bildet.

Beym Hinabsteigen der steilen steinigten Bergseite begegneten uns drey berittene Beduinen von el Gôr. Der vornehmste von ihnen war mit einer Lanze bewaffnet und hatte sein Kopftuch um Mund und Kinn geschlagen. Sie liessen uns ungehindert passiren.

Es war $\frac{1}{4}$ auf 12 Uhr, als wir die Ebene erreichten. Ihrer grossen natürlichen Fruchtbarkeit ungeachtet liegt sie jetzt gänzlich ohne Kultur, und ist mit einzelnen Gesträuchen von zwey Dornarten, el Sziddr und el Robbéïd, bewachsen. Die Meerzwiebel wuchs an mehrern Stellen in erstaunender Menge. Nordwärts lagen ein paar kleine Mühlen am Aszy am Fuss des Berges, wohin die Einwohner von Dschinîn ihr Getreyde zum Mahlen bringen, obgleich sie 9 bis 10 Stunden zur Hin- und Rückreise nöthig haben und einen beträchtlichen Berg passiren müssen.

An einigen Felsen am Fusse des Berges bemerkte ich noch einige Spuren, dass hier vor Alters Steine gebrochen wurden, die vielleicht zum Bau von Scythopolis benutzt wurden.

Die Ebene von el Bîssán wird ausser den zwey Flüsschen noch von einer Menge kleiner Arme derselben durchschnitten, worin viel zahmes Rohr und breitblättrichte Kolben (Typha latifolia L.) wuchsen. Unser Wegweiser sammelte einen kleinen Vorrath von diesen Kolben; ich habe aber den Gebrauch vergessen, den er davon machen wollte. Diese kleinen Arme sind sehr sumpfigt, und der Schlam gab beym Durchreiten einen hässlichen Geruch von Sumpfluft von sich. Es würde leicht seyn, diese herrliche Ebene zu einer der schönsten und fruchtbarsten in der Welt umzuschaffen. Von dem Fuss des Berges bis nach Bissán ist eine starke Stunde und von dort bis zum Jordan sind noch fünfviertel Stunden. Westwärts hinter den erwähnten Mühlen erstreckt sich die Ebene noch beträchtlich weiter und zieht sich nach dem Dáhby und dem Thabor hin, welche beiden Berge man von hier erblickt, und bey welchen sie sich vermittelst eines flachen Rückens mit dem Merdsch ibn Amer vereint.

Bissán hat von der Natur eine so glückliche Lage erhalten, dass es ein zweytes Damask werden könnte, wenn man die Flüsse zur künstlichen Bewässerung anwendete, und diese Gegend, welche jetzt fast in eine Oede umgewandelt ist, wo man nur einige Hausthiere von Bauern und Beduinen sieht, würde ein Paradies abgeben. Dattelpalmen, Reis, Zuckerrohr, Indigo und alle Getreydearten würden hier in Menge und von der besten Güte zu ziehen seyn. Zur Zeit der Blüthe von Scythopolis fand man hier wahrscheinlich viele Dattelpalmen; allein von allen diesen ist nur noch eine einzige wilde von niedrigem Stamme am Ufer des Hauára, und zwar nach seinem Ursprunge zu, vorhanden!

Wir kehrten in Bîssán in das Gastzimmer des Schechs ein, welchem man den Titel Mützéllim giebt, so wie seinem Hause den eines Schlosses (Kalla), obgleich es weiter nichts, als ein gemeines Haus ist. Der Schech war zu einem benachbarten Beduinenstamme geritten.

Im Gastzimmer, wenn man dies rohe Ding so nennen will, trafen wir einen Beduinen vom Stamme Szeckr an, deren ich vorhin gedacht, wovon ein Theil die Jordanebene bewohnt. Es war ein junger Mann, den man in Verdacht hatte, dass er an einem Rinderraube Antheil habe, welcher vor kurzem stattfand, weswegen man ihn hier gefangen hielt. In der Mitte des Zimmers stand ein Pfahl, welcher das rohe Dach von Baumästen unterstützte; diesen hatte er umspreitet und in dieser Lage hatte man seine Füsse mit einer Kette vereinigt. Er hatte schon ein paar Tage gesessen, schien stille und niedergeschlagen, und schmeichelte sich, dass man ihn den folgenden Tag wieder losgeben werde, weil er nach seiner Versicherung keinen Antheil an dem Raube habe. Man muss die Szeckr wohl von den Beni Száchar unterscheiden, welche einen weit grössern und bedeutendern Stamm ausmachen.

Das jetzige Bissán ist eines der elendesten Dörfer, die ich noch angetroffen habe. Es besteht aus etlichen 20 Wohnungen, die zum Theil aus Schilfwänden bestehen, die man mit Erde bekleistert hatte. Seine Einwohner bestehen aus Egyptern, arabischen Bauern und Beduinen. Es liegt auf einer kleinen Anhöhe und nimmt einen unbedeutenden Theil von dem Platze ein, welchen die vormalige Stadt bedeckte, deren Umfang sich noch einigermaassen durch die Ruinen von Mauern u. s. w. angeben lässt. Die erwähnten zwey Flüsschen durchflossen die vormalige Stadt. Auf der Nordseite des Aszy ist ein hoher steilseitiger Hügel, worauf vor Alters vielleicht eine Festung erbauet war. Unter den Trümmern fand ich noch etliche Säulen von weissem Marmor und in der Wohnung des Schechs viele grosse Quadersteine von der nämlichen Steinart, welche ohne Zweifel von alten Gebäuden herrührten. Am Fusse des erwähnten Hügels stehen gleichfalls noch einige Säulenenden; auch fand ich eine Säule von grauem Granit. Ausser diesen sieht man hier nicht die geringsten Spuren von alter Architektur und von Inschriften. Der Platz, welchen die alte Stadt einnahm, bildet auf der Ostseite eine hohe Terrasse; hier liegen am Ufer des Hauára 2 Mühlen, deren Wasser sehr kalkhaltig ist, und, durch den Sturz auf die Räder zersetzt, die benachbarten Steine wellenförmig mit Kalkrinden überzieht, welche man beym ersten Anblick für versteinertes Holz halten sollte. Auch hier fand ich die kleinen schwarzen Kinkhörner und Neriten in Menge an den Steinen im Wasser. Es sollen an beiden Flüssen in Allem ein Dutzend Mühlen vorhanden seyn. Das Flüsschen el Bise, dessen Büsching erwähnt, kannte Daûd, des Pfarrers Sohn, nicht. Die Berge auf der Nordseite von Bissán, welche sich nach dem Thabor hinziehen, heissen auf der Karte von Palästina Hermonim; ihren jetzigen Namen habe ich nicht erfahren.

Der Ackerbau der Einwohner scheint von weniger Bedeutung zu seyn; sie halten aber eine kleine Heerde von Rindern und Büffeln. Eine bedeutende Einnahme verschaffen sie sich durch die Kultur der Indigopflanzen, welche von ihnen el Wuéssme (الوسمه) genannt wird. Man säet den Saamen im

Monat May an gewässerten Stellen ostwärts und westwärts von Bissán und erndtet nach 2 bis 3 Monaten seinen Saamen. 30 bis 40 Tage nach dieser Erndte nimmt man die aus der Wurzel wieder hervorgewachsenen Blätter, und benutzt dieselben zur Bereitung des Indigo, welchen sie Nîl nennen. Man trocknet die Blätter zuerst an der Sonne, und drischt sie dann. Hierauf kocht man draussen im Freien an einem kleinen Graben, der aus dem Flusse abgeleitet ist, Wasser in Töpfen, und giesst dasselbe über die Blätter, welche gleichfalls in flachen irdenen Geschirren liegen, die in die Erde gesenkt sind. So erhält man 2 Arten von Nîl, den reinen und den unreinen; letztern in Form von kleinen Kegeln, welche Rottl- oder Müddweis verkauft werden. Ein Rottl kostete jetzt an Ort und Stelle vier Piaster. Ein Müdd soll zwey Rottl betragen. Der Indigo-Saamen, welcher hier ausschliesslich el Bisshr (der Saamen) genannt wird, geht häufig von hier nach Oberegypten, wo man die Erfahrung gemacht hat, dass die Indigopflanze besser aus fremden Saamen fortkomme, als aus einheimischen, oder wo man vielleicht keine Saamen zieht, sondern das Gewächs bloss zur Indigofarbe benutzt. Man verkauft in Bissán den Saamen nach einem Maasse, welches Száa heisst, zu einem Piaster.

Dies ist das Verfahren, welches man mir hier angab. Da man indessen wenig gewöhnt ist, eine Beschreibung von gewöhnlichen Arbeiten zu machen, und meine Kenntnisse in der arabischen Sprache immer sehr beschränkt sind: so stehe ich nicht dafür ein, dass nicht ein Irrthum eingeschlichen sey. Besonders ist mir die Nachricht von dem kochenden Wasser verdächtig, weil man sich bekanntlich in andern Ländern des kalten Wassers und der Gährung zur Entwickelung des Indigo bedient.

Die Indigopflanze wächst hier nur reichlich einen Fuss hoch; sie hat blassgrüne und ungleich gefiederte Blätter, und ihre verhältnissmässig lange Wurzel sitzt sehr fest in der Erde. — Reis, der vormals hier gebaut wurde, wird es jetzt nicht mehr.

Obgleich ich hier keine Basaltfelsen fand: so vermuthe ich doch, dass Basalt in der Nähe angetroffen werde, weil ich unter den Mauersteinen mehrere Basaltstücke bemerkte.

Man sieht hier noch eine verfallene Kirche, welche die Einwohner zur Aufbewahrung der getrockneten Blätter des Indigo, und des Spreues zum Futter benutzen.

Bethsean oder Bethsan war schon vor der Eroberung Palästina's durch die Israeliten eine Stadt (Josua 17, 11), welche mit einer Mauer umgeben war (1. B. Sam. 31, 10. 12). Diese Stadt, welche in Galiläa lag, gehörte zum Königreich von Samaria. Hundert und sechs Jahre nach der Zerstörung dieses Reichs durch Salmanassar, einen der Vorfahren von Cilinadan, bemächtigten sich die Scythen derselben und nannten sie nach ihrem Namen Scythopolis. [1]) Zu den Zeiten der Decapole war sie eine der blühendsten Städte und behauptete den ersten Rang unter ihren Bundesstädten. Bîssán, eines der elendesten Dörfer, steht unter der Gerichtsbarkeit von Szanûr.

Nordwärts von Bîssán, eine halbe oder ganze Stunde entfernt, sieht man am Fusse des Berges den Chân el áchmar, eine Station auf der Landstrasse, die nach Damask führt.

Wir brachten die Nacht in dem Gastzimmer zu, neben dem Gefangenen an ein Feuer gelagert, dessen Rauch, so wie die nächtliche Kälte, uns nicht wenig beschwerlich fiel.

Am folgenden Tage kehrten wir wieder nach Dschinîn zurück. Bey unserer Ankunft fing es zu regnen an, welches den Abend fortdauerte.

20. November. Um halb 6 Uhr verliessen wir Dschinîn, begleitet von des Pfarrers Sohn, und setzten unsre Reise nach Nablos fort. Wir kamen sogleich in einen engen Grund, welcher mit niedrigen Bergen eingefasst war, die ohne Kultur lagen und sehr steinigt waren. Nach einer Viertelstunde kamen wir einen zerstörten Thurm vorbey, welcher rechts auf dem Berge lag und Bürrdsch Billán genannt wird. Bald darauf erreichten wir die Landstrasse. Es begegneten uns 2 Neger-Derwische, welche vielleicht Jerusalem besucht hatten, wohin aus allen Ländern Derwische wallfahren. Das ungemein schöne Wetter war uns heute sehr willkommen.

---

[1]) Unter diesem Namen wird sie auch im 2. Maccab. 12, 29 — 31 angeführt: Scythenstadt.

Nahe vor dem Dorfe Kabâte, wo wir ein Viertel nach 7 Uhr anlangten, kamen wir über eine kleine fruchtbare Ebene. Kabâte, ein volkreiches Dorf, liegt an der abhängigen Seite eines niedrigen Berges. In dem engen Thale daneben trifft man eine Menge Oelbäume an, welche überhaupt auf dem ganzen Gebürge von Nablos in grosser Menge vorhanden sind. Dies Gebürge wechselt mit niedern und höhern Bergen, Thälern und kleinen Ebenen ab. Die Einwohner von Kabâte sind alle Mohammedaner. Ihre Häuser sind alle aus Quadersteinen gebaut.

Es begegneten uns hinter diesem Dorfe einige Mohammedaner zu Pferde. Ich begrüsste sie mit Szalâm alaïkôm! [d. h. Friede mit Euch], welches Einer von ihnen, ein Bauer aus Kabâte, übelnahm und sich bey dem Sohn des Pfarrers, den er kannte, beschwerte. „Fangen denn schon die Christen an, rief er unwillig aus, uns auf diese Art zu begrüssen?" Man würde mich nicht für einen Christen erkannt haben, weil ich wie ein Mohammedaner gekleidet war, das heisst, weil meine Kopfbinde nicht von blauer Farbe war, wenn nicht der Sohn des Pfarrers bey mir gewesen wäre. Im ganzen osmanischen Reiche nehmen die Mohammedaner es in der Regel übel, wenn sie mit dem gewöhnlichen Friedensgrusse von Personen einer andern Religionsparthey begrüsset werden.

Wir verfolgten hinter Kabâte wieder einen Grund, welcher sich aber nachher zu einer schönen fruchtbaren kleinen Ebene erweiterte, an deren Ende beym Anfange eines andern kleinen Thales die Festung Szanûr auf einem hohen Felsenhügel liegt, wo wir um $\frac{1}{2}$ 9 Uhr anlangten. Der Weg zieht sich am Fuss dieses Hügels hin. Mehrere Bauern waren auf der Ebene mit Pflügen und Weizensäen beschäftigt. Auch hier bedient man sich der Ochsen beym Pflügen. Einige Felder waren mit Dúrra besäet gewesen, wovon noch die dürren Stengel standen. Der Dúrra erreicht eine ansehnlichere Länge, als der Mays.

Szanûr, welches den ganzen Gipfel des Hügels einnimmt, ist mit einer Mauer umgeben, die mit einigen halbrunden Thürmen versehen ist. Seine Lage macht es zu einer ziemlich bedeutenden Festung. Es soll aus etwa 150 Häusern bestehen, welche von Mohammedanern bewohnt werden. Ein hoher Berg erhebt sich auf der Südostseite dieses Orts. Dschessar Pascha (sein eigentlicher Name war Achmed) liess es ein paarmal belagern und mit grobem Geschütze beschiessen, aber jedesmal ohne allen Erfolg. Ihre Einwohner, so wie alle Bewohner dieses Gebürges, sind streitbar und zum Aufruhr geneigt, und selbst die Christen, deren Zahl freylich nicht gross ist, sollen ihren mohammedanischen Mitbrüdern an Muth keinesweges nachstehen. Der jetzige Mützéllim dieses Orts und des dazu gehörigen Distrikts, wozu auch die Landschaft Harte gerechnet werden muss, ist ein gewisser Júsef Dscherrâr, welcher etliche Jahre Mützéllim von Nablos war, vor einem Jahre aber durch seinen Nebenbuhler Musa Bähgk von dort vertrieben wurde. Abdallah, der jetzige politische Pascha von Damask, wusste ihre Feindschaft in diesem Jahre so gut zu benutzen, dass er es wagen durfte, mit seinen Truppen über dies Gebürge nach Nablos zu marschiren, indem Júsef Dscherrâr vor ihm herzog und die Gebürgsbewohner durch seinen Einfluss von Gewaltthätigkeiten abhielt. Der Pascha hob bey dieser Gelegenheit nicht bloss von Nablos, sondern auch von den Gebürgsleuten grosse Geldsummen, obgleich sie vorhin 6 bis 7 Jahre lang keine herrschaftlichen Abgaben entrichtet hatten. Die Paschas thun das Nämliche im Kleinen, was die hohe Pforte im Grossen thut; sie herrschen, indem sie beständig das verderbliche Feuer der Eifersucht zwischen den Unterstatthaltern nähren. Soliman Pascha von Akre wird jetzt ohne Zweifel auch die Familienzwistigkeiten der Emire auf dem Drusengebürge, die kurz vor meiner Abreise von Akre ausbrachen, zu seinem Vortheil zu benutzen wissen.

Eine starke Viertelstunde hinter Szanûr stiessen wir auf einen Trupp von mehrern hundert Bauern, welche am Fusse des erwähnten hohen Berges zum Wochenmarkt zusammen gekommen waren. Man nennt diesen Versammlungsort Szûk el Chamîs, weil man dort jeden Donnerstag zusammen kommt. An den übrigen Wochentagen sind an andern Orten auf dem Gebürge Märkte. Die Bauern bringen alle ihre Produkte und alle ihre Handelsgegenstände zum Verkauf und Vertausch hieher, und ich fand hier Kameele, Pferde, Esel, Maulesel, Schaafe, Ziegen, Hühner, Eier, Käse, Oel, gemeine Baumwollenzeuge u. s. w. Gebäude sind hier nicht vorhanden; man lagert sich im freien Felde. Wir blieben $\frac{1}{2}$ Stunde hier. Ein paar Mohammedaner gesellten sich zu uns, die nach Nablos zu gehen Willens waren.

Um 10 Uhr erreichten wir das Dorf Schébba, welches an einem Berge liegt und Mohammedaner zu Einwohnern hat. In einiger Entfernung erblickten wir hinter diesem Dorfe das Dorf Phándakuníje. Wir blieben immer in einem engen Thale und kamen um 12 Uhr zu Bêt Merîn, welches ansehnliche Dorf auf einer Anhöhe liegt und eine grosse Menge Oelbäume im Thal neben sich hat, deren Früchte jetzt von den Bauern geerndtet wurden.

Man kommt hinter Bêt Merîn über einen beträchtlichen Berg, von welchem wir das mittelländische Meer westwärts erblickten, und erreichten um etwa $\frac{1}{2}$ 1 Uhr Sebústy, das alte berühmte Sumaria oder Sebaste Syriens. Es liegt auf dem Rücken eines ziemlich hohen Berges, den ein Thal umgiebt, welches von noch höhern Bergen eingefasst wird. Das Thal sowohl, als die Bergseiten umher sind quellreich und fruchtbar, indem der Boden aus einem lockern Kalkmergel besteht. Da der Weg sich unter dem Berge hinzieht, und die Zeit es mir nicht erlaubte, ihn zu ersteigen: so hatte ich nicht das Vergnügen, die wenigen Ueberreste dieser vormals prachtvollen Stadt in der Nähe zu sehen. Meine Leute, welche dort gewesen waren, versicherten, Sebústy sey jetzt ein kleines Dorf, welches von Mohammedanern und etlichen griechischen Christen bewohnt werde. Ich bemerkte dort ein grosses halb zerstörtes Gebäude, welches vielleicht die vormalige griechische Kirche war, deren Büsching erwähnt. Ostwärts von Sebústy liegt in geringer Entfernung das Dorf Nisniá, und nahe dabey ein mohammedanischer Wallfahrtsort auf einer Bergspitze. Wenn alle Theile dieses Gebürges so gut bevölkert sind, als der

Theil, durch welchen die Strasse nach Nablos führt: so ist es weit volkreicher, als die Ebene.

Um halb zwey Uhr liessen wir das Dorf Dêr Schárrab rechts in einiger Entfernung vom Wege liegen. Einige Weiber aus diesem Dorfe füllten ihre Wasserkrüge bey einem Quellbrunnen am Wege. Ich stieg ab, um meinen Durst zu stillen. Eines von diesen Weibern wurde nicht wenig böse darüber. „Wie, rief sie, im Monat Ramadân haltet Ihr es nicht für Sünde, bey Tage Wasser zu trinken? Verdamme Allah Euch und Euren Glauben!" Einer von meinen mohammedanischen Gefährten suchte sie zu besänftigen. „Was geht denn Euch das Trinken dieses Mannes an? sagte er; er ist ein Christ, und ein Jeder thue nach seinem Glauben. Wisst Ihr nicht, dass die Christen häufige und strenge Fasten haben, wo sie viele Wochen lang weder Fleisch, noch Milch, noch Eier geniessen, während dem wir alles essen, was uns beliebt?" Allein vernünftige Vorstellungen in Betreff der Glaubenssachen fruchten so wenig beym mohammedanischen Pöbel, als beym christlichen.

Um 2 Uhr hatten wir auf unserer rechten Seite zwey Dörfer, Bêt Ida und Bêt Tîn, welche an einem Berghange in geringer Entfernung von einander liegen; über denselben soll noch ein Dorf auf der Spitze des Berges vorhanden seyn, dessen Namen ich nicht erfuhr. Ich bemerkte hier auf unserm Wege sehr viele Horn- und Feuersteine; indessen besteht die Hauptmasse der Berge immer aus Kalkstein. In dieser Gegend fängt das enge Thal an, worin Nablos liegt. Es sind hier mehrere Mühlen, die aber jetzt aus Mangel an Wasser stille stehen, und die bloss zur Regenzeit etwa $\frac{1}{4}$ Jahr lang im Gange sind. Eine davon hatte eine steinerne Wasserleitung von 10 bis 12 Bögen. Von hier bis Nablos ist das Thal ganz mit Oelbaumpflanzungen und Baum- und Küchengärten angefüllt.

Um $\frac{1}{4}$ auf 3 Uhr hatten wir das Dorf Sauáta neben uns, welches links vom Wege auf einem nackten felsigten Berg liegt, der den Anfang des Berges Ebal ausmacht, und $\frac{1}{4}$ Stunde weiter liessen wir rechter Hand das ansehnliche Dorf Raphídiá an einem Berge liegen, der mit dem Berg Garísim zusammenhängt, und wo ausser Mohammedanern viele griechische Christen wohnen, deren Anzahl die Zahl von jenen noch übertreffen soll. Eine Viertelstunde vor Nablos ist ein Quellbrunnen am Wege.

Es war $\frac{1}{4}$ vor 4 Uhr, als wir in Nablos ankamen. Wir waren länger unterwegs gewesen, als man sonst nöthig hat, theils weil unsere Thiere sehr langsam gingen, theils weil wir von Sebústy an einen Umweg einschlugen, der sicherer war, als die gewöhnliche Heerstrasse. Man erblickt Nablos von dieser Seite nicht eher, als bis man nahe vor dem Thore ist. Ich wählte mein Logis im Chân el Szultân, welcher zwar gross genug, aber äusserst im Verfall ist, und wenig seinem stolzen Namen entspricht. Mein Zimmer war ein Gewölbe mit einer durchlöcherten Thüre, ohne Fensteröffnung, von dessen Wänden und Gewölbe der Bewurf abgefallen war, und dessen einziges Möbel aus einer alten Matte bestand. Bey uns würde man ein solches Loch ein schlimmes Kriminal-Gefängniss nennen.

Die mohammedanischen Knaben überliessen sich des Abends, weil es der Fasten-Mond Ramadân war, der ausgelassensten Freude. Sie sangen, schrieen, zankten, rannten durch einander, balgten sich, liessen Schwärmer und Frösche in den Strassen abbrennen, kauften Näschereien u. s. w. Die Gassen blieben bis etwa 10 Uhr lebhaft, nachher zeigten sich aber wenige Leute. Da schon des Morgens früh kein Kaffee mehr zu bekommen ist, indem die Kaffeehäuser bey Tage verschlossen gehalten werden: so suchten wir uns schon um Mitternacht dafür schadlos zu halten.

21. November. Nablos, vormals Neapolis oder Flavia Neapolis, liegt in einem engen Thale zwischen zwey hohen steilseitigen Bergen, welche in den hebräischen Schriften unter dem Namen von Ebal und Garísim bekannt sind und zu den berühmtesten Bergen in ganz Palästina gehören. Die jetzigen Samariter nennen sie noch Ar Ebal und Ar Garísim; den übrigen Einwohnern aber sind diese Namen unbekannt, und sie benennen sie nach ihrer Lage in Bezug auf die

Stadt, den Ebal nämlich Dschíbbal schemalije, oder den nördlichen, und den Garísim Dschíbbal kiblíji, den südlichen Berg. Die Samariter nennen den Garísim gewöhnlich el Thûr, eine Benennung, womit mehrere vorzüglich berühmte Berge vorzugsweise bezeichnet werden, z. B. der Thabor, der Oelberg, der Sinaï. Nablos liegt an dem abhängigen Fusse des Garísim und hat daher einige Gassen, die eine starke Neigung haben. Den Garísim erblickt man aus aus allen Häusern der Stadt; seiner Steilheit unerachtet hat der Fleiss der Einwohner ihn auf der Seite der Stadt ziemlich fruchtbar gemacht, und man sieht bis auf zwey Drittel seiner Höhe viele Oelbäume und Gärten daran; weiter nach oben zu ist er nur sparsam mit erstern bewachsen. Ueber den Gärten ragt eine hohe Felsenwand an demselben hervor, worin unterschiedliche Grotten sind. Der Ebal ist weit weniger bepflanzt, weil er etwas weiter von der Stadt liegt, nicht so reich an Quellen und nackter und felsigter ist, als jener. Indessen stehen unten an seinem Fussabhange viele Oelbäume und indische Feigen. Man hat die Unfruchtbarkeit des Ebals daher leiten wollen, dass seine Seite nach Süden gerichtet, und er dadurch den mittägigen Sonnenstrahlen zu sehr ausgesetzt sey. Allein es giebt ja tausend Berge, die mit ihren Seiten nach Süden gerichtet und nichts desto weniger fruchtbar und angebaut sind. Die Natur versagte ihm nur hinlängliche Erde zur Bedeckung seiner nackten Felsen und genugsames Wasser, um sehr fruchtbar zu seyn. Man sieht dies sehr deutlich an dem östlichen Ende des Garísim, welches aus Mangel an diesen beiden Naturgaben ein durchaus nackter Felsen ist, obgleich er nach Norden zugekehrt ist.

Die Stadtmauer gehört zu den unansehnlichsten, die ich noch in irgend einer gleich grossen Stadt in Syrien und Palästina angetroffen habe. An manchen Orten vertreten die Haus- oder Gartenmauern ihre Stelle. Nablos hat 7 Thore, wovon aber ein paar klein und unbedeutend sind. Aus Furcht für einen unvermutheten Ueberfall von Júsef Dscherrár, Mützéllim von Szanûr, hielt man immer einige Thore verschlossen.

Die Stadt hat mehrere ziemlich gerade Gassen, welche von Osten nach Westen ihrer ganzen Länge nach laufen, und durch Queerstrassen mit einander in Verbindung stehen. Von ihnen ist indessen nur eine vorzüglich lebhaft, welche sich von dem westlichen bis zum östlichen Thore erstreckt, und auf beiden Seiten Kaufläden hat. Die Gassen sind durchgängig enge, und haben in der Mitte eine breite tiefe Rinne, welche in dieser Jahrzeit gewöhnlich sehr unrein und kothig ist. Auf beiden Seiten der Rinne ist ein erhöheter, nur ein paar Fuss breiter Pfad, wo man häufig durch die Hin- und Hergehenden aufgehalten wird und wo man bisweilen kaum hinlänglichen Raum hat, um den Ballen der beladenen Kameele, oder den mit Holz und Gesträuchen beladenen Eseln, die in der Vertiefung gehen, auszuweichen. Die Häuser haben über dem untern gewölbten Erdgeschoss gewöhnlich ein Stockwerk, selten zwey. Manche Gewölbe sind ein paar Fuss tiefer, als das Strassenpflaster, und in solchen arbeiten meistentheils die Kattunweber, welches für ihre Gesundheit ohne Zweifel nachtheilige Wirkungen hervorbringen muss. Die Unreinlichkeit der Gassen ist die blosse Folge einer schlechten Polizey, indem die abhängige Lage der Stadt und genugsames fliessendes Wasser eine grosse Reinlichkeit möglich machte.

Die Häuser sind mehrentheils aus Quadersteinen gebaut und haben entweder platte Dächer, oder flache Kuppeln. In der ganzen Stadt habe ich keine einzige Glasscheibe bemerkt.

Nablos hat 5 Moscheen mit Thürmen, und etwa 15 mohammedanische Bethäuser ohne dieselben. Es giebt hier 4 Châne, wovon aber einer so sehr verfallen ist, dass er unbewohnt steht. Ferner giebt es hier 13 Kaffeehäuser, wovon aber 2 leer stehen, und 5 öffentliche Bäder.

Man findet in dieser Stadt nichts Merkwürdiges von alter Architektur. Nur an der Thüre der Hauptmoschee bemerkte ich auf jeder Seite 3 korinthische Marmorsäulen, aber von mittelmässiger Arbeit und klein. Auch im Hofe der Moschee sahe ich etliche Säulen, die einen bedeckten Gang unterstützten, sicher aber von einem andern Gebäude herrührten. Diese Moschee scheint eine christliche Kirche gewesen zu seyn.

In der Hauptstrasse fand ich ein Ende einer starken schönen Säule von rothem egyptischen Granit.

Die Kaufläden scheinen mit allen Nothwendigkeiten wohl versehen zu seyn. Die Zeughändler haben ihre Läden in einer gewölbten ansehnlichen Halle neben dem Chân el Szultan.

Das hiesige Szaráy, welches für den jedesmaligen Mützéllim bestimmt ist, ist ein unansehnliches vernachlässigtes Gebäude. Der jetzige Mützéllim, Musa Bähgk, bewohnt sein eigenes Szaráy, welches ein ansehnliches Gebäude ist. Er ist aus dem Hause Tokât, von alter Familie, das heisst, seine Vorfahren waren schon seit etwa hundert Jahren in Nablos in Ansehn. Vor etwa einem Jahre vertrieb er Jusef Dscherrâr und wurde an seiner Statt Mützéllim, steht aber seitdem mit seinem Nebenbuhler in beständiger Fehde, und zwischen den Anhängern beider Partheyen entstehen bisweilen blutige Händel. Noch vor kurzem wurden zwey Einwohner dieser Stadt bey einem Dorfe zwischen Nablos und Jerusalem ermordet, und man glaubt, dieser Mord rühre von der Parthey des Jusef Dscherrâr her. Die Einwohner dieser Stadt und der benachbarten Berggegenden, die zu ihrem Gebiete gehören, sind als Freunde des Aufruhrs, und letztere als gute Krieger und gefährliche Räuber bekannt. Der hiesige Mützéllim hält keine eigentlichen Soldaten, sondern die Bürger selbst beziehen die Wache, und ausserhalb der Stadt bedient er sich der bewaffneten Bauern.

Um eine bestimmte Idee von der Grösse dieser Stadt zu geben, muss ich bemerken, dass ich die Länge derselben 850 und ihre Breite 520 meiner Schritte fand, und dass ich ihre Einwohnerzahl auf 8000 Seelen schätze. Die Nabloser verdienen das Lob, dass sie sich gegen Fremde sehr gut betragen.

In Nablos findet keine Taxe der zu verkaufenden Lebensmittel statt, und ein Jeder verkauft und kauft, so gut er es versteht. Ich halte diese Einrichtung für das allgemeine Wohl weit besser, als die in Akre, wo Alles taxirt ist. Warum will man durch einen solchen Zwang die Industrie im Keim erstikken, und die menschliche Freyheit unnöthig beschränken? Sind die Bürger einer Stadt unmündig, dass sie eines Vormundes bedürften? Oder sind sie, als Staatsbürger betrachtet, vorzüglicher als der Landmann, dass man ihnen zum Besten die Landesprodukte zu einem niedrigen Preise taxire, und dadurch den Landmann beeinträchtige? Warum soll denn dieser auf seine Produkte nicht eben so gewinnen, als jeder andere Kaufmann auf seine Waaren gewinnt, wenn günstige Umstände es so mit sich bringen?

Nablos hat einen Ueberfluss am gutem Quellwasser, welches mehrere Quellbrunnen in den Chânen und Moscheen füllt, wohin es durch unterirdische Kanäle geleitet wird. Es kommt aus einer reichen Quelle, welche oberhalb der Stadt am Garísim entspringt und zugleich zur Wässerung der Gärten dient. Die von Büsching angeführte Nachricht, dass in dem Thal von Nablos ein kleiner Fluss und unterschiedliche Bäche vorhanden seyen, ist, wenigstens in dieser Jahrzeit, unrichtig. Nablos liegt fast gerade auf der Wasserscheidung zwischen dem mittelländischen Meer und dem Jordan; denn das Wasser der erwähnten reichen Quelle am Garísim hat seinen Fall nach Westen: das Wasser einer andern kleinen Quelle aber, welche ostwärts von der Stadt etwa $\frac{1}{4}$ Stunde entfernt ist, und an dem Wege nach Jerusalem liegt, fliesst nach Osten. Die Quelle war mit verfallenem Mauerwerk bedeckt und neben ihr stand ein kleines steinernes Kuppolgebäude.

Gern hätte ich den berühmten Brunnen, Bîr el Számaríje besucht, wovon die Sage versichert, dass Jesus von Nazareth bey demselben mit einer Samaritanerin von Sichem eine mystische Unterredung hielt, wenn nicht die Zeitumstände es unräthlich gemacht hätten. Man versicherte mir, dass sich die aufrührerischen Bauern von der Parthey des Jusef Dscherrâr dort bisweilen sehen liessen, und dass man sich der Gefahr aussetzte, sein Leben zu verlieren. Das alte Sichem lag nach der Versicherung der Samaritaner auf dem Garísim, und man hat etwa $\frac{3}{4}$ Stunden nöthig, um dahin zu gelangen, weil man den Berg ersteigen muss. Die Samaritaner nennen diesen Ort noch jetzt el Schíchem oder el Schichâr, die übrigen Einwohner aber el Loûse, weil an der Stelle desselben ein Dorf dieses Namens vorhanden ist, welches aber jetzt auch unbewohnt liegt.

Man bereitet in Nablos viele Seife, wozu man das Oel von dem benachbarten Gebürge, die Soda aber von den Beduinen erhält. Von Seide wird ein schmales schwarzes Zeug gewebt, welches el Schénbar heisst, und von den Weibspersonen um den Kopf geschlagen wird. Ausserdem bereitet man eine Art dicker grober Wollenzeuge, welche Bûs oder Büscht Nábulszý genannt werden, und eine Art schwerer Abbáje mit langen Ermeln sind, deren sich Bauern und Beduinen zur Winterbekleidung bedienen, und wovon das Stück bis 15 Piaster kostet; ferner grosse wollene Filze; kleine rothbunte Tücher, Háreschîje genannt, welche Bauern und Beduinen dieser Gegend zur Kopfbinde benutzen; etwas Irdenzeug. Weisses gemeines Baumwollenzeug wird hier in sehr grosser Menge verfertigt, und die Bereitung der Baumwolle durch Klopfen und Spinnen, so wie das Weben und der nachherige Verkauf des Fabrikats, macht einen Hauptnahrungszweig der hiesigen Einwohner aus, und man versicherte mir, es seyen hier an 400 Weberstühle damit beschäftigt. Man bedient sich dieses Baumwollenzeuges in allen den Fällen, wo man bey uns sich der Leinwand bedient. Vier Christen sind mit dem Bleichen dieser Zeuge beschäftigt. Ein Armenier bereitet Pfeifenköpfe.

Zu den merkwürdigsten hiesigen Fabriken gehören drey, wo Schläuche aller Art bereitet werden, und welche Kercháne el Kurrâb heissen. Die ansehnlichste davon liegt vor dem Thore von Dschinîn. Ich fand dort in einer Werkstatt ein halb Dutzend Leute mit dem Nähen der Schläuche beschäftigt, welche alle aus ganzen unverstümmelten Häuten von schwarzen Ziegen bestehen, denen man selbst die Haare lässt, ausgenommen am Halse, wo man sie etwas abscheert. Ueber die fernere Bereitung derselben erhielt ich folgende Nachricht. Wenn die Schläuche genähet sind: so werden sie mit armdicken oder etwas stärkern Enden von der Wurzel der Steineichen ausgestopft, und die noch übrig bleibenden Lücken mit der zu einem groben Pulver zerstossenen Rinde von der nämlichen Wurzel ausgefüllt. So angefüllt legt man sie reihenweis neben einander auf einem ebenen Platze, der gleichfalls mit Lohe bedeckt ist, und giesst durch die Mündung ein braunes adstringirendes Extract, welches in einigen ausgemauerten viereckigen Gruben befindlich, und gleichfalls aus gemahlner Eichenlohe zubereitet wird. Da die Feuchtigkeit nach einiger Zeit verdunstet: so werden sie zur Sommerszeit täglich, im Herbst und Winter aber nur alle zwey oder drey Tage nachgefüllt, während dem das Eichenholz immer darin bleibt. Damit die Sonne sie nicht ungleich und auf einer Seite zu stark austrockene oder einschrumpfe: so werden sie täglich einmal umgekehrt und aufgeblasen, bey welcher Arbeit ich auch ein halb Dutzend Leute beschäftigt fand.

Ich zählte hier mehr als 1000 auf diese Art ausgestopfter Schläuche, welche, da man den Häuten das halbe Bein und den Hals gelassen, einen besonders auffallenden und komischen Anblick gewährten. Die Zeit, die man auf die Bereitung eines Schlauches verwendet, beträgt fast ein halbes Jahr, da er dann, je nachdem man ihn in Acht nimmt, und viel oder wenig braucht, ein Jahr oder etwas länger dauert. Die Schläuche, die man hier verfertigt, sind alle Wasserschläuche. Man hatte in diesem Jahre 4000 Stück für die Mekkakjerwane auf Kosten des Paschas von Damask verfertigt, welcher aber das Stück nur mit anderthalb Piaster bezahlte, womit die Fabrikanten sehr unzufrieden waren. Die gewöhnlichen Ziegenfelle kosten hier wenig im Ankauf, vorzüglich grosse aber bis 5 Piaster, wovon indess der Fabrikant den fertigen Schlauch zu 14 bis 15 Piaster verkauft, statt dass er für die kleinern nur 5 Piaster erhält.

Einen Buchhändler oder Büchertrödler hat diese Stadt nicht, und dies zeigt keinen vortheilhaften Zustand der wissenschaftlichen Kenntnisse in dieser Stadt an. Bloss einen mohammedanischen Buchbinder fand ich in einer Boutique, sahe aber nichts weiter bey ihm, als etliche alte Korane, die er ausbesserte.

Das enge Thal, worin Nablos liegt, ist westwärts von der Stadt sehr gut kultivirt. Man zieht die gewöhnlichen Gartenfrüchte, und unter andern bemerkte ich dort ein Feld von gelben Möhren. Zur Einfassung der Gärten dienen hier ausser den Mauern häufig gepflanzte indische Feigen (Cactus opuntia). In den Gärten fand ich ausser den Oelbäumen viele Granatäpfel-, Feigen-, Limonien- und einige andere Bäume.

Am Fuss des Garísim sowohl, als des Ebal, sind weitläuftige mohammedanische Begräbnissplätze, und da sie eine höhere Lage als die Stadt haben: so kann man von dort aus die Stadt übersehen, welche einen recht freundlichen Anblick gewährt.

Die hiesigen Christen sind, einen einzigen Katholiken und einen Armenier ausgenommen, griechischer Religion und bewohnen 30 Häuser. Die Zahl der erwachsenen Personen männlichen Geschlechts soll sich nur auf 60 bis 70 belaufen. Sie haben ein kleines Bethaus, welches der Armuth der Gemeine entspricht. Die Juden zählen nur 10 bis 15 erwachsene Mannspersonen; sie haben eine kleine Synagoge.

Weit merkwürdiger, obgleich wenig zahlreicher, als die genannten Religionspartheien, sind die hiesigen Samaritaner, und ich glaube meinen Lesern eine Gefälligkeit zu erzeigen, wenn ich sie etwas länger von diesem uralten, wenn fast jetzt gänzlich verloschenen Volke unterhalte. Ich besuchte ein paarmal ihr Quartier, Haret el Szúmmará, welches in dem höchsten Theile der Stadt liegt, und fast täglich kam einer oder der andere Samariter zu mir, theils aus Begierde, einen fremden Reisenden zu sehen, da europäische Reisende selten Nablos berühren, theils um wo möglich einige Nachrichten von ihrer Religionsparthey in andern Ländern einzuziehen.

Da ich glaubte, bey ihrem Priester, den sie el Káhin nennen, die besten Nachrichten von seiner kleinen Gemeine zu erhalten: so stattete ich ihm meinen Besuch ab, und er hiess mich willkommen. Ich fand in ihm einen Mann von mittlern Jahren. Seine Wohnung stand neben dem Tempel, welchen sie, so wie die Juden ihre Synagoge, el Knîs nennen; ein Name, der nur wenig von der arabischen Benennung einer Kirche, el Kníse, verschieden ist. Ich erkundigte mich bey ihm nach dem uralten Pentateuch, und er versicherte mir, so wie hernach Mehrere, dass derselbe noch wirklich vorhanden sey; allein nur etwa der vierte Theil sey erhalten; das Alter desselben belaufe sich auf 3243 Jahr, und er sey von einem Sohn des Phinehâs (wo mir recht ist) geschrieben. Er sey auf einer Pergamentrolle mit grossen einzeln stehenden Lettern geschrieben, welche übrigens aber an Form vollkommen denen glichen, deren sie sich noch jetzt bedienten; die übrigen drey Viertheile seyen vor einigen Jahrhunderten nach dem alten kopirt, welcher grösstentheils unbrauchbar geworden war. Ich ersuchte ihn, mir eine Probe von der Schrift des uralten Pentateuchs (Tauráh) zu geben; allein er versicherte, dies sey ihren Religionsgrundsätzen nach nicht erlaubt; indessen merkte ich in der Folge, dass ich für eine gute Belohnung im Geheimen eine kopirte Probe von ihm erhalten haben würde, wenn ich mich noch einige Tage länger bey ihnen aufgehalten hätte. Er versprach, mir den Pentateuch von Ferne zu zeigen, wenn ich mich bis zum nächsten Sabbath in Nablos aufhielte, weil ausser am Sabbathtage selbst Keiner von seiner Glaubensparthey ihn zu sehen bekäme. Ich konnte indessen keinen Gebrauch von seinem Anerbieten machen, weil ich früher nach Jerusalem abreisete.

Ich ersuchte ihn darauf, mir etliche von ihren Büchern zu überlassen. Allein er versicherte, sie besässen durchaus keine andern Bücher in ihrer Sprache und mit ihren Karakteren, als den Pentateuch und etliche Gebetbücher, und es sey auch wider ihre Gewohnheit, dieselben an Jemanden von einer fremden Religionsparthey zu überlassen. Auf vieles Bitten versprach er mir zwar, mir eins oder das andere zu überlassen, er zog sich aber in der Folge wieder zurück, weil etliche Andere zugegen waren. Meine nachherige Erfahrung überzeugte mich aber, dass sich durch Geld Alles von ihnen erhalten lasse. Noch am nämlichen Abend kam ein junger Samariter, der bey dem Gespräche zugegen war, in mein Logis, und verkaufte mir ein Buch, wovon er mir versicherte, dass es einen Theil des Pentateuchs enthalte; er bat mich aber um des Himmels Willen, ihn nicht zu verrathen, weil er sonst seine Hand verlieren müsste. Am folgenden Tage kam er wieder und brachte mir ein kleines Buch, welches die Gebräuche und Hymnen bey der Beschneidung enthält, nebst etlichen Gebeten. Da die samaritanische Litteratur so ganz arm ist, und die Wissenschaften durch den Ankauf ihrer Schriften fast gar keinen Gewinn zu erwarten haben: so glaube ich, dass die erhaltenen Kleinigkeiten zur Befriedigung der Neugierde hinreichen.

Der Garísim steht bey den Samaritern in der grössten Achtung, welche bis ans Lächerliche gränzt. Der Káhin versicherte, der Garísim sey der Schooss, aus welchem alle Quellen und alle Flüsse in der Welt entspringen, und er erzählte mir zum Beweise davon eine Fabel, welche Bagdad oder Basra betraf; der dortige Strom sey einst auf einmal versiegt; lange habe man vergeblich die Ursache aufgesucht; endlich indessen habe man im Innern des Garísim die Quelle, welche den Tiger bildet, verstopft gefunden, und nachdem man dies Hinderniss aus dem Wege geräumt, habe der Strom wieder zu fliessen angefangen! Auch von ihrem alten Pentateuch erzählen sie manche Wunderdinge; ein jeder Buchstabe desselben gebiete 340 Engeln!

Sie haben an der Stelle des alten Sichem auf dem Garísim einen Opferaltar, wo sie jährlich im Frühling das Opferfest Aid el Kurbán feiern. Die ganze Gemeinde zieht in feierlicher Procession in Begleitung des Mützéllim auf den Berg, wo ein oder ein paar Lämmer geopfert werden. Die Eingeweide der geopferten Thiere werden weggeworfen. Hierauf brüht man sie mit kochendem Wasser, damit die Wolle sich von der Haut absondere, und brät sie in einem Loche, worin man eine Zeitlang ein lebhaftes Feuer unterhielt, wodurch die Wände eine so grosse Hitze annahmen, dass das hineingelegte Thier, welches man mit glühenden Kohlen und Asche bedeckt, in einer oder in zwey Stunden gebraten ist. Nur Mitgliedern ihrer Religionsparthey ist es erlaubt, von diesen Opferthieren zu essen, und das etwa Ueberbleibende wird verbrannt. Man beobachtet die religiöse Vorschrift, dass man den Opferthieren kein Bein zerbreche. Ausser diesem Opferfeste (Ostern) besuchen sie noch zweymal des Jahres in Procession den Garísim; das letztemal im Herbst, und dies Fest heisst Aid el Örrsch.

Ich vergass, mich bey dem Káhin zu erkundigen, warum

sie ihren Altar auf dem Garísim hätten, da doch Mose den Israeliten befohlen, denselben auf dem Ebal zu erbauen, und sein Nachfolger dessen Befehl pünktlich ausgeführt habe (5. Mos. 27, 4. Josua 8, 30)?

Die Samariter sind in der Ausübung ihrer Religionsvorschriften noch strenger, als die Juden. Am Sonnabend besuchen sie z. B. nie die Kaufhallen, trinken keinen Kaffee, gehen nicht ausserhalb ihrem Quartier, und sprechen mit keiner Seele, ausser nur mit Personen von ihrer Glaubensparthey. Sie behaupten, sie seyen die wahren Israeliten, die genau den Worten des Pentateuchs nachlebten, ausser welchem sie kein einziges göttliches Buch anerkennten. Ihr Pentateuch enthalte die wahren Worte der Gottheit, und die Juden hätten die Schriftkaraktere und die Glaubensreinheit der alten Israeliten verfälscht und verunstaltet. „Unser Alphabet ist das wahre Alphabet der Hebräer, nicht das ihrige, sagte der Káhin. Die Juden sind unsere Todfeinde, und wir die ihrigen; indessen stimmen wir mehr mit den Karaïten überein, als mit den Uebrigen, weil jene nicht den Talmud annehmen."

Die Samariter beschneiden nach Verlauf von 8 Tagen ihre neugebohrnen Knaben. Sie speisen durchaus mit Niemanden von einer andern Religionsparthey, schlachten ihre Thiere selbst und trinken nur Wein und Branntwein, der von ihnen selbst bereitet ist. In ihrem Handel und Betragen gleichen sie völlig den Juden.

Der Káhin versicherte, obgleich keine Vorschrift vorhanden sey, nach welcher Himmelsgegend sie beym Gebet ihr Gesicht hinwendeten: so habe man doch aus besonderer Achtung für den Garísim die Gewohnheit eingeführt, sich mit dem Gesicht nach diesem Berge zu wenden.

Die Zahl der Samariter beträgt etwa 200 Seelen, welche 30 bis 40 Haushaltungen ausmachen. Im ganzen osmanischen Reiche findet man jetzt keine Samariter, als hier, weil die von Gasa und eine Familie in Dschinîn ausgestorben sind. Auch in Kahira ist keine einzige Familie mehr vorhanden; nur in Jaffa halten sich noch zwey Samariter auf, die Schreiber im Dienste des dortigen Mützéllim sind. Einer von diesen, der Abd el

Möchsen ibn Ischmáeil hiess, war grade in Nablos und stattete mir seinen Besuch ab. Er wollte nicht glauben, dass man in Europa gedruckte Pentateuche mit samaritanischer Schrift finde, und er erbot sich, mir zwey geschriebene zu geben, wenn ich ihm einen gedruckten verschaffen wollte. Da ich des Hrn. Prof. Hasse lectiones syro — arabico — samaritano — aethiopicae unter meinem kleinen Büchervorrath hatte, den ich nach Egypten hatte vorausgehen lassen: so versprach ich ihm, von Kahira aus ihm eine Probe von einem gedruckten samaritanischen Pentateuch zu übersenden.

Auffallend war mir die ernste Versicherung des Káhin, dass von Genua zweymal Briefe hieher an sie geschrieben seyen, einer vor anderthalb hundert und der andere vor funfzig Jahren, welche noch in ihrem Tempel aufbewahrt würden; sie seyen mit samaritanischer Schrift geschrieben und enthielten die merkwürdige Nachricht, dass in Genua und noch in 6 bis 7 andern Städten 137000 Samariter wohnten! Er selbst habe vor 5 Jahren nach Genua deswegen geschrieben, habe aber bis jetzt keine Antwort erhalten. „Wir wünschten sehr, dahin zu reisen: sagte er; allein, da dies innerhalb sechs Tagen mit einem Schiffe nicht möglich ist, und unsere Religion es uns durchaus verbietet, am Sabbath zu reisen: so ist es nicht möglich." Er schien zu glauben, dass man nur zu Wasser dahin gelangen könnte; denn zu Lande würde eine solche Reise selbst bey diesen Grundsätzen doch möglich, wenn gleich sehr unbequem und beschwerlich seyn. Was soll man aber von dieser sonderbaren Nachricht denken? Liegt etwas Wahres zum Grunde? oder ist alles Trug, der von irgend einem Káhin erfunden wurde? oder gab vielleicht des berühmten Sprachforschers Hiob Ludolfs Correspondenz mit den Samaritanern Veranlassung zu dieser Sage? [1]) Sie baten mich sehr, dass ich es ihnen ja melden möchte, wenn ich auf meinen fernern Reisen in irgend einer Weltgegend Mitglieder von ihrer Religionsparthey fände.

Die Samariter, welche sich in der Einheit Számry, in der Mehrheit aber Szúmmará nennen, tragen gewöhnlich eine wei-

---

[1]) Eine Probe davon in Hasse's angeführtem Werke S. 95.

sse Kopfbinde mit schmalen röthlichen Queerstreifen; etliche wenige wählen indess eine andere Farbe. Vier von ihnen sind Schreiber im Dienste des hiesigen Mützéllim, andere sind Krämer, Schneider u. s. w. Ich bemerkte in ihrer Bildung weiter nichts Auffallendes, als etwas grosse, hervorragende Augen. Unter denen, die mich besuchten, war unter andern ein sehr junger Mann von ungemein lieblicher und freundlicher Miene.

Eines Tages führte mich der Káhin auch in ihren Tempel. Dies ist ein kleines, von innen und aussen reinliches und gut unterhaltenes Gebäude, welches sein Licht bloss durch die Thüre und eine Oeffnung im Dache erhält. Auf dem Fussboden lagen etliche gemeine Matten ausgebreitet. Auf einem Borte lagen etliche Pentateuche in gross Folio, sehr gut geschrieben, und zwar mit den nämlichen Karakteren, welche bey uns zum Druck samaritanischer Werke angewendet werden. Jedes Buch war mit einem Zeuge umwickelt. Der uralte heilige Pentateuch wird in einer Nische auf der Ostseite hinter einem Vorhange in einer Kiste aufbewahrt. Ein junger Samariter schob mit einem Stock den Vorhang ein wenig zurück; allein mit Gebehrden, als wenn er einen elektrischen Schlag befürchtete, und die Uebrigen riefen ihm sogleich zu, es zu lassen. So ausserordentlich gross ist die Achtung, die sie für diese Rolle hegen. Ausser dem genannten sieht man in diesem Tempel weiter nichts. Eine samaritanische Inschrift in der Mauer beweiset, dass dies kleine Gebäude vor etwa 400 Jahren errichtet sey. Beym Gebete bedient nur der Káhin sich des Kopfschleiers, statt dass bekanntlich bey den Juden sich Jeder desselben bedienet.

Unter allen Religionspartheien, die ich aus eigener Ansicht oder aus Nachrichten Anderer kennen lernte, ist ohne Zweifel die samaritanische die am wenigsten zahlreiche und die am wenigsten verbreitete, und es lässt sich mit ziemlicher Wahrscheinlichkeit voraussehen, dass sie im Verlauf von einem paar hundert Jahren gänzlich zu seyn aufhören werde.

Das Glück begünstigte mich, dass ich hier noch ein Völklein näher kennen lernte, welches seit mehrern Jahren die Aufmerksamkeit der teutschen Geschichtsforscher auf sich zog.

Ich meine die Zigeuner, über deren Geschichte der treffliche Ungar Herr Grellmann mit ausdauerndem Fleisse ein nicht gemeines Licht verbreitet hat. Man findet sie im ganzen osmanischen Reiche von Ungarns Grenze an bis in Egypten verbreitet. Die Türken nennen sie Tschínganíh; die Syrer und Egypter aber, so wie sie sich selbst, in der Einheit el Núry und in der Mehrheit el Náuar. Es war am 24. November, als ich des Nachmittags einen Trupp von ihnen besuchte, welcher seine schwarzen Zelte auf der Ostseite von Nablos in einem Oelbaumgehölze aufgeschlagen hatte.

Die hiesigen Zigeuner hatten mehrentheils eine schmutziggelblichte Farbe, schwarzes Haar, welches sie seitwärts an der Schläfe in einer kurzen Flechte herunter hängen lassen, und ihre Lippen sind mulattenartig. [1]) Die Weiber hatten ihre Unterlippe schwarzblau gefärbt, wie die Beduinenweiber, und einige eingeätzte Punkte um den Mund herum von gleicher Farbe. Auch Knaben trugen Ohrringe. Sie bereiten Siebe von Pferdehaaren oder von Leder, eiserne Nägel und sonstiges kleines Eisengeräth, flicken Kessel u. s. w. Sie scheinen übrigens sehr arm zu seyn, und die Männer sind fast nackt, wenn die Kälte sie nicht zu einer wärmeren Bedeckung zwingt. Die kleinen Knaben liefen völlig nackt umher. Obgleich Mohammedaner und Christen versichern, dass die Zigeuner ihre Todten nicht auf mohammedanischen Begräbnissplätzen begraben, sondern sie in abgelegene Bergwinkel trügen, oder, wie Jemand wissen wollte, sie verbrennten: so wollten sie diese Beschuldigung doch nicht zugeben, indem sie behaupteten, sie seyen wahre Mohammedaner, und als solche begrüben sie auch ihre Todten auf mohammedanischen Begräbnissplätzen. Da indessen ihr Unterricht wo möglich noch mehr vernachlässigt ist, als bey den Beduinen: so sind ihre Religionskenntnisse so unbedeutend, dass man von ihnen sagen könnte, sie besässen gar keine Religion, oder, wenn man will, die einfachste unter allen. Es ist hier eine Volkssentenz im Schwange, welche

[1]) Ich fand in der Folge, dass ihre Physiognomie mit der Physiognomie der jetzigen Egypter genau übereinstimme.

von den Meisten für eine ausgemachte Wahrheit angenommen wird: es giebt, sagt man, zwey und siebenzig Religionen und eine halbe in der Welt, und diese halbe ist die der Zigeuner. — In Hinsicht des Weins und Branntweins sollen sie weniger scrupulös, als die meisten Mohammedaner, seyn. Sie versicherten mir, in Egypten gäbe es sehr viele Núry.

Ich ersuchte Einen von ihnen, mir die Namen von mehrern Gegenständen, um die ich ihn befragte, in seiner Sprache zu sagen, und indem ich ihm ein kleines Trinkgeld versprach, war nicht bloss er dazu bereit, sondern auch Andere beeiferten sich, mir hierin zu dienen. Auf diese Art entstand folgendes Wörterverzeichniss, welches, wie ich hoffe, dazu dienen kann, wenigstens einen Vergleich zwischen der Sprache der hiesigen Zigeuner und derjenigen, die in Ungarn und Siebenbürgen umher ziehen, anzustellen, falls man auch keine neuen historischen Aufschlüsse daraus zu erhalten in Stande ist.

Wörterverzeichniss aus der Sprache der Zigeuner Syriens.

Kopf Szerínns.
Auge Akkíh.
Nase Nack.
Mund Serríh.
Bart Kutsch.
Schnurrbart Sünbélen.
Kehle Kandíh.
Kehlkopf Dschausá.
Brust Siná.
Zahn Dennt.
Zunge Dschübb.
Hand Chasst.
Zwey Hände Díchasst.
Bauch Pêt.
Nabel Naphúck.
Dickbein Pawúss Patúss.
Bein Pawúss Pavíss.

Zehe Ungléck.
Zehen Unglîn.
Nägel U'ddpharáck.
Haut Kall.
Haar Wahl.
Ohr Kenn.
Rücken Büscht.
Brod Maná.
Käse Banîr.
Wasser Baníh.
Fleisch Maszíh.
Lebben Mast.
Milch Kîr.
Eier A'na.
Butter Girr.
Oel Seïd.
Speise Gurrmá.

Zwiebel Biâs.
Knoblauch Lessîn.
Reis Brindsch.
Linsen Mêdschy.
Gott Chujá.
Himmel Chujá (wie Gott).
Regen Wúrrszindá.
Stern Tschénnaníh.
Sonne Gemm.
Mond Dschendírr.
Wolke Geimá.
Erde Behît.
Kameel Ischtírr.
Pferd Goríh.
Esel Karr.
Maulesel Baglá.
Hund Sznúta.
Katze Bläríh.
Maus Phára.
Maulwurf Chlünn.
Löwe T'shetínnih.
Panther Nímry.
Wolf Dibá.
Hyäne Kautâr.
Tschakal Tschakal.
Nimms (der arabische Name eines Thieres) Szûcher.
Vögel Terínn.
Huhn Szmấry.
Küken Szihszík.
Gans Wushéh.
Fisch Szémmakíh.
Feuer Ack.
Süsses Wasser Güldíh banấ.
Brackes Wasser Nólonẏ́ banấ.
Stein Wutt.
Berg Dáhherá.
Quell Bány.
Kuh Gorú.
Ochse Gorú.
Kalb Ödschlá.
Schaaf Backrá.
Ziege Kalẏ́.
Weizen Geszú.
Gerste Dschôu.
Dúrra Surrât.
Bohnen Bâklá.
Sesam Szûmszüm.
Baumwolle Kottná.
Pflug Hrátikkáschta.
Weintraube Drâk.
Rosine Newútsch.
Dattelbaum Dâr.
Dattel (die Frucht) Bálachá.
Kichern Tschennáh.
Aepfel Tüpháhha.
Birne Endschâssa.
Melone Schúty.
Badindschân Bádindschána.
Wälsche Nuss Kôr.
Mandel Lôs.
Abrikose Míschmuschá.
Indische Feige Szobbrâk.
Feige Indschîr.
Limonien Lemín.
Regenbogen Kôs.
Donner Rád.
Blitz Berrk pheri dûnja.
Schnee Teldsch.
Wind Uáy.
Hitze Tatá.
Kälte Szy.
Süden Küblékemá.
Osten Scherkaskápy.

Norden Schemálakápy.
Westen Garbaskâpy.
Tag Dîs.
Nacht Arrâk.
Schatten Góry.
Jahr Wórszak.
Frühling Gâs.
Sommer Truál.
Herbst Gâlkarý.
Winter Szlaléra.
Jahr Worszûs.
Monat Maszûs.
Woche Wraty Schûmma.
Tag Arbádîs.
Stunde Aráty Dûnja.
Morgen Wraty dîs enklerý.
Mittag Dúhhry Wuddínkársch-kerý.
Abend Arât éskerý.
Sonntag Haddésk dîs szûs.
Montag Tnên gedîsszûs.
Dienstag Tläte gedîsszûs.
Mittwochen Arbá gedisszûs.
Donnerstag Chamîs gedîsszûs.
Freitag Dschümma gedîsszûs.
Sonnabend Sept gedîsszûs. [1]
Heute Dscháujerík.
Gestern Wratý.
Morgen Beterdý.
Sonnenaufgang Gamíkenklísta.
Sonnenuntergang Gemm garuk.
Insel Dschesírêkudscha.
Meer Déngiszy.

See Güldipaný.
Fluss Bány dáuary.
Thal Pani ikschálary.
Ebene Disipandûr.
Wüste Dirâk.
Flamme Ecky snáuerrý.
Rauch Düffy.
Asche Tjarûss.
Garten Bestánudschá.
Salz Lóny.
Schwefel Kibbrítehá.
Eisen Léhhy.
Kupfer Áhanhássy.
Bley Aharszâssy.
Silber Urrb.
Zinn Ahakasdíry.
Gold Sérrdy.
Mann Maníssihá (Manísszihá).
Weib Djúry.
Kind Pasarú.
Vater Bajúry.
Mutter Dajûr.
Knabe Sarú.
Mädchen Lautíh.
Alter Wuddá.
Alte Wuddíh.
Affe Szadaniáha.
Gasall Gasálehá.
Büffel Dschamûsza, oder Ahadschamûszy.
Fuchs Nisnászehá.
Haase Örnabékahy.
Schweinigel Konphodehá.

---

[1]) Die 12 Monatsnamen konnte er mir nicht angeben, weswegen ich vermuthe, dass sie keine besondern Namen dafür haben, und sich um diese genauere Eintheilung des Jahres nicht bekümmern.

Schlange Szoppíh.
Eidechse Hardũnehá.
Straus Naamékahíh.
Frosch Gúrrkaéhkahíh.
Scorpion Akrabékahý.
Biene I'ngläríh.
Fliege Mákih.
Floh Kêtsch.
Laus Dschu.
Heuschrecke Dschradékahíh.
Perle Lulũkkahá.
Baum Dâr.
Blatt Warako dárastîk.
Zweig Dschobês ottoníh.
Rinde Köscherôszehá.
Wurzel Schörrschôszehá.
Tabak Díffy.
Granatäpfel Darúih.
Knochen Charr.
Blut Erhîr.
Urin Muttúrr.
Schläfhaare Soalphêrinkildindy.
Pocken Dscheddirkahá.
Pest Merrischerîk.
Aussatz Barraszehá.
Horn Kórnihá.
Schwanz Píndekjûs.
Feder Péckihá.
Wein Ahanbíty.
Branntwein Arrákihá.
Flinte Tphéngy.
Pulver Auszîkehá.
Handschar Tschrickahý.
Messer Kurrehák.
Lanze Rummhehá.
Scheere Mkássehá.
Bruder Báharûr (Bacharûr?).
Schwester Genûr.
Hemd Kelá.
Mütze Szírrtauwá.
Schuh Surrméikahý.
Beinkleider Tjelá.
Kamm Paníh.
Zelt Cheimekahy; Kuríh.
Sieb Káuihá.
Hammer Debbûszehá.
Buch Kókaná.
Löffel Kaschékehá.
Wasserkrug Garíh.
Seife Doûníh.
Kaffee Karwíh.
Pfeife Pínauíh.
Stadt Ujár.
Dorf Dehé.
Haus Háuschehá.
Zimmer Odekahý.
Thurm Medanéh.
Moschee Dschameáy.
Thor Kapikahý.
Strick Szaláh.
Fussdecke Hasziréck.
Schlauch Kunníh.
Flöte Schübbabêk.
Violine Tanburêkahíh.
Mühle Tahhunékahíh.
Weberstuhl Kargekahíh.
Baumwollenzeug Chamékahíh.
Garn Dâf.
Bauer Tât.
Kaiser Szultân koselý.
König Ahamalékihá.

Sklave Memlúkehá.
Soldat Askaríha.
Glaube Dinúry.
Pascha Pácha.
Kady Kadíkkehá.
Teufel Ahascheitány.
Engel Maleikinný.
Paradies Chúja kûrjüssma.
Hölle Dschenneküpschá.
Leinwand Kelá.
Seide Breschümm.
Wolle Paschümm.
Wachs Schémmehá.
Honig Güllda.
Zucker Scheckár.
Glas Ksäsehá.
Zuckermelone Serrdschúty.
Zange Maalkétehá.
Tasse Phindschán.
Rad Dulábehá.
Besen Mócknäszá.
Ofen Phúrrnihá.
Backofen Tábuníh.
Pantoffel Babúdschehá.
Gurke Cheiárehá.
Kûsza Kuszákehá.
Kárra Karreihá.
Rosenkranz Mesbahêk.
Pelz Pherwékahíh.
Abbaje Abbákahíh.
Spiegel Mreijékahíh.
Kochtopf Káhherih.
Schüssel Szahhenika.
Blasebalg Puffkarnegrêk.
Lampe Kirrá.
Lederner Sack Baddrá.
Korb Széllihá.
Beutel Goníh.
Stiefel Dschismékahíh.
Geld Karwáh.

Zahlen.

1. Jíkak.
2. Di.
3. Taránn.
4. Stâr.
5. Pendsch.
6. Tschesch.
7. Haut.
8. Asch.
9. Nau.
10. Dass.
11. Dass jikák.
12. Dass di.
13. Dass taránn.
14. Dass stâr.
15. Dass pendsch.
16. Dass tschesch.
17. Dass haut.
18. Dass asch.
19. Dass nau.
20. Uîs.
21. Uîs uják.
22. Uîs u di.
23. Uîs u taránn.
24. Uîs u stâr.
25. Uîs u pendsch.
26. Uîs u tschesch.
27. Uîs u haut.
28. Uîs u asch.
29. Uîs nau (Uîs u nau).
30. Tlatîn.
40. Arbéïn phíeménn.
50. Chamszîn phíeménn.

60. Szittîn phíeménn. 90. Tisséïn phíeménn.
70. Szebbéïn phíeménn. 100. Szey phíeménn.
80. Tmanîn phíeménn.

Nach diesem Wortverzeichniss zu urtheilen, ist die Sprache der hiesigen Zigeuner oder Náuar ein Kauderwelsch von mehrern Sprachen, und ich finde viele arabische und türkische und einige griechische Wörter darin. Es scheint mir aber, dass sie noch aus einer vierten Sprache Vieles entlehnten, welche ich aber nicht näher anzugeben weiss, weil es mir gänzlich an Wörterbüchern fehlt, und diese Sprache dürfte vielleicht ihre eigentliche Muttersprache seyn. Da arabische Wörter den Hauptbestandtheil ihres Kauderwelsches ausmachen: so vermuthe ich, dass sie jedesmal am meisten von der Sprache desjenigen Landes entlehnen, wo sie sich aufhalten. Merkwürdig ist es, dass sie sehr vielen arabischen Wörtern die Endigung a hinzufügen, und dass sie nach türkischer Art fast immer den Ton auf die letzte Sylbe legen, welches ich durch den kleinen darüber gesetzten Strich andeutete.

Da ich zur Verfertigung dieses Wortverzeichnisses die Zigeuner ein paarmal besuchte: so hatte ich das letztemal folgendes kleine Abentheuer. Kaum hatte ich mich zu einem von ihnen gesetzt: so erschienen einige von den bewaffneten Bauern, welche im Dienste des Mützéllim stehen, und nachdem sie mir eine Zeitlang zugesehen, nahm Einer von ihnen mir mein Journal aus der Hand und ging damit fort. Da meine Bitte, es mir wieder zuzustellen, nichts fruchtete: so drohte ich ihm mit seinem Herrn und mit Abdallah Pascha von Damask, von welchem ich einen Pass bey mir hatte. Allein er und seine Kameraden lachten über meine Drohung, und Einer von ihnen nannte letztern ein Hurkind. Man sieht hieraus, wie verwildert diese Leute sind, seitdem sie mit den Bauern von der Parthey des Jusef Dscherrâr von Szanûr in offner Fehde stehen. Da ich indessen überzeugt war, dass diesen rohen Menschen, die weder lesen noch schreiben konnten, mein Buch nichts nützte, und dass es nur auf eine kleine Avanie angelegt sey: so gab ich meinem Bedienten einen Wink, welcher es gleich darauf, obwohl nach vielem Gezänke, um einen halben Piaster Trinkgeld wieder erhielt, indem er ihnen versicherte, ich habe nöthig, mich mit der Sprache der Zigeuner bekannt zu machen, weil ich ein Arzt sey und diese Leute bey Nothfällen sonst nicht verstehen könne.

Ich sahe in Nablos ein paar Männer, welche ihren Bart mit Hénna feuerroth gefärbt hatten. Dieses Verschönerungsmittel gehört zu den Seltenheiten, und ich habe in grossen Städten nur ganz einzelne so gefärbte Bärte bemerkt, dahingegen das Schwarzfärben derselben überall sehr gewöhnlich ist, um das blühende männliche Ansehn desto länger zu erhalten. Man versicherte mir, der Mützéllim von Szanûr färbe seinen Bart auch auf erstere Art.

Auch in Nablos müssen christliche Pilger ein Passagegeld (Gáffar) erlegen, welches sechstehalb Piaster für Jeden beträgt, sey er von einem Alter oder Geschlecht, von welchem er wolle. Sie erhalten dafür einen Empfangschein, den sie unterwegs in dem 4 starke Stunden von hier entfernten Dorfe el Lûbban vorzeigen müssen. Fehlt derselbe: so müssen sie es dort nochmals bezahlen. Auch von mir verlangte der Einnehmer Passagegeld; da ich mich aber weigerte, indem ich ihm versicherte, als Franke sey ich nicht verpflichtet dazu: so liess er sich mit dem Trinkgeld von einem Piaster abfinden.

Da die schöne Witterung immer fortdauerte: so wünschte ich sehr, meine Reise nach Jerusalem antreten zu können. Man versicherte mir aber, der Weg sey sehr unsicher, und ich müsse warten, bis Bauern von el Bíre kämen, mit welchen ich sicher zurückreisen könne. Am 25. November kamen Einige mit Kameelen und Eseln, und nun wurde meine Abreise auf den 27. November festgesetzt.

Reise nach Jerusalem.

27. November. Um halb zwölf Uhr verliessen wir Nablos. Man hatte mir versichert, dass wir mit einer zahlreichen Kjerwane ziehen würden; jetzt fand sich aber, dass wir ganz allein mit zwey Bauern abreiseten, welche zwey beladene Kameele führten. Es gesellte sich ein kranker Jude von

Smirna und dessen Mutter zu uns, welche von einem dritten Kameel getragen wurden. Ich sahe also hieraus, dass die Gefährlichkeit dieses Weges sicher nicht so gross war, als man sie uns geschildert hatte.

Wir verfolgten anfangs das Thal von Nablos ostwärts bis zu dem kleinen grösstentheils zerstörten Dorfe Szauáne, welches etwa 20 Minuten von der Stadt entfernt ist. Die Bergseiten bilden hier sehr rauhe, nackte und zackigte Felsen, und der Garísim ist hier eben so wild, als der Ebal. Hinter Szauáne dehnt sich eine ansehnliche Ebene aus, welche von hohen Bergen eingefasst ist. Wir liessen sie links liegen und wandten uns südwärts um den Fuss des Garísim und längs dem Westrande eines flachen ziemlich fruchtbaren Thales. Ostwärts nach dem Jordan zu zeigten sich hohe Berge. Es fielen etliche Regenschauer, die jetzt sehr willkommen sind, weil jetzt die Zeit der Weizensaat ist.

Um halb 1 Uhr hatten wir westwärts vom Wege am Berge ein Dorf neben uns, welches, wo mir recht ist, Turkelíh heisst, und eine halbe Stunde weiter sahen wir auf der nämlichen Seite das Dorf Máchne auf einer Bergspitze.

Um 10 Minuten nach 1 Uhr sahen wir ostwärts am Berge das Dorf Auurrtol, und 20 Minuten nachher das Dorf Hauára von mittelmässiger Grösse westwärts vom Wege. Weiter rechts davon liegt das Dorf Ain Abûs, und in der nämlichen Richtung das grosse Dorf Szelphît, welches anderthalb Stunden von Ain Abûs entfernt ist, aber hinter Bergen versteckt lag.

Hinter Hauára kamen wir über eine kleine Ebene, welche von Bergen umgeben ist. Die Bergseiten waren hier und überall auf dem heutigen Wege sehr nackt, felsigt, unfruchtbar und nur mit wenigem Gesträuch bewachsen. Alle Berge von Nazareth bis Jerusalem bestehen aus Kalkstein, der von verschiedener Härte ist, bisweilen wie ein harter Kalkmergel, bisweilen wie Marmor.

Eines der Kameele, welches mit Tabak beladen war, war sehr alt und schwach, und hielt uns sehr auf. Obgleich wir alle Ursache hatten, deswegen mit unserm Kameelführer, Hammäde, unzufrieden zu seyn: so benutzte er doch selbst seine

Unzufriedenheit, auf den kranken Juden zu schimpfen und zu fluchen, weil ihm der Tabak zugehörte. Die Juden sind im osmanischen Reiche sehr geplagte Leute, indem nicht bloss der Mohammedaner, sondern auch der Christ sich berechtiget glaubt, sie zu beschimpfen. Ich musste über die Geduld erstaunen, mit welcher er diese Schmähungen ertrug. „Friss Dr...!" schrie Hammäde ihm häufig zu; „iss Honig!" erwiederte der Jude ruhig. Armes Volk!

Hinter jener Ebene kamen wir über einen Berg, auf welchen eine regelmässige konische Spitze aufgesetzt war, die aber nicht aus Basalt bestand, wie ich vermuthete, sondern aus der gewöhnlichen Gebürgsart.

Um drey Viertel auf 4 Uhr erreichten wir den verfallenen Chân el Száuwijéh, welcher seinen Namen von einem Dorfe erhält, welches ein wenig ostwärts davon entfernt liegt. Da das Kameel mit seiner kleinen Ladung durchaus nicht weiter fort konnte: so ladete Hammäde den Tabak auf unsere Esel, und wir mussten zu Fusse gehen. Es war schon lange nach Sonnenuntergang, als wir im Finstern den Chân el Lűbban erreichten, wo wir die Nacht blieben. Das ansehnliche Dorf Lűbban, welches von Büsching Leban genannt wird, liegt etwa 10 Minuten nordwestwärts davon; seine Einwohner sind alle Mohammedaner und stehen nicht im besten Ruf. Der Dunkelheit wegen hatte man uns nicht bemerkt, und es kam daher Keiner zu uns, um sich nach dem Passagegeld zu erkundigen. Der Chân war grösstentheils zerstört; doch fanden wir noch einige Gewölbe, in deren einem wir die Nacht zubrachten. Ein wenig trockner Kameelmist diente dazu, ein kleines Feuer anzumachen, das aber nicht lange anhielt. Holz war nicht vorhanden, und unsere Kameelführer waren zu müde, um einiges von dem nahen Berge zu hohlen, an dessen Fuss der Chân liegt, bey welchem ein wasserreicher Schöpfbrunnen ist. Des Nachts kam hier eine kleine Kjerwane an, welche sich aber unter freyem Himmel lagerte.

28. November. Mit Tagesanbruch ein Viertel vor 6 Uhr nach meiner Uhr verliessen wir den Chân und fingen

sogleich an, einen beträchtlich hohen steilseitigen Berg zu ersteigen. Hammäde verlangte, dass der kranke Jude zu Fuss den Berg erstiege; allein er konnte nicht, weswegen ich ihm meinen Esel überliess, um hinauf zu reiten. Wir hatten oben das Vergnügen, durch die Thäler das mittelländische Meer zu erblicken. Auf der Westseite des Berges war ein tiefes enges Thal, wo mehrere Bauern von Színdschit mit ihren Ochsengespannen zur Weizensaat pflügten. Auf der andern Seite des Thales stand ein verfallener Thurm auf einer Bergspitze. Das Wetter war sehr schön und die Sonne schien warm.

Mit dem Chân el Lúbban hört das Gebürge von Nablos auf und fängt das Gebürge von Jerusalem, Dschíbbal el Kods, an, welches jenes an Höhe zu übertreffen scheint. Indessen sind beide Gebürge weder mit den höhern Rücken des Libanon und Antilibanon, sondern nur mit deren Vorbergen zu vergleichen.

Um 7 Uhr [1]) erreichten wir Színdschit, das ansehnlichste Dorf auf dem ganzen Gebürge von Jerusalem. Es blieb in einer geringen Entfernung westwärts vom Wege an einem hohen Berge liegen. Die Nähe dieses Dorfes zeichnete sich durch eine ungemein sorgfältige Kultur aus und erweckte eine vortheilhafte Idee von dem Fleisse seiner Einwohner. Grosse Felder waren mit Steinwällen umgeben, und mit Oelbäumen, vorzüglich aber mit Feigenbäumen bepflanzt, die ich nirgends in grösserer Menge angetroffen zu haben mich erinnere. Der Boden dieser Pflanzungen war sorgfältig gepflügt. Einige Bauern waren beschäftigt, zwischen den weitläuftig stehenden Oelbäumen Weizen zu säen. Die Feigenbäume waren schon fast ganz entblättert. Színdschit gegenüber liegt ostwärts vom Wege das Dorf Kírmischéije. Die Einwohner von Színdschit bestehen aus Mohammedanern, einen Silberarbeiter und einen Grobschmidt ausgenommen, welche griechische Christen sind. Das Gebürge von Jerusalem ist im Ganzen genommen nicht so reich an Oelbäumen, als das Gebürge von Nablos, welches dagegen weniger Feigenbäume, als jenes, hat.

---

[1]) *im Original; in der Reinschrift irrig 10 Uhr.*

Obgleich das alte Kameel jetzt unbeladen war: so blieb es dennoch zurück und starb kurz darauf. Hätte er es lebendig nach el Bíre gebracht: so hätte man es vielleicht geschlachtet und 30 Piaster aus dem Verkauf seines Fleisches gelöset.

Die Bauern von Színdschit stehen mit den Bauern eines andern grossen Dorfes, Namens Beni Múrra, welches in einiger Entfernung südwärts davon liegt, seit einiger Zeit in offener Fehde. Nie geht man unbewaffnet aus, und sieht man Feinde: so entsteht sogleich ein wechselseitiges Schiessen. Schon mehrere Bauern von beiden Seiten kamen in solchen Scharmützeln um. Wenn in diesen Gegenden sogar einheimische Fehden zwischen einzelnen Nachbardörfern entstehen und lange fortdauern können: so muss man über die Schwäche oder die Verdorbenheit einer Landesregierung erstaunen, welche mit machiavellistischer Kunst dergleichen Zwistigkeiten nährt, um ihre Raubsucht zu befriedigen.

Gleich hinter Színdschit liegt am Wege auf einem konischen Berge das kleine Dorf Thull, hinter welchem wir eine Zeitlang ein enges Felsenthal verfolgten, welches einen wichtigen Gebürgspass abgiebt. Ich musste den erstaunenden Fleiss bewundern, mit welchem man diese steilen Felsenseiten kultivirt hatte. Man hatte die Felsen terrassenförmig gehauen, und unter den Terrassen bemerkte ich einige, die an 15 und mehr Fuss senkrechte Höhe zu haben schienen, auf welchen man die wenige Erde durch viele aufgeführte Mauern unterstützte. Diese Terrassen waren vorzüglich mit Feigenbäumen und einigen Oelbäumen besetzt. Ich glaubte auf dem Gebürge von Kesruân zu seyn. In den Felsen sieht man etliche Grotten. Unter einer Felsenwand war ein Brunnen ausgehauen, dessen Wasser einen etwas schwefelhaften Geschmack hatte. Diese mühvollen Anlagen gehören den Bauern von Beni Múrra.

Hinter diesem Felsenpass waren die flachern Bergseiten mit einer so grossen Menge Oelbäume bewachsen, dass sie ein ansehnliches Gehölz bildeten; allein weiterhin fand ich die Landeskultur nur schlecht.

Um 10 Uhr kamen wir neben dem Dorfe Jabrûd, welches westwärts auf einem Berge liegt. Ein wenig südwärts davon liegt ein grösstentheils zerstörtes Dorf Kuffr Ána gleichfalls auf einem Berge. Mehrere Bauern pflügten am Wege ihre kleinen Felder, welche so steinigt waren, dass man fast keine Erde sahe, bevor sie gepflügt wurden.

Um halb eilf Uhr kamen wir neben dem ansehnlichen Dorfe Ain Jabrûd, welches westwärts von uns auf einem Berge lag. Westwärts von Ain Jabrûd liegt das Dorf Bîr Seïd (Oelbrunnen) und noch weiter das Dorf Dschüffna, welches wir aber der Berge wegen nicht sehen konnten. Sollte dies etwa Goffna auf der Charte des Hrn. Prof. Paulus seyn, wovon im Alterthum ein Distrikt den Namen Gofnitica führte? Ich habe an einem andern Ort durch mehrere Beyspiele gezeigt, dass man bey vielen alten römischen Namen das G wie ein Dsch aussprechen müsse. Goffna, nach der gewöhnlichen Aussprache, kannte Niemand.

Es holten uns in dieser Gegend einige Mohammedaner ein, wovon Einer aus Damask war, welcher einige mit Aepfeln beladene Kameele nach Jerusalem führte. Dieser schien absichtlich einen Zank mit Thuma, meinem Bedienten, anzufangen, und da dieser von Natur sehr dazu geneigt, und unsers heutigen langsamen Fortrückens wegen mit Hammäde und den Juden immer zankte und fluchte: so erreichte jener bald seinen Zweck, und zählte ihm einige derbe Stockprügel zu. Christen, zumal osmanische Unterthanen (Rajáh), müssen immer sehr auf ihrer Huth seyn, dass sie sich nicht mit Mohammedanern in Streit einlassen, weil sie sicher immer den Kürzern ziehen, wenn ihr Recht nicht gar zu einleuchtend ist. Thuma konnte nichts weiter thun, als seinen Zorn verbeissen. –

Etwa eine halbe Stunde vor el Bíre (البيرة) sahe ich ostwärts das ansehnliche Dorf Arúra. Einige Stunden weiter ostwärts nach dem Jordan zu, liegt das grosse Dorf Taibe. Die Bergfelder von el Bíre, wo wir um halb ein Uhr anlangten, sind ausserordentlich steinigt und unfruchtbar. Dies Dorf ist 5 starke Stunden von Chân el Lŭbban und 3 Stunden von Jerusalem entfernt. Wir traten hier im Hause unsers Kameelführers ab, wo wir mit seiner Familie und mit einem

Kameel, einem Esel und einem paar Rindern in einer gewölbten Kammer zusammen wohnten. Der für Menschen bestimmte Theil dieses Gewölbes unterschied sich von dem andern bloss dadurch, dass er, wie hier gewöhnlich, um ein paar Fuss höher, als dieser, war.

El Bíre ist zwar ein ziemlich grosses, aber unregelmässiges und unansehnliches Dorf, welches auf einem Berge liegt. Von einer vormaligen Kirche sieht man auf einer Anhöhe noch einige Ruinen. Der Chân ist jetzt gänzlich verfallen. Es ist hier aber ein Zimmer für Reisende (Madápheá), wo sie unentgeldlich, wie in allen übrigen Dörfern, bewirthet werden. Jeder Einwohner muss diese Bewirthung einen Tag bestreiten, und sie wechseln darin ab, bis die Reihe wieder von vorne anfängt. Die Einwohner bestehen, zwey griechisch-christliche ausgenommen, aus Mohammedanern, welche zum Theil Kameelführer und Eseltreiber sind, und aus dem Waarentransport zwischen Nablos und Jerusalem ein Nebengewerbe treiben. Die Häuser stehen alle etwas in den Felsenboden vertieft, und zu manchen von ihnen benutzte man die natürlichen Felsen zu einer Mauer. Sie sind theils aus rohen Kalksteinen, theils aus Quadersteinen erbaut. Südwestwärts unterhalb dem Dorfe ist ein guter Quellbrunnen; auch nordwärts findet man in einiger Entfernung vom Dorfe etliche kleine Quellen, welchen dies Dorf ohne Zweifel seinen Namen verdankt. Dass dies Dorf vor Alters eine Stadt war, davon sieht man jetzt keine Spur mehr.

Da der kranke Jude am folgenden Tage, welches ein Sabbath war, nicht reisen durfte, sondern bis zum Montage hier bleiben musste: so hatte er des Abends und des Nachts unendlich viel von der übeln Laune und der Grobheit des Hammäde auszustehen.

29. November. Dieser verschaffte uns am folgenden Tage einen Bauer, welcher uns statt seiner nach Jerusalem brachte. Es war ein stiller guter Mensch, ein Mohammedaner aus dem Dörfchen Râm, welches am Wege nach Jerusalem liegt. Schon vor Sonnenaufgang ritten wir fort in Begleitung einer kleinen Bauernkjerwane von el Bíre.

Rechts liessen wir das Dorf Taréndy liegen, von welchem weiter rechts Râm-Allah, ein beträchtliches Dorf, grösstentheils von griechischen Christen bewohnt, liegen blieb, welches man aber vom Wege nicht sieht.

Nach fünfviertel Stunden hatten wir das kleine Dorf Râm links neben uns auf einem Berge, und etwa eine halbe oder ganze Stunde westwärts davon erblickten wir Nébbi Samuel, welches auf einer Bergspitze liegt, vielleicht der höchsten in diesem ganzen Gebürge. Nébbi Samuel, ein kleines Dörfchen, ist ein berühmter Wallfahrtsort der Mohammedaner und Juden, weil eine alte nicht unwahrscheinliche Sage versichert, dass dort das Grab des Propheten Samuels sey, eines Mannes von Geist und Kopf, welcher eine wichtige Rolle in der Geschichte seines Volks spielte, und dessen Rechtschaffenheit sein Andenken ehrwürdig macht. War hier wirklich das Grabmal dieses Mannes: so muss man auch zu Nébbi Samuel die Stadt Rama suchen, obgleich noch jetzt in der Nähe zwey Oerter vorhanden sind, welche diesen Namen führen, Râm nämlich und Râm-Allah. Denn die jüdische Geschichte sagt ausdrücklich, dass er zu Rama in seinem Hause begraben wurde. — In Râm sind nach der Versicherung unsers Eseltreibers jetzt nur etliche 20 Häuser, und man sieht dort noch die Ruinen von einer Kirche.

Weiterhin liessen wir westwärts das Dorf Bêt Hannúne, ostwärts das zerstörte Dorf Chürrbet Chanúta und hernach rechts des Dorf Schaphât auf einem Felsenhügel liegen. Letztgenannter Ort ist vermuthlich Scopus oder Maspha auf der Charte. Der ganze Weg von el Bíre nach Jerusalem, besonders aber in dieser Gegend, ist ausserordentlich steinigt und felsigt.

Hinter Schaphât ritten wir neben einem grossen ebenen Bergfelde hin, welches sich westwärts ziemlich weit ausdehnte und mit einzelnen Oelbäumen besetzt war. Mehrere Bauern waren mit der Ackerarbeit beschäftigt. Man erblickt Jerusalem von dieser Seite von einem Berge in der Entfernung von etwa dreyviertel Stunden. Fromme Pilger pflegen an solchen Stellen, wo sie zum erstenmal die Freude haben, die heilige Stadt zu erblicken, und das Ziel ihrer oft langen, mühvollen und kostspieligen Reise so nahe vor sich sehen, einige Steine aufzuhäufen, und daher rührten die unzähligen Steinhäufchen, welche man an dieser Stelle sieht. Ein flaches Thal trennte uns noch von dem Berge, worauf Jerusalem liegt. Die Südseite des Thals ist mit vielen Oelbaum- und Feigenbaumpflanzungen bedeckt. Man erblickt nur den obern Theil der Stadt, und ostwärts davon den Oelberg und die umliegende Gegend. Diese Ansicht ist vorzüglicher, als die von der Seite von Bethlehem, wird aber von der Ansicht vom Oelberge weit übertroffen. Wir zogen durch das Thor Bâb el Amûd in die Stadt Jerusalem, und ich trat wieder im Franciscanerkloster ab, wo man mich wieder mit gleicher Gastfreyheit aufnahm, und wo ich mein voriges Logis wieder bezog. Der General-Procurator war seit einigen Tagen nach St. Johann zu Ain Kérrim verreiset.

Zweyter Aufenthalt in Jerusalem.

Während meinem Aufenthalt zu Jerusalem machte ich für das orientalische Museum in Gotha eine kleine Sammlung von einigen Natur- und Kunstprodukten dieser Gegend, den Glasfabrikaten von Hebron, den Heiligthümern von Bethlehem und Jerusalem u. s. w.

Maasse und Gewichte.

Ich theile hier einige Nachrichten über die Maasse und Gewichte in Syrien und Palästina mit, welche ich Gelegenheit hatte von einem Kaufmann einzuziehen.

Ein Rottl von Damask hält 600 Drachmen bey den Gewürzhändlern, 660 bey den Silberschmieden, und 1 Ukíeh Silber hält 40 Drachmen. Ein Rottl zu Jerusalem und Nablos aber 920 Drachmen (nach einem andern 950); zu Akre 660 Drachmen. Im gemeinen Leben rechnet man für ein Rottl von Jerusalem anderthalb Rottl von Damask. Beym Seidenkauf erhält man in Damask für ein Rottl, ein Rottl und ein Ukíeh (Unze); zu Rascheïa, Hasbeïa und Baálbek erhält man für ein Rottl ein Rottl und drey Ukíeh, weil man dort die Seide nicht so rein arbeitet, als in Damask. Die Seide von Bursa verkauft man, wie die von Damask; jene ist fast immer weiss, sehr selten gelb, und man verkauft sie in Stücken, die ein Ukíeh (Unze) wägen, statt dass man Seide von andern Oertern in grössern Stücken bis zu einem halben Rottl verkauft.

Maass und Gewicht stehen unter der allgemeinen Aufsicht des Kady, und man findet in seinem Hause die Elle (Dráa) das Gewicht und die Getreydemaasse: Müdd, halbes Müdd, Ölbe, Rubbéïeh, Témmaníeh u. s. w. Ein Feldmaass ist in Damask nicht vorhanden. Zwar bedient man sich dort eines solchen; allein es scheint nicht immer von gleicher Grösse zu seyn, und es steht auch nicht unter der Aufsicht des Kady. Man nennt es: Kássabéh, und ein anderes Habbl (Strick) oder auch Mszass. Der Werth eines Grundstückes in der schönen Gutha-Ebene von Damask, und in allen Gegenden, wo man die Felder wässert, hängt durchgängig von der Breite ab, die es an dem Wässerungsgraben hat. —

Man versichert, dass hier jetzt schon etwa 100 armenische und 350 griechische Pilger angekommen seyen, welche nebst den übrigen, die täglich erwartet werden, bis nach Ostern hier bleiben. Da jetzt der Ramadan ist, wo des Tags die Kaffeehäuser verschlossen gehalten werden: so ist doch für die Pilger eines offen, obgleich die Fensterladen nicht geöffnet werden. Ich traf daselbst sogar einen Christen an, welcher bey Tage zu seinem kleinen Tanbûr sang. Diese Vergünstigung will hier sehr viel sagen. Die hiesige Regierung ist jetzt ganz ohne Kraft und Ansehn, indem der Pascha von Damask einen gebohrnen Jerusalemitaner zu seinem Mützéllim ernannte, für welchen die Einwohner keine Achtung, das heisst hier keine Furcht haben. Die mohammedanischen Einwohner sind daher fast ganz ohne gesetzliches Band. Viele von ihnen erhalten jährlich von den hiesigen drey grossen Klöstern ein Gewisses an Tuch zu Kleidungsstücken, und dies kostet dem fränkischen Kloster eine nicht unbedeutende Summe. Dieses hatte ihnen vor kurzem sein Tuch nach der Vorschrift ausgetheilt; allein Einige waren nicht mit der Farbe, Andere nicht mit der Güte desselben zufrieden, und verlangten anderes, welches man ihnen aber zu geben weigerte. Da sie die Dolmetscher des Klosters, deren drey sind, für die Ursache davon hielten: so überfielen sie neulich Einen davon auf der Gasse, theilten ihm eine Tracht Schläge mit und drohten ihm noch mit mehrern. Er ergriff daher die Gelegenheit, mit dem General-Procurator nach dem St. Johanniskloster zu reisen, und sich eine kurze Zeit ausser der Stadt aufzuhalten, bis die Gemüther wieder besänftiget seyen. Beschwert sich das Kloster deswegen beym Mützellim: so bleibt es ohne Wirkung, weil dieser keine Autorität hat. Bekanntlich dürfen die hiesigen Christen keine andern Kopfbinden tragen, als von blauer, oder höchstens von schwarzer Farbe. Als Franke trug ich einen persischen Schahl; allein ein Katholike erzählte mir, er habe von ungefähr gehört, dass etliche Mohammedaner beschlossen hätten, mich deswegen anzuhalten und zu insultiren, und ich hielt es daher fürs beste, mich einer gemeinern Kopfbinde zu bedienen.

30. November. Ich erstieg am folgenden Tage nochmals den Oelberg, und fand eine hellere Luft, als ich das erste Mal gefunden hatte. Es wehte aber oben ein heftiger kalter Wind. Bey dem kleinen Kuppelgebäude an dem Ostrande des Berges erblickte ich zwar ostwärts einige Theile vom todten See; allein von der eigentlichen Form und Richtung desselben lässt sich von hier durchaus nichts bestimmen, weil man nur etwa die nördliche Hälfte desselben sehen kann, und das Südende hinter Bergen versteckt ist. Der Oelberg ist auf dieser Seite durch ein Thal von den übrigen Bergen getrennt.

Ich fand hier in einer Steinfuge des Kuppelhäuschens vier mit einander verwachsene Eier von der türkischen Eidechse (Lacerta turc. L.), welche bey den Arabern Abu Breïs heisst. Jedes derselben hatte die Grösse einer Haselnuss oder eines Schössers (Knicker) und war mit einer weissen feinen harten Schaale versehen. Die Eierschaalen mussten anfänglich weich gewesen seyn; denn sie bildeten an der Stelle, wo sie zusammen sassen, eine kleine Fläche. Das Gluten, womit sie an dieser Stelle vereint waren, war von der nämlichen Natur, als die Schaale, und weil an diesen Stellen die Schaale doppelt war: so zerbrach letztere eher an jedem andern Ort, als an der Vereinigungsstelle. Als ich sie öffnete, fand ich das fast völlig ausgewachsene Thier, woran nichts fehlte, und das an einer blutadrigten Nabelschnur ein kleines gelblichtes Klümpchen von der Farbe eines Eydotters und von der Grösse eines Mayskorns hatte. Dieser Körper war weich, wie Fett, und an die innere Seite der Eierschaale gelehnt.

Etwa 200 Schritte westwärts von dem Dörfchen el Thûr geniesst man der besten Ansicht von Jerusalem. Der Berg, worauf diese merkwürdige Stadt erbaut ist, ist vorzüglich von Westen nach Osten geneigt, hat aber überdem eine andere Neigung von Norden nach Südosten, weswegen alles Regenwasser der Gassen sich nach der mohammedanischen Hauptmoschee, el Hárram, hinzieht. Dicht nahe vor und unter mir erblickte ich den Wady Jûschaphat und die Madonnen-Kapelle drin. Gleich dahinter erhebt sich die steile Seite des Berges von Jerusalem, an welcher sich einige Pfade hinschlängeln; dann folgte die hübsche Stadtmauer, welche ich fast in ihrem ganzen Umfange übersahe, und welche am südwestlichen Rande der Stadt die höchste Lage hat. Innerhalb der Mauer und gleich hinter derselben sahe ich das Hárram, el Ácksa und Kubbet el Száchará. Das Schiff des ersten Gebäudes ist lang und hat eine braunrothe Farbe. Am Südende davon sieht man die Kuppel der Ácksa mit einer blauen Kuppel, an seinem Nordende aber den Kubbet el Száchará, ein hübsches Kuppolgebäude mit einem Thurm. Höher hinauf bemerkte ich die Kirche zum heiligen Grabe (el Kiáme), die armenische und griechische Klosterkirche und südwärts ausserhalb der Stadtmauer die Moschee Nebbi Daûd und den Rest des vormaligen Sion, auf der Ostseite dieser Moschee, mit seinen Feldern und Oelbäumen. Nordwärts von der Stadt ist auch ein beträchtlicher Theil des Berges ausser der Mauer unbebaut und mit Oelbäumen und Feldern bedeckt. Südwärts sieht man die Berge vor Bethlehem und an dem Wege nach Hebron; nordwestwärts auf seiner hohen Bergspitze in beträchtlicher Ferne Nebbi Samuel. Eine Ansicht von Jerusalem von dieser Seite würde selbst in jenen Gegenden Europens, wo der Ruf seiner Heiligkeit sehr gemindert ist, Beyfall finden. Allein ich suchte hier vergebens darnach, denn die Mönche aller Religionspartheien haben an wichtigere Gegenstände zu denken, als an solche Kleinigkeiten!

1. December. In verwichener Nacht und heute Morgen fiel ein starker Regen, welcher fast den ganzen Tag anhielt und worüber die Einwohner sehr froh waren, weil sie Mangel an Wasser litten.

2. December. Mein Bedienter Thuma liebte den Trunk so sehr, dass er mehrmals betrunken war, wo er dann mehrere Excesse sowohl gegen mich, als gegen Andere beging. Da ich sahe, dass er in diesem Stücke unverbesserlich war: so gab ich ihm seinen Abschied.

Man findet in Jerusalem etwa 4 bis 5 Dattelpalmen, ausserhalb der Stadt aber keine einzige.

Um genau zu wissen, wie viele Zeit ein Spatziergänger nöthig habe, um die Stadt zu umgehen, beschloss ich heute selbst diesen Versuch zu machen, und fand, dass, obgleich ich eben nicht sachte ging, ich eine Stunde weniger acht Minuten nöthig gehabt hatte. Wäre also diese Stadt überall gehörig bebaut: so müsste ihre Einwohnerzahl bedeutend seyn. Ein solcher Spatziergang gehört hier zu den angenehmsten Unterhaltungen eines Fremden. Ein bequemer Weg führt immer neben der Mauer hin und ist abwechselnd und angenehm. Ich fing meinen Spatziergang vom Bâb el Chalîl, oder dem Thore von Hebron, an und wandte mich zuerst südwärts. Man sieht auf dieser Seite viele Oelbäume; ferner die Wege, die nach Mâr Elias, Bethlehem und Ain Kérrim führen, und unten im Thale am Fusse des Berges von Jerusalem den vormals ansehnlichen Teich, welcher durch eine Wasserleitung aus den sogenannten Salomonischen Teichen südwärts von Bethlehem gefüllt, und worin das Wasser durch eine starke Mauer aufgeschüttet wurde; jetzt ist er beständig trocken, und man sieht seine nackten Felsenseiten und seinen Felsenboden. In geringer Entfernung von diesem Thore steigt man den Hügel hinan, welcher in den hebräischen Schriften der Sion-Berg genannt wurde; er ist indessen nichts weniger, als ein besonderer Berg, sondern nur ein Hügel auf dem unebnen Boden, den die Stadt einnimmt. Man kommt zuerst über die Begräbnissplätze der Christen und alsdann zu der Moschee Nebbi Daûd, ausserhalb dem gleichnamigen Stadtthore. Diese Moschee ist ein grosses, aber sehr irregulaires und an vielen Stellen verfallenes Gebäude, welches aber bey den Mohammedanern so sehr in Achtung steht, dass sie Christen und noch weniger Juden den Eintritt in dasselbe nicht erlauben. Zwischen der Moschee und dem Thore steht eine unansehnliche Kapelle der Armenier. Man erblickt von hier nach Osten zu einen Theil vom todten See und die hinter demselben sich erhebenden Berge von der Landschaft Kárrak, dem alten Reiche der moabitischen Könige.

Hinter dem Thore Nebbi Daûd geht es bergab, und man hat in kurzem die grosse Hauptmoschee el Hárram links neben sich. Sie liegt an dem niedrigsten Theile der Stadt, an deren Südostrande und unmittelbar innerhalb der Stadtmauer. In dieser Ecke der Stadtmauer sieht man viele sehr grosse Steine, welche höchstwahrscheinlich die einzigen Ueberreste von dem jüdischen Tempel sind, welchen Herodes der Grosse baute. Die Mauer lässt hier nur einen kleinen Raum zwischen sich und dem Thale Jûschaphát (Kidron), welcher mit mohammedanischen Gräbern bedeckt ist. Südostwärts von dieser Ecke der Stadt sieht man auf der andern Seite des Jûschaphát-Thales das kleine Dorf Szälwán an und auf einer steilen Felsenseite, und auf der Ostseite unten im Thale die kleinen merkwürdigen aus Felsen gehauenen Gebäude, Tantûr Pharaûn u. s. w. am Fusse des Oelberges. Der Oelberg gewährt von dieser Seite eine ziemlich angenehme Ansicht; er zeigt von hier eine sehr regelmässige Form, und sein Rücken bildet drey Anhöhen, wovon die mittelste, worauf man das Dörfchen el Thûr erblickt, am höchsten, die übrigen beiden aber gleich hoch sind. Nimmt man noch den Theil des Berges dazu, an dessen Fuss Szälwán liegt: so sieht man vier Erhöhungen; doch ist die letzte niedriger, als die übrigen. Zur Zeit der Blüthe dieser Stadt muss der Oelberg weit reizender gewesen seyn, als jetzt, weil ohne

Zweifel alles sorgfältig angebauet und mit Weinbergen, Oelbäumen und Gartenhäusern bedeckt war.

Ich habe schon gesagt, dass auf der Nordseite der Stadt ein beträchtlicher Theil des Stadtberges ausserhalb der Mauer liegt, welche noch vor weniger als 2000 Jahren innerhalb der Stadt lag und mit Häusern besetzt war.

Auf der West- und Nordwestseite der Stadt ist ausserhalb der Mauer ein trockner Graben befindlich. Auf letzterer Seite hat man einen Felsen zu Hülfe genommen, um die Stadtmauer zu bilden, indem man ihn auf der Aussenseite senkrecht machte. Man kommt dort die ansehnliche Felsengrotte vorbey, welche el Chabba Irmía el Nébbi genannt wird, und eine liebliche, malerische Einsiedeley abgiebt, und in deren Nähe viele Baumpflanzungen sind u. s. w.

Die Mohammedaner von Akre und Háipha schwören beym el Chuddr (Elias); die von Hebron beym Chalil Allah (Abraham) und die von Jerusalem beym Nebbi Daûd und Szleimán el hakîm (David und Salomon).

Am 4. December erhielt ich einen Besuch von einigen Russen armenischer Religion aus der Krimm, die vor einem paar Tagen angekommen waren, um die heiligen Oerter zu besuchen, welche für sie ein so ausserordentliches Interesse haben. Da sie ausser ihrer Muttersprache bloss die türkische verstanden: so musste ich mich eines Dolmetschers bedienen. Sie verwunderten sich sehr, in mir einen Landsmann aus einer so fernen Gegend anzutreffen. Sie brachten unter andern die Nachricht von der Fortdauer des Krieges zwischen Frankreich und Russland mit, glaubten aber, dass mit der Pforte kein Bruch erfolgen werde.

Man versichert mir jetzt, dass die Zahl der angekommenen Pilger sich schon auf 600 belaufe, wovon etwas mehr als die Hälfte griechischer, die übrigen grösstentheils armenischer Religion sind. Jüdische und mohammedanische Pilger werden nie mitgezählt, weil sie nicht zu einer bestimmten Zeit kommen, als die christlichen, und ihre Zahl auch im Vergleich mit jener von wenig Bsdeutung ist.

Noch etwa 100 Pilger werden heute oder morgen von Jaffa erwartet.

Mr. Chateaubriand, von einer grossen französischen Familie, Verfasser eines neuen Werks, worin er die Fürtrefflichkeit der christlichen Religion zu beweisen sucht, besuchte auf seiner Reise durch die Barbarey und Levante in diesem Sommer auch Jerusalem, wo er sich unter andern mit vielen Zeremonien zum Ritter des heiligen Grabes schlagen liess, welche Ehre er dem Kloster durch ein bedeutendes Geschenk zu erwiedern suchte. Er besuchte auch Mâr Szaba, die Westseite des todten Sees und den Jordan, von dessen Wasser er eine Flasche voll mit sich nahm. Eine solche Erscheinung in unsern Zeiten, und die zumal einen Franzosen betrifft, gehört gewiss zu den grossen Seltenheiten. Man versicherte mir in der Folge in Egypten, Mr. Chateaubriand habe häufig den lebhaften Wunsch geäussert, dass eine Religion, und zwar die christliche, einst die allgemeine werden möge.

Die Apotheke des Klosters ist bey weitem die ansehnlichste, die ich in der ganzen Levante angetroffen habe. Der jetzige Klosterarzt, Fra Francisco, ein Spanier, ist ein sehr thätiger Mann, und versieht seine Stelle schon seit langen Jahren. Die meisten Medicamente erhält man als Geschenke aus Europa, manche andere Sachen aber werden hier angeschafft, und die nöthigen Arzneygewächse in einem besondern Garten gezogen. Der berühmte Balsam von Jerusalem wird aus den fünf natürlichen Balsamen, aus einer Menge der köstlichsten Aromen und aus Weingeist bereitet, der Pulver zündet. Das Kloster hält das Recept geheim. Man will davon innerlich und äusserlich die auffallendsten wohlthätigen Wirkungen verspürt haben. Da indessen dieser Balsam so sehr gesucht wird: so bereitet man zwey falsche Sorten davon, die weniger kosten, als der ächte. Alle Medicamente und aller ärztlicher Rath werden unentgeldlich ertheilt. Indessen erwartet man von Jedem, der es vermag, ein Geschenk für das Kloster oder für den Arzt.

Ich erhielt zwey Fläschchen vom ächten Balsam nebst einer gedruckten Anzeige seines Nutzens.

Die Beduinen von El Gôr oder der Jordan-Ebene und der Umgebungen des todten Sees bringen gediegenen Schwefel, Judenpech (äusserst selten), Rosen von Jericho (Anastat. hierochunt.), arabischen Gummi, Früchte von Sakûm, woraus ein hiesiger Mohammedaner das bekannte Sakûmöl (Zachäusöl) presst, Fístuk el Bân, die Saamen eines Baumes, der am Rande des todten Sees wächst, wovon einige wenige laxiren, u. s. w. hieher.

Ausser den gewöhnlichen Heiligthümern, den Kreuzen, Heiligenbildern, Rosenkränzen u. dergl., nehmen die Pilger gewöhnlich auch eine Flasche vom Jordanwasser und manche auch eine Flasche vom Sakûmöl mit sich in ihre Heimath. Zu beiden letztern Absichten bereitet ein hiesiger jüdischer Klempner blecherne kleine Gefässe mit einem engen Halse, den er nach der Füllung verlöthet. In einer solchen Flasche sandte auch ich einige Unzen von jenem hier sehr berühmten Oel nach Gotha.

Am 5. December wehte ein kalter Wind; den 6. December war die Luft häufig bezogen, es war kalt, und des Abends fiel ein starker Regen, mit Wind begleitet. Am 7. December wehte ein kalter durchdringender Wind; in der Nacht darauf regnete es stark, und den 8. December war es nasskalte und regnigte Witterung, und in der folgenden Nacht fielen anhaltende und heftige Regengüsse. Schnee fällt nicht alle Jahre, aber man hat Fälle, dass die Thüren verschneiet waren. Er fällt zu Ende Decembers oder Anfang Januars und vergeht gewöhnlich schnell.

Beytrag zur Kenntniss der Ausgaben, welche das Franciscaner-Kloster zu Jerusalem jährlich zu bestreiten hat.

Das Franciscanerkloster zu Jerusalem ist in so fern ein wichtiges Institut, weil von ihm alle Klöster von Terra Santa in Egypten und der ganzen Levante abhängig sind und grösstentheils ihren Unterhalt von dort aus beziehen. Da Spanien die wichtigste Stütze dieser Klöster ist, indem die milden Beyträge, die in Spanien beysammengebracht werden, die der übrigen katholischen Länder weit übertreffen: so ist die Stelle eines General-Procurators von Terra Santa, dessen Händen alle aus Europa kommenden Beyträge an Geld und Geldeswerth anvertraut sind, immer ein Spanier, und wird unter den spanischen Mönchen gewählt. Eine genaue Nachricht von der Anwendung der bedeutenden Summen, welche Europa hieher sendet, müsste sehr interessant seyn, weil man dadurch in den Stand gesetzt würde, zu beurtheilen, ob sie auf eine nützliche oder unnützliche Art angewendet werden, und müsste entweder die Achtung für diese Anstalten erhöhen, oder verringern. Allein eine solche Nachricht fehlt, und dürfte auf dem öffentlichen Wege in Jerusalem nicht zu erhalten seyn. Zufälliger Weise hatte ich das Glück zu Jerusalem, eine authentische Liste von den vorzüglichsten oder von fast allen Ausgaben, welche dies Kloster den hiesigen Mohammedanern zu entrichten hat, zu erhalten; sie befindet sich in zwey oder drey arabisch geschriebenen Piecen, welche in der orientalischen Sammlung von Gotha befindlich sind, und welche verdienten, bekannt gemacht zu werden. Da indessen die Ausgaben für die hiesigen Christen darin nicht verzeichnet sind, welche sie theils für Dienste, theils als milde Gaben erhalten: so suchte ich mich darüber aus einer ziemlich sichern Quelle zu belehren, und ich darf versichern, dass das nachstehende Verzeichniss der Wahrheit ziemlich nahe kommen werde.

Die jährlichen festen Ausgaben dieses Klosters sind sehr ansehnlich. Man bedenke nur die Zahl der Mönche, welche in den Klöstern von Terra Santa in der Levante, von Alexandrien und Kahira bis nach Konstantinopel davon unterhalten werden. Jeder Priester erhält ausser der Kost und Kleidung monatlich 3 Piaster für Messen, und jeder Laienbruder 1 Piaster zu ihren kleinen Ausgaben, oder zum Ankauf von Heiligthümern. Die Superioren, Guardianen, Viceprocuratoren und Beichtväter erhalten ohne Zweifel mehr.

Auch die Unterhaltung aller Klostergebäude muss der Terra Santa jährlich eine grosse Summe kosten, imgleichen die Anschaffung neuer Möbeln statt der alten abgängigen.

Da, so viel ich weiss, der Hauptzweck dieser Anstalten bey ihrer Stiftung war, Fremden bey ihrem Besuche der heiligen Oerter eine gastfreye Aufnahme zu gewähren: so sollte man denken, dass zur Bewirthung der Fremden jährlich eine grosse Summe erforderlich sey. Allein gerade dieser Hauptzweck bleibt unerfüllt. Denn erstlich ist die Zahl europäischer Pilger so sehr gering, dass man jährlich im Durchschnitt nur Einen annehmen kann; und dann ist es Sitte, dass diese Pilger für ihren Aufenthalt und für ihre Unterhaltung dem Kloster bey der Abreise ein Geschenk zurücklassen, was gewöhnlich noch die Auslagen des Klosters übertrifft. Freylich wird ihnen ein solches Geschenk nicht gradezu abgefordert; allein würde man es zu geben vergessen: so würde man eben so angesehen werden, als ein Reisender, welcher sich von einem Gasthofe entfernt, ohne seinen Wirth bezahlt zu haben.

Die Mohammedaner beziehen das Geld oder Geldeswerth, was sie vom Kloster erhalten, und das theils herkömmlich, theils neu aufgebracht ist, als eine Art von Schutzgeld. Allein ausser diesen muss das Kloster oft noch sehr bedeutende Avanien an den Pascha bezahlen.

Alle übrigen Klöster von Terra Santa müssen oft der Regierung ihres Orts verhältnissmässige Abgaben oder Avanien entrichten, und sind ihre Kassen leer: so muss das Kloster zu Jerusalem ihrem Mangel abhelfen. So bezahlt das Kloster zu Bethlehem den dortigen Katholiken jährlich 2000 Piaster.

Fast alle diese grossen Ausgaben werden durch den Verkauf der Heiligthümer, die auf Kosten des Klosters in Jerusalem und Ain Kérrim, besonders aber in Bethlehem in erstaunender Menge und für sehr geringe Preise verfertigt, und nach Italien, Spanien und Portugal versendet werden, bestritten. In jedem der genannten Länder (vormals auch in Teutschland und Frankreich) ist ein Procurator von Terra Santa, an welchen der hiesige Generalprocurator diese heiligen Kleinigkeiten übersendet, und welcher sie in seine verschiedenen Provinzen vertheilet, wo sie von Bettelmönchen an die Gläubigen verschenket werden, welche dies Geschenk durch ein verhältnissmässig reiches Gegengeschenk erwiedern. Alle diese Geschenke fliessen endlich in die Kassen der Procuratoren zusammen und werden durch einen oder zwey sogenannte Conductoren nach Jerusalem übersendet. Die Ankunft eines solchen Conducts in Jerusalem ist ein Fest für das dortige Kloster. Gewöhnlich kommen mit demselben einige neue Mönche, und andere, welche die gehörige Zeit im heiligen Lande zugebracht haben, kehren mit den Conductoren, welche mehrere Kisten Heiligthümer mit sich nehmen, nach Europa zurück. Spaniens und Portugals Conducte bestehen gewöhnlich vorzüglich aus Geld (spanischen Thalern und Dublonen), Chocolate u. s. w., der italienische aber aus Wachslichtern, Kleidungsstücken und dergleichen.

Ausser diesen Heiligthümern, welche das Kloster übersendet, erhält Europa noch eine grosse Menge durch die in ihre Heimath zurückkehrenden Mönche, welche die Erlaubniss haben, in ihrer Kleiderkiste eine gewisse Menge davon mit sich zu nehmen, indem sie sicher sind, dass keine Waare sich dort mit so grossem Vortheil absetzen lasse, als diese. Die hiesigen Mönche und Layenbrüder suchen daher während ihrem hiesigen Aufenthalt nach und nach so viel davon anzuschaffen, als ihnen nur möglich ist, und als sie mit sich nehmen dürfen. Sie machen in ihrem Vaterlande bey ihren Bekannten und Freunden sehr beliebte Geschenke damit, welchen sie dadurch einen um so grössern Werth zu geben wissen, dass sie denselben die Gefahren und Kränkungen schildern, denen sie bey den Ungläubigen im heiligen Lande ausgesetzt waren, und indem sie ihr Mitleid erregen, erreichen sie ihren Zweck, sich ihre Waaren mit reichen Geschenken erwiedern zu lassen. Diese Nachrichten sind auf eigene Aussagen eines Mönches begründet, welcher schon einmal nach Europa zurückgekehrt war, von seinem Provincial aber aufgemuntert wurde, das heilige Land zum zweitenmal zu besuchen.

Verzeichniss der Ausgaben, welche das hiesige Kloster an Christen jährlich zu entrichten hat.

		Piaster.
1)	dem ersten Dolmetscher Jahrgehalt . .	500
2)	dem zweiten	400
3)	dem dritten	200
4)	dem Spenditor	200
5)	dem Portier	200
6)	dem Magazinaufseher	200
7)	dem Bedienten	200
8)	dem Sakristan der Kapelle zu Gethsemane	100
9)	dem Sakristan der Kirche zum heiligen Grabe	150
10)	dem Tischler	182 $\frac{1}{2}$
11)	den 3 Bäckern, jedem 91 $\frac{1}{4}$ P.	273 $\frac{3}{4}$
12)	den 2 Köchen	182 $\frac{1}{2}$
13)	dem Rossmüller	91 $\frac{1}{4}$
14)	dem Mehlsieber	91 $\frac{1}{4}$
15)	dem Zurichter der Rosenkränze . . .	91 $\frac{1}{4}$
16)	Zweien Bedienten, zum Waschen u. s. w.	182 $\frac{1}{2}$
17)	die Meisten von diesen erhalten Kleidungsstücke, Hemden u. s. w., welche Auslage sich belaufen dürfte auf . . .	2000
18)	Auch erhalten sie ihren Tisch vom Kloster wenigstens	2000
19)	Wöchentlich wird Brod an Bedürftige ausgetheilt, wozu jetzt 8 Müdd erforderlich sind à 8 P., macht	3328
20)	Wittwengehalte	700
21)	Almosen	600
22)	dem arabischen Schullehrer täglich 8 Par.	73

Summa aller Ausgaben 11,946 Piaster.

Auch ein Schuster, ein Barbier u. s. w. haben vielen Verdienst vom Kloster; da sie aber keinen festen Gehalt beziehen: so habe ich sie nicht mit aufgeführt.

Obgleich die beiden Janitscharen des Klosters Mohammedaner sind, und also zu einer andern Liste gehören: so will ich hier doch beyläufig bemerken, dass der Eine davon jährlich 273$\frac{1}{4}$, und der Andere 182$\frac{1}{2}$ Piaster ausser den Kleidungsstücken, Geschenken u. s. w. erhalten. — —

6. December. Die Absicht bey meinem jetzigen Aufenthalt in Jerusalem war, ein Mittel ausfindig zu machen, um meinen Plan, den todten See zu umreisen, ausführen zu können. Kein Theil Palästina's wurde seit Jahrtausenden mehr mit dem Zerrglase des Vorurtheils angesehen, und von keinem mehrere abgeschmackte Fabeln verbreitet, als von ihm. Europäische Reisende, Pilger und zumal Mönche wetteiferten mit einander, alte Sagen zu erhalten, die schon sonst lange in ihr Nichts zerfallen seyn würden. Fand in den ältesten Zeiten einst wirklich ein solches Naturereigniss, eine solche schreckliche Verheerung durch Feuer, durch einen Vulkan oder Erdbrand statt, welcher die Gottheit sich als eines Mittels bediente, um ihre Rache zu befriedigen: so müssen dort, dachte ich, sicher noch jetzt Schlacken, Verglasungen, Laven, als Wirkungen davon vorhanden seyn. Denn warum sollte die Gottheit sich der Naturkräfte als eines Wunders bedient haben, ohne dass dieselben ihre gewöhnlichen Wirkungen hervorgebracht hätten? Ist noch jetzt jene Salzsäule vorhanden, wovon so widersprechende Nachrichten verbreitet wurden? Sind noch jene Sodomäpfel vorhanden, welche nur mit einem geheimen Schauder betrachtet wurden? Ueber diese und mehrere Fragen, die sich mir aufdrängten, wünschte ich aus eigener Ansicht ein neues Licht verbreiten zu können. Ueberdem war die Ostseite des todten Sees noch nie von einem europäischen Reisenden besucht. Gründe genug, die mir eine solche Reise in mannigfacher Hinsicht nützlich und interessant malten.

Zwar rieth Jedermann mich von diesem Unternehmen ab, weil es, wie man sagte, etwas ganz Ungewöhnliches sey, und alle Reisende nur einen Theil des westlichen Ufers besucht hätten, es aber noch nie Einer gewagt hätte, das östliche Ufer zu bereisen; ich würde mich nicht bloss der augenscheinlichsten Gefahr aussetzen, von den Arabern des östlichen Ufers

14*

beraubt zu werden, sondern wohl gar auch mein Leben zu verlieren. Auch die Franciscaner-Mönche schienen diese Reise nicht gerne zu sehen; vielleicht fürchteten sie, dass eine auf eigene Untersuchungen eines Reisenden gegründete Nachricht von diesem See zu sehr mit ihren alten Fabeln davon contrastiren möchte, deren immerwährende Fortpflanzung vortheilhafter für sie seyn dürfte, als neuere Aufklärungen darüber; vielleicht auch befürchteten sie eine Avanie von den Arabern der östlichen Seite, weil man die Besorgniss zu erkennen gab, dass sie mich so lange in Verhaft nehmen würden, bis ihnen vom Kloster eine bedeutende Summe für meine Loslassung gezahlet werde; oder vielleicht war es auch menschenfreundliche Theilnahme an dem Schicksal eines Reisenden, der ihnen keine Gelegenheit gegeben hatte, mit seinem Betragen unzufrieden zu seyn.

Diese Vorstellungen fruchteten indessen nichts, und ich blieb fest bey meinem Entschluss. Würde es nicht entehrend für dich seyn, sagte ich zu mir selbst, dich für die Schwierigkeiten bey einer so unbedeutenden Reise zu fürchten, du, der du weit grössern Gefahren in weit entferntern Ländern entgegen gehst? Wenn dich schon hier dein Muth verlässt, was wird man dann von dir im Innern von Arabien und Afrika erwarten können? Sey diese Reise eine neue Schule für dich, um dich an Gefahren und Entbehrungen, die dich in der Zukunft erwarten, zu gewöhnen! Ohne also auf alle Vorstellungen weiter zu hören, suchte ich nur Jemand zum Begleiter zu erhalten, welcher des Weges kundig war. Da der kleine Beduinenstamm der Öbbedíje, welcher sich um das griechische Kloster Mâr Szába aufhält und die Pilgrime von Jerusalem nach diesem Kloster, dem todten See und nach Jericho führt, mir vorzüglich dazu im Stande zu seyn schien: so erwartete ich nur die Ankunft des Schechs desselben, um mit ihm wegen dieser Reise Verabredung zu treffen. Gleich nach seiner Ankunft begab ich mich zu dem Superior des Klosters von Mâr Szába, welcher sich in Jerusalem aufhält, wo ich jenen antraf. Zu meinem grossen Missvergnügen erfuhr ich aber, dass er keinesweges im Stande sey, mich um den todten See herumzuführen, weil er theils das östliche Ufer nicht kenne, theils weil er unter den dortigen Arabern keine Freunde habe; er dürfe sich zu weiter nichts verbindlich machen, als mich an das westliche Ufer des Sees in der Nähe von Mâr Szába und nach dem Jordan zu führen. Da mir indessen diese unbedeutende Reise nicht genügte, und er überdem zu viel Geld dafür verlangte: so gab ich meine Unterhandlungen mit ihm auf, und beschloss nach Bethlehem zu reisen, wo sich vorhin ein Katholike zu meiner Begleitung erboten hatte.

Am 8. December wurde das Fest der unbefleckten Empfängniss der Madonna gefeiert, welches bey den Franciscanermönchen für eins der Hauptfeste gehalten wird, und an welchem der Generalsuperior im bischöflichen Schmuck erscheint. — — — — —

Es ist angenehm, in diesen vom europäischen Vaterlande so entfernten Gegenden an seine reisenden Vorgänger erinnert zu werden, welche durch gleiche Absichten hieher geführt wurden, gleiche Beschwerden der Reise nicht achteten und in der Folge sich durch die Mittheilung ihrer Bemerkungen um die Wissenschaften verdient machten. Ich fand an einem paar Thüren der Gastzimmer im Kloster unter mehrern folgende Namen eingeschnitten: T. Shaw; K. Fawkener 1712; Wil. Drew 1701; J. Taylor 1710; Will. Eaton, Sept. 1715; P. John Gordon 1804; J. M. Cripps und E. Clarke, Jul. 1801; R. Chandler 1800; James Brown 1801. [1]) Auch ich fügte mei-

---

[1]) Wo ich mich recht erinnere, haben alle diese Reisen geschrieben; wo nicht, so bitte ich den, der nicht schrieb, auszustreichen. In meinem Originale stehen mehrere Namen; sollte darunter Einer seine Bemerkungen auch bekannt gemacht haben: so bitte ich ihn hier aufzuführen. — (*Die betreffende Stelle haben wir unverändert gelassen und fügen des allgemeineren Interesses wegen die übrigen in Seetzens Original-Tagebuche befindlichen Namen hinzu:* J. L. Pastour 1722; Henry; Maynard; G. Mostyn; W. Wittman 1800; J. Loudon, Jul. 1801; J. Gulverhouse 1801; Bon. Claude Alexander Hanard 1717; Edw. Bouverte 1712; Francius Grundley 1719; A. Satgier 1702; Humphrey Edwin 1699; C. Canolle 1715; James Balsford 1699; C. Nogaret; A. Rochefort; R. Pory 1710; J. Eidous; Lahaye; J. Watson 1751; Charles Lombard 1699; Fran. Adami; D. Falconar 1751; B. R. Cros 1755; Schulte 1754.)

nen Namen hinzu. Will man mich dafür der Thorheit beschuldigen: so wird man wenigstens gestehen müssen, dass ich sie in guter Gesellschaft beging.

9. December. Obgleich die regnigte Witterung, die schon ein paar Tage dauerte, auch heute noch anhielt: so ritt ich dessenungeachtet Nachmittags nach Bethlehem. Es wehte ein kalter durchdringender Wind. Ein Empfehlungsbrief vom P. General-Procurator zu Jerusalem verschaffte mir eine sehr gute Aufnahme im Franciscanerkloster zu Bethlehem. Bodrus, der katholische Bethlehemite, war grade in Jerusalem und kehrte mit mir nach Bethlehem zurück. Allein, obgleich er mit einer Flinte bewaffnet war: so musste er doch seiner Sicherheit wegen einen grossen Umweg nehmen. Er war nämlich von der Familie der Phérrahhîn, welche den lebhaftesten Antheil an der Fehde mit den Leuten des Abu Gusch nimmt, und daher das meiste zu befürchten hat, wenn ein Mitglied von ihnen unterwegs sollte überfallen werden. Diese Familie soll über 100 waffenfähige Männer stellen können.

Am folgenden Morgen regnete es wieder stark und des Tags fielen mehrere Regenschauer.

11. December. Ich wohnte des Morgens einer gesungenen Messe in der heiligen Grottenkapelle bey, welche die Grösse eines kleinen Zimmers hat. Obgleich es eine Grotte ist: so sieht man doch nichts von dem rohen Felsen, weil er überall mit bunten Tapeten bekleidet ist. Der Fussboden besteht aus weissem schwarz gestreiften Marmor.

Das Kloster ist sehr gut unterhalten. Die Terrasse oder das platte Dach desselben ist ganz mit Quadersteinen gepflastert, und die Aussicht von demselben ist, zumal im Frühling, sehr angenehm. Ostwärts sieht man in der Nähe vor sich terrassirte Bergseiten, welche mit einer grossen Menge Feigenbäumen besetzt sind; weiterhin den spitzen Berg el Pherdéis und hinter demselben das Thal des todten Sees und die auf seiner Ostseite liegenden steilen und hohen Felsenberge der Landschaft Kárrak (Moabitis) in blauer Ferne und wie mit einem Meere bedeckt; von den Bergen sieht man nur die allgemeinen Umrisse; von den Thälern und Schluchten aber, die man bey hellem Wetter, zumal des Abends, von der Sonne erleuchtet sieht, konnte ich heute des Dunstes wegen nichts sehen. — Nordwärts sieht man nahe vor sich ein tiefes Thal, hinter welchem sich die beträchtlich hohen Berge nach Jerusalem zu erheben, auf deren Rücken man das griechische Kloster Mâr Elias erblickt und welche die Ansicht jener Stadt dem Auge entziehen; näher nach Bethlehem zu sieht man den sogenannten Davidsthurm; die dortigen Bergseiten sind mit sehr vielen weitläuftig stehenden Oelbäumen besetzt. — Westwärts übersieht man ganz Bethlehem, welches an und auf einer abhängigen Anhöhe [1]) erbaut ist, und sich noch so ziemlich gut ausnimmt, und viele Oelbäume an den Bergseiten. Südwärts sieht man in der Ferne beträchtliche dunkle Berge; die übrige Aussicht wird aber grösstentheils durch die grosse Kirche verdeckt. Wählt man einen andern Standpunkt: so sieht man nach dieser Seite nahe vor sich ein Thal und weiterhin ansehnliche Berge; das Thal und die nahen Bergseiten sind mit Oel- und Feigenbäumen besetzt.

Man sieht hieraus, dass es der Nahsicht um Bethlehem nicht an Reizen fehlt; allein die Fernsicht ist meistentheils unangenehm, indem die hohen Berge fast nichts als kahle und an vielen Stellen nackt-felsigte Seiten zeigen.

Man gab mir folgende Einwohnerzahl von Bethlehem an, welche mir aber zu hoch angegeben scheint. Die Zahl der Katholiken beträgt 1211, der Griechen 900, der Armenier nur 4 bis 5 und der Mohammedaner 300. Hiernach würde Bethlehem 2416 Einwohner zählen, welche es zuverlässig nicht hat. Die Mohammedaner halten zwey öffentliche Gastzimmer, die Christen fünf, und daher wird es keinem Mohammedaner erlaubt, im Kloster zu speisen oder zu logiren. Es sind hier ein Dutzend kleiner Kaufläden, und man muss aus diesem Grunde Bethlehem einen Flecken nennen. Die Einwohner

---

[1]) Ich sage Anhöhe, im Vergleich mit dem Kloster, welches nur wenig niedriger liegt. Sonst liegen Bethlehem und das Kloster auf einem Berge.

zahlen jährlich 1800 Piaster an das mohammedanische Kloster oder Gasthaus (Tekkíje) zu Jerusalem, wo arme Reisende und einheimische Mohammedaner Essen unentgeldlich erhalten. Ausserdem bezahlen sie jährlich an den Mützéllim von Jerusalem gleichfalls 1800 Piaster. So sagte mir ein Bethlehemite. Der Antheil, welcher auf die Katholiken von diesen Ausgaben fällt, wird wahrscheinlich durch die 2000 Piaster berichtiget, welche das Kloster ihnen jährlich auszahlt.

Der Ertrag der Feigen- und Oelbäume macht für die Einwohner ein sehr Bedeutendes aus. Ein mittelmässiger Feigenbaum trägt etwa für 15 bis 20 Para, ein Oelbaum aber je nach seiner verschiedener Grösse und nach der verschiedenen Fruchtbarkeit der Jahre für 1 bis 10 Piaster Früchte. Es ist eine verdammliche Rache hier im Gange, indem Einer dem Andern des Nachts seinen Weinberg oder seine Oelbäume umhaut.

Am 12. December war die Luft zwar noch wolkigt; es fiel aber kein Regen.

Am 14. December kam der Generalsuperior und der General-Procurator nebst ihrem Gefolge zu Pferde hier an, um das Weihnachtsfest, welches natürlicherweise das Hauptfest in Bethlehem ist, hier zu feiern. In gleicher Absicht kamen auch gestern 10 Franciscaner-Mönche von Jerusalem zu Fusse hier an. Da der General-Procurator aber beständig viele Geschäfte in der Stadt hat: so kehrte er Nachmittags wieder in die Stadt zurück.

Die Bethlehemiten sind jetzt täglich mit der Bestellung ihrer kleinen Felder beschäftigt, und da es den Fabrikanten gewöhnlich an Gespann fehlt: so lassen die meisten sie durch Andere pflügen, und bezahlen in solchem Falle $1\frac{1}{2}$ bis 2 Piaster Taglohn für ein Gespann.

Die Luft ist heute bezogen und droht Regen.

Der Beichtvater des Klosters oder der Pfarrer hat zum Ephiphaniusfest eine Art von Drama in arabischer Sprache aufgesetzt, welches er einige Schulknaben an dem Orte, wo die Hirten die Ankündigung der Geburt des Messias erhielten, spielen lassen wird. Er klagte mir, dass es den Knaben an Gedächtniss fehle. Obgleich ein Italiener, versteht er doch die arabische Sprache sehr gut, und hält in derselben auch kleine Predigten, so wie dies die übrigen Klosterpfarrer zu Jerusalem, St. Johann, Nazareth u. s. w. auch zu thun pflegen. Er katechisirt die Knaben zweymal in der Woche. Die Mädchen bleiben überall ganz ohne allen Unterricht im Lesen und Schreiben.

Da seit der Revolution keine französischen Mönche angekommen sind und die hier vorhandenen entweder in ihr Vaterland zurückkehrten oder starben: so findet man jetzt zu Jerusalem, Bethlehem und St. Johann nur 2 Mönche, welche gebohrne Franzosen sind.

Reise nach der Westseite des todten Sees und nach Jericho.

15. December. Ich habe schon im Vorigen gesagt, dass ein Bethlehemite sich erbot, mich um den todten See zu begleiten. Seine Forderungen schienen mir aber anfänglich zu hoch, und ich gab die Unterhandlung mit ihm auf. Da mir indessen kein andrer Weg übrig blieb: so entschloss ich mich, der Nothwendigkeit nachzugeben und mich aufs neue wieder mit ihm einzulassen, und gleich nach meiner Ankunft in Bethlehem kam ich mit ihm überein, dass er mich in Begleitung von 3 Beduinen für eine gewisse Summe, wofür er mir auch 2 Pferde zu liefern versprach, um den See führen sollte. Da ich wusste, dass auf dem ganzen Wege wenige oder gar keine Lebensmittel zu erhalten seyn würden: so hatte ich mich schon in Jerusalem mit einem Vorrath Zwieback, Oliven u. s. w. versehen, und ich vermehrte denselben hier mit Mehl, Oel und Traubensyrup (Dibbs); überdem liess ich Gerste zum Pferdefutter anschaffen. Unsere Abreise wurde auf den 12. December festgesezt. Am Tage zuvor war die Luft zwar noch wolkigt, aber doch aufgeklärter, als seit etlichen Tagen, und ich hoffte daher gutes Reisewetter zu erhalten. Ich übergab dem Vice-

procurator mein Geld, um dem Verlust desselben auf der Reise vorzubeugen.

Bodrus, so hiess der Katholike, versicherte mir zu Jerusalem, er habe am Ufer des todten Sees die Stelle gesehen, wo der Asphalt hervorquille; diese Stelle sey auf der Ostseite des Sees, ungefähr Ain Dschíddy gegenüber; man sehe dort beständig den Asphalt als ein Oel aus einem Felsen hervorquillen, und beym Herabfliessen nach und nach eine di ke feste Kruste bilden. Allein er hatte eine Unwahrheit gesagt, und jetzt, da er wusste, dass sie bald entdeckt werden würde, gestand er, dass er nie an jener Stelle, die er Ain el Hőmmar (Asphaltquelle) nannte, gewesen sey; überdem, setzte er hinzu, sey es auch unmöglich, dass ein Mensch derselben nahe genug komme, um sie zu untersuchen, weil sie am Fusse einer ungeheuern steilen Felsenwand entspringe, und nur Vögel oder gute Schwimmer dahin kommen könnten; man habe aber wirklich mit einem Fernrohr von dem Westufer des Sees den flüssigen Asphalt hervortröpfeln sehen. Das hiess, eine Unwahrheit durch eine noch weit abgeschmacktere zu ersetzen; denn beide Ufer dürften an dieser Stelle vielleicht 4 oder 5 Stunden von einander entfernt seyn! Obgleich mehrere Bethlehemiten mit ihm in der Nachricht von der Asphaltquelle übereinstimmten: so war doch Keiner von ihnen Augenzeuge davon, und ich sahe jetzt deutlich genug, dass man auf ihre Aussage durchaus nicht bauen könne.

Am 11. December kamen meine drey Beduinen vom Stamme [1]) Taámer, welcher sich südostwärts und in der Nähe von Bethlehem aufhält, und entschuldigten sich, dass sie am folgenden Tage noch nicht abreisen könnten, weil es der erste Tag des Beiramfestes sey, den sie als Mohammedaner feierlich begehen müssten. Nachmittags kam Einer von ihnen zu mir und erklärte sich, dass, falls ich durchaus das östliche Ufer des tod-

[1]) Man nennt in dieser Gegend einen Stamm mit dem arabischen Namen Hammúle (حمولة); in andern Gegenden war auch das Wort Tâïphéh im Gebrauch; allein hier hiess Tàiphéh so viel als Religionsparthey, z. B. Taiphet el Rûm, die Griechen.

ten Sees bereisen wolle: so müsse er sich nebst seinen 2 Gefährten wieder zurückziehn, weil zwischen ihnen und einem Beduinenstamm auf der Ostseite Blut sey. Da er indessen hörte, dass ich mich nach andern Begleitern umsehen, und er den guten Verdienst nicht gern fahren lassen wollte: so willigte er wieder ein, aber unter der Bedingung, dass wir den Weg von der Mündung des Wady el Hössa bis zur Mündung des Wady el Kárrak des Nachts machten, um während der Dunkelheit der Gefahr auszuweichen, in die sie gewiss laufen würden, wenn sie das Missgeschick hätten, dort auf ihre Feinde zu stossen. Diese Bedingung wurde ihm von mir zugestanden. Dessenungeachtet gaben sie ihr Vorhaben gänzlich auf, wie ich gleich darauf von Bodrus erfuhr. Um daher ihre Stelle zu ersetzen, schickte er den 12. December einen Boten zu dem Stamme der Scháhalîn, welche mit den östlichen Arabern in freundschaftlichen Verhältnissen stehen sollten, und am folgenden Tage hoffte er ihre Antwort zu erhalten.

Meine vorhabende Reise war indessen in Bethlehem ruchtbar geworden, und da täglich Beduinen hieher zum Besuch kommen: so hatten auch diese Nachricht davon erhalten. Ich hatte mich etwas vom Kloster entfernt, um Pflanzen zu sammeln; ein Beduine holte mich ein. Es fiel ihm auf, dass ich Moose sammelte, und er fragte mich daher, ob ich etwa derjenige sey, der eine Reise um den todten See machen wolle? „Ich hoffe es," sagte ich. „Die Araber werden Euch ermorden!" fuhr er fort. „Die Araber morden nicht, erwiederte ich; ich kenne sie; ich war schon in el Szalt und Kárrak." — „Seht! Seht!" sagte er zu einem paar andern Mohammedanern von Bethlehem, die zu uns kamen; „Ja Maloûn! Ja Chansîr!" [1]) indem er auf mich zeigte. Ich stellte mich, als hörte ich es nicht, und er ging ungehalten auf mich fort.

Am 13. December gestand mir Bodrus, er habe nicht zu den Beduinen vom Stamme der Scháhalîn, sondern zu den

---

[1]) Zwey Schimpfwörter, womit Mohammedaner häufig die Christen belegen; du Verfluchter! du Schwein!

Rscheide gesandt, und er erwarte sie an demselben, oder am folgenden Tage. Des Abends kam der Bote wieder zurück mit der unangenehmen Nachricht, dass so wenig die Scháhalîn, als die Rscheide zu dieser Reise geneigt seyen, weil sie die jenseitigen Beduinenstämme nicht alle kennten, und dort am östlichen Ufer jetzt viele Dauáre (Zelthaufen) seyen, indem dasselbe in dieser Jahrzeit wärmer und grasreicher sey, als die höhern Berge, worauf sie in der wärmern Jahrzeit herumzögen, während welcher sich am See fast kein Beduine zeige.

Aeusserst missvergnügt über die unerwarteten Hindernisse, die sich meinem Vorhaben entgegen setzten, und dennoch fest entschlossen, dasselbe auszuführen, war ich schon willens, nach Kárrak zu reisen, um wo möglich dort Leute aufzutreiben, welche sich zu meiner Begleitung geneigt finden liessen. Da indessen das Weihnachtsfest nahe war, und ich demselben beyzuwohnen wünschte: so hielt ich es für besser, für diesmal nur die Westseite des todten Sees zu bereisen, welches mit wenigern Schwierigkeiten verbunden war, und den Besuch der Ostseite bis nach dem Fest zu verschieben. Ich wurde bald mit Bodrus darüber einig, und am 15. December traten wir um halb 9 Uhr unsere Reise an. Statt zweyer Pferde, wie unsere Abrede war, brachte er mir aber zwey Maulthiere, wozu ich stille schwieg, um nicht aufs neue wieder aufgehalten zu werden, und weil der Unterschied für mich von weniger Bedeutung war. Ein Bethlehemite, Eigenthümer des einen Maulthiers, begleitete uns; überdem gesellten sich bald nachher unterwegs 2 Beduinen vom Stamme Taámer zu uns, welche für diese angenommen waren. Das Wetter war sehr gut.

Ain Dschíddy, wohin wir zuerst zu reisen beschlossen, liegt südostwärts etwa 9 bis 10 Stunden von Bethlehem, am Ufer des todten Sees. Der Weg führte anfänglich über Berge und Gründe, welche sehr steinigt waren, wo wir aber doch einigen Baumgärten und Weinbergen vorbeykamen, welche mit Steinwällen eingefasst waren, und dem Fleisse der Bethlehemiten ihr Daseyn verdankten.

Bald nachher holten wir einige Beduinen vom Stamme Rscheide ein, welcher sich in dieser Berggegend westwärts von Ain Dschíddy aufhält. Sie trieben einen mit Oel beladenen Esel. Sie hatten von meiner Reise gehört, wussten aber nicht genau, welchen Weg wir nehmen wollten, und da meine Leute ihnen denselben verbergen wollten: so gaben sie vor, wir wollten nach Hebron und von dort nach dem Südende des todten Sees reisen. Indessen hatten sie nicht voraus gesehen, dass wir den nämlichen Weg nehmen mussten, um nach Ain Dschíddy zu kommen, als diese Leute, und ihre Unwahrheit blieb daher nicht lange verborgen. Ein alter Rscheide kam bald darauf mit einem von meinen Beduinen, Namens Chalîl, einem jungen rüstigen Mann, in heftigen Wortwechsel, indem Jener versicherte, er wisse im voraus, dass es uns unmöglich seyn würde, von Ain Dschíddy nordwärts längs dem Ufer des todten Sees zu reisen, dieser aber ihm widersprach. Schon kam es zum Handgemenge, und Chalîl zog seinen Chandschar, als die Uebrigen hinzueilten, und sie wieder auseinander brachten. „Bey Gott! sagte Chalîl nachher zu mir, hätte man uns nicht getrennt, ich hätte ihn mit meinem Chandschar niedergestossen!" Allein dies waren Worte eines Poltrons; denn als einen solchen lernte ich ihn in der Folge kennen. Der Bethlehemite, Bodrus' Gefährte, wurde durch diesen Auftritt aber so sehr in Furcht gesetzt, dass er beschloss, mit seinem Maulthier wieder zurückzukehren, weil er, wie er sagte, befürchtete, dass er es unterwegs verlieren würde. Die Ladung desselben wurde also auf mein Maulthier gebracht, und ich sahe jetzt die zwey mir versprochenen Pferde in ein einziges Maulthier verwandelt! Die Rscheide-Beduinen wurden nun unsere Begleiter.

Um halb 11 Uhr kamen wir zu einigen Taámer-Beduinen, welche etliche kleine Felder pflügten. Die Taámer wohnen zwar unter Zelten, allein ursprünglich waren sie Bauern, welche ein Dorf am Fusse des Pherdéis, Bêt el Taámer, wo man noch die Ueberreste von einer Kirche u. s. w. finden soll, bewohnten, das sie vermuthlich aber der Tyranney der Regierung wegen verliessen, indem sie sich erforderlichen Falls mit ihren Zelten leichter flüchten könnten, als zuvor, wo sie feste Wohnsitze hatten. Ohne Zweifel haben sich aus dem nämlichen Grunde in mehrern Gegenden die Beduinen auf Kosten der Bauern vermehrt. Die Taámer treiben noch ziemlich vielen Ackerbau, kleiden sich wie die übrigen Bauern, indem sie nicht das gewöhnliche Kopftuch der eigentlichen Beduinen (el Keffïje) tragen, und sind gewöhnlich muskulöser und stärker, als Letztere, von welchen sie sich auch in ihren Gesichtszügen unterscheiden, welche denen der übrigen syrischen Bauern gleichen. Vor etwa 35 Jahren nahmen sie mit Hülfe der Bethlehemiten den Beduinen vom Stamme Htêm eine beträchtliche Fläche Landes ab, welches Letztere ihnen gezwungen überlassen und Friede machen mussten.

Bald nachher hatten wir in nördlicher Nähe neben uns die ausgezeichnete konische Bergspitze, welche hier unter dem Namen el Pherdéis [1]) bekannt ist, und auf welcher man noch Trümmer einer alten Festung findet, welche einst von den Johanniter-Rittern auf das tapferste viele Jahre lang vertheidigt worden seyn soll. Die Taámer machen sich gross damit, dass sie Nachkommen dieser Ritter sind; und dies könnte sich auch im Ernste wohl so verhalten, obgleich jene Ritter, wo mir recht ist, eine ewige Keuschheit geloben mussten; man erinnere sich nur an die bekannte Lebensart der Maltheserritter in unserm Zeitalter. Indessen vermuthe ich, dass ihre Sage sich nicht auf historische Daten gründe, die vom Vater auf Sohn sorgfältig mündlich fortgepflanzt wurden; noch viel weniger auf eine geschriebene Urkunde, da Keiner von diesem Stamme zu lesen und zu schreiben versteht; sondern dass die europäischen Mönche dazu Veranlassung gegeben, welche vermuthlich auch die Beduinen vom Stamme der Öbbedíje bewogen, sich für Nachkömmlinge der Engländer zu halten. El Pherdéis ist reichlich 2 Stunden von Bethlehem entfernt. In einiger Entfernung südwärts von hier zeigte man mir Kassr el Leimûn, einen zerstörten Ort, wo ich weiter nichts, als etliche unbedeutende Ruinen bemerkte. Ausser diesem Ort liegt gleichfalls südwärts von Pherdéis der zerstörte Ort Chreitûn, [2]) neben welchem man in dem gleichnamigen

---

[1]) Bey Büsching Ferdays. [2]) Bey Büsching nach englischer Aussprache Creightun.

Wady eine grosse labyrinthische Höhle finden soll, welche bey den Bethlehemiten unter dem Namen el Maâsha bekannt und 3 Stunden von Bethlehem entfernt ist. Diese Höhle wird alle 2 oder 3 Jahre einmal von den Franciscanermönchen besucht, [1]) welche sie das Labyrinth nennen. Sie soll weit grösser seyn, als eine andere Höhle, welche nordwärts von el Pherdéis, 2 Stunden von Bethlehem entfernt liegt, und welche von den Mönchen die Davidshöhle, von den Bethlehemiten aber Magáret Schaául (Saulshöhle) oder Ümm el Tháleá genannt wird. Den letztern Namen führt sie aus dem Grunde, weil man von ihr einer ausgedehnten Aussicht geniessen soll, indem sie auf einem Berge befindlich ist. Die erste grosse Höhle ist ohne Zweifel die nämliche, die Pococke und Arvieux besuchten; die andere aber diejenige, die Nau und Troilo beschrieben. Da die grosse Höhle el Maâsha in der Nähe von Ain Dschíddy (Engaddy) ist, in dessen unzugänglichen Felsenschluchten sich der nachmalige jüdische König David als Flüchtling aufhielt: so ist es höchst wahrscheinlich, dass die bekannte Scene, wodurch er seine unerschütterliche Treue gegen seinen Regenten so auffallend bewies, in derselben vorfiel, keinesweges aber in der sogenannten Davidshöhle, weil sie, alle Umstände zusammengenommen, sicher zu klein dazu war. Man versicherte mir, die Mönche bedienten sich eines Bindfadens, um sich nicht in den Irrgängen der Höhle von Chreitûn zu verlieren.

Obgleich die ausgezeichnet spitzige Form des Pherdéis einen Basaltberg hätte vermuthen lassen sollen: so bestand doch er, so wie alle übrigen Berge dieser Gegend, aus Kalkstein.

Indem wir unsere Reise, ohne uns hier aufzuhalten, fortsetzten, stiessen wir auf einige andere Rscheide-Beduinen, welche damit beschäftiget waren, ihre Schaafe und Ziegen zu tränken, wozu sie das Wasser mit Schlauchfässern aus einem Brunnen heraufzogen. Sie bedienten sich dabey einer Art Gesanges, um gleichsam den Takt anzugeben, wie etwa unsere Matrosen, wenn sie das Anker lichten, oder Seegel aufziehen.

---

[1]) Die regnigte Witterung hinderte in diesem Jahre die Mönche und mich, diese Höhle zu besuchen.

Die Rscheide sind gewöhnlich kleiner Statur, mager und von braungelblicher Farbe, also alle Kennzeichen der meisten Beduinen.

Die Berge zeigten hier keine Spur von Kultur, und waren mit einer Menge Feuer - und Hornsteinen bedeckt.

Diese wüsten Berge scheinen schon vor mehrern tausend Jahren Beduinen zum Aufenthalt gedient zu haben. Wenigstens finde ich es wahrscheinlich, dass die an einer Stelle der Geschichte Sauls und Davids angeführten Schaafhürden (1. B. Samuel. 24, 4) entweder ein Dauâr waren, oder eine Schaafheerde, welche Beduinen zugehörten. Ich vermuthe, dass diese Stelle in der Lutherischen Uebersetzung nicht völlig richtig sey. Man trifft in diesem Striche, im Vergleiche mit andern Gegenden Palästina's, äusserst wenige Spuren von vormaligen Ortschaften, welches es wahrscheinlich macht, dass hier nie feste Wohnsitze vorhanden waren.

Nachmittags erreichten wir ein Dauâr von 12 Zelten, von Rscheide-Beduinen bewohnt. Wir kehrten hier ein, und wurden von ihnen mit Kaffee, frischem Brod und Oel bewirthet. Man würde für uns ein Lamm geschlachtet haben; allein, ich und Bodrus hatten noch die Weihnachtsfasten, wo wir weder Fleisch, noch Butter, Eier und Milchspeisen essen durften.

Wir blieben hier etwa anderthalb Stunden, und Bodrus nahm ein paar Bewaffnete von diesen Leuten zu unserer fernern Begleitung an, weil diejenigen, die bisher in unserer Gesellschaft waren, hier blieben. Wir waren indessen kaum eine halbe Stunde von dem Dauâr entfernt: so geriethen sie mit Bodrus über den bedungenen Lohn in Streit und kehrten wieder zurück. Nur Einer von ihnen liess sich indessen endlich bereden, mit uns zu ziehen, mit welchem aber bald nachher wiederum Wortwechsel vorfiel, und Bodrus sahe sich genöthigt, ihm seine Forderung zuzugestehen, weil wir sonst in dieser Gegend nicht sicher gewesen seyn würden. Meine Begleitung bestand jetzt also, ausser Bodrus, aus den zwey Taámer und diesem Rscheide.

Links vom Wege zeigte man mir eine Stelle in einem Wady, wo eine Höhle seyn soll, die grösser ist, als die Davidshöhle.

Der Boden wurde immer nackter, griesigter, steinigter und unfruchtbarer. Nichtsdestoweniger fehlt es hier nicht an Wild; wir sahen fünf wilde Schweine vor uns aufspringen und weiterhin ein Gasalle, dessen Pferch einen angenehmen Moschusgeruch hat.

Erst etwa anderthalb Stunden nach Sonnenuntergang kehrten wir in eine Höhle ein, wo wir die Nacht blieben. Sie war geräumig genug, um unsere Maulthiere neben uns anbinden zu können, welches der Sicherheit wegen nöthig war. Es wurde sogleich ein Feuer angemacht, und ich wartete schon darauf, dass man Kaffee bereiten und frisches Brod backen würde, als man mir ankündigte, es sey hier kein Wasser vorhanden, und man habe vergessen, den Schlauch bey den Beduinen zu füllen. Dies war ein verdrüsslicher Umstand. Zum Glück hatte ich etwas Brod aus dem Kloster mit mir genommen, welches meinen Beduinen sehr gefiel, weil es auf europäische Art gebacken und daher etwas Neues für sie war. Gleich nach unsrer Ankunft fing es an zu regnen, und des Nachts wetterleuchtete es. Wir schliefen indessen sehr ruhig ums Feuer gelagert, obgleich wir nach Mitternacht etwas von der Kälte litten.

16. December. Wir verliessen die Höhle am folgenden Tage des Morgens um 6 Uhr. Die Gegend wurde jetzt ausserordentlich bergigt und war durch eine Menge Gründe zerrissen. Je näher dem todten See, desto nackter und wilder wurde sie. Das Gerölle von Horn- und Feuerstein dauerte fort, und war häufig von schwärzlichter Farbe. — Einige auf einander gehäufte Steine bezeichneten das Grabmal eines Beduinen, der in ungemeiner Achtung gestanden haben muss. Denn meine 3 Beduinen näherten sich ihm ehrfurchtsvoll, und küssten einen kleinen rundlichen Stein, welcher oben auflag.

Ich sahe in den unfruchtbaren Bergen viele Löcher in der Erde, und meine Araber versicherten mir, dass sie von der

Dscherbúe bewohnt würden. Allein ich habe mich nicht durch eignen Augenschein davon überzeugt, und ihre Versicherung war die Antwort auf eine Frage, die ich ihnen machte: was in diesen Löchern vorhanden sey? „Erdmäuse (Phâr el Ard)," sagten sie. „Sind dies nicht Dscherbúe, welche die Beduinen essen?" fragte ich weiter. „Freylich! freylich!" riefen sie, indem sie ihre Verwunderung bezeigten, dass ich von der Dscherbúe gehört habe. In Hinsicht dieses Thieres konnte ich nie mit völliger Sicherheit erfahren, ob es sich auf der Westseite des todten Sees finde, oder nicht? — Auf den Bergen wuchsen unter den wenigen Stauden zwey, welche Rúggel und Öddip heissen, und woraus man eine Art Soda brennt, die aber schlechter ist, als die Soda, welche man aus einigen andern Stauden brennt, die unten am Seeufer wachsen. Öddip ist eine Art von Salicornia oder Glasschmalz mit weisslicht-aschgrauer Rinde.

Nach anderthalb Stunden hatten wir den Rand der wilden Berge erreicht, welche auf beiden Seiten den todten See einfassen, und welche hier ungeheuer hohe senkrechte Felsenwände bildeten, in welchen sich ein äusserst beschwerlicher Felsensteig hinabwand, welchen ein der Gegend Unkundiger zu finden kaum im Stande seyn würde.

Oben von der Felsenzinne genoss ich einer weiten und interessanten Aussicht über den todten See und dessen Umgebungen. Dicht vor uns unter unsern Füssen lag am Fusse der Riesenwände Ain Dschíddy, dessen Quellen durch eine Gruppe von Bäumen und Gesträuchen bezeichnet wurden, deren Grün auf das Seltsamste mit der wilden Oede umher abstach. Links von uns zeigte man mir einen noch beschwerlichern Felsensteig, welcher dahin hinabführte. Ein schönes dunkles Blau zierte den ungeheuern Spiegel des Sees, dessen Ränder mit einem Silbersaume von Wellen eingefasst waren, welche sich am Strande brachen, und über dessen Fläche sich ähnliche Silberstreifen verbreiteten, gleich Guirlanden von weissblühenden Blumen. Jenseits dem See erhoben sich die steilen Berge des Landes el Belka und Kárrak, und ein flacher Ausschnitt zwischen ihnen, uns fast grade gegenüber, bezeichnete die Mündung des tiefen wilden Thales, worin der Mûdscheb oder Arnon fliesst. Nordwärts davon zeigte man mir die mächtige Felsenwand, Tûr el Hömmára genannt, an deren Fuss der Asphalt entquillen sollte; in südlicher Entfernung vom Mûdscheb erkannten wir Wady el Kárrak; Kárrak selbst aber, welches man sonst von hier sehen soll, wurde uns durch wolkigte Luft verdeckt. Weiter südwärts glaubten wir eine beträchtliche Insel zu bemerken, wovon meine Leute versicherten, dass man ihre Beschaffenheit nicht kenne, weil man aus Mangel an Böten nicht dazu gelangen könne. Allein meine spätern an Ort und Stelle selbst gemachten Bemerkungen werden beweisen, dass wir uns in Hinsicht dieser Insel irrten, und dass meine Leute darüber in gänzlicher Unwissenheit waren. Weiterhin zeigte sich Gôr el Száphiá und sehr deutlich der Salzberg, Dschíbbal el Millhh oder Dschíbbal Üsdúmm, am Südende des Sees, welches etwa anderthalb Tagreisen von Ain Dschíddy entfernt ist. Da auch das Nordende des Sees, welches wir wegen einiger vorspringenden Berge nicht sehen konnten, in gleicher Entfernung von hier liegt: so sieht man daraus, dass Ain Dschíddy in der Mitte des Sees liegt, obgleich man den Weg südwärts etwas länger finden dürfte, als den Weg nordwärts. Ain Dschíddy muss also an der Stelle auf der Karte von Palästina (des Hrn. Prof. Paulus) gezeichnet werden, wo der Bach angegeben ist, an welchem der Ort Ziph liegt, südwärts von dem Berge Ziph, also grade ostwärts von Hebron.

Ain Dschíddy hat noch seinen uralten Namen beybehalten. Denn ich finde durchaus kein Bedenken, das Engeddi der Hebräer für das jetzige Ain Dschíddy zu halten, welches man nach egyptischem Dialect des Arabischen Ain Giddy aussprechen müsste. Das En der Hebräer ist aber eins mit dem arabischen Ain, z. B. Ennon im Arabischen Ain Nûn. En bedeutet eine Quelle, so wie Ain. Dies voraus gesetzt, ist es deutlich, dass die Lage von Engeddi auf der erwähnten Karte falsch angegeben sey, indem es nämlich am Nordende des Sees nordwärts von Masada gezeichnet ist.

Bey Ain Dschíddy ist eine kleine Ebene, die sich ein wenig

südwärts hinzieht; ihre Breite beträgt 5 bis 10 Minuten. Nahe bey Ain Dschíddy wird sie von den Rscheide kultivirt, welche sich dieselbe zueignen. Sie bauen dort ein wenig Weizen, Dúrra und eine Menge Gurken, welche sie nach Jerusalem führen, wo sie sehr gesucht werden, weil sie ein paar Wochen früher zeitig werden, als die Gurken um Jerusalem.

Zwischen den wilden Felsenwänden auf der ganzen Westseite des todten Sees und auf den naheliegenden Bergen halten sich, ausser den Gasallen und wilden Schweinen, viele Steinböcke und Wubbr (Hyrax Syriacus L.?) und nach der Versicherung meiner Araber auch Panther, Hyänen, Füchse und anderes Wild auf. — Bey dieser Gelegenheit sey es mir erlaubt, einige Bemerkungen über ein paar Stellen der hebräischen Schriften mitzutheilen.

Jedermann wird sich ohne Zweifel der Stelle erinnern, wo David als Knabe sich vor seinem König rühmt, er habe einst einen Löwen und einen Bären erlegt, welche ihm ein Schaaf raubten (1. B. Samuel. 17, 34), über welche Heldenthat sich ein späterer Dichter so ausdrückt (Jesus Sirach 47, 3):

Mit Löwen ging er um, als scherzte er
Mit Böcklein; und mit Bären, als wenn trieb
Ein Spiel mit Lämmern er. — —

Da indessen jetzt in ganz Palästina keine Löwen, und in dieser Gegend auch keine Bären angetroffen werden: so ist es mir sehr wahrscheinlich, dass sie hier auch nie angetroffen wurden, weil sich die physische Beschaffenheit von Palästina in den drittehalb tausend Jahren, die seitdem ungefähr verflossen, wenig oder gar nicht geändert zu haben scheint. Ich vermuthe daher, dass man passender für das Locale, wo sich dieser Fall zutrug, übersetzte, wenn man statt des Löwen und Bären einen Panther und eine Hyäne nennte, welche hier noch wirklich vorhanden sind, und noch jetzt den Heerden nachstellen. In Hinsicht des Bären würde man diese Vermuthung noch um so wahrscheinlicher finden (wenn anders im Hebräischen dies eben so seyn sollte, als im Arabischen), wenn man weiss, wie ähnlich sich el Dubb (الدب), der Bär, und el Dóbbeá (الضبع), die Hyäne, in der Aussprache ausnimmt. Statt der Hyäne könnte man auch einen Wolf annehmen, den man in mehrern Gegenden von Palästina, und vermuthlich auch hier, findet, und dessen Name, el Dîb (الديب), auch viele Aehnlichkeit mit dem Namen des Bären hat.

In der interessanten Geschichte dieses nämlichen ausgezeichneten Mannes wird an einer andern Stelle (1. Samuel. 24, 2. 3) erzählt: David entzog sich den Nachstellungen seines Königs in der Burg Engeddi, auf den Felsen der Gemsen. Diese Stelle ist wiederum unrichtig übersetzt; denn Jedermann weiss, dass es in ganz Palästina keine Gemsen giebt. Da indessen diese wilden Felsen von Engeddi von Steinböcken bewohnt werden, deren Wohnorte immer zu den wildesten auf der Erde gehören, und da durch den Zusatz Davids Aufenthaltsort auf das treffendste karakterisirt wurde: so finde ich es höchstwahrscheinlich, dass man statt der Gemsen Steinböcke sagen müsse. Ein Gleiches gilt von einer andern Stelle in einer der schönsten Hymnen dieses königlichen Dichters (Psalm 104, 18), wo es heisst: die hohen Berge sind der Gemsen Zuflucht, und die Steinklüfte der Kaninchen. Ich würde dies so übersetzen:

Zur hohen Bergzinn' fliehen Steinböck', und
Der Klipdachs sucht im Felsenspalt' sein Heil. [1])

Zwar könnte Mancher es wahrscheinlich finden, dass statt den Gemsen auch Gasalle gemeint seyn dürften, welche sich auch auf hohen Bergen aufhalten. Allein da sie auch auf Ebenen in Thälern und zwar noch häufiger gefunden werden: so wäre die Angabe ihres Zufluchtsorts nicht etwas Karakteristisches, statt dass die Steinböcke immer zwischen diesen Felsenzinnen leben. Kaninchen sind in diesen Gebürgsgegenden gar nicht

---

[1]) Obgleich hier nicht der passendste Ort dazu seyn dürfte: so sey es mir doch erlaubt, beyläufig zu bemerken, dass ich es für sehr wahrscheinlich halte, David, als Jungling, habe vorzügliche Anlagen zum Bänkelsänger (el Scháör) gezeigt, und seine Harfe war vielleicht eine Erbábe, welche ohne Zweifel eines der altesten musikalischen Instrumente in der Welt seyn dürfte. Sein König Saul fand ein besonderes Vergnügen an diesem Instrument, weil er von gleicher niederer Abkunft gewesen zu seyn scheint, als David, und er also an eine ähnliche einfache Musik gewohnt war.

vorhanden, und es ist auch ihrer Natur gänzlich zuwider, in Steinklüften zu wohnen. Diese sind grade aber der immerwährende Aufenthalt und Schlupfwinkel des Wubbr, welchen ich nach dem Beyspiele des Hrn. Grafen von Mellin, der den Hyrax capensis L. Klipdas nennt, Klipdachs nannte, mit deren Lebensart David genau bekannt seyn musste, weil er sich so lange in dieser wilden Einöde aufhielt. Indessen, ich bin kein Kenner des Grundtextes, und unsere Orientalisten werden entscheiden müssen, ob man die beiden hebräischen Wörter Jengialím (sic! יעלים) und Schephaním (שׁפנים) auf diese Art übersetzen könne. [1])

Obgleich ich abgestiegen war: so wurde es doch meinem Maulthier sehr schwer, den Felsenpfad hinabzusteigen, und wir waren mehrmals besorgt, dass es den Hals brechen werde. Man wird sich aber leicht vorstellen können, wie beschwerlich der Transport des Salzes, welches die Rscheide und andere Beduinen und Bauern vom Strande holen, imgleichen der übrigen Produkte seyn müsse, wozu sie sich der Esel bedienen. Um 8 Uhr kamen wir zu der kleinern Quelle von Ain Dschíddy, welche am Fusse der Felsenberge befindlich ist. Obgleich das Wasser klar war: so fand ich es doch nicht von einer erfrischenden Kühle, sondern nach meinem Gefühle ein wenig laulicht oder, wie man bey uns sagt, verschlagen. Indessen kann dazu auch die Morgenkälte und der kalte Wind auf den Bergen etwas beygetragen haben, wodurch meine Hand an eine grössere Kälte gewöhnt worden war. Diese Quelle vereinigt sich, ein wenig von ihrem Ursprunge entfernt, einer grössern Quelle, welche in geringer nördlicher Entfernung davon in einem felsigten Grunde entspringt, und welche sich nach einem kurzen Lauf in den See ergiesst.

Das Ufer der kleinen Quelle war mit Schilf und einigen Bäumen und Gesträuchen eingefasst, welche einen schwelgerischen Wuchs zeigten. Man sieht daraus, dass es dem Ufer

---

[1]) Ich verdanke die Angabe dieser zwey hebräischen Namen meinem Freunde Hrn. Dr. med. Marpurg, einem kenntniss- und talentvollen Arzte, welchen ich in Kahira kennen zu lernen das Vergnügen hatte.

des Sees keineswegs an Fruchtbarkeit fehlen würde, wenn nur überall Quellwasser und genugsamer ebener Boden vorhanden wäre, und ich bin überzeugt, dass man hier alsdann in der fast tropischen Hitze, die hier im Sommer herrschen soll, überall die blühendste Vegetation antreffen würde. Die Ebene von Ain Dchíddy, wovon jetzt nur ein sehr kleiner Theil angebaut wird, könnte leicht in ihrer ganzen Länge kultivirt seyn, wenn Beduinen nur ein wenig geneigt wären, der Natur zu Hülfe zu kommen. Da beide Quellen ziemlich hoch entspringen: so könnte man sie mit leichter Mühe so leiten, dass sie die ganze Ebene wässerten. Allein es ist schon eine Seltenheit, wenn diese Leute kleine Flächen auf dem fruchtbarsten Boden anbauen; wie liesse es sich also erwarten, dass sie auf künstliche Vorrichtungen zur Fruchtbarmachung denken sollten? Man sieht hier noch ein wenig unter der Quelle ein verfallenes ausgemauertes Wasserbehälter, zum Beweise, dass in frühern Zeiten Ain Dschíddy's Ebene besser benutzt wurde. Der Sziddr (Rhamnus Zizyphus L.?) wuchs hier häufig und zum Theil als ein Baum. Ich fand hier ferner etliche wilde Feigen- und Granatäpfelbäume, Phístuk el Bân, Szeál (Mimosenbaum), Äöschêr (Asclepias gigantea L.) und eine Art grosser strauchartiger stachlichter Nachtschatten (Solanum sanctum L.), welcher von den Beduinen Szacharân oder Széckarân genannt wurde.

Ain Dschíddy ist als der einzige Ort bekannt, wo man die so sehr berühmten Sodomsäpfel findet. Bodrus und etliche andere Bethlehemiten hatten mir versichert, dass man hier nicht bloss Aepfel, sondern auch Birnen, Granatäpfel, Feigen, Quitten, Limonen u. s. w. finde, welche alle von aussen ein schönes Ansehn haben, aber von innen nichts, als einen leichten Staub oder Asche, und durchaus kein Fleisch enthalten sollten. Ein Kaufmann von Jaffa, welcher dort K. K. Viceconsul ist, habe sich durch einen Bethlehemiten vor etlichen Jahren einen Korb voll davon holen und nach Jaffa bringen lassen, und Jedermann, der sie in Bethlehem gesehen hatte, versicherte, dass sie die vorhin angegebenen Eigenschaften gehabt hätten. Man kann leicht denken, dass durch eine solche bestimmte Nachricht meine Neugierde aufs höchste gespannt wurde, und dass meine erste Untersuchung in Ain Dschíddy diese Wunderfrüchte betraf.

Hamdân, der Rscheide, dessen Stamm Ain Dschíddy zugehört, und der es alljährlich mehrmals besuchte, konnte mir hierüber nur allein Nachricht geben, da meine übrigen Leute niemals hier gewesen waren. Da die Rscheide bisweilen diese Früchte nach Bethlehem bringen und durch deren Verkauf einen kleinen, obgleich unbedeutenden Gewinn ziehen: so hatte Hamdân noch überdem ein Privatinteresse, um das Daseyn der Sodomsäpfel bekannter gemacht zu sehen. Er zeigte mir also sogleich nach unsrer Ankunft bey der Quelle zwischen dem Schilf und Gesträuch einen Strauch mit grossen Blättern, worauf wir noch etliche Früchte fanden, die er für Aepfel ausgab, von welchen aber bloss eine verschrumpfte Haut zurückgeblieben war; und gleich daneben einen kleinen stachlichten Strauch, welcher ungemein schöne citrongelbe und den Citronen ähnliche Früchte trug, die er auch für wirkliche Citronen ausgab, bey deren Oeffnung man aber inwendig nichts, als eine Menge Saamen in einem gleichsam verfaulten Schleim oder Brey antraf. Andere Sodomsäpfel kannte Hamdân nicht. Zwar versicherte er mir, auch die hiesigen Granatäpfel und Feigen hätten eine gleiche Eigenschaft, als jene; allein dies war sicher eine Unwahrheit, die ich ihm in Hinsicht der erstern nicht beweisen konnte, weil die Granatäpfelbäume jetzt ohne Früchte waren; wohl aber in Hinsicht der andern, indem die einzige fast ganz ausgewachsene Feige, die ich fand, inwendig ganz die nämliche Beschaffenheit hatte, als alle wildwachsende Feigen in der ganzen Welt.

Meine Leser werden jetzt sehr wünschen, dass ich sie näher mit diesen zwey Arten von Sodomsäpfeln bekannt mache. Es sey!

Den erstgenannten Strauch erkannte ich beym ersten Anblick sogleich für den Öschêr oder Äöschîr oder die riesenförmige Aesculapie (Asclepias gigantea L.), welchen ich schon im Frühlinge zu Gôr el Száphiá am Südende des todten Sees gefunden hatte. Von diesem merkwürdigen Gewächse, welches man auch in Ostindien, Arabien, Egypten und sogar in Jamaika antrifft, findet man eine ausführliche Beschreibung nebst einer Abbildung in dem schätzbaren botanischen Werke: v. Linnee's vollständiges Pflanzensystem (5. Bd. S. 775. tab. 44). Diese Aesculapie hatte hier nur die Grösse eines ansehnlichen Strauches, statt dass ich sie zu Gôr el Száphiá von der Grösse eines mittelmässigen Feigenbaums gefunden hatte. Die Zweige derselben sind hellgrün und saftvoll, wie ein Pflanzenstengel. Sie sind ausserordentlich dicht mit grossen länglicht-ovalen oder umgekehrt eyrundlänglichten lederartigen Blättern besetzt, welche mit ihrer Basis den Stengel umfassen. Zwey und zwey stehen einander immer gegenüber; jedes Paar ist von dem andern nur einen Finger oder Zoll breit entfernt, weswegen man von dem Stengel fast nichts sieht. Sie sind vier bis sechstehalb Zoll lang und oben, wo sie am breitesten sind, drittehalb bis viertehalb Zoll breit. Der kleine Lappen, der auf jeder Seite der Basis den Stengel umfasst, ist rundlicht. Oben haben sie eine kleine Spitze. Ihr Rand ist ungezähnt. Sie haben einen matten Glanz, sind glatt, hellgrün, die Blattribben sind weisslicht und es laufen von ihnen in schräger Richtung ziemlich gerade und einander zum Theil gegenüberstehende Adern aus. Blätter, Zweige, Stamm und Früchte sind voll von einem weissen Milchsaft, welcher beym Abbrechen oder Einschneiden häufig hervorquillt, aber auf der Zunge fast gar keine Schärfe zeigt. Die Rinde ist an stärkern Stämmen äusserst rissig, und nur wenig fester, als Hollundermark. Blüthen fand ich nicht.

Das Merkwürdigste an dieser Pflanze sind die Früchte, welche bisweilen fast die Grösse eines kleinen Kindeskopfs erreichen. Ich fand hier nur drey in einer Gruppe bey einander sitzende, deren Stengel weniger, als einen Zoll lang war; allein sie bestanden bloss aus einer zusammengeschrumpften Haut; an ihrer Basis sass der gleichfalls verschrumpfte Blumenkelch, welcher sich leicht absondern liess und fünfgespalten war. Ihre Spitzen waren inwendig violettfarben. Man sahe deutlich, dass die Haut auf einer Seite aufgesprungen und die enthaltene Seide verflogen war. Ich hatte in der

Folge Gelegenheit, viele frische Früchte zu sehen. Sie hatten von aussen eine grüne Farbe. Oeffnet man sie: so findet man inwendig ein lockeres Gewebe von unzähligen sich durchkreuzenden weissen Fäden, welche die äussere Haut mit einem länglicht-spindelförmigen Körper in Verbindung setzten, in welchem sich die schuppenförmig auf einander liegenden Saamen befanden, welche vermittelst glänzender Seidenfäden an einer innern Axe befestigt waren. Die Haut, welche die Saamen einschliesst, hat inwendig eine gelblichte Farbe.[1]). Die Seide ist ungemein leicht und verfliegt beym Aufspringen der Früchte schnell. Die Beduinen bedienen sich derselben zu den Lunten (Phthîle) ihrer Flinten, indem sie sehr leicht Feuer fängt; bisweilen bereiten ihre Weiber auch aus derselben mit Baumwolle vermischt eine Art von Kopfbinde. Der Milch derselben soll man sich im griechischen Kloster zu Jerusalem bedienen, ob Weiber fruchtbar, oder ob unfruchtbar zu machen? Darüber konnte ich mich nicht recht verständigen. Auch soll sie gut wider die weissen Hautflecken seyn, die eine Art von Aussatz ausmachen.

Aus dieser Beschreibung werden meine Leser deutlich einsehen, dass hier gar von keinen verwünschten Aepfeln oder Birnen die Rede ist, sondern von einer ganz natürlichen Frucht eines besondern Gewächses, die in ihrer Art eben so vollkommen ist, als eine jede andere Frucht in der Welt. Jetzt zu der andern Frucht, welche man für Limonen ausgab.

Ich fand diese Pflanze, die ich der Blüthe wegen sogleich für eine Art von Nachtschatten erkannte, nicht bloss hier, sondern nachher in grosser Menge bey Jericho. Es ist ein kleiner Strauch mit stachlichten krummen Aesten von gelblichtgrauer Farbe. Die Blätter sind eyförmig und an den Seiten bisweilen ausgeschweift und gezähnt. Der Blattstiel, welcher nur einen halben Zoll lang ist, sitzt nicht recht in

---

[1]) Wo ich mich recht erinnere, habe ich von der Frucht eine genaue Beschreibung in einem Bericht von meiner Reise an Hrn. Baron v. Zach übersandt. Sollte dies seyn: so bitte ich, diese hier einzurücken, weil ich jetzt keine Früchte zur Hand habe. [*Vgl. v. Zachs Monatl. Corresp. XVIII.* 442.]

der Mitte der Basis, weswegen dieselbe auf der einen Seite etwas tiefer herabläuft, als an der andern. Die Farbe der Blätter ist graulicht-grün, unten immer heller, als oben, und auf beiden Seiten, zumal aber unten, mit einem filzigen Wesen bedeckt. Der Strauch trug Blüthen und Früchte zu gleicher Zeit und in grosser Menge. Die Blüthen sind violettblau und halten an der Mündung fast einen Zoll im Durchmesser. Der perennirende Kelch ist fünfmal gespalten und hat so, wie der zolllange Fruchtstiel, gewöhnlich krumme Dornen. Die Früchte haben die Grösse einer mittelmässigen Pflaume, eine schöne citrongelbe Farbe und sind fast völlig rund. Ihre äussere Haut ist glatt und dünne. Innerhalb derselben ist eine fleischichte Schaale, eine halbe Linie dick, und in der innern Höhlung trifft man eine grosse Menge kleiner, fast nierenförmiger Saamen von bräunlicht-gelber Farbe in einem schleimigten Safte um und innerhalb zweyer Fachkörper. Pflanzenkenner werden aus dieser Beschreibung sehr bald erkennen, dass diese Wunderfrucht nichts anders sey, als die Frucht vom heiligen Nachtschatten (Solanum sanctum L.), welche man vermuthlich in der ganzen Jordan-Ebene und vielleicht auch in mehrern Gegenden von Palästima antrifft, und wovon man auch einzelne Exemplare in den europäischen Gewächshäusern antreffen dürfte. Die Beduinen nennen dieses Gewächse Száckarân, und da dies Wort im Arabischen trunken bedeutet (سكران): so vermuthe ich, dass man aus Erfahrung die giftige Wirkung der Früchte desselben kennt, welche die meisten Arten von Nachtschatten äussern.

Es ist zum Bewundern, wie sich die Sage von den Sodomsäpfeln Jahrtausende hindurch erhalten konnte, da doch eine nur einigermaassen vorurtheillose Beobachtung sie als gänzlich ungegründet befunden haben würde. Aber wie hätte man hier vorurtheillose Beobachter erwarten dürfen, da sie gewöhnlich als fromme Pilger von Mönchen geführt und unterrichtet wurden, die theils zu unwissend, theils zu eigennützig waren, um Vorurtheile zu bekämpfen, welche ihrem Lande ein wunderbareres Ansehn gaben, und in der Fremde ein grösseres Interesse für dasselbe erweckten? Die ganze Sage scheint sich auf eine einzige Stelle in den ältern hebräischen Schriften zu begründen, woraus man sieht, wie ein solcher Wundersaame auf Jahrtausende fortwuchern kann, wenn er in einer Schrift befindlich war, die wir als höchstehrwürdig zu betrachten gelehret wurden. Diese Stelle findet sich in der Weisheit Salomons (10, 7). Der Verfasser redet von der schrecklichen Katastrophe, welche die fünf Städte im Thale Sittim betroffen haben soll, und sagt:

Noch dampft ihr ödes Land, des Frevels Zeug'!
Es tragen nie dort Bäume reife Frücht'!
Noch mahnt die Salzsäul' an die Zweiflerin!

Flavius Josephus scheint diese Fabel zuerst aufgewärmt zu haben. „Man sieht dort (im Lande von Sodom), sagt er, einige Reste von den fünf Städten, und ihre verfluchte Asche bringet Früchte hervor, welche essbar scheinen, welche aber sogleich in Staub zerfallen, wenn man sie kaum berührt." [1]) Allein so sehr dieser Geschichtschreiber als Darsteller historischer Begebenheiten und als Maler von Ortslagen unser grösstes Lob verdient, so sehr zeigt er sich jedesmal als wahrer Idiot, wenn von Sachen die Rede ist, welche Physik und Naturgeschichte betreffen.

Die grosse Seltenheit der riesenförmigen Aesculapie, welche man, so viel ich weiss, nirgends in Palästina findet, als um den Rand des todten Sees, und die auffallende Aehnlichkeit der Früchte des heiligen Nachtschattens mit jungen Citronen, konnten vielleicht im höchsten Alterthume, wo die Naturkunde noch in ihrer Kindheit war, einen Moralisten, wie Salomon, oder einen noch frühern, bewogen haben, daraus scheinbare Gründe herzuleiten, womit er die Grösse des Verbrechens, welches die Bewohner dieser Gegend verübten, beweisen wollte. Von den übrigen Punkten der angeführten Stelle werde ich in der Folge reden.

---

[1]) Histoire de la guerre des Juifs contre les Romains. Paris 1689. Tom. V. p. 75. — Vielleicht findet man in Flavius Josephus jüdischen Alterthümern mehrere Nachrichten darüber; ich habe sie aber nirgends erhalten können in der Levante.

Ausser diesen fand ich hier noch einen kleinen Baum, welchen ich vorhin ebenfalls in Gòr el Száphiá angetroffen hatte. Er hat ein sehr auffallendes Aeussere, welches ihn beym ersten Anblick für eine Tamariske oder einen grossen weissblühenden Pfriemen (Spartium monospermum L.) halten lassen könnte. Seine Zweige sind dünne, schwach, hängend, rund (teres), zwey- und dreygetheilt, und ihre äussern Enden bilden Gelenke, wie das Schaftheu (Equisetum), an welchem öfters zwey kleine Blättchen einander gegenüberstehen, welche lanzettförmig und nur einen halben Zoll lang sind. Die Früchte dieses Baums bestehen aus einer Schote, welche kaum eines Fingers dick ist, aber bisweilen mehr, als einen Fuss lang wird. Sie ist dunkelbraun, der Länge nach gefurcht, cylindrisch, obgleich an einigen Stellen etwas dicker, als an andern, und läuft am Ende in eine Spitze aus. Sie besteht aus 3 Schaalstucken, welche bey ihrer Reife der Länge nach aufspringen. In dieser Schote sitzen bis zu 20 Bohnen, die weisslicht oder schwarz und dreyseitig sind. Die Haut dieser Bohnen ist stark und lederartig und in ihnen findet man einen weisslichten Kern, welcher ölicht zu seyn scheint, und die Höhlung der Haut nicht ganz ausfüllt. Die Araber nennen diesen Baum und diese Bohnen Phístuk el Bân oder Hássalbàn oder auch Jíssar, und bedienen sich der letztern wider Verstopfungen, indem 12 bis 15 davon purgiren. Es thut mir sehr leid, dass ich diesen seltnen Baum, den ich nirgends, als an dem Rande des todten Sees gefunden, nicht in Blüthe angetroffen habe, um mich dadurch zu vergewissern, zu welchem Geschlecht derselbe gehöre. Denn ungeachtet die Früchte eine auffallende Aehnlichkeit in Form und Wirkung mit den Früchten des Moringabaums (Guilandina Moringa L.) haben: so scheinen doch übrigens beide Baumarten himmelweit von einander verschieden zu seyn.

Es fiel ein kleiner Regen, der aber von weniger Dauer war.

Man zeigte mir in der Entfernung von einigen Minuten südwärts von der kleinen Quelle die Stelle, wo der Ort Ain

Dschíddy gelegen haben soll, und wo man noch einige Spuren von vormaligen Häusern sieht.

Von dieser Quelle stiegen wir den abhängigen Fuss des Berges weiter hinab und kamen nach einem paar Minuten zu dem kleinen Bach, welchen die grössere Quelle bildet, welche nordwärts von dieser und etwas höher hinauf zwischen Felswänden entspringt. An seinem Ufer sieht man die Spuren von einem Gebäude, welches man el Dêr nennt, woraus erhellet, dass hier vormals ein Kloster gestanden haben muss. Das Bett des Baches und seine Ufer sind ganz mit zahmen Schilfrohr (Arundo donax L.) bewachsen, welches so hoch und dicht wächst, dass es fast undurchdringlich ist. Auch andere kleinere Pflanzen zwischen demselben zeigen einen geilen Wuchs.

Die nackten, senkrechten, zerspaltenen, zackigten und zerrissenen Seiten der Felsenberge, welche hier und überall die ganze Westseite des Sees einfassen, gewähren einen schauderhaften Anblick, und man erblickt von ferne auch keine Spur von Vegetation an ihnen, obgleich ich beym Herabsteigen zwischen den Felsen etliche einzelne Pflanzen fand. Man kann sich kaum vorstellen, dass es möglich sey, diese Wände herab- und hinaufzusteigen. Zwischen ihnen halten sich Stachelschweine auf, wovon ich eine Stachel fand. Die Araber nennen dies Thier el Nîs.

Auf der Nordseite des kleinen Bachs fand ich zu meinem nicht geringen Vergnügen die Jerichorose (Anastatica hierochuntica L.), auf und an einer kleinen Anhöhe, welche äusserst dürre und griesigt war. Sie ist hier unter dem Namen von Keff Mérjem (Maria's Handfläche) bekannt. Die Rscheide-Beduinen bringen sie nach Bethlehem, und Bethlehemitinnen verkaufen sie zu Jerusalem den Pilgern für eine Kleinigkeit. Büschings Behauptung, dass man dies merkwürdige Gewächs, das Kind und das Bild der Einöde und Unfruchtbarkeit, bloss im peträischen Arabien antreffe, ist also unrichtig. Man findet sie, wie ich aus eigner Erfahrung weiss, um den ganzen todten See an ähnlichen unfruchtbaren Stellen, obgleich nirgends in grosser Menge. Mohammed, einer meiner Taámer-Beduinen, hatte es mir schon vorhin gesagt, dass ich sie hier finden würde; allein ich zweifelte an seiner Versicherung, bis er mir die Stelle zeigte, wo ich sie selbst sammelte.

Durch eine sorgfältige Kultur würde es noch jetzt sehr leicht seyn, Ain Dschíddy zu einer reizenden Einsiedeley umzuschaffen, welche auf einer Seite durch den See und auf der andern durch eine öde Wüste von der übrigen Welt abgesondert wäre. Ueberall, wohin man nur das Wasser der beiden Quellen leiten könnte, würde man den Boden mit der reichsten Vegetation bedeckt sehen. Schon vor mehrern tausend Jahren war ein solcher glücklicher Zeitpunkt vorhanden, und Engeddi's Weintrauben standen in grossem Rufe. Zum Beweise mag folgende Stelle aus der schönsten Idylle des Alterthums dienen:

An eine Copher-Traub', gezeuget in
Engeddi's Weinberg, mahnet mich mein Freund. [1])

Das Wasser der grössern Quelle ist zwar nach seinem Ursprunge zu süss und rein von Geschmack; je weiter es sich aber dem Ufer des Sees nähert, desto schlechter wird es, welches daher rührt, dass es von den Wurzeln des Schilfs und der übrigen Pflanzen, welche abgestorben sind und welche es durchfliesst, einen unangenehmen Sumpfgeschmack erhält.

Es war 20 Minuten nach 9 Uhr, als wir Ain Dschíddy verliessen. Wir zogen von jetzt an immer nordwärts längs dem Ufer des Sees, dessen Wellen uns öfters besprützten. An mehrern Stellen wuchs eine Art Glasschmalz (Salicornia) häufig. Der Pfad, wenn man einen Raum, wo man keine Spur von Kommenden und Gehenden gewahr wird, so nennen darf, wurde in kurzen sehr beschwerlich, weil die Berge unmittelbar an den See stiessen und nur einen sehr kleinen Raum für unsere Passage übrig liessen, welcher aus einem Felsenboden bestand, der mit grossen Felsblöcken und Steinen bedeckt war. An mehrern Stellen musste ich der augenscheinlichsten

---

[1]) Copher steht in der lutherischen Uebersetzung des Hohenliedes von Salomon. 1, 14. Ich weiss nicht, was dies Wort bedeutet. Vielleicht findet man ein richtiges Wort dafür in einer neuern Uebersetzung.

Gefahr wegen absteigen, obgleich mein Maulthier unvergleichlich auf den Felsblöcken zurecht kam, als wäre es eine Ziege gewesen. Der Fuss der Berge besteht grösstentheils aus einem Konglomerat von Kalk- und Feuersteinen. An mehrern Stellen hatte der Kitt dieses Konglomerats eine schwarze Farbe, welche mir von Erdöl herzurühren schien, der in diesem Falle im Schoosse der nahen Berge vorhanden seyn dürfte. Unwahrscheinlich wäre dies nicht, wenn man bedenkt, dass man auch auf dieser Seite den berühmten Brandschiefer antrifft, der unter dem Namen von Hádschar Musa bekannt ist, und wovon ich in der Folge reden werde. Da ich indessen von allen Gebürgsarten um den todten See eine Sammlung gemacht habe, welche in dem orientalischen Museum zu Gotha befindlich ist, und sich auch eine Probe von diesem Konglomerat darunter befindet: so wird man dort im Stande seyn, genauere Versuche darüber anzustellen, als es mir meine Hülfsmittel und meine Zeit erlaubten. Schwarze Feuersteine lagen auch in Menge am Strande.

In den flachen Vertiefungen der niedrigen Strandfelsen, welche das Seewasser bey seinem höchsten Stande bedeckt hatte, und die noch jetzt von den Wellen besprützt wurden, hatte sich eine fingerdicke Salzkruste gebildet, welche aber des Regens wegen schon abzunehmen anfing. An mehrern überhängenden Felsen hatten sich unten durch das angesprützte Seewasser schneeweisse, zum Theil fast einen Fuss lange Zapfen von dem reinsten Salze gebildet, welche aufs vollkommenste unsern Eiszapfen glichen, nur dass sie weniger durchscheinend waren. Auch am flachen Ufer der Ebene von Ain Dschíddy findet man in einigen kleinen Pfützen solche Salzkrusten. Diese und jene Salzzapfen sind es, welche die Beduinen und Bauern sammeln, und in die Nachbarschaft zum Verkaufe herumführen. Einige Beduinen holen ihr Salzbedürfniss aus dem Salzberge am südlichen Ende des todten Sees (Dschíbbal el Millhh oder Dschíbbal Üsdûmm), welches schönes festes Steinsalz ist. An künstliche Vorrichtungen zur Erzeugung des Salzes, an gemachte Gräben und dergleichen, ist hier gar nicht zu denken, indem solche Arbeiten den Beduinen unbekannt sind, und auch unnöthig seyn würden, da das ohne Kunst erzeugte Salz für den jetzigen Zustand der Bevölkerung dieses Landes vollkommen hinreichend ist.

An einigen Stellen bemerkte ich einen übeln Geruch, wie der Geruch von einem Schwefelbade. Dieser rührte von den verfaulten Pflanzenstengeln der Fluthmarke [1]) her, welche durch den Jordan und andere kleinere Flüsse beständig in den See geführt und von den Wellen ans Ufer geworfen werden. Man sieht hier auch eine Menge Baumstämme und Aeste längs dem ganzen westlichen Ufer des todten Sees, und zwar in einer mehrere Fuss höhern Lage, als der jetzige Wasserspiegel des Sees. Ich bemerkte unter ihnen Stämme von Weiden und andern Bäumen, welche gleichfalls zur Regenzeit von den angeschwollenen Flüssen ihren Ufern entrissen und hieher geführt werden, wo sie alsdann beym höchsten Stande des Sees am Ufer liegen bleiben. Da man an einigen Stellen ein paar Fluthmarke hinter einander bemerkt: so lässt sich daraus abnehmen, dass der See nicht jährlich gleiche Wassermasse zugeführt erhalte, und daher sein höchster Wasserstand abwechsle. Da man überall längs dem Ufer genugsames kleines Gesträuch und Stauden antrifft, welche für die seltnen Besucher des Sees zu ihrer Erwärmung und zur Bereitung ihres Brods ein hinreichendes Brennmaterial liefern: so bleiben sie unbenutzt so lange liegen, bis sie nach einer langen Reihe von Jahren nach und nach verfaulen.

Während dem wir längs dem Ufer hinzogen, war meine ganze Aufmerksamkeit rege, um, wo möglich, irgend einige Pflanzen oder Thiere in dem See zu entdecken; allein alle meine Mühe war umsonst, und ich fand auch nicht die leiseste Spur von einem thierischen oder vegetabilischen Leben. Diese gänzliche Abgestorbenheit in seinem Schoosse ist etwas ganz Karakteristisches, welches dies merkwürdige Gewässer von allen mir bekannten Gewässern der Erde unterscheidet. Es ist der ewige

[1]) Man hat bisweilen unser. Fluthmarke durch Fluthmerk verteutschen wollen. Allein Marke heisst Grenze, und Fluthmarke heisst also Grenze der Fluth. Das Wort ist also so passend, als möglich.

Sitz des Todes, und keine Benennung ist passender für dasselbe, als die des todten Sees. Ein grosser teutscher Orientalist [1]) bewies in einer gelehrten Schrift, dass keine Fische in dem todten See leben könnten. Er hätte sich diesen Beweis sehr erleichtern können, wenn er gewusst, dass durchaus keine Nahrung darin für sie vorhanden sey, und dass, wenn auch ihr Laich aus dem Meere durch Vögel hieher gebracht würde, die ausgeschlüpfte Brut sogleich aus Mangel an Lebensmitteln umkommen müsse. Um also logischer zu verfahren, sollte man also zuerst zu beweisen suchen, warum man durchaus keine Wasserfaden, kein Watt, keinen Tang u. s. w. darin antreffe? Denn die Vegetation giebt die Grundlage zum thierischen Leben, sey es auf dem Lande, sey es im Wasser. Ohne sie können selbst die kleinsten pflanzenfressenden Insekten und Würmer nicht leben, und wenn diese nicht da sind: so fällt auch die Existenz der grössern Thiere, welche sich von jenen nähren, von selbst weg. Zwar will der verdienstvolle schwedische Naturforscher Hasselquist am Ufer des Sees häufig Schnecken und Muscheln gefunden haben, welches auch der Reisende Maundrell versichert, und, in der Voraussetzung, dass diese ein Produkt des Sees gewesen, dadurch es für wahrscheinlich finden, dass der See auch Fische enthalten könne. Allein ich sehe mich genöthigt, dem trefflichen Schweden in Betreff der Muscheln zu widersprechen, indem ich keine Spur davon gefunden habe, obgleich ich weit mehr Gelegenheit hatte, die Ufer des Sees zu beobachten, als er. Was die Schnecken anbelangt: so hat es seine Richtigkeit, dass man sie häufig und an manchen Stellen in grosser Menge an, oder vielmehr auf dem Ufer des Sees antrifft. Nur sind dies keine Schnecken des Salzwassers, sondern eine oder zwey Arten Erdschnekken (Helix), welche ich auch häufig auf den umliegenden Bergen lebendig angetroffen habe, und welche sich von den wenigen Gewächsen dieser wüsten Gegenden ernähren. [2]) Ausser diesen Schnecken dürfte man noch, bey einer genauen Nach-

---

[1]) Michaelis dissertatio de mari mortuo.

[2]) Man findet Proben davon in der Gothaischen Sammlung.

suchung in den Quellen von Ain Dschíddy und andern, zwey Arten von kleinen schwarzen Süsswasserschnecken finden, wovon die eine ein Kinkhorn, die andere eine Nerite ist. Ich gebe dies nicht für Gewissheit aus, weil ich sie dort nicht suchte und also nicht fand; vermuthe es aber, dass sie dort vorhanden seyen, weil man sie in den Quellen um Jericho und an mehrern andern Orten sehr häufig findet.

Die Ursache dieser so auffallenden Unfruchtbarkeit des todten Sees haben Aeltere und Neuere in der grossen Salzigkeit des Wassers desselben gesucht, und ich glaube mit allem Recht. Denn obgleich das Meerwasser seines Salzgehalts ungeachtet eine ganze unsichtbare Welt von Thieren und Pflanzen in sich fasst: so scheint doch nur ein gewisser Grad von Salzigkeit dazu erfordert zu werden; wird dieser überschritten: so geht alles Leben verloren. Und dies scheint der Fall mit dem todten See zu seyn. Denn sein Wasser ist so gesalzen, dass es fast mit Salz gesättigt zu seyn scheint, und dass sein Geschmack einer stark gradirten Soole gleicht. Die Ursache dieser auffallenden Salzigkeit muss man vorzüglich in dem Salzberge an seinem Südende suchen, dessen Lager von Steinsalz seit Jahrtausenden vom eindringenden Regenwasser aufgelöset, und so in flüssiger Gestalt dem See zugeführt werden, dessen Menge weit mehr beträgt, als das Salz, was man von seinen Ufern jährlich fortführt.

Das Wasser des Sees ist übrigens sehr klar und durchsichtig, wie Meerwasser, und auf seiner Spiegelfläche malen sich alle die mannichfachen Nüancirungen des Himmels, die man auch auf dem Meere bemerkt. Alle andern Nachrichten der frühern Pilgerreisenden, welche diesem widersprechen, sind Fabeln, die keine Widerlegung verdienen.

Zwanzig Minuten vor 11 Uhr hielten wir in einer Bergschlucht, um zu frühstücken. Einer riss dürre Stauden aus und brachte sie zum Feuer, welches ein Anderer angezündet hatte; ein Dritter bereitete auf der innern Seite seines kleinen Schaafpelzes, welchen er ein wenig abgewaschen hatte, Brodteig aus dem mitgenommenen Mehle, das er mit dem am Strande des Sees gefundenen Salze salzete, und woraus er einen grossen daumdicken Fladen formte, der in kurzer Zeit in der glühenden Asche gaar wurde; der Vierte legte unsern Wasserschlauch auf die Erde, drückte, weil weder Napf noch Teller mitgenommen war, eine kleine Vertiefung oben drinne und goss etwas Oel und Traubensyrup in dieselbe, worin wir die noch heissen Brodbrocken tunkten. So war unser Frühstück beschaffen, und ich muss gestehen, dass ich nie mit mehrerm Appetit gegessen zu haben mich erinnere.

Es fiel wieder ein Regenschauer, der aber nur kurze Zeit anhielt.

Um 12 Uhr zogen wir wieder weiter. Der schmale Steig am Strande war wiederum sehr beschwerlich. Nach Verlauf von einer Stunde fing indessen das Ufer an, sich zu erweitern, sich in den See hinauszudehnen und eine schmale Ebene zu bilden, welche nur etwa 10 bis 15 Minuten breit seyn mochte. Anfangs war sie sehr steinigt und unfruchtbar; ein Haase, der vor uns aufsprang, bewies jedoch, dass sie nicht völlig unbewohnt war. Ich fand hier einen Mimosenbaum von ziemlicher Grösse und von der Art, welchen meine Araber Szeáll, Andere aber Tollhh nannten. Sein Stamm war kurz, aber seine Krone war ausgebreitet genug und oben flach.

In der ungestörtesten Ruhe hatten wir ungefähr das Ende der einsamen kleinen Ebene erreicht, als ich auf einmal meine Leute, von panischer Furcht ergriffen, aufs schnellste die Flucht rückwärts ergreifen sahe. Bodrus winkte und rief, dass ich ihnen folgen möchte. Obgleich ich durchaus keinen gewissen Grund von diesem auffallenden Betragen einsahe, so vermuthete ich doch gleich, dass wir in eine gefährliche Schlinge gerathen seyen. Ich lenkte daher ohne weitere Untersuchung mein Maulthier um, und trieb es mit allen Kräften an. Allein alle Stösse und Schläge halfen sehr wenig; dies verwünschte stoische Thier wollte durchaus nicht einsehen, dass es nöthig sey, den Rückweg schneller zu machen, als es den Herweg gemacht hatte. Nach Verlauf von einigen Minuten hörte ich in der Ferne ein wildes Geschrey hinter mir, welches immer näher kam, und nun erst wurde meine Ahnung zur Gewissheit, dass wir unter Räuber gefallen seyen. Da ich schneller laufen zu können glaubte, als mein eigensinniges Thier, welchem es gleichgültig seyn mochte, ob es uns oder unsern Räubern zugehöre, blieb es doch immer ein Sklave: so verliess ich eilends seinen Rücken und suchte meine Leute einzuholen. Allein mein Wettlauf war sehr übel berechnet. Denn unglücklicher Weise hatte ich meine Taschen so sehr mit Steinen und Pflanzen beladen, und wurde überdem durch meinen Pelz und meine tuchenen Schariwaryhosen so sehr im Laufen behindert, dass ich bald einsahe, meine Bemühungen würden fruchtlos seyn, zumal die Stimme meines Verfolgers, der mir immer zu stehen zurief, mir schon sehr nahe war, und ich bedachte, dass er wohl gar seinem Befehle durch eine Flintenkugel mehreres Gewicht geben könnte. Ich entschloss mich daher, stille zu stehen, und mein Geschick zu erwarten. Fast in dem nämlichen Augenblick fühlte ich mich von der Hand eines Menschen ergriffen, welchen ich beym Rückblick für einen Halbneger erkannte. Er war mit einer Flinte und einem tüchtigen Stock bewaffnet und befahl mir wilden Blicks und athenlos keuchend, abzulegen, oder mit andern Worten mich auszuziehen. Da ich ihm zu langsam zu machen schien: so half er mir sehr schnell, indem er mir meine Jacke mehr abriss, als auszog. Noch damit beschäftigt, kamen mehrere theils Neger, theils gelbbraune Menschen herzugerannt, wovon Etliche mit aufgehobenen Keulen und Stöcken mit drohender Miene sich um mich stellten, während dem Andere meine Taschen visitirten, worin sie vergebens nach Geld suchten, welches ich in Bethlehem zurückgelassen hatte, mir die Uhr nahmen, den Turban abrissen u. s. w. Die Meisten setzten aber meinen Gefährten nach, welche in den Bergen einen Schlupfwinkel zu finden hofften. Sobald ich erst überzeugt war, dass sie weiter nichts wollten, als meine Habe: so setzte ich mich ganz ruhig zwischen ihnen nieder, und sahe ihrem Verfahren zu. Man legte mein Tagebuch und sonstige Papiere nebst meinem kleinen Vorrath von Steinen und Pflanzen sorgfältig auf einen Haufen beysammen und Einer sagte zum Andern: „diese lasset ihm!"

Während dem diese so mit mir beschäftigt waren, wobey sie sich durchaus keine Misshandlung erlaubten, weil ich mich nicht widersetzte, erscholl auf einmal ein Geschrey: „haltet ein! haltet ein! Es ist unter ihnen ein Bekannter und Freund von uns!" Die nachsetzenden Räuber hatten in kurzem meine Leute eingeholt, und nun fand es sich, dass Hamdân, der Rscheide, mehrere von ihnen erkannte, und diese Bekanntschaft machte uns alle sogleich zu ihren Schützlingen und Freunden. Alle versammelten sich nun in einem Haufen, zwey und siebenzig Mann stark, um mich, und ich wurde gefragt, was mir von meinen Sachen fehle? Obgleich die geraubten Stücke in Mehrerer Hände gekommen waren, obgleich ich Keinen davon anzugeben wusste, und obgleich Jeder von ihnen wünschte, das Geraubte zu behalten: so kam nichts desto weniger Einer nach dem Andern und stellte mir das geraubte Stück, so wie ich es nannte, mit lächelnder Miene wiederum zu. Bey jeder genannten Sache wurde von ihrem Anführer mit lauter Stimme ausgerufen: „O Bursche! o Freunde! denkt an den Propheten, und wer dies oder das (er nannte es) hat, gebe es ihm wieder zurück!" Auf diese Art kam ich wieder zu allem meinem Gut, dass mir auch nicht die geringste Kleinigkeit fehlte.

Wir setzten uns nun einige Augenblicke beysammen und scherzten und lachten über unser Abentheuer. Es ist eine sonderbare Sache mit diesen Leuten. Man versicherte uns offenherzig, wären keine Bekannten von ihnen unter uns gewesen: so würden wir sicher Alle geplündert seyn. Unsere Räuber waren Beduinen vom Stamme Htêm, welcher sich ost- und nordwärts von dem berühmten griechischen Kloster Mâr Szába und in El Gôr um Jericho aufhält, und mit ihnen hatten sich etliche Beduinen von der Ostseite des Jordans vereint. Sie waren vor wenigen Tagen in Masse aufgestanden, [1]) um

[1]) Sie bedienen sich des Ausdrucks: phi kôm, es ist eine Revolution, ein Aufstand, Auflauf etc.

sich an einem südwärts von Ain Dschíddy auf den Bergen wohnenden kleinen Stamme von etwa sieben Zelten, Beni Kreische, wo mir recht ist, genannt, zu rächen, welchen sie in Verdacht hatten, dass er ihnen mehrere Rinder geraubt. Schon bey einer Gelegenheit hatten sie Etliche von diesem feindlichen Stamme ermordet. Sie versehen sich bey solchen Expeditionen mit etwas Mehl, woraus sie Fladenbrode backen, welche alsdann ihre einzige Nahrung ausmachen. Sie waren Alle nur mit einem Hemde von grobem weissen Baumwollenzeuge und darüber mit einem alten, oft zerrissenen Abbáje bekleidet, welchen sie mit einem ledernen Gurte um den Leib befestigt hatten, worin sie ihre Handschar, Pulverbüchse u. s. w. trugen. Hosen tragen sie nicht; die Beine und Füsse waren bey den Meisten nackt und nur etliche Wenige trugen Fusssohlen. Die Hälfte von ihnen war mit Luntenflinten versehen. Ihr Anführer hiess Achmed Ibn Nszêr; er war ein rüstiger und beredter Mann von mittlern Jahren, der sich durch seine bessern Manieren auszeichnete. Er war bloss mit einer kurzen Keule bewaffnet, womit er aber in beträchtlicher Ferne genau einen Gegenstand zu treffen wusste. Dieser trug über seinen Abbáje noch ein Schaaffell. Unter seinen Leuten waren mehrere Neger, woraus fast die Hälfte des Stammes der Htêm besteht. Da ich während der ersten Scene meiner Gefangennehmung von lauter Negern mich umgeben sahe: so glaubte ich eine Gruppe von Wilden des innern Afrika's um mich zu sehen. Ich bemerkte sehr wenige muskulöse Leute unter ihnen; sie waren meistentheils mager und dem Ansehn nach von weniger körperlicher Stärke, obgleich auch dazu ihr angestrengter Marsch mit beygetragen haben mochte. Ihre Brodportionen fallen bey solchen Expeditionen gewöhnlich sehr klein aus, weswegen sie immer hungrig sind. Beym Abschiede mussten wir ihnen einen Theil von unserm Mehl und von unserm Tabak, den sie, so wie die meisten Beduinen, leidenschaftlich lieben, abgeben, da sie uns alsdann eine glückliche Reise wünschten, und weiter südwärts zogen.

Bey Gelegenheit dieses Abentheuers sey es mir erlaubt, eine Reflexion über hiesige und europäische Räuber mitzutheilen, welche zum Beweise dienen, dass auch das Vollkommenste seine Unvollkommenheit habe. Die ausserordentliche Sorgfalt, welche die europäische Polizey auf die öffentliche Sicherheit verwendet, und die schwere und unvermeidliche Strafe, welche Räuber bedroht, falls sie ergriffen werden, macht diese Leute bey uns weit gefährlicher, als hier. Unser Räuber sieht sich häufig genöthigt, zu Misshandlungen, ja selbst zum Mord zu schreiten, um sich für die Gefahr, verrathen zu werden, sicher zu stellen, gesetzt auch, dass der Beraubte unbewaffnet ist, und sich durchaus nicht vertheidigt; der hiesige Räuber hingegen, und dies sind alle Beduinen fast ohne Ausnahme, hat nie nöthig, zu solchen grausamen Mitteln zu schreiten, indem er keine Strafe fürchtet und ihn bey seinen Bekannten keine Schande, sondern vielmehr Ehre für einen Raub erwartet. Bloss in dem Fall, wenn der Beraubte sich heftig widersetzt und das Leben des Angreifenden selbst in Gefahr kommt, kann er in der Hitze zu einem solchen Schritt bewogen werden, sonst wohl nie. Bodrus erhielt in dieser Hinsicht eine kleine Lehre; er hatte sich bey seiner Gefangennehmung anfangs widersetzen wollen, und zu dem Ende seinen Handschar gezogen, wofür er aber sogleich von einem jungen Neger einen derben Schlag über Schulter und Ellenbogen erhielt, welchen er mehrere Tage lang schmerzlich fühlte.

Diese überall unter Beduinen gemachte Erfahrung kann einem Reisenden die Lehre geben, dass er sich nie im Falle eines Angriffs widersetze, weil der Verlust, den er erleidet, nie mit dem Verlust des Lebens in Vergleich zu stellen ist. So viel nur immer möglich ist, führe er, wo er Angriffe von Arabern befürchten kann, nie Sachen mit sich, deren Verlust ihm unersetzlich ist, oder ihn in der Folge drückt. Der Beduine ist wirklich ein humaner Räuber; widersetzt man sich ihm nicht: so kann man immer sicher seyn, dass er Einem immer so viel von Kleidungsstücken lässt, als zur Bedeckung und Erwärmung hinlänglich ist. Ueberdem ist der Umstand für einen wissenschaftlichen Reisenden von grosser Wichtigkeit, dass man ihm immer sein Tagebuch und sonstige Bücher und Papiere unbeschädigt überlässt. Ganz anders hingegen beträgt sich der

Araber gegen seine Feinde, und hier zeigt er sich oft wirklich grausam, indem bey solchen Ueberfällen bisweilen weder Kind noch Weib geschont werden.

Dies Abentheuer mochte uns etwa anderthalb Stunden aufgehalten haben. Da jetzt nahe am Ufer kein Pfad war: so mussten wir einen kleinen Berg passiren, an dessen dürren Seiten wir wiederum die Jericho-Rose fanden.

Um ein Viertel vor 4 Uhr kamen wir wieder an das Ufer des Sees, wo eine kleine Quelle trefflichen Wassers nahe am Ufer entspringt, welche Ain el Tráby heisst. Das flache Ufer des Sees war hier mit Stauden, Gesträuch und Schilf dicht bewachsen; Alles eine Wirkung der Quelle. Die Felsenberge blieben noch immer so rauh und wild, als zu Ain Dschíddy.

Zehn Minuten nach 5 Uhr erreichten wir eine andere Quelle, welche Ain el Guêr heisst, und gleichfalls in geringer Entfernung vom Ufer befindlich ist. Die Araber Htêm hatten hier die vorige Nacht zugebracht, und wir fanden noch mehrere brennende Stellen im Gesträuche, weswegen ich das Maulthier auf einem beschwerlichen Pfade über den Berg treiben liess, während ich in Begleitung von zwey meiner Araber längs dem Fusse desselben ging. Die Vegetation, von dem Wasser der Quelle verursacht, war so schwelgerisch, dass wir uns nur mit Mühe durch das dichte Schilf, die Stauden und das Gesträuch hindurcharbeiten konnten, obgleich die Htêm sich einen Pfad durch das Schilf geschnitten hatten. Wir kehrten hier in eine kleine Höhle ein, um dort zu übernachten. Eine wildere, verstecktere und sicherere Räuberhöhle lässt sich kaum denken, und unsere Räubermährchen-Schreiber würden hier reichen Stoff finden können, um ihre Geschichtchen mit grausen Gemälden auszuschmücken. Es wurde schnell ein Feuer angemacht, Kaffee bereitet, und unser vorhin gebackenes Brod auf die gewöhnliche Art mit Oel und Traubensyrup zu Abend gegessen.

Es war für mich sehr unterhaltend, das Betragen meiner vier Begleiter nach dem überstandenen Abentheuer zu beobachten. Alle hatten einen grossen Schrecken gehabt; indessen verdross es sie jetzt, ihre Furcht durch die feige Flucht verrathen und mich im Stiche gelassen zu haben. Bodrus und der Rscheide Hamdân zeigten wenigere Eindrücke ihres gehabten Schreckens, als die beiden Taámer, Chalîl und Mohammed. Chalîl war so ausgelassen lustig und redselig, dass man ihn für betrunken hätte halten sollen; Mohammed aber war still und schien beschämt, weil er die meiste Furcht verrathen hatte, weswegen ihn die Andern nicht wenig aufzogen. Indessen suchte er sich dadurch ein Verdienst zu machen, dass er das Maulthier aufgefangen, welches sich verlaufen hatte. Bodrus bedauerte nichts mehr, als den Verlust seines Branntweins, weil der Krug, worin er denselben aufbewahrte, durch die Htêm zufälliger Weise zerbrochen wurde. Uns Uebrigen war dies gleichgültig, mir aus Abneigung dafür, und meinen Beduinen aus Religionsgrundsätzen. Im Ganzen genommen aber waren wir alle so vergnügt, als kehrten wir von einem Feste zu Hause.

Gleich nach unserer Ankunft in der Höhle fing es zu regnen an.

Wir waren hier etwa 2 Stunden gewesen, während dem meine Leute sich noch immer über unser Abentheuer unterhielten, als wir auf einmal auf ein kleines Geräusch in dem Gesträuche aufmerksam wurden. Etliche Minuten drauf hörten wir einen meiner Araber beym Namen rufen. Es war Schech Achmeds Stimme, und nun merkten wir, dass es unsere Räuber waren, welche durch den immer fortdauernden Regen zurückzukehren genöthigt worden waren. Dieser unerwartete Besuch war uns in mancher Hinsicht sehr unangenehm. Einen Augenblick darauf sahen wir unsere Höhle gepfropft voll von nassen, von der Kälte zitternden Menschen, welche wild durch einander schrieen. Schech Achmed setzte sich zu mir und bezeigte mir viele Aufmerksamkeit. Schnell wurde ein loderndes Flammenfeuer angemacht; die Araber stellten sich gedrängt um dasselbe und liessen die Lohe unter ihre Hemden schlagen, um sie zu trocknen, wobey diese an mehrern Stellen versengt wurden. Kaum hatten sich diese etwas erwärmt: so wurden sie schon durch Andere verdrängt. Nie in meinem Leben brachte ich in einer wildern Gesellschaft zu, als diesen Abend, und die ganze Natur schien sich zu vereinen, um dies erhaben-wilde Gemälde zu vollenden. Eine Felsenhöhle in einer Einöde, mehrere Meilen weit von jeder festen menschlichen Wohnung abgesondert, am Fusse der grausesten Felswände, die man sich nur denken kann, und voll von Menschen, die wir so eben als Räuber hatten kennen gelernt, und welche jetzt in ihren Sitten völlig den Wilden glichen: welch' ein Gemälde! Allein dies war noch nicht Alles. Die immer stärker werdenden Regengüsse hatten einen Waldbach angefüllt, welcher plötzlich mit donnerndem Getöse von einer Felsenwand dicht neben unserer Höhle herabstürzte. Beständige Blitze fuhren mit ihrem blendenden Feuer durch das nächtliche Dunkel, und jedem Blitze folgte ein Donnerschlag, welcher vervielfältigt an den Felsenwänden hinrollte. Der Pöbel in Europa pflegt bey dieser erhabenen Naturscene eine gewisse Furcht zu äussern; aber diesen Beduinen gab jeder Schlag neuen Stoff zu einem wilden Gelächter.

Achmed zeichnete sich in der That sehr vor seinen Mitbrüdern aus. Er bezeigte mir immer viele Aufmerksamkeit, und wenn sich Einer von seinen Leuten zu nahe zu mir drängte und mir lästig fiel: so entfernte er ihn. Ausser seinem sanftern Karakter mochte er zu diesem Betragen wohl durch ein besonderes Interesse bewogen werden; er wusste, dass ich ein Christ war, und er erwartete mit Wahrscheinlichkeit, dass ich ihm bey meiner Rückkunft in Jerusalem bey den dortigen Klöstern ein vortheilhaftes Zeugniss geben werde. Hieran war ihm nicht wenig gelegen, weil seine Familie jährlich gewisse Einkünfte von den Klöstern für die Pilger bezieht, welche Jericho und den Jordan in einer grossen Procession besuchen, um sich im letztern zu taufen oder zu baden. Sein Vater, der Oberschech von seinem Stamme, steht alsdann für die Sicherheit der Pilger in seinem Gebiete ein, zu welchem Ende er sie nebst mehrern von seiner Familie zu Pferde und bewaffnet begleitet. — Ein paar Züge werden die Denkungsart Achmeds treffender schidern. Einer von seinen Leuten bereitete einen Brodkuchen in der glühenden Asche. Er sass vor Achmed, welcher von uns ein Stück Brod erhalten hatte. „Du bereitest, sagte er zu ihm, für uns Alle Brod; siehe, hier habe ich Brod für dich zubereitet," und hierbey steckte er ihm ein Stück von seinem Brod in den Mund. — Bald darauf befahl er Einem, Wasser zum Trinken zu holen, welches dieser that. Andern befahl er, vertrocknete Stauden zur Unterhaltung des Feuers zu holen, welches sie sich aber des starken Regens wegen zu thun weigerten. Er ging daher selbst hin, und in kurzem brachte er einen hinlänglichen Vorrath beysammen. Gleich darauf kam ein Geschrey, dass Einer von seinen Leuten in Gefahr gerathen würde, wenn er den stürzenden Waldbach passirte, an dessen andern Seite er war. Im Nu warf Achmed sein Abbáje und sein Hemd von sich, und stürzte ganz nackt hinaus ihm zur Hülfe. Diese einzelnen Züge mögen unter andern beweisen, wie sehr er sich bemühte, die Zuneigung seiner Leute sich zu erwerben, und wie locker das Band des Gehorsams zwischen einem Schech und dem gemeinen Araber sey. Achmed sass mit nackten Beinen und Lenden, wie alle Uebrigen, welche das Hemd nur zur Bedeckung der Schaam anwandten. Ein Theil der Gesellschaft zündete späterhin in einer zweiten Höhle neben der unsrigen, welche durch etliche herabgefallene Felsenmassen gebildet worden war, ein anderes Feuer an, und nun erhielten wir mehr Luft. Doch war meine Lage in einem kleinen Winkel der Höhle so beschränkt, dass die Nacht hindurch nur wenig Schlaf in mein Auge kam.

17. December. Wir verliessen am folgenden Morgen um 6 Uhr die Räuberhöhle mit Achmed, welchem ich etliche Piaster versprach, wenn er uns bis nach Jericho begleitete. Tamarisken von der Grösse kleiner Bäume und Schilf standen noch eine Strecke lang längs dem Ufer des Sees in grosser Menge; doch war ihr Standort immer so hoch, dass der See selbst bey seinem höchsten Wachsthum nicht bis dahin gelangen konnte. Die Tamariske heisst hier, wie in den übrigen Gegenden, el Túrrpheh, Tarrpheh oder Tŭrrpheh.

Die kleine Ebene, welche das flache Ufer bildet, an dessen Rande man hier viel Salz gewinnt, hielt lange an. Sie war zum Theil steinigt, zum Theil aber leimigt, und der durch den Regen erweichte Leimen machte das Fortkommen etwas beschwerlich. Diese leimigten Stellen sollen nach Achmeds Versicherung zum Theil gesalzen seyn und keine Vegetation erlauben; theils aber sollen sie im Frühlinge mit vielen Pflanzen bedeckt werden. Diesen Leimmergel halte ich für die Asche, welche Troilo in dieser Gegend gefunden haben will.

Wir fanden hier einen sehr kleinen Ofen, von rohen Steinen gemacht, auf der Ebene; die Beduinen bedienen sich desselben, um das Fleisch von Steinböcken darin zu braten, wenn sie einen auf den nahen Felsenbergen erlegen.

Um dreyviertel auf 7 Uhr hatten wir links eine beträchtliche Höhle neben uns. Sie war in der mittlern Höhe der ungeheuern Felsenwände befindlich, und ein schmaler steiler Pfad führte zu derselben hinauf. Auch sie würde einen unvergleichlichen Schlupfwinkel für Räuber abgeben können, welche sich hier mit leichter Mühe gegen eine sehr überlegene Zahl von Angreifenden vertheidigen könnten.

Da Hamdân, der Rscheide, mehrmals den Salzberg und Gôr el Száphiá am Südende des todten Sees besucht hatte: so erkundigte ich mich bey ihm nach dem grossen Steinhügel zwischen dem Salzberg und der Furth im See, und erfuhr so viel von ihm, dass dieser Hügel Tell el Msógal heisse, er kein Grabmal weder eines Mohammedaners, noch auch eines Christen sey, und so wenig bey jenen, als bey den Beduinen in besonderer Achtung stehe. Tell el Msógal heisst der Hügel des Betrügers, des Verführers, oder des Falschen, oder auch der betrügerische falsche Hügel. Dieser Name und die Lage dieses künstlichen Steinhügels, welchen ich auf meiner Reise von Kárrak nach Jerusalem sahe, brachte mich anfangs auf die Vermuthung, dass er das sey, was man die Salzsäule nenne. Spätere Erfahrungen, die ich in der Folge anführen werde, scheinen nichts mit Gewissheit für diese Vermuthung zu entscheiden.

Um halb 8 Uhr erreichten wir den Wady el Ráheb, (Mönchthal), welcher bekannter unter seinem uralten Namen Kidron ist, und welcher nie Wasser hat, als nur nach langem Regen. Er hat ein tiefes enges Bett in die hohe Bergwand eingegraben, von welcher er bey Regengüssen mit heftigem Geräusch in die kleine Ebene herabstürzt, worin er ein breites flaches Bett gebildet, welches nur sehr wenig fliessendes Wasser mehr hatte, obgleich der gestrige Regen heftig genug war.

Etwa eine halbe Stunde weiter kamen wir zu einem kleinen künstlichen Hügel von rohen Steinen, welchen Achmed el Littûn nannte, und wovon er versicherte, dass sie die Reste einer ehemaligen Stadt seyen, zu welcher Vermuthung ich durchaus keinen Grund fand. Vielleicht war hier im Alterthum ein Thurm, ein Fort, ein Kloster oder dergleichen; sey es nun, was es wolle, genug! das Gebäude war nie von Bedeutung. Ich suchte hier nach der Anleitung von Büschings Geographie die Spuren von alten Gebäuden, welche frühere Reisende hier im See gefunden haben wollen. Allein Achmed wusste mir hierüber gar nichts Bestimmtes zu sagen, weil seiner Versicherung nach, ausser el Littûn, in dieser Gegend durchaus keine Trümmer anzutreffen seyen. Bodrus hingegen erzählte, er habe im verwichenen Jahre nebst noch etlichen 20 bewaffneten Bethlehemiten und Arabern den englischen Reisenden Mr. John Gordon hieher begleitet, und sie hätten damals etwas Erhabenes in einiger Entfernung vom Ufer gesehen. Mr. Gordon sey mit vieler Gewandheit dahin geschwommen, [1]) sey an der Stelle untergetaucht, und habe einige Steine aus der Tiefe mit heraufgebracht, welche er mit sich genommen. Da mir indessen Bodrus schon so manche Unwahrheit in Betreff dieses Sees erzählt hatte, und da ich diesmal, obgleich der See

[1]) Man erzählte mir bey meiner Rückkunft in Jerusalem, Mr. Gordon habe bey dieser Gelegenheit eine unangenehme Erfahrung von der Soole-artigen Schärfe des Seewassers gemacht, indem er davon eine schmerzhafte rosenartige Entzündung am ganzen Körper bekommen, welche ihn einige Tage sein Zimmer zu huten nöthigte.

wenig angewachsen war, auch keiner Spur davon ansichtig werden konnte: so sehe ich mich genöthigt, diese letztere Nachricht in Zweifel zu ziehen. Ueberhaupt finde ich es lächerlich, noch jetzt nach den Ueberresten von Städten zu suchen, die, wenn man anders die Sage in der Genese für wahr gelten lassen will, schon vor mehrern tausend Jahren durch ein Wunder gänzlich verbrannt, vernichtet und im See begraben wurden. Alle Nachrichten, welche man von dem wirklichen Daseyn dieser Trümmer hat, sind einander widersprechend, und beweisen gar nicht das, was sie beweisen sollen. Die Versicherungen der Mönche in Jerusalem sind überdem von gar keinem Gewicht, weil sie noch jetzt äusserst dürftige und kaum so gute Nachrichten über diesen See haben, als ihre Vorgänger vor hundert und mehrern Jahren. Zwar wollen mehrere Reisende diese Trümmer selbst besucht haben. Hr. v. Arvieux besuchte (wo? finde ich in Büschings Auszuge nicht angegeben) fast vor anderthalb hundert Jahren im Monat April ein kleines Inselchen, welches damals etwa 3 Fuss hoch über den Wasserspiegel hervor ragte, und welches er einen grossen Haufen von Trümmern nennt, welche aus verbrannten bimsteinähnlichen leichten und zerreiblichen Steinen bestanden. Er bemerkte auch Etwas, das ihm eine Säulenreihe zu seyn schien, die senkrecht versunken waren. Er konnte sein Messer mit Leichtigkeit in eine dieser Säulen hineinstossen und ein Stück davon abbrechen, welches auswendig weiss, inwendig aber schwarz und mürber als Kohlen war. Er fand daselbst auch Steine von schwarzer und schimmernder Farbe, welche beym Reiben einen übeln Geruch von sich gaben. Erhellet aber aus dieser Angabe, dass dieser Steinhaufen Trümmer und dies: Etwas Säulen waren? Er scheint vom Brandschiefer und vielleicht von Braunkohlen und Lava zu sprechen, und in dieser Hinsicht hätte ich als Mineraloge äusserst gewünscht, den Ort zu wissen, wo er diese fand? Die Nachricht des Jesuiten Nau ist nichts bestimmter, als die des Vorigen. Troilo scheint gleichfalls vom Brandschiefer zu sprechen u. s. w. Auffallend ist es mir, dass Herr v. Arvieux hier im Monat April, wo der See seine höchste Höhe zu erhalten pflegt, jenen Haufen von Trümmern erblickte, wovon doch ich nichts sahe, obgleich ich um die Mitte Decembers hier war, wo bekanntlich der See erst kaum anfängt zu wachsen.

Bey el Littûn ist eine kleine Höhle am Fusse der Felsenwände. Hier wurde das gewöhnliche Frühstück, aus frischem Brod bestehend, zubereitet. Ich bemerkte um Littûn eine bewundernswürdige Menge von den genannten Erdschnecken.

Es war 9 Uhr, als wir Littûn verliessen. Hamdân, der Rscheide, bezeigte die grösste Abneigung, weiter mit uns zu ziehen, weil er vermuthlich die Beschwerlichkeit des Weges, den wir vor uns hatten, kannte, und aller Vorstellungen ungeachtet und obgleich meine Leute sehr übel damit zufrieden waren, verliess er uns hier und kehrte nach seinem Dauâr zurück.

Die Ebene, die wir bisher gekommen waren, hörte bey el Littûn auf, indem sie hier durch einen nackten hohen Felsenberg beendigt wurde, welcher sich unmittelbar am Seeufer erhob. Da Achmed, welcher diese Gegend kennen musste, versicherte, um den Fuss des Berges sey durchaus kein Pfad vorhanden: so mussten wir uns entschliessen, seinen rauhen Rücken zu übersteigen.

Zu meiner nicht geringen Plage hatte ich am vorigen Abend in dem Gesträuche von Ain el Guêr meinen Fuss verrenkt, und konnte des Morgens nicht gehen. Allein ich musste hier der Nothwendigkeit nachgeben und absteigen, weil es selbst meinem unbeladenen Maulthier nur mit der grössten Anstrengung und oft mit augenscheinlicher Gefahr, seine Beine zu zerbrechen, möglich war, fortzukommen. Von einem Steige war keine Spur vorhanden, und wir mussten die rauhen, scharfen und völlig nackten Felsen, den Steinböcken gleich, hinauf klettern. Diese Felsen bestanden aus einem grauen Kalkstein, welcher viele Queerrisse hatte, die, vielleicht vom Erdöl, vielleicht auch von einem andern mineralischen Stoffe eine schwarze Farbe hatten; er schloss viele Nester von Hornstein in sich, dessen Oberfläche eine solche blutrothe Farbe hatte, dass ich, anfangs getäuscht, ihn für wirkliches frisches geronnenes Blut hielt, indem der Regen ihm ein glänzendes Ansehn gegeben hatte. Von dem Gipfel dieses Berges hatte ich das Vergnügen, wiederum einer sehr ausgedehnten Aussicht über den See zu geniessen, und mich dadurch zu überzeugen, dass in dieser Gegend am Ufer nirgends eine Insel vorhanden sey; nur am Fuss desselben bemerkte ich einen kleinen Streif, ein wenig schräg in den See hineinlaufend, welcher mir Felsen oder Felsenblöcke zu seyn schien, die nur wenig über der Wasserfläche hervorragten. Sollte dies etwa die Stelle seyn, welche die erwähnten Reisenden besuchten? Aus der Vergleichung ihrer Nachrichten mit meinen eignen Beobachtungen würde ich darüber zur Gewissheit kommen können; allein, ihre Reisen sind mir nicht zur Hand, und ich muss mir dies auf die Zukunft vorbehalten. Am östlichen Ufer des Sees ist, diesem Berge fast gegenüber, die Mündung des Flüsschens Sérka-Maéin, oder Wady el Sérka, welches in der Nähe der Ruinen von Maéin (Baal Meon) in el Belka entspringt. Meine Leute versicherten jetzt, dass sie am Fuss des Berges dicht am Wasser deutlich einen Pfad sehen könnten, und wir fühlten uns nicht wenig beschämt, dass wir als Wahnsinnige einen verwünschten Berg überkletterten, statt dass wir dort mit ziemlicher Bequemlichkeit hätten fortkommen können. Achmed entschuldigte sich damit, dass er diesen Pfad nicht gekannt, weil er zu einer andern Jahrzeit bey höherm Wasserstande nicht sichtbar sey.

Meine Leute wurden hier durch die unvermuthete Erscheinung eines Beduinen erschreckt, welcher sich in der Ferne auf einem höhern Felsengipfel zeigte, und fürchteten einen verrätherischen Ueberfall. Achmed und die beiden Taámer eilten voraus den Berg hinab; allein das Maulthier, obgleich geschickt, war doch weniger im Klettern geübt, als die Menschen, und konnte daher nicht so schnell fortgebracht werden. Da wir nicht gesonnen waren, dasselbe im Stiche zu lassen: so blieben Bodrus und ich bey demselben, und hatten endlich das Vergnügen, es unversehrt wieder hinabzubringen.

Es war 11 Uhr, als wir auf der andern Seite des Berges wiederum eine kleine Ebene erreichten, welche längs dem Ufer des Sees durch eine Quelle gewässert wird, die el Phő-scha heisst. Das Ufer ist wieder längs der Quelle auf eine ziemliche Strecke mit Schilf, Tamarisken und anderm Gesträuch bewachsen. Das Schilf steht ausserordentlich dicht, und es sollen sich des Tages über viele wilde Schweine darin aufhalten, welche hier für alle Nachstellungen sicher sind, theils weil diese Einöde selten besucht wird, theils weil es schwer halten würde, sie in demselben zu finden, und theils weil die Beduinen das Schweinefleisch verabscheuen, und ihnen daher nicht nachstellen. Des Nachts verlassen sie ihre Schlupfwinkel und suchen ihre Nahrung an und auf den Bergen.

Wir stiessen hier wieder auf einen Trupp Beduinen vom Stamme Htêm, welche die Nacht in el Phőscha zugebracht hatten.

Da man, so viel ich weiss, noch keine genaue chymische Untersuchung des Wassers vom todten See in Europa angestellt hat: so liess ich hier ein Gefäss damit füllen, welches ich in der Folge mit andern gemachten Sammlungen von arabischen Manuscripten, Pflanzen und Mineralien nach Teutschland übersandte. Man findet hier viel Salz am Strande und auch etwas gediegenen Schwefel, wovon mir Mohammed ein Stück mitbrachte. El Phőscha ist auf der Stelle der Karte von Palästina befindlich, wo der Bach nordwärts von Massada angegeben ist. Ich genoss hier das Vergnügen, zum erstenmal einen Steinbock zu erblicken, welcher auf den Zinnen der gigantischen Felsenwände herumsprang, und der durch das laute Geschrey der Araber und durch etliche Flintenschüsse in Furcht gesetzt wurde.

Aus der vorhandenen Fluthmarke von Baumstämmen und Pflanzenstengeln darf ich vermuthen, dass der Unterschied zwischen dem höchsten und niedrigsten Stande des Sees etwa die Höhe eines Mannes betragen dürfte. An einer Stelle lagen mehrere Stämme etliche Fuss höher, und um sie herum wuchsen etliche Pflanzen, zum Beweis, dass seit vielen Jahren kein salziges Seewasser bis dahin gekommen war. Meine Araber glaubten, dass sie aus sehr uralten Zeiten herrührten. Allein ich fand bey näherer Untersuchung die Bäume von der nämlichen Art, als die in der jetzigen Fluthmarke, auch zeigten sie gar nicht ein Alter von Jahrhunderten, weswegen ich vielmehr einen Beweis darin finde, dass der See bey ausserordentlich starken und anhaltenden Regen oder bey sehr kalten Wintern durch geschmolzenen Schnee der höhern Gebürge zu dieser seltenen Höhe gestiegen sey.

Um 12 Uhr verliessen wir el Phőscha. Die Ebene wurde nach und nach immer breiter, und engte immer mehr und mehr das Bett des Sees ein, und da das gegenüberliegende östliche Ufer sich gleichfalls in den See ausdehnt: so bildet derselbe an seinem Nordende fast eben eine solche Zunge, als an seinem Südende. Nach Verlauf von einer Stunde hatten wir das Ende des Sees erreicht, welches aber beträchtlich ostwärts von uns entfernt war, indem der Weg immer in der Nähe der Berge hinführte, welche ihre grade Richtung von Süden nach Norden immer so ziemlich beybehalten.

Wir waren jetzt in der berühmten grossen Thalebene des Jordans, welche vorzugsweise el Gôr, [1]) bestimmter aber El Gôr el Szeissabân genannt wird, deren nördliches Ende ich von Tiberias aus besucht hatte. Der Durst nöthigte uns hier und heute mehrmals, in dem trocknen Bette der Waldbäche und in den kleinen Vertiefungen der Felsen Wasser aufzusuchen, welches von dem nächtlichen Regen übrig geblieben war, und bisweilen durch einen Trunk von uns erschöpft wurde, indem wir auf die Kniee fielen und unmittelbar mit dem Munde schlürften. Achmed hatte uns versichert, wir würden auf diesem Wege Wasser in Menge finden, und wir hatten aus dem Grunde den Schlauch in el Phőscha nicht gefüllt. In Hinsicht des Wassers traue man nie den Versicherungen der Beduinen, sondern man suche bey jeder Gelegenheit seinen Schlauch zu füllen. Diese Leute sind von der frühsten Jugend an an Hunger und Durst und jede Entbehrung

[1]) El Gôr, so spricht man hier الغور aus, nicht el Gaur, heisst: das Unterland, im Vergleich nämlich mit einem Oberlande oder Gebürge.

gewöhnt, weil sie oft durch dringende Umstände dazu genöthigt werden, und halten daher sehr lange, ohne etwas zu geniessen, aus; sie bedenken aber nicht, dass alle übrigen Menschen, die nicht in häärnen Häusern wohnen, solche Beschwerlichkeiten mit grosser Mühe ertragen, zumal wenn es so leicht war, ihnen vorzubeugen.

In dieser Gegend halten sich viele Gasale auf, wovon drey vor uns aufsprangen.

Mit dem Ende des Sees hörten auf einmal die rauhen Felsenberge auf dieser Seite auf, und es fingen niedrige flachseitigere und erdigtere Berge an, welche durch eine Menge kleiner Thäler zerschnitten waren und viele spitzige Gipfel bildeten.

Wir kamen bald darauf durch ein weites und tiefes trocknes Bett eines Waldbachs, und erblickten um halb 4 Uhr links auf den niedrigen Bergen die Ruinen eines Orts, welchen Achmed Chŭrbet Jagûn nannte. Die Ebene zeigte äusserst wenige Pflanzen, und grosse Flächen zeigten nichts, als nackten Boden. Indessen versicherte man mir, dass im Frühling alles mit Gräsern und Pflanzen bedeckt sey, welche durch die grosse Hitze des Sommers verdorren. Spätere Erfahrungen lehrten mich aber, dass diese Ebene südwärts von Jericho bis an den todten See wegen ihres mit Salz- und Schwefelsäure geschwängerten Bodens im ganzen genommen sehr unfruchtbar sey, und überdem aus Mangel an Wasser, wenigstens für die gewöhnlichen kultivirten Pflanzen, wenig oder gar nicht brauchbar sey.

Ein Trupp von Achmeds Leuten, welche wir in El Phŏscha angetroffen hatten, holten uns hier ein. Ungeachtet man hätte erwarten sollen, dass sie von dem Marsch ermüdet gewesen: so fingen doch Mehrere von ihnen auf der Ebene ihre Kriegsübungen an. Einer nahm die Flucht; ein Anderer verfolgte ihn mit einem auffallend wilden und rauhen Geschrey mit seiner Flinte; man attaquirte sich, floh dann wieder schnell, rannte mit besondern Schwenkungen und Stellungen in die Kreuz und Queer durch einander u. s. w. Ihre Art des Angriffs ist wirklich imponirend und kann einen nicht daran

Gewöhnten in Schrecken setzen. Ich fand in ihren Manövren einige Aehnlichkeit mit den Manövren der türkischen und arabischen Reuter, und ich sahe diesem kleinen Schauspiele mit Vergnügen zu.

Zwanzig Minuten vor 4 Uhr passirten wir einen kleinen Wady, worüber ein Aquädukt von fünf Bogen führte. Dieser Wady heisst Wady Kild, und er zieht sich dicht neben Jericho und zwar auf dessen Südseite hin. In seinem Bette fanden wir ein wenig fliessendes Wasser von dem gestrigen Regen. Obgleich wir Jericho sehr nahe waren: so nahmen wir doch wegen des vielen Gesträuchs, das hier anfing, theils wegen der anfangenden Dunkelheit nichts davon wahr. Kurz vor diesem Wady fängt erst die eigentliche fruchtbare Ebene an, welche im Alterthume so berühmt war, und wovon uns der geistreiche jüdische Geschichtschreiber Flavius Josephus ein so schönes Gemälde liefert, dass ich nicht unterlassen kann, diese Stelle aus einem seiner Werke hier herzusetzen. [1])

„Die Stadt Jericho liegt in einer Ebene, welche von einem hohen, völlig nackten und äusserst unfruchtbaren Gebürge beherrscht wird, das sich nordwärts bis an das Gebiet von Scythopolis, südwärts bis nach Sodom erstreckt, und worauf man, dieser Länge unerachtet, seiner grossen Unfruchtbarkeit wegen keine Bewohner antrifft. Ein anderes Gebürge, welches diesem gegenüber auf der andern Seite des Jordans befindlich ist, fängt nordwärts bey Juliade an und erstreckt sich sehr weit nach Süden bis nach Gomorrha, wo es an Petra, eine Stadt Arabiens, gränzt. Ausser diesem giebt es noch ein anderes Gebürge, der Eisenberg genannt, welches sich bis an das Land der Moabiter hinzieht. Zwischen diesen beiden Gebürgen ist die Ebene, das grosse Feld genannt, welche bey dem Flecken Gennabata anfängt und sich beym todten See endigt. Ihre Länge beträgt 1200 und ihre Breite 120 Stadien, und sie wird vom Jordan durchflossen." —

---

[1]) Histoire de la guerre des Juifs contre les Romains. Paris 1689. 12. Tom. V. p. 71.

„Da dieser Landstrich ausserordentlich dürre ist, indem er bloss vom Wasser des Jordan bewässert wird, so ist die Hitze dort während des Sommers so heftig, und die Luft, die man athmet, so brennend, dass sie Krankheiten verursachen. Die nämliche Ursache aber bewirkt, dass, während dem die Dattelpalmen, welche längs dem Ufer dieses Flusses wachsen, fruchtbar, die davon entfernten es in sehr geringem Grade sind."

„Nahe bey Jericho ist eine sehr reiche Quelle, deren Wasser die benachbarten Felder wässert, und welche sehr nahe bey der alten Stadt entspringt, der ersten, welcher sich Josua, der Sohn Nave, dieser unternehmende Anführer der Hebräer, durch das Recht des Sieges bemeisterte. Das Wasser dieser Quelle soll vormals so gefährlich gewesen seyn, dass es nicht bloss die Früchte des Landes verdarb, sondern auch verursachte, dass die Weiber unzeitige Geburten hatten, und dass es mit seinem Gifte Alles, worauf seine böse Eigenschaft einwirken konnte, ansteckte; seitdem soll aber der Prophet Elisa, dieser würdige Nachfolger des Elias, es in eben dem Grade trinkbar und gesund gemacht haben, als es zuvor schlecht und schädlich war, und in dem nämlichen Grade wirksam gemacht haben, die Fruchtbarkeit zu befördern, als es vorhin derselben hinderlich war. Und dies ging folgender Gestalt zu. Dieser bewundernswürdige Mann wurde von den Einwohnern Jericho's sehr menschenfreundlich aufgenommen, wofür er ihnen durch eine Wohlthat seine Dankbarkeit beweisen wollte, deren Wirkungen weder sie, noch ihr ganzes Land aufhören sehen würden. Er setzte zu dem Ende ein Gefäss, mit Salz gefüllt, auf den Boden der Quelle, hob seine Augen und seine Hände zum Himmel, opferte am Ufer der Quelle, bat Gott, das Wasser der Bäche zu versüssen, wodurch es, wie durch so viele Adern die Erde wässerte, die Luft abzukühlen, um es noch kühler zu machen, der Erde Früchte in Ueberfluss, und Kinder denen, die sie bauten, zu geben, ohne dass dies Wasser je aufhörte, ihnen günstig zu seyn, so lange sie anders rechtschaffen blieben. Ein so feuriges Gebet hatte die Kraft, die Natur dieser Quelle zu ändern, und seitdem macht es die Weiber und die Erde in dem nämlichen Grade fruchtbar, als es sie vorhin unfruchtbar machte. Die Kraft dieses Wassers ist so gross, dass es genug ist, den Boden ein wenig damit zu wässern, um sie sehr fruchtbar zu machen; und die Stellen, wo es lange stehen bleibt, bringen nicht mehr hervor, als wäre es bloss darüber geflossen, als wollte es diejenigen, welche es in ihrem Erbgut aufhalten, für ihr Misstrauen zu seinen wundervollen Wirkungen bestrafen. In dieser ganzen Gegend giebt es keine Quelle, welche einen so langen Lauf hätte, als diese."

„Das Land, welches es durchfliesst, hat 70 Stadien in der Länge und 20 in der Breite. Man sieht dort eine Menge reizender Gärten, wo es Palmen von mehrern Arten giebt, deren Namen sowohl, als der Geschmack ihrer Früchte verschieden sind. Einige von ihnen liefern beym Pressen einen Honig, welcher gar nicht von dem gewöhnlichen Honig verschieden ist, wovon dies Land einen Ueberfluss hat. Man sieht dort auch, ausser Cypressen und Myrobalanen, jene Bäume in grosser Menge, von welchen der Balsam herabtröpfelt, jene Flüssigkeit, der keine Frucht gleich kommt. Man kann also, deucht mir, sagen, dass ein Land, welches so viele so fürtreffliche Gewächse im Ueberflusse erzeugt, etwas Göttliches verrathe, und ich zweifle daran, dass man auf der ganzen übrigen Erde ein anderes antreffe, welches man mit ihm vergleichen könnte, indem sowohl alles Gesäete, als Gepflanzte sich hier auf eine unglaubliche Art vermehrt. Man muss meines Bedünkens die Ursache davon der Hitze der Luft und der besondern Kraft dieses Wassers, die Erde fruchtbar zu machen, zuschreiben; jene entfaltet die Blumen und Blätter, und diese stärkt die Wurzeln durch Vermehrung ihres Safts während der Sommerhitze, welche hier so ausserordentlich ist, dass ohne diese Erfrischung hier nichts, als nur mit grosser Mühe, fortkommen könnte. Aber so gross auch diese Hitze ist, so erhebt sich des Morgens ein kleiner Wind, welcher das Wasser erfrischt, das man vor Sonnenaufgang schöpft. Während dem Winter ist es ganz laulicht. Die Luft ist dort so milde, dass ein einzelnes Gewand von Leinwand hinlänglich ist, wenn es in andern

Gegenden von Judäa schneiet. Dies Land ist 150 Stadien von Jerusalem und 60 vom Jordan entfernt. Der Raum zwischen Jerusalem und hier ist steinigt und völlig wüste, und obgleich jener, welcher sich bis zum Jordan und zum Asphaltsee erstreckt, nicht so hoch ist, so ist er doch nicht weniger unfruchtbar, und nichts angebauter."

„Ich glaube jetzt hinlänglich gezeigt zu haben, wie sehr die Gunst der Natur die Umgebungen von Jericho verschönerte und bereicherte" —

Und ich — ich glaube, dass es Zeit sey, meine Leser wieder mit meiner eigenen Reisegeschichte zu unterhalten.

Der Boden zeigte jetzt wirklich eine vorzügliche Fruchtbarkeit, obgleich fast Alles gänzlich der Natur überlassen war, und man nur selten eine Spur menschlichen Fleisses erblickte. Alles war mit einer Menge Gesträuch und Bäumen bewachsen, unter welchen ich den seltenen Sakûm und den Sziddr am häufigsten fand. Ersteren sieht man hier meistentheils in der Gestalt eines grossen Strauchs; allein unter denselben hatte mancher die Grösse eines mittelmässigen Baumes erreicht. Hasselquist nennt ihn: arbor magna spinosa, ramis rectis, teneriusculis, foliis parvis, ovatis, canis. Allein unter der Menge, die ich jetzt und in der Folge sahe, fand ich auch keinen einzigen, welcher mich veranlasst haben könnte, ihn einen grossen Baum zu nennen. In dem schätzbaren medicinischen Werke des Ibn el Bithâr wird er شجرة الزقوم genannt, und von ihm gesagt, dass er ein stachlichter Baum sey, welcher mandelähnliche Früchte trage. — Der Sakûm hat eine ziemlich ausgebreitete Krone; seine Aeste sind mehrentheils grade und dünne, und die Rinde derselben ist graulicht- oder olivengrün, und hat viele der Länge nach laufende Aufsprünge, welche mit einem weisslichten Schorfe bedeckt sind, weswegen sie ein geschecktes Ansehn haben. Sie sind mit vielen, zum Theil 2 Zoll langen, scharfen grünen Stacheln besetzt, welche eine bräunlichte Spitze haben, und den Winter über sitzen bleiben. Die Blätter sind hellgrün, eyförmig, stumpf, ziemlich stark, und da die Blattribbe nicht völlig in der Mitte sitzt, so läuft die Basis auf der einen Seite immer etwas weiter herab, als auf der andern. Es sitzen immer zwey und zwey Blätter an einem nur eine Linie langen Stiele beysammen; sie sind nur einen Zoll lang und reichlich einen halben Zoll breit. Blüthen fand ich nicht. Ihre Steinfrüchte sitzen an eine bis zwey Linien langen Stielen, sind langrund-cylindrisch, einigermaassen fünfeckig, und haben fast das Ansehn von grossen Oliven. Einige sind einen Zoll lang und reichlich dreyviertel Zoll dick. Ihr äusseres Fleisch ist etwa eine Linie dick, und hat von aussen eine dunkel-, von innen aber eine blassgrüne Farbe. In diesem sitzt eine fast eben so dicke, harte Schaale und in derselben die Nuss, welche die Grösse einer Haselnuss hat, deren Fleisch weisslicht-grün ist, und fast den Geschmack einer unreifen Haselnuss hat. Einige Bauern von Jericho und ein Mohammedaner in Jerusalem bereiten aus dieser Frucht ein grünlichtes Oel, welches als ein berühmter Balsam unter dem Namen Sêt el Sakûm (Sakûm-Oel) von den Pilgern gekauft wird, welche es als eine Seltenheit mit sich in ihre Heimath führen. Wider Gelenkschmerzen u. s. w. soll es, eingerieben, die besten Dienste leisten. Uebrigens wird es weder zum Brennen, noch zu den Speisen benutzt. Die Europäer nennen dasselbe Zachäusöl.

Da ich diesen Baum nicht in Blüthe angetroffen habe: so bin ich nicht mit Gewissheit im Stande, ihm seinen Platz im System anzuweisen. Sein ganzes Aeussere verräth aber eine grosse Aehnlicheit mit dem Oelbaum, und ich trage kein Bedenken, ihn vor der Hand den Oelbaum von Jericho (Olea hierochuntica) zu nennen, bis bestimmtere Nachrichten mich eines Bessern belehren.

Der Sziddr behält seine Blätter gleichfalls den Winter hindurch. Diese sind länglicht-rund, haben unten 3 Rippen, sind glatt und oben etwas dunkler grün, als unten. Sie haben die Grösse eines Fingergliedes und sind am Rande unmerklich gesägt. Die Aeste desselben sind bräunlicht, seine Zweige aber weiss und glatt. Beide sind mit zahlreichen bräunlichten sehr scharfen Dornen bewaffnet, immer zwey und zwey beysammen, wovon der eine grade, oder nur ein wenig gebogen, der andere aber angelförmig gekrümmt ist. Die Früchte sind zuerst grün, nachher gelblicht, von der Grösse kleiner Kirschen, und haben einen harten Stein. Das Fleisch ist säuerlich und zieht den Mund unangenehm zusammen. Man nennt sie in dieser Gegend el Dôm. Sie werden theils von den Bauern und Beduinen, wenn sie reif geworden, als ein Obst gegessen, theils werden sie zu einem Pulver gestossen, welches man in das Oel, das man mit Brod tunkt, schüttet, um demselben einen säuerlichen Geschmack zu geben. Der Sziddr wächst meistentheils strauchartig, bisweilen aber erreicht er die Grösse eines grossen Baums. Mir scheint dieses Gewächs der wilde Brustbeerenbaum (Rhamnus zizyphus L.) zu seyn.

Ausser diesen fand ich hier den heiligen Nachtschatten in grosser Menge, welcher Blüthen, unreife und reife Früchte zu gleicher Zeit trug, und im geringsten nicht von dem verschieden war, welchen ich in Ain Dschíddy gefunden hatte.

Zwischen diesem Gesträuche sind etliche Dauáre des Stammes Htêm in der Entfernung von etwa einer Viertel-Stunde von einander versteckt, welche wir schwerlich gefunden haben würden, wenn nicht Achmed unser Führer gewesen, und die Hunde der Beduinen uns nicht ihren Aufenthalt durch Bellen verrathen hätten. Wir kamen über einen kleinen Bach, dessen Quelle Ain el Szultân genannt wird, und welches die berühmte Wunderquelle ist, von welcher Josephus spricht, und welche auf der Karte von Palästina den Namen Fons Elisei fürt. Sein Wasser ist von vorzüglicher Güte.

Achmed führte uns zu einem kleinen Dauâr, wo sein Vater, der Oberschech des Stammes, sein Zelt hatte, von welchem wir gut aufgenommen wurden, und wo wir die Nacht blieben. Die Zelte, welche einen Dauâr ausmachen, umschliessen einen mehr oder weniger runden freien Platz, auf welchem des Nachts alles Vieh der Zelteigenthümer getrieben wird. Um dasselbe wider wilde Thiere und Räuber zu sichern, hat man hier die Gewohnheit, um den ganzen Dauâr einen kleinen Wall von Sziddrzweigen zu machen, welcher seiner Dornen wegen fast undurchdringlich ist. Ausserdem hat fast jedes Zelt einen Hund, welcher des Nachts sehr wachsam und für ankommende Fremde bösartig ist.

Schech Nassâr, so hiess er, war ein Mann von etwa 60 Jahren. Seine Kleidung zeigte an, dass er mehr, als ein gewöhnlicher Schech sey, und dass er mit Städtern in genauer Verbindung stehe. Er trug einen rothen Tuchpelz, eine weisse Kopfbinde und weisse weite Beinkleider von Baumwollenzeuge; er trug Schuhe, übrigens aber waren seine Beine nackt. Als er hörte, ich sey ein Franke: so bezeigte er mir viele Aufmerksamkeit, liess mich neben sich sitzen u. s. w.; Ehrenbezeugungen, welche bey Mohammedanern fast immer Eigennutz zum Grunde haben, wenn sie Jemanden von einer andern Religionsparthey erzeigt werden. Schech Nassâr setzet alle Pilgrime, welche nach Jericho kommen, um sich im Jordan zu taufen und die übrigen Wallfahrtsörter in der Nähe zu besuchen, in Contribution, und berechnete nun schon im voraus den Vortheil, den er von mir beziehen würde. Wir fanden Gäste bey ihm; es waren drey arabische Reuter von dem bedeutenden Stamm der Aduân in der Landschaft Belka, welche ihre Lanzen an das Zelt des Schechs gelehnt hatten.

Schech Nassâr hatte keinen Kaffee, weswegen ich die Gesellschaft mit dem meinigen bewirthete. Bald darauf wurde eine grosse Schüssel Weizengraupen (Búrrgul) mit Butter bereitet aufgetragen, wovon Bodrus und ich eigensinnig genug waren nicht essen zu wollen, weil wir noch unsere Fasten hatten. Auch hatten wir vorher aus gleichem Grunde das Anerbieten abgelehnt, für uns ein Lamm schlachten zu lassen. Brod und Oel waren nach des Schechs Versicherung nicht vorräthig, und wir hätten also die Nacht hungrig zubringen müssen, wenn ich nicht selbst damit versehen gewesen. Nassâr liess sich das, was wir übrig liessen, sehr wohl schmecken.

Achmed erzählte jetzt den Erfolg seiner Expedition, so wie etwa eine militairische Expedition in Europa von dem detaschirten Kapitain seinem General erzählt worden seyn würde. „Man habe uns schon entdeckt, als wir in der Bergschlucht Brod backten, und sich alsdann zum Angriff bereit gemacht. Als wir in der Folge die Flucht ergriffen, habe man uns nachgesetzt, in kurzem uns eingeholt, und schon den Anfang gemacht, mich zu plündern, als sich gefunden, dass ein Bekannter und Freund von ihnen unter uns gewesen, worauf man natürlicherweise sogleich Alles wieder zurückgegeben habe. Der eintretenden regnigten Witterung wegen habe man den eigentlichen Zweck dieser Expedition für diesmal aufgegeben und sey mit uns zurückgekehrt." Er erzählte dies so ernsthaft, dass man dentlich daraus sehen konnte, solche Vorfälle seyen etwas ganz Gewöhnliches für sie.

Des Abends wurden wir etliche Stunden lang durch die Musik einer arabischen Geige, des Erbábe, unterhalten. Die Aduân lieben, so wie alle Beduinen, diese Musik leidenschaftlich, und ihr Oberschech, der berühmte Beduinendichter Nimmr, steht in dieser Kunst in grossem Ruf. Zwey von ihnen spielten nach einander dies Instrument, welches man immer mit Gesang begleitet, wozu man immer Oden (Kassíde) wählt. Aber den meisten Beyfall erhielt der 11 bis 12 jährige Sohn des Schechs, welcher sein Spiel mit einem ungemein seelenvollen Gesange begleitete, wozu ihm seine ungemein biegsame sanfte Stimme zu Hülfe kam. Er sang unter andern eine Ode zu Ehren eines Schechs der Aduân, welches natürlicherweise die drey Gäste als ein schmeichelhaftes Compliment ansehen konnten. Dieser Knabe zeigte überhaupt vielen Geist und viele Wissbegierde, und ich glaubte in ihm einen arabischen Mozart im Knabenalter zu erblicken.

18. December. Obgleich Bodrus mir versprochen hatte, mich nach dem Jordan und nach dem Krúntil oder Krúntul, einem in der christlichen Legende sehr berühmten Berg in der Nähe von Jericho, welcher von den Mönchen zu Jerusalem la Quarantania genannt wird, zu führen: so machte er doch jetzt so viele Schwierigkeiten, dass ich den Besuch dieser Stellen auf meine nächste Reise nach dem todten See zu verschieben beschloss.

Als wir des Morgens unsere Rückreise nach Jerusalem antreten wollten, rückte Schech Nassâr mit einem Anliegen hervor, welches ihn schon lange gedrückt haben mochte. „Ich habe, sagte er, wie Jedermann weiss, ein Recht auf alle Pilger, welche hieher kommen, und Ihr werdet hieraus die Nothwendigkeit einsehen, dass ich auch das Geleite (Gaffar) von Euch einfordern muss." — „Davon ist mir nichts bekannt, versetzte ich; Ihr wisst, Schech Nassâr! dass Franken nie Gaffar zu zahlen nöthig haben; und überdem erhält Bodrus eine bestimmte Summe für diese Reise; ist er geneigt, Euch denselben zu entrichten, so habe ich nichts dawider; allein ich sehe mich nicht dazu verbunden." — Bodrus gerieth jetzt in Wortwechsel mit ihm, indem er das Recht des Schechs auf Franken abläugnete; „wollt Ihr mit Gewalt verfahren, setzte er hinzu, so werde ich Euch schon in Jerusalem zu finden wissen; denn Ihr wohnt ja in unserm Gebiet." — „Freylich! erwiederte der Schech, freylich wohne ich im Gebiet von Jerusalem; allein, ich weiss schon ein Mittel, mich schadlos zu halten, ohne mich zu verschulden. Hier sind meine drey Freunde der Aduân, welche mir schon den Dienst erzeigen werden, Euch auf dem Wege aufzupassen und Euch auszuziehen!" — „Gewiss! gewiss!" riefen diese. Was war zu thun? wir mussten uns auf einen Accord mit dem Schech einlassen, welcher sich endlich mit drey Piastern statt zehn abfinden liess.

Da Jericho, diese in den hebräischen Schriften so berühmte Stadt, nur eine Viertelstunde vom Zelte des Schechs entfernt war, und ich dort gediegenen Schwefel zu erhalten hoffte, welchen man südostwärts davon findet: so nahmen wir zuerst unsern Weg dahin. Jericho, jetzt eines der elendesten Dörfer, welche ich noch gesehen, führt jetzt den Namen el Rihha, welcher sichtlich aus seinem alten Namen entstanden ist. Es besteht aus etwa einem Dutzend Häusern von rohen Steinen und ist sehr niedrig und schief gebaut. Fast jedes Haus ist nebst seinem kleinen Hofe mit einem drey bis vier Fuss hohen kleinen Wall von Sziddr-Sträuchen eingefasst. In urältesten Zeiten hiess dieser Ort wegen der grossen Menge von Dattelpalmen, welche hier wuchsen, die Palmenstadt. Wie sehr hat sich dies geändert! Denn in dieser ganzen Gegend sahe ich diesmal auch keine einzige mehr. Der viereckige Thurm, dessen Büsching erwähnt, ist nicht mehr vorhanden. Waid ward hier vielleicht nie gebaut; aber den Indigo kultivirt man noch jetzt auf der Südseite des Wady Kild, wo ich eine Pflanzung sahe, auf die aber wenige Sorgfalt verwendet zu werden schien. Man nennt hier die Indigopflanze, welche die nämliche Art ist, die man zu el Bissán anbaut, el Bisshr (der Saame), weil man sie vorzüglich des Saamens wegen zieht, den man nach Egypten versendet. Schwefel so wenig als Sakûmöl war jetzt bey den Bauern vorräthig, und ich musste eine andere Gelegenheit abwarten. Cypressen und Myrobalanen, wenn letztere etwa der Phístuk el bân wären, welche hier nach Josephus Versicherung vorhanden waren, findet man jetzt nicht mehr. Was er unter den köstlichen Balsambäumen versteht, weiss ich nicht, denn jetzt giebt es hier keinen einzigen Baum, von welchem ein balsamischer Saft herabtröpfelte; denn Terbenthinbäume giebt es hier nicht, und wären sie sonst auch vorhanden gewesen: so wären sie doch nichts Seltenes, da man sie in grosser Menge auf den Bergen von Jerusalem und Hebron antrifft. Zwar wächst die riesenförmige Aesculapie oder der Öschêr hier, aus welchem man durch Einschnitte Milch erhalten kann; allein, sollte er diese Milch wohl einen Balsam genannt haben? Meinte er etwa das Sakûmöl? Allein, dann hätte er nicht gesagt, dass der Balsam von den Bäumen herabtröpfele. Mit einem Wort, ich weiss nicht mit Gewissheit, was man darunter verstehen soll.

Achmed hatte mir versprochen, mich nach Jerusalem zu begleiten; da er aber hörte, dass ich einen Umweg über Nebbi Musa nehmen wolle, welches südwärts von dem graden Wege abliegt: so blieb er zurück. Der grade Weg von Jericho nach Jerusalem beträgt 6 Stunden. Es war 7 Uhr, als wir Jericho verliessen. Es fing an zu regnen, und meine Leute waren sehr unzufrieden, dass sie diesen Umweg nehmen mussten, und ich hörte Chalil mir einige Namen geben, die ihm nur sein Missvergnügen eingegeben haben konnte. Ich schwieg still dazu. Eine Zeitlang nachher fühlte er Hunger, und verlangte Brod von mir, obgleich er wohl wusste, dass ich keines hatte. Zufälliger Weise hatte ich des Morgens ein paar Zwieback von Damask zu mir gesteckt; diese gab ich ihnen, und nun waren sie wieder ganz meine Freunde. „Nein! sagte Chalil, Musa behält doch keinen Groll auf uns; wirklich! er ist nicht schlimm, und zudem ist er ja auch unser Gefährter!"

Von Jericho ritten wir anfangs immer südsüdwestwärts über die Ebene, bis wir um 8 Uhr den Fuss der Berge erreichten, die wir hinanritten. Sie sind wenig steinigt, nicht sehr steil und es führt ein ziemlich bequemer Weg hinauf. Es begneten uns hier 2 unbewaffnete Araber, auf welche Mohammed losging und sie herrisch: woher? und wohin? fragte, worauf er ihnen eine glückliche Reise wünschte.

Da ich von diesen Bergen das Nordende des todten Sees ziemlich genau übersehen konnte: so überzeugte ich mich leicht, dass die schmale Erdzunge, welche nach der Karte von Palästina in den See hineinläuft, nicht vorhanden sey.

Um halb 9 Uhr erreichten wir Nebbi Musa, einen Wallfahrtsort der Mohammedaner, welcher aber auch von Christen besucht wird. Nebbi Musa besteht bloss aus einer kleinen Moschee, welche einen kleinen Thurm hat, und mit einer Mauer umgeben ist. Der innere Hofplatz dieses Gebäudes ist mit Marmorquadern gepflastert, und meine Araber sahen es gerne, dass ich meine Schuhe auszog, bevor ich ihn betrat, obgleich das Pflaster vom Regen ganz nass war. In dieser Moschee sieht man eine grosse Merkwürdigkeit, wozu unsere europäischen Theologen und Rabbinen die Köpfe schütteln werden, nämlich Mose's Grabmal. Es war mit einem grünen Zeuge behangen, und an das eiserne Gitter der Fensteröffnung, durch welches man es erblickte, waren nach mohammedanischer frommer Sitte unzählige Fetzen geknüpft. Wir küssten dasselbe, und meine Leute verrichteten ein kurzes Gebet.

Ein grösseres Interesse, als für unsere Geistlichkeit, dürfte Nebbi Musa für unsere Mineralogen haben. Es liegt auf einem Berge und ist mit flachen Thälern umgeben, an deren Seiten man überall den berühmten Hadschar Musa oder Mosestein hervorragen sieht. Dieser Stein ist ohne Zweifel der nämliche, dessen Büsching (Erdbeschreibung. Asien S. 404) erwähnt. Es ist ein schwarzer Brandschiefer von der nämlichen Art, wie man ihn auch hier und da in teutschen Gebürgen findet, welcher gerieben oder geschlagen einen übeln Geruch von sich giebt, und der einigermaassen zündbar ist. Er bildet hier an mehrern Stellen am Wege einen nackten Felsenboden. Man hat sich desselben zu Jerusalem in der Kirche des heiligen Grabes zum Baustein bedient, indem man ihn zu Fliessen verarbeitete, die eine ziemliche Politur annahmen, und woraus ein Theil des Kirchenpflasters besteht. Obgleich Büsching versichert, dass dies ein gefährliches Pflaster sey: so wird man sich darüber leicht beruhigen können, wenn man weiss, wie wenig zündbar der Brandschiefer sey.

Nebbi Musa liegt, wenn man will, in einer Wüste, und die Berge umher werden nur bisweilen von den Beduinen des Stammes Htêm auf eine Zeitlang bewohnt, wovon wir auch jetzt mehrere antrafen, die ihre Kameele, Schaafe und Ziegen hüteten. Dieser einsamen Lage unerachtet trafen wir einen mohammedanischen Derwisch von der Gränze Indiens hier an, woraus man sieht, in welchem Ruf dieser Wallfahrtsort selbst in den entferntesten Ländern steht. Ein solcher Einsiedler hält sich hier gewöhnlich 5 bis 6 Jahr auf, da er alsdann von einem andern indischen Derwisch abgelöset wird. Diese Derwische stehen bey den Beduinen in grosser Achtung und erhalten von ihnen alle Arten von Lebensmitteln, die sie selbst besitzen.

Das berühmte griechische Kloster Mâr Szába, welches bey den griechischen Christen in dem grössten Rufe steht, und dessen Besuch nicht leicht von einem Pilger dieser Parthey verabsäumt wird, liegt südsüdwestwärts einige Stunden von hier; obgleich es eine hohe Berglage hat: so war es doch hinter nähern Bergen versteckt, und ich hatte nicht das Vergnügen, es zu sehen.

Nach einem kurzen Aufenthalte verliessen wir Nebbi Musa und kamen um halb 11 Uhr einem Dauâr der Htêm vorbey. Zwanzig Minuten weiter hielten wir still, um Feuer anzumachen und Brod zu backen, wozu wir kurz vorhin in einem Grunde neben einer kleinen Regenpfütze den Teig bereitet hatten, welches entweder auf einem Stein, oder auf einem Felsen, oder einer Haut geschieht.

Die Berge, welche wir passirten, waren alle durch unzählige tiefe Gründe durchschnitten, kahl, aber, mit den Bergen um Jerusalem verglichen, sehr wenig felsigt und steinigt. Ihre Oberfläche bestand meistentheils aus einer Art von Mergel oder aus Gries, in welchem ich hier und da hübsche bunte Feuersteine fand. Obgleich man daher hätte erwarten sollen, dass sie wirklich fruchtbarer seyen, als die Berge auf dem Rücken von Palästina: so muss dies doch nicht der Fall seyn, weil sie, wie man aus Josephus sieht, seit Jahrtausenden ohne feste Bewohner waren.

Um halb 12 Uhr zogen wir weiter. Obgleich der Pfad immer über Berge und durch Gründe führte: so war er doch vorzüglich gut und bequem, weil man an etwas stark abhängigen Stellen Stufen von Steinen gemacht, und an andern ihn um kleine Anhöhen umhergeleitet hatte. Dadurch geschah den Pilgern ein wesentlicher Dienst, welche Nebbi Musa besuchen. Einige muthwillige Beduinenknaben schimpften uns, weil sie uns für gewöhnliche Pilger hielten. Am Wege stand ein kleiner Sziddrbaum, dessen säuerliche Früchte uns willkommen waren.

Weiterhin zogen wir neben dem zerstörten Chân el áchmar hin, und erreichten um halb 2 Uhr Chân el Hoût, ein kleines Gebäude, neben welchem ein guter, obgleich sparsam fliessender Quellbrunnen ist. Eine Viertelstunde weiter passirten wir das kleine Dorf Lâsharíje, welches auf einem Berge und zum Theil in Ruinen liegt. Neben demselben ist ein kleines angenehmes Thal, dessen Bergseiten mit vielen Feigen- und Oelbäumen besetzt sind. Hier fiel wieder ein Regen, welcher einen Theil des Tages fortdauerte.

Von hier zogen wir oberhalb dem Dorfe Szälwân neben dem Tantûr Pháraûn hin und durch das Thor Nebbi Daûd in die Stadt Jerusalem, welche eine kleine halbe Stunde von Lâsharíje entfernt ist. Chalîl war ausserhalb der Stadt zu einem Beduinen von seiner Bekanntschaft gegangen; Mohammed begleitete mich aber nebst Bodrus bis zum Kloster. Als

Ersterer allein mit mir war, bat er mich um Branntwein, welcher nach seiner Versicherung von mehrern Beduinen im Geheimen getrunken wird; Wein war wider sein Gesetz, und er wollte ihn nicht trinken, als kein Branntwein vorhanden war. Auch weigerte er sich, einen Fisch zu essen, den ich ihm auftragen liess, weil Beduinen einen Widerwillen dagegen haben. — Ich war sehr zufrieden, wieder einen beträchtlichen Theil des todten Sees und seiner Umgebungen kennen gelernt, und meine Erfahrungen über dies merkwürdige Gewässer bereichert zu haben.

Dritter Aufenthalt in Jerusalem.

20. December. Da meine Kasse durch diese Reise erschöpft worden war: so liess ich mir einen Theil von der in Akre erhaltenen Assignation von dem P. General-Procurator auszahlen.

Zu den merkwürdigsten geistlichen Gebäuden Jerusalems gehört ohne Zweifel das Kloster der habessynischen Mönche, welches Dêr el Szultân heisst und welches ich ein paarmal besuchte. Es stösst an die Kirche zum heiligen Grabe. Ich fand dort 10 habessynische Mönche und 3 Nonnen, alle ärmlich gekleidet, und nicht in einem besondern Mönchshabit, wie die europäischen, griechischen, armenischen, syrischen und maronitischen Mönche. Die Mannspersonen tragen alle eine blaue Kopfbinde, wie die Kopten in Egypten, und gehen, so wie die Nonnen, mit blossen Beinen und Füssen. Ihre Gesichtsfarbe fällt ins Schwärzliche, wie etwa die eines russigen Schornsteinfegers in Europa. Der Untertheil ihres Gesichts ist bisweilen ein wenig mehr hervorragend, als wie bey Europäern, worin sie den Kopten oder Egyptern überhaupt ähnlich sind, welches auch von ihrem etwas grossen Munde und starken Lippen gilt. Ihre Nasen aber sind feiner geformt, als bey jenen, und gebogene findet man häufiger unter ihnen, als eingedrückte und aufgestutzte; weswegen ich die Zeichnung des Kopfs von dem vormaligen habyssinischen Gross-Wessir, welche uns der kenntnissvolle Bruce mittheilt, für nichts weniger, als für eine Erdichtung halte, wofür etliche teutsche Gelehrten sie zu halten geneigt waren. Ihre Zähne sind sehr weiss und gross; ihre Augen sind gleichfalls gross und das Weisse derselben fällt bisweilen ein wenig ins Gelbliche. Ihre übrige Körperform nähert sich der der Mulatten. Ihre Bärte sind gewöhnlich klein. Sie sprechen meistentheils mit einem feinen weibischen Tone. Uebrigens fand ich ihre Mienen und Gebehrden sehr ausdrucksvoll, und wäre ihre Farbe nicht so dunkel: so würde man Manche von ihnen selbst in Europa hübsch finden.

Die unansehnlichen Zimmer dieses Klosters sind um einen gepflasterten Hof gebaut, in dessen Mitte eine Kuppel ist, unter welcher die Kapelle des heiligen Kreuzes steht, worin immer einige Lampen brennen, und in welche man durch etliche in der Kuppel befindliche Fenster hinabsieht. Die kleine, ärmliche und unansehnliche Kapelle der Habessynier stösst an diesen Hof; sie halten ihren Gottesdienst zu bestimmten Stunden darin. Sie haben einen alten Superior, welcher jetzt krank war. Die Wintermonate sind beschwerlich für sie, und sie klagten, dass sie von der Kälte litten. Ihre Reise von Habbesch bis hier dauert mehrentheils ein Jahr, und sie versicherten, dass viele von ihnen der Strapatzen wegen unterwegs stürben. Dies Kloster wird von dem grossen armenischen Kloster mit allem Nöthigen versehen, und die Mönche versicherten, dass der König von Habbesch jenes durch von Zeit zu Zeit übermachte Summen entschädige. Einige von den Mönchen waren von Gandär (so sprachen sie Gondar aus), der Hauptstadt des Landes, und von diesen erfuhr ich, dass der jetzige Regent Dschürdschus (Georg) heisst. Manche von ihnen sprachen das Arabische, um sich verständlich machen zu können, weil sie sich hier etliche Jahre aufzuhalten pflegen. Diese zeigten sich gesprächig, und versicherten, dass sie die Franken sehr schätzten. Manche Franzosen hatten bey ihrem Aufenthalte in Egypten Bücher von ihnen gekauft, worin sie sich nicht schwierig finden lassen. Sie zeigten mir ein Evangelium auf Pergament geschrieben und mit vielen bunten Zeichnungen in gross Quart; ein Gebetbuch nach den Stunden in Quart, gleichfalls auf Pergament, welches Stücke aus den Psalmen, dem Evangelium u. s. w. enthielt; ein Buch, Gebete an die Madonna enthaltend; ferner ein Buch von den Propheten; die Psalmen Davids; das Evangelium Johannis; ein Gebetbuch, welches in der Kirche vorgelesen wird; noch ein Buch Gebete an die Madonna mit ziemlich erträglichen bunten Figuren auf Pergament. Ihre Versicherung, dass sie die mosaischen Schriften nicht hätten, war mir auffallend. Die Habyssinier schreiben theils auf Pergament, theils auf Papier, und, wie die Europäer, von der Linken zur Rechten, weswegen auch ihre Bücher mit der linken Seite anfangen. Sie binden ihre Bücher auf die nämliche Art ein, als wir; nur bestehen ihre Umschläge oft aus blossem Holz ohne Ueberkleidung. Jedes Buch hat eine besondere starke lederne Tasche, worin es genau passt, um es zur Regenzeit wider die eindringende Nässe zu schützen, an welcher Tasche oft ein Riemen befestigt ist, um das Buch desto bequemer auf der Schulter zu tragen. Sie versicherten mir, ihre Bücher seyen in Gandär geschrieben und eingebunden, und dort auch die bunten Zeichnungen gemacht. Da ich bey ihnen bloss Gebet- und Kirchenbücher fand, durchaus aber kein historisches oder geographisches Werk, und ich überzeugt war, dass die Wissenschaften wenig oder gar nichts dadurch gewinnen könnten: so kaufte ich bloss ein einziges auf Papier geschriebenes Buch, welches nach ihrer Versicherung gleichfalls ein Andachtsbuch war. — Von den 3 Nonnen, welche ohne Einschränkung in einem Zimmer neben den Mönchszimmern wohnen, hatte ich Gelegenheit nur eine zu sehen, welche gleichfalls ein wenig Arabisch sprach. Ihre Farbe war dunkler, als die Farbe der Mönche; sie hatte einen sehr grossen Mund und grosse weisse Zähne, und konnte gar nicht auf Schönheit Anspruch machen.

Von den Kopten sollen jetzt an 30 Mönche hier seyn, wovon aber 10 nach dem Osterfeste wieder in ihre Heimath zurückkehren.

Den 21. December kam ein Katholike, Namens Szümmân (Simeon) zu mir, und erbot sich, mich um den todten See zu begleiten, wozu jetzt eine gute Gelegenheit vorhanden sey. Der Oberschech von dem arabischen Stamme Bilgánnem, Abd el Möhhsen, welcher sich jetzt in dem Dorfe Szälwân (Siloë) bey Jerusalem aufhalte, und welcher, da sein Stamm auf der andern Seite des Jordans und des todten Sees in der Landschaft Belka umherzieht, alle dortigen Stämme genau kenne und in freundschaftlichem Vernehmen mit ihnen stehe, habe ihm versprochen, uns durch einen von seinen Anverwandten begleiten zu lassen, und auch ein Bauer von Szälwân, bey welchem er logirt sey, sey erbötig, uns zu begleiten und für unsere Sicherheit einzustehen. Ich gab dem Bethlehemiten eine schriftliche Versicherung, dass ich ihm 110 Piaster für diese Reise zahlen wolle, mit dem Bedinge, dass er die Bezahlung der beiden Leute über sich nehme. Allein, der Schech zog sich nachher wieder zurück, und unsere Unterhandlung blieb fruchtlos.

Am 22. December war die Witterung Vormittags ein wenig kühl bey hellem Sonnenscheine; Nachmittags aber wurde die Luft wieder bezogen.

Am folgenden Tage liess mich der Mützéllim (Vice-Gouverneur) ersuchen, zu ihm zu kommen. Er hatte vernommen, dass ich die Absicht hätte, den todten See zum zweitenmal zu besuchen, und glaubte entweder für sich, oder für seine Leute einigen Vortheil davon ziehen zu können. Ich begab mich, von einem seiner Bedienten, von dem Janitschar des Klosters und von einem Dolmetscher begleitet, zum Szaráy des jedesmaligen Mützéllims, welches an dem schönen grossen Platz des el Hárram befindlich ist, und wo auch er, obgleich er sein eignes Haus hat, seine öffentlichen Sitzungen hält. Ich fand ihn nebst einigen andern Agas im Audienzzimmer, welches sich durch nichts auszeichnete. Er nöthigte mich, mich neben ihm zu setzen, und liess mir Kaffee und eine Pfeife reichen. Ich zeigte ihm den Pass von Abdallah Pascha von Damask. Nachdem er ihn gelesen, fragte er mich, ob ich immer zufrieden in Jerusalem gewesen sey, und ob mich auch Jemand beleidigt habe? worauf ich ihm versicherte, dies sey nie der Fall gewesen. — Da er bemerkte, dass ich eine gemeine Kopfbinde trug: so fragte er mich, warum ich keine andere trüge, da Franken jede Farbe zu tragen erlaubt sey? Ich versetzte: ich habe dies nicht gewusst, weil ich ihm den eigentlichen Grund nicht sagen durfte, den er beleidigend würde gefunden haben. Hierauf fragte er mich, ob es wahr sey, dass ich eine Reise nach dem todten See gemacht habe? Ich bajahte es. „Warum haben Sie mir nichts davon gesagt? sagte er; ich würde Sie in diesem Fall durch meine Leute haben hinführen lassen." Ich dankte ihm für seine gütige Aufmerksamkeit und entschuldigte mich damit, dass ich nicht gewagt hätte, mir zu schmeicheln, einen solchen Beweis von seiner besondern Gewogenheit zu erhalten. — „Haben Sie noch eine Reise zu machen, wo ich Sie begleiten lassen könnte?" fuhr er fort. Ich errieth, worauf dies zielte, und da ich aus Erfahrung weiss, dass man sich so fern, als möglich, von der osmanischen Regierung halten muss, wenn man seine Ruhe und Freyheit liebt: so versicherte ich ihm, ich hätte hier jetzt weiter keine Reise zu machen, als vor der Hand nach Bethlehem, und von dort nach dem Weihnachtsfest nach dem Sinaï, statte ihm aber für sein gütiges Anerbieten meinen ergebensten Dank ab. Da ich in dem Passe als Arzt genannt war, und Orientaler immer krank sind, wenn sie einen Arzt sehen: so fragte er auch mich wegen eines Ausschlages um Rath, welcher ihn seit einiger Zeit belästigte, wozu ich mich denn auch wider meine Neigung bequemen musste, um meinem genannten Karakter getreu zu bleiben. Ich benutzte diese Gelegenheit, um mich bey ihm über die Belästigungen meines verabschiedeten Bedienten Thuma zu beklagen, welcher mir mit allerhand ungegründeten Forderungen lästig fiel, und der selbst etliche Mohammedaner auf seine Seite gebracht hatte, die das Kloster überliefen. Er versprach mir seinen Schutz, und dass er ihn wolle vor sich rufen lassen, worauf ich mich bey ihm verabschiedete. Da indess Thuma und seine Gehülfen fortfuhren, dem Kloster lästig zu fallen, und die Schwäche des Mützéllims allgemein bekannt war: so musste ich mich zu einer kleinen Aufopferung entschliessen, da die Rechtspflege hier so gänzlich darniederlag.

24. December. Um dem Weinachtsfeste am folgenden Tage in Bethlehem mit beyzuwohnen, ritt ich den 24. December in Gesellschaft des P. General-Procurators Clemente Perez und des Inspectors des Magazins von Heiligthümern dahin. Einer der Dolmetscher und ein Janitschar des Klosters ritten vor uns. Das Wetter war der spätern Jahrszeit unerachtet so schön, als bey uns ein schöner warmer Frühlingstag.

Gleich nach unserer Ankunft wohnte ich einer feierlichen Vesper bey, welche von einem kleinen Chor von Sängern eröffnet wurde, deren Gesang von der Orgel geregelt wurde. Die dienenden Knaben trugen ein rothes Festgewand mit einem weissen Chorhemde darüber. Der General-Superior erschien im bischöflichen Schmucke von einem reichen Goldstoffe, mit der Tiare und dem Krummstabe, der reich mit Juwelen besetzt war.

Feierlicher, als die Vesper, war noch kurz vor Sonnenuntergang die sogenannte Komplete. Ein paar hundert Wachslichter erleuchteten die Kirche in der geschmackvollsten Ordnung. Das Chor liess sich wiederum hören, und vorzüglich erscholl das: Jesus natus est hodie! Venite! Adoremus! — Man gab uns Pilgern, denn es waren ausser mir noch zwey maronitische Mönche vom Libanon und ein Katholik von Mósul zugegen, jedem ein Wachslicht, und wir folgten der feierlichen Procession der Mönche aus der Klosterkirche in die heilige Grotte, wo der P. General-Procurator die Functionen versahe. Von dort ging der Zug durch den unterirdischen Gang, wo bey jeder der drey Kapellen stille gehalten und etliche Gebete vorgelesen wurden, und so kehrte man in die Kirche zurück.

Um Mitternacht indessen war erst die Hauptfeierlichkeit. Die Klosterkirche war gedrängt voll von Menschen männlichen und weiblichen Geschlechts, die aber diesmal mehr Neugierde als Andacht zeigten, und wirklich glaubte ich mehrmals in dem Parterre eines Kreuzertheaters zu seyn. Die Zahl der Wachslichter war noch vermehrt. Die Vocalmusik des Chors dauerte diesmal so lange, als die Messe, welche der P. General-Superior mit allem hier möglichen Pompe verrichtete. Während dieser Function wurde von dem Klosterpfarrer eine Messe in der heiligen Grotte gelesen, welcher ich beywohnte, worauf ich mich wieder in die Kirche begab. Es fing wieder eine Procession an, wobey jeder der Anwesenden ein angezündetes Wachslicht trug. Der P. General-Superior im bischöflichen Ornat trug auf einem reich gestickten Kissen eine kleine niedliche Wachspuppe, welche von einem hiesigen geschickten Mönche, einem Franzosen, bossirt war, von dessen Arbeiten dieser Art auch nach Europa versendet werden, wo sie, weil sie hier geheiligt worden sind, sehr theuer verkauft werden sollen. [1]) Vor ihm gingen alle Mönche, wovon Einer seinen Bischofsstab, ein Anderer ein sehr kostbares, mit Brillanten besetztes Krucifix und ein Dritter ein Missale trug. Sein köstliches Gewand wurde auf jeder Seite von einem Mönche von der Erde gehoben. In der heiligen Grotte, wo 16 grosse schön gearbeitete silberne Lampen brannten, versahe sein Vicar den Gottesdienst. Er las das Evangelium des Weihnachtsfestes. Wie er an die Stelle kam: und sie wickelten ihn in Windeln: nahm er ein weisses Tuch, umwickelte die Puppe, und indem er sagte: sie legten ihn in diese Krippe: so legte er dieselbe in die reich verzierte Felsenkrippe. Dieser Zeremonie an diesem Tage und an diesem Orte mit beyzuwohnen, muss, ich gestehe es, auf einen frommen Pilger einen ausserordentlichen Eindruck machen, vorausgesetzt, dass er die lateinische Sprache verstehe. Auch hier liess sich die Vocalmusik wieder hören. Nachher kehrte die Procession wieder in die Klosterkirche zurück, wo ein feierliches Hochamt gehalten wurde. Nach Beendigung aller Zeremonien wurden die Anwesenden durch einen Knaben mit einer lieblich duftenden Rosenessenz besprengt.

Am folgenden Morgen, dem ersten Weihnachtstage, wohnte ich wieder einer feierlichen gesungenen Messe bey. Da die langen Handschare zu den Kleidungsstücken der Bethlehemiten gehören: so bringen sie dieselben auch in die Kirche mit, nur ziehen sie sie aus dem ledernen Gürtel und legen sie vor sich,

---

[1]) Dieser Mönch, Sacristan des Klosters zu Jerusalem, verfertigte auch Magnete, Boussole, Sonnenuhren u. s. w. Er war schon ein sehr bejahrter Mann.

wenn sie niederknieen. Die Männer hatten selbst heute, an ihrem grössten Festtage, keine festlichen Kleider angezogen, sondern ihre gewöhnlichen Alltagskleider, Abbâje u. s. w., woraus man abnehmen kann, wie gering ihr Kleidervorrath sey. Die Weiber hingegen schienen besser, als gewöhnlich, gekleidet zu seyn; doch kamen sie alle mit nackten Füssen.

Nachmittags wallfahrteten die Mönche und alle Bethlehemiten, auch Bauern aus andern benachbarten Dörfern, nach den Ruinen der Kirche, welche an der Stelle erbaut war, wo die Engel den Hirten erschienen seyn sollen, und die ich bereits im Frühling besucht hatte. Sie sind hinter dem Dorfe Bêt Szahhûr befindlich, welches die Mönche das Dorf der Hirten nennen. Ich fand dort mehrere hundert Personen beyderley Geschlechts versammelt. Das unterirdische Gewölbe wurde gedrängt voll. Die Mönche fingen an, etliche lateinische und italienische Hymnen zu singen. Da indessen jede europäische Musik den Orientalern zuwider ist, und sie dieselbe eben so unglimpflich beurtheilen, als die meisten Europäer die ihrige, sie überdem befürchteten, dass sie zu lange fortfahren möchten zu singen: so fingen sie plötzlich ein heftiges Lermen an, und drohten mit lautem Geschrey, dass sie nach Hause gehen wollten, wenn man nicht aufhörte. „Immer singen diese Leute Sachen, riefen sie, die wir nicht verstehen, und machen dem Dinge kein Ende! Was machen wir hier?" Wirklich sahen sich die Mönche genöthigt, mitten im Gesange aufzuhören, um sie nur wieder zur Ruhe zu stellen. Der Beichtvater des Klosters, ihr Pfarrer, las nun die Stelle aus dem Evangelium, welche Bezug auf den Ort hatte, in arabischer Sprache, und hierauf stimmte man das Kyrie eleison! an, welches zwar auch in lateinischer Sprache ist, welches sie aber in der Jugend als Papageyen erlernen, welches sie daher mitsingen konnten. Dieser Auftritt mag hinlänglich seyn, zu beweisen, wie sehr die Bethlehemiten zu jedem Aufruhr geneigt sind, wie wenige wahre Andacht sie bey den feierlichsten Religionsübungen haben, und in welcher geringen Achtung die europäischen Mönche bey ihnen stehen, obgleich sie denselben die wesentlichsten Wohlthaten in ökonomischer Hinsicht verdanken, welche sie, obgleich sie dieselben öfters zu erkriechen suchen, im Grunde doch für einen Tribut halten, den man ihnen für ihren Schutz schuldig sey. Der mönchische Unterricht, den sie erhalten, besteht nur in der Erlernung der Dogmen der katholischen Religion, wovon die meisten Geheimnisse, also unverständlich, sind, in dem Herplappern etlicher lateinischer Gesänge und Gebete, um dem Gottesdienste mit beywohnen und den Messe lesenden Mönchen dienen zu können, von welchen sie eben so wenig etwas verstehen, und ihr Geist und Herz gehen immer leer aus. Dies sind die schönen Früchte, welche die Mildthätigkeit frommer Seelen in Europa hier so theuer erkauft!! —

Nach beendigter geistlicher Function in dem Gewölbe setzte sich der grösste Theil des Volks an der Seite eines Hügels, welcher aus dem Schutt des vormaligen Klosters bestand, und der Rest bildete nebst den Mönchen, worunter auch der P. General-Superior, der P. General-Procurator u. s. w. waren, einen Kreis vor demselben. Es erschienen jetzt einige neun- bis zwölfjährige Knaben, von dem P. Beichtvater und ihrem arabischen Schullehrer angeführt, welche in dem Kreise ein kleines Drama in arabischer Sprache aufführten, welches auf dies Locale und auf den heutigen Tag Bezug hatte. Diese Idee war ungemein hübsch; allein ihr Verfasser, der Beichtvater, hatte den Gegenstand mit mönchischer Geschmacklosigkeit behandelt. Die agirenden Personen waren Abraham, David, ein Engel u. s. w. Man beklagte sich über den gänzlichen Verfall des Christenthums in Palästina, und besonders in dieser Gegend, machte Ausfälle auf die jetzigen Beherrscher des Landes, die Mohammedaner, theilte der griechischen Religionsparthey Seitenhiebe aus u. s. w. Die Knaben machten ihre Sachen besser, als man hätte erwarten sollen, und etliche von ihnen declamirten mit so vielem Nachdruck und so vieler Lebhaftigkeit, dass ich mich darüber wundern musste. Der P. Beichtvater machte den Director, und der Schullehrer den Souffleur. Da dieses Drama das erste war, was hier je aufgeführt wurde, und mancher Vater der sprechenden Knaben sich geschmeichelt fühlte, seinen Sohn so öffentlich auftreten zu sehen: so hörte man mit vieler Aufmerksamkeit und mit sichtlichem Wohlgefallen zu. Nur wie der kleine Engel seine Ankündigung anfing, konnten Etliche sich nicht des Lachens erwehren, und diese Erschütterung des Zwergfells theilte sich so ziemlich der ganzen Versammlung mit. Ein Knabe, der die Rolle Abrahams, der Hauptperson, vorzüglich gut spielte, beschloss das Ganze mit dem Absingen einer arabischen Hymne. Hierauf eilte er nebst seinen 10 Mitspielern zum General-Superior und General-Procurator, um ihnen die Hände zu küssen, welche ihnen ihren lebhaften Beyfall bezeugten, und ihnen einige Näschereien zuwarfen, mit dem Versprechen, ihnen morgen ein Geschenk zu geben. Der P. General-Superior versteht das Arabische sehr gründlich, und er gab mehrere Jahre lang den ankommenden Missionarien in Halep Unterricht darin. Nachher wurde noch einiges trocknes Obst unter das Volk geworfen, welches die Freude allgemein machte. Mit untergehender Sonne kehrten wir wieder nach Bethlehem zurück. Ein paar Bethlehemiten zu Pferde machten durch ihre lächerlichen Manövers die Bajazzos; man hörte Flintenschüsse, die Knaben von Bethlehem gingen auf die Knaben von Bêt Szahhûr los u. s. w. Kurz! dieser Tag war ein wirkliches Volksfest für die Bethlehemiten, zumal mit gestern auch die langen Fasten aufgehört hatten, wo sie weder Fleisch, noch Milch- und Eierspeisen geniessen dürfen.

Das Wetter war am folgenden Festtage eben so schön, als am ersten.

Es ist nun einmal das Geschäft und der einzige sehnliche Wunsch der katholischen Mönche, zumal im Orient, Proselyten zu machen. Auch bey mir hatte man sowohl in Halep, als in Damask Versuche gemacht, und auch in Jerusalem war ich nicht davon verschont geblieben. Besonders schien einer der Geistlichen, ein Neapolitaner, ein sehr angelegentliches Geschäft daraus gemacht zu haben. Er war ein grosser Eiferer für seine Religion. Er fragte mich heute, wie mir die gestrigen Functionen gefallen hätten? und setzte hinzu: „nein, wahrlich! es giebt keine andere wahre Religion, als die katholische; dies ist durch eine Menge Märtyrer und durch alle Kirchenväter hinlänglich bewiesen. Sie findet immer mehrern Eingang; die Franzosen sind schon wieder in den Schooss der Kirche zurückgekehrt, und selbst in Szina und neuerlich auch in Dschapan macht sie die grössten Fortschritte u. s. w." Gespräche über Religionsgegenstände vermeide ich immer, wo es nur möglich ist, zumal mit Mönchen, überzeugt, dass so wenig ein Nutzen für mich, als für sie daraus entspringen könne, und wo dergleichen mit Gewalt von der Gegenparthey aufs Tapet gebracht wurde, suchte ich immer meine eigenen Grundsätze unter allgemeinen Ausdrücken zu verbergen. Ich versicherte dem Geistlichen, dass auch ich nichts sehnlicher wünsche, als dass einst die katholische Religion überall anerkannt werden möge. Indessen verstand ich darunter, wie man auch nach dem buchstäblichen Sinn verstehen muss, eine allgemeine Religion, und dies ist in der That als Kosmopolit mein sehnlichster Wunsch, obgleich ich auch durch die Erfahrung aller Zeiten aufs festeste überzeugt bin, dass dieser Zeitpunkt nie stattfinden werde und nie stattfinden könne. Sind doch die Menschen über so manche sinnliche Gegenstände ganz verschiedener Meinung: wie sollte es dann möglich seyn, dass Einheit der Meinungen über metaphysische, aussersinnliche Gegenstände stattfinde? —

Um Bethlehem hält sich die griechische Schildkröte auf, welche von den Mönchen in den zwey Fasttagen jeder Woche gespeiset wird.

Nachmittags war wiederum eine Wallfahrt, und zwar nach Magáret el Szýdy, einer Felsengrotte, welche etwa 5 Minuten ostwärts vom Kloster liegt, und worin sich die Madonna etliche 20 Tage mit ihrem Kinde aufgehalten haben soll. Die Steinart dieser Höhle besteht zum Theil aus einer weissen festen Kreide, woraus die bethlehemitischen Mönche die sogenannte Madonnen-Milch bereiten, welche nicht bloss unter den katholischen Christen der Levante berühmt ist, sondern welche auch einen Theil der heiligen Kostbarkeiten ausmacht, welche nach Europa übersendet werden. Man stösst und schlemmt diese Kreide und formt nachher runde linsenförmige Körper daraus, welche einen bis anderthalb Zoll im Durchmesser halten. Wo ich nicht irre, so sollen diese Kreidestücke sehr wirksam seyn, die Milch der stillenden Mütter zu vermehren, wie die Mönche versichern. Sicherer indessen ist es, dass auch sie durch den Verkauf das Ihrige dazu beytragen, jährlich die grossen Summen aus Europa zusammen zu bringen, welche hier in der Levante so unnütz vergeudet werden! — Auch hier führten die Knaben wieder ihr Drama auf, und die Anwesenden wurden durch die gestrigen Mittel in gute Laune gebracht.

Die beiden maronitischen Mönche vom Libanon waren aus dem Kloster Küshéije. Sie erzählten mir, dass schon jetzt ein paar Bücher in syrischer Sprache, wenigstens mit syrischen Lettern, in der dortigen neuen Druckerey gedruckt seyen.

Gegen Abend wurde es kalt.

27. December. Die Luft war bezogen, neblicht; es wehte ein kalter Wind und Nachmittags regnete es ein wenig. — Wie sehr das hiesige Klima von dem unsrigen verschieden sey, wird man daraus abnehmen können, dass ich in Jerusalem im blossem Hemde und unter zwey leichten Matratzen schlief. Seit einem paar Tagen fangen das Gras- und andere Pflanzen an, hervorzubrechen und die dürren Stellen mit frischem Grün zu bekleiden.

Die hiesigen Fabrikanten machen gewöhnlich nur eine Art von Arbeit, bloss Rosenkränze oder bloss Kruzifixe u. s. w. Einer arbeitete jetzt an dem Wappen des teutschen Kaisers, welches er in Perlenmutter gravirte, zu welchem er den Auftrag von einem Pilger zu Jerusalem erhalten hatte, und welches zum Gürtelschmuck einer Dame bestimmt war. Man verfertigt hier auch Modelle von der hiesigen heiligen Grotte, aber nur, wenn sie bestellt werden.

Am folgenden Tage wehte mit Tagesanbruch ein stürmischer kalter Westwind, und die Luft war nach dieser Himmelsgegend dick bezogen. Nachmittags regnete es wieder, und dieser Regen dauerte den Abend hindurch mit starkem kalten Westwinde. Man hielt diesen Regen den Oelbäumen sehr zuträglich und hoffte im künftigen Jahr eine reiche Oelerndte.

Man zieht hier sehr wenige Gartenfrüchte, und fast weiter nichts, als Broccoli. In der Gegend von Salomons Teichen aber zieht man in dem Thale Wady Örrtâs auch etwas Rüben und Möhren.

Da die um die alte Kirche der heiligen Grotte vereinigten drey Klöster ein einziges festes Gebäude ausmachen: so bedienen sich die Bethlehemiten desselben zu einer Retirade und einer Art von Festung, wenn sie einen Ueberfall von den Truppen des Paschas zu befürchten haben, wo sie sich leicht gegen eine überlegene Anzahl vertheidigen können, sobald kein grobes Geschütz vorhanden ist.

In der Nacht vor dem 29. December dauerte der starke Regen fort und des Morgens war es noch kalt und die Luft wolkigt. In der nämlichen Nacht besuchten die Mönche die unterste tiefe Grotte der unschuldigen Kinder, deren Wände nach einigen wenigen davon erhaltenen Proben aus einer Art fester weisser Kreide bestehen, in welcher einige Linsensteine oder Lenticuliten eingeschlossen sind. Bruchstücke von den Steinen aus dieser geheimen so selten besuchten Grotte sollen in Europa in der grössten Achtung stehen.

Die Mönche hatten zwar vor, eine Wallfahrt nach el Mâssha, der grossen Höhle, welche sie das Labyrinth nennen, anzustellen; allein sie gaben dieselbe wegen der ungünstigen Witterung auf.

30. December. Obgleich ich während meinem Aufenthalte in Bethlehem nicht müssig war, um Jemand zu bewegen, mich nach der Ostseite des todten Sees zu begleiten, und obgleich Etliche geneigt zu seyn schienen: so zogen sie sich doch immer wieder zurück, wenn ich näher in sie drang, einen festen Entschluss zu fassen. Endlich versprach mir Bodrus, mein voriger Begleiter, mich dorthin zu führen, wenn er nur Araber zu Gefährten erhalten könne, weil es ohne dieselben nicht möglich seyn würde. Er schickte wieder Jemand zu den Schahalîn, und liess sie nochmals deswegen befragen; allein, es

liess sich Niemand bereitwillig dazu finden und es kam Keiner. Heute endlich glaubte er, einen Kontract mit mir darüber schliessen zu können, weil er andere Araber gefunden, die sich dazu erboten. Ich wurde mit ihm um 200 Piaster und einen Abbaje für ihn eins. Ausserdem musste ich einen Rottel Kaffee und einen Rottel Tabak mit mir nehmen, um unterwegs den Arabern auf der Ostseite kleine Geschenke davon zu machen, die ihnen sehr willkommen sind. Ich war sehr zufrieden, dass ich endlich meinen lebhaften Wunsch in Erfüllung gehen sehen würde. Allein Nachmittags hatte sich Bodrus schon wieder eines andern bedacht; er verlangte eine Vermehrung der accordirten Summe, machte aber überdem so viele Schwierigkeiten, dass ich deutlich sahe, sein Vorsatz sey nie fest gewesen, und er habe ihn wieder aufgegeben. Unwillig über alle misslungenen Versuche, entschloss ich mich nach Jerusalem zurückzukehren, von dort grade zu nach Jericho zum Scheeh Achmed ibn Nassâr zu reisen, zu welchem ich, obgleich er uns zuerst als Haupt einer Räuberbande bey unserm Ueberfalle am todten See in einem sehr unvortheilhaften Lichte erschienen war, doch wegen seines nachherigen guten Betragens ein besonderes Zutrauen gefasst hatte, und ihn zu meiner Begleitung zu bewegen zu suchen. Ich ritt daher kurz vor Abend wieder nach Jerusalem zurück.

Welche Schwierigkeiten um eine so unbedeutende Reise von etwa 8 Tagen! In Europa dürfte man sie fast unglaublich finden. Allein meine eigne Erfahrung zeigt, dass es leichter sey, auf dem gewöhnlichen Wege von Konstantinopel gradezu nach Jemen zu reisen, als den todten See längs seinen beiden Ufern zu besuchen. Da auch Reisende nach mir so ziemlich die nämlichen Schwierigkeiten antreffen dürften, wenn sie den von mir gewählten Pfad betreten wollten: so nehme ich mir die Freyheit, ihnen einen neuen Reiseplan vorzuschlagen, welcher Annehmlichkeit, Bequemlichkeit, Sicherheit und Nutzen mit einander vereint. Ich setze bloss voraus, dass der Reisende ein reicher Mann sey, wie gewöhnlich die Engländer sind, welche im Orient reisen. Er lasse sich in Jaffa ein leichtes Boot zimmern und dasselbe nach Jericho und unter dem Schutz der Htêm nach dem Nordende des todten Sees transportiren. Dies würde ohne grosse Unkosten auf Kameelen geschehen können, und um so leichter, wenn es so gezimmert würde, dass man es auseinander nehmen und stückweis transportiren könnte. Da unter den Beduinen Niemand vorhanden ist, der zu rudern versteht: so würde er ein paar Ruderer von Jaffa mit sich bringen; vielleicht könnte er sich auch der Seegel bedienen; indessen müsste dies mit Vorsicht geschehen, weil man nicht weiss, ob nicht einzelne verborgene Felsen im See vorhanden, und ob man auch von Stosswinden zu befürchten habe, welches Letztere jedoch unwahrscheinlich ist, da ich selbst bey heftigem Winde die Wellen des Sees nicht bedeutend gefunden habe. Hätte er sich nun mit etlichen bewaffneten Arabern, Htêm, zu seiner Begleitung und auf 8 bis 10 Tage mit Lebensmitteln versehen: so würde er alle Küsten des todten Sees von einem Ende zum andern untersuchen und mit der grössten Bequemlichkeit eine getreue Karte vom See und Zeichnungen der interessantesten Parthien desselben entwerfen können. An Stellen, wo keine Gefahr wegen der Araber vorhanden, lege er ans Land, bediene sich des Seebades, oder des heissen Schwefelbades, jage Steinböcke, wilde Schweine, Gasale, Haasen und anderes Wild, mache Sammlungen von Vögeln, Insekten, Pflanzen, Mineralien u. s. w. Ihm würde die Ehre vorbehalten seyn, die Quelle des Asphalts und dessen Entstehungsart zu entdecken und darüber manche Fabeln zu verbannen, welche davon im Umlauf sind; eine um so wichtigere Entdeckung, da es einem zu Lande Reisenden kaum möglich seyn dürfte. In Gegenden, wo Gefahr vorhanden, bliebe er in Schussweite vom Ufer, und dadurch würde er überall völlig sicher seyn, weil nirgends ein Boot auf dem See vorhanden ist, obgleich noch zu Flavius Josephus Zeiten Fahrzeuge vorhanden waren, welche den Asphalt sammelten. [1]) Während seiner Fahrt würden manche Araber am Ufer erscheinen, und seine Phantasie würde in ihnen Gruppen von Wil-

[1]) Histoire de la guerre des Juifs contre les Romains. Paris 1689. Tom. V. p. 75.

den malen, während dem sie ihn auf eine Entdeckungsreise im Ocean hinzauberte. Die ganze Expedition dürfte ihm auf etwa 500 bis 600 Piaster zu stehen kommen, und wenn er nach Beendigung derselben den Arabern Htêm, seinen Reisegefährten, sein Fahrzeug überliesse: so würde er durch ein solches Geschenk auf lange Zeit eine angenehme Rückerinnerung in ihrem Gedächtniss nachlassen. —

Auf meiner Rückreise nach Jerusalem traf ich hinter Mâr Elias einen Trupp Bauern aus einem benachbarten Dorfe an, welche, mit Flinten und Handscharen bewaffnet, ihre Weizenfelder am Wege bestellten, weil sie ihrer Fehde mit Abu Gusch, einem mächtigen Schech zwischen Jerusalem und Jaffa, wegen beständig einen Ueberfall von ihm befürchteten!

Das Wetter war heute klar und angenehm.

Man nennt in dieser Gegend die Piaster Ássadéh, und die Paras, wovon 40 auf einen Piaster gehen, Phúdda oder Kotta. In Halep nennt man den Piaster: Körrsch oder Görrsch; unter diesem Worte versteht man hier aber eine Münze von 30 Para, welche man auch Solóta nennt, und die man selten zu sehen bekommt

Am folgenden, dem letzten Tage des Jahrs, war des Morgens kühles, aber klares Wetter und Nachmittags warmer Sonnenschein. [1])

Vor etwa 15 Jahren schlug der Blitz in den Thurm der Moschee, die in der Festung an einem der höchsten Theile der Stadt steht, und warf den obern Theil davon zu Boden. Also auch diese heilige Stadt ist nicht für die verheerenden Wirkungen der Natur gesichert; doch wollen die hiesigen Katholiken behaupten, dass ein solcher Unfall nie die Kirche des heiligen Grabes betroffen habe; als wenn sich die Natur um Vorurtheile der Menschen bekümmere!

---

[1]) Ich habe zwar hier die Beschaffenheit der Witterung unter jedem Datum eingeschaltet. Allein es wird besser seyn, sie am Ende der Nachricht von einem Orte oder von einem Lande zusammen zu stellen, weil sonst die Leser zu häufig unangenehm unterbrochen werden.

Jahr 1807.

1. Januar. Schon wieder den Anfang eines neuen Jahres erlebt! Und noch immer in Palästina, und so wenig dem Ziel meiner Reise nahe gerückt! Werde ich in diesem Jahre das glückliche Arabien erreichen, wo so viele interessante Gegenstände für meine Wissbegierde mich erwarten? Wie wenig lehrt uns all' unser Wissen von der Zukunft! Blind schreiten wir ihr immer entgegen; aber wir lernen sie erst kennen, wenn sie uns zur Gegenwart und Vergangenheit wird. Eine Menge Entwürfe beschäftigen meinen Geist; werde ich sie ausführen? Werde ich sie mit dem Beyfalle meiner Zeitgenossen, meiner geschätztesten Freunde und Bekannten ausführen? Dieser Wunsch ist mein lebhaftester, wenn Beschwerlichkeiten mancher Art sich meinen Untersuchungen entgegen stellen. Noch immer ist mein Plan, den todten See zu umreisen, nur zum Theil ausgeführt, und der beschwerlichste, obgleich unbekannteste und daher auch interessanteste Weg war mir bisher noch nicht zu machen möglich. Möge ich in diesem Jahre in meinen Bemühungen glücklicher seyn! Die Witterung ist für diese Jahreszeit unvergleichlich schön; möge sie von guter Vorbedeutung für mich seyn! —

Nur alle 3 bis 4 Jahre soll Schnee in Jerusalem fallen, welchen man äusserst nützlich für die Fruchtbarkeit der Oel- und Feigenbäume hält. Auch für das Getreyde ist er sehr gut, obgleich dafür auch schon ein reichlicher Regen hinlänglich ist. Man hat einzelne Fälle in Bethlehem gesehen, wo die Thüren der Häuser so verschneiet wurden, dass man sich einen Weg durch den Schnee graben musste. Jetzt soll in 3 bis 4 Jahren kein Schnee gefallen seyn.

Man erzählte heute, dass gestern Abend zwey Bauern von Szälwân bey Jerusalem von den mohammedanischen Bauern von Ain Kérrem, wo das St. Johannis-Kloster der spanischen Franciscaner-Mönche ist, unterwegs im Felde angefallen und ermordet worden seyn, weil es Szälwân mit Bethlehem hält.

2. Januar. In verwichener Nacht fiel ein starker Thau. Heute war hübsches Wetter.

Folgende Geschichte mag einen Beytrag zu einem Sittengemälde der hiesigen katholischen Christen abgeben, und zugleich beweisen, wie wenig die wahre Moralität durch den Aufenthalt der Mönche in Jerusalem und durch ihren Unterricht unter denselben befördert werde.

Ein Katholike, ein Rosenkranzhändler, hatte sich bey seinem Beichtvater, dem Pater Carlo, einem Italiener, so einzuschmeicheln gewusst, dass dieser ihm vor zwey Jahren eine Summe von 500 Piastern gegen ein Pfand lieh, welche er seitdem aber nicht wieder von ihm erhalten können. Pater Carlo hatte als Dolmetscher bey der französischen Armee unter General Desaix den Zug nach Oberegypten gemacht, und hatte Gelegenheit gehabt, sich eine Summe von etwa 10000 Piastern zu ersparen. Der Rosenkranzhändler wusste dies, und durch List wusste er es dahin zu bringen, dass er die Stelle erfuhr, wo P. Carlo dieselbe in seinem Zimmer aufbewahrte. Er liess alsdann den Schlüssel zum Schrank nachmachen, und wie er einst das Zimmer offen und den Pater nicht darin fand, stahl er den ganzen kleinen Schatz desselben, nebst seinem Pfande. Der Eigenthümer entdeckte seinen Verlust vor etlichen Wochen und war in Verzweiflung darüber. Man drohte dem unbekannten Thäter mit dem fürchterlichsten Fluch der Kirche, wenn er sich nicht zu erkennen gäbe, und seinen Raub wieder zurückstellte, in welchem Fall man ihm die Verschweigung seines Namens und die Vergessenheit seiner That feierlich zusicherte. Umsonst! er erschien nicht. Man suchte ihn jetzt durch geheime Künste der Magier zu entdecken, und da man mir auch die Ehre erzeigte, mich wegen meiner astronomischen Beobachtungen für einen weisen Mann zu halten: so bat mich P. Carlo, ihm zur Entdeckung des Diebes behülflich zu seyn. Ich lehnte natürlicher Weise dies Anerbieten von mir ab, indem ich ihm versicherte, dass ich dergleichen Künste nie erlernt habe. Vernünftiger und wirksamer waren indessen die Bemühungen der Einwohner in der Stadt gewesen, denen dieser Vorfall bekannt geworden war. Ein Jude zeigte an, dass jener Rosenkranzhändler vor einiger Zeit einen Schlüssel von der und der Form bey ihm habe verfertigen lassen, und etliche Mohammedaner wiesen die Goldstücke vor, die er bey ihnen habe wechseln lassen, und welche in Portugalesern bestanden, welche unter dem Gelde des Beichtvaters befindlich gewesen, übrigens hier aber sehr selten sind. Jetzt war es ausgemacht, dass dieser Mann den Diebstahl begangen, nur fehlte noch sein eigenes Geständniss, und dies war nicht zu erhalten. Er schwor hoch und theuer, dass ihn nichts davon bekannt sey, ersuchte den Beichtvater, ihn beichten zu lassen, damit der Verdacht gänzlich von ihm gewälzt werde, welches dieser aber sich zu thun weigerte. Man musste also zu nachdrücklichern Mitteln schreiten. Das Kloster wandte sich an die osmanische Regierung, und da der Thäter Gewaltthätigkeit befürchtete: so entfloh er. Der Mützéllim liess inzwischen sein Haus versiegeln und seinen kranken Bruder ins Gefängniss führen, der aber nichts bekennen wollte. Man versprach endlich dem Thäter völlige Vergessenheit des Vergangenen, wenn er wieder zurückkehren und seinen Raub ausliefern wolle. Die Betrachtung, dass sein Bruder gezwungen werden dürfte, die That zu gestehen, und dass er in diesem Falle der Strafe nicht entgehen würde, bewog ihn, von diesem Versprechen Gebrauch zu machen. Er kehrte zurück und lieferte das Geld wiederum heraus, woran nur eine kleine Summe fehlte, die er nach und nach ausgegeben hatte. Man hat ihn in den Kirchenbann gethan, bis er die fehlende Summe ganz ersetzt haben wird. — Vor mehrern Jahren stahl ein anderer Katholik einen reich mit Edelsteinen besetzten Abendmahls-Kelch aus der Sakristey der Klosterkirche; man sprach öffentlich in der Kirche die schreckliche Verfluchungsformel wider den unbekannten Thäter aus, allein ohne Erfolg. Nur auf seinem Todbette gestand er seine That.

Die Katholiken stehen hier in dem schlechtesten Kredit, wozu ihre niedrigen Gesinnungen die Veranlassung gegeben haben mögen. „Ihr seyd, sagten die Mohammedaner, weder Christen, noch Juden; Allah mag es wissen, welchen Glauben ihr habt." —

3. Januar. Heute war wieder sehr schönes klares Wetter. Des Nachts erscheinen jetzt die Sterne äusserst helle, wie bey uns in einer kalten hellen Winternacht.

Am folgenden Tage war wiederum schönes Sonnenwetter. — Die griechischen, armenischen, koptischen und habyssinischen Pilger wallfahrteten an diesem Tage (4. Januar) nach Bethlehem, um dort dem morgenden Weihnachtsfeste mit beyzuwohnen, welches wir schon vor 11 Tage vorhin gefeiert hatten. Der Mützéllim nebst einigen Soldaten dienten der Geistlichkeit zur Bedeckung.

Zweite Reise nach dem todten See und zwar nach dessen Ostseite.

5. Januar. Da ich mein Vorhaben nicht aufgegeben hatte, die Ostseite des todten Sees zu untersuchen, und mich zu dem Ende nach Jericho und zum Schech Achmed zu begeben: so nahm ich einen mohammedanischen Maulthiertreiber von Jerusalem an, welcher Achmed kannte, und welcher versprach, sich für mich bey demselben wegen des zu accordirenden Reisegeldes zu verbürgen, weil ich meiner Sicherheit wegen kein Geld und Geldeswerth mit mir führen durfte. Da mir mein Pelz bey den Beduinen ein zu vornehmes Ansehn gegeben haben würde, wofür ich mich vorzüglich in Acht zu nehmen hatte, und da doch die jetzige Witterung eine wärmere Bedeckung, zumal des Nachts, erforderte: so wählte ich statt desselben einen Abbaje von einem dicken groben wollenen Zeuge, welches Kleidungsstück hier unter dem Namen von Büscht bekannt ist, und das Ermel hat, welche dem eigentlichen Abbaje fehlen. Ich hatte mich mit einem Rottel Kaffee, einem Rottel Tabak, einem kleinen Vorrath von Pfeifenköpfen, einigen gläsernen Mundstücken der Pfeifenröhre und vielem Zwieback von Damask versehen, um damit Schech Achmed und den Arabern, die wir in der Folge antreffen würden, ein angenehmes Geschenk zu machen; in mein Tagebuch schrieb ich: Den Kühnen lächelt das Glück! und so trat ich am 5. Januar meine Wanderung an.

Da der Weg nach Jericho der Beduinen wegen unsicher ist: so schlossen wir uns an eine kleine Bauernkjerwane an, welche nach el Szalt in el Belka zurückkehrte, wodurch wir aber bis nach Mittag aufgehalten wurden. Wir kamen wieder nach dem Dorfe Lâsharíje und dem Chân el Hoût, bogen aber eine Strecke nachher von dem Wege nach Nebbi Musa links ab. Die Berge wurden immer unfruchtbarer und zerrissener, je weiter wir nach el Gôr fortrückten; übrigens aber wenig steinigt und überhaupt weit weniger wild, als die Berge um den todten See. Man sieht also, dass die sogenannte Wüste von Jericho, die uns frühere Reisende mit so schwarzen Farben malen, als Wüste betrachtet, noch immer ziemlich erträglich sey. Wir kamen in derselben einen verfallenen Chân vorbey, welcher von einem dabey befindlichen Dorfe Chân el Hatrûn genannt wird, wo man mehrere beträchtliche Grotten sieht.

Weiterhin sahen wir nordwärts vom Wege in dem engen tiefen Grunde Wady el Kild eine Quelle, welche das ganze Jahr hindurch fliesst, obgleich der Wady im Sommer und Herbst trocken ist, indem das Quellwasser nicht hinreichend ist, um einen beständigen Strom in seinem Bette zu unterhalten.

Da wir erst mit Sonnenuntergang in Jericho ankamen, und Achmeds Zelt noch eine halbe Stunde davon entfernt war: so beschloss ich, die Nacht bey einem Bauer zu übernachten, bey welchem wir eingekehrt waren. Er erzeigte mir die Ehre, mich in seinem Hárim schlafen zu lassen, wofür er ein Geschenk an Kaffee verlangte.

6. Januar. Am folgenden Morgen begleitete mich mein Wirth nebst einem von seinen Leuten zu Achmeds Dauâr, welcher nordwärts von Jericho zwischen Gesträuch und Gebüsch lag und aus 10 Zelten bestand. Wir fanden ihn nebst seiner Familie in einem kleinen ärmlichen Zelt; er empfing mich freundlich, obgleich er nicht wenig erstaunt war, mich hier zu sehen. Ich machte ihn indessen bald mit meinem Vorhaben bekannt, und in kurzem wurde ich unter Vermittelung

meiner Leute mit ihm eins, dass er mich für tägliche 8 Piaster längs dem ganzen Ostrande des todten Sees bis nach Gôr el Száphiá und von dort wieder zurück bis Jericho und Jerusalem lieferte. Indessen gestand er aufrichtig, dass er mich dorthin nicht immerfort begleiten könne, weil auch sein Stamm Blutfeinde unter den Stämmen der Landschaft Kárrak habe, versprach aber, dass er sich Mühe geben wolle, in diesem Falle einen sichern Führer oder Gafir für mich zu suchen. Es wurde überdem ausgemacht, dass er mir für einen Tagelohn einen starken Esel zum Reiten verschaffen wolle. Nach Beendigung dieses Geschäftes kehrten die Bauern nach Jericho und mein Jerusalemitaner nach seiner Vaterstadt zurück.

Achmed wurde nicht wenig froh, als ich nachher meine kleinen Schätze öffnete und ihm von allen die Hälfte mittheilte. Denn obgleich er der Schech seines Dauârs war: so schien er doch sehr arm, und ärmer zu seyn, als Mancher von seinen Untergebenen. Ausser dem wirklichen Nutzen, den ihm diese kleinen Geschenke brachten, sahe er sich zu gleicher Zeit durch eine solche Aufmerksamkeit vor seinen Leuten geehrt, indem ihm dadurch ein stilles Lob seines guten Betragens ertheilt wurde. Er unterliess daher auch nicht, einem Jeden, der nicht bey dem neulichen Vorfall am See zugegen gewesen war, zu sagen: „Seht! das ist der Christ, den wir vor kurzem bey unserer Expedition plünderten. Freund! wenn man mit den Leuten gut verfährt: so hat man auch immer solches von ihnen zu erwarten." Einer von seinen wildesten Negern, welcher mich damals gesehen hatte, und wahrscheinlich nicht müssig geblieben war, sahe mich erst einige Augenblicke mit Verwunderung an, dann bewillkommente er mich und setzte hinzu: „Jetzt seyd ganz ohne Furcht, Ihr seyd unser Freund und unter uns vollkommen sicher." — Achmed theilte Mehrern von seinem Kaffee und Tabak mit, denn ohne Mittheilung scheint Alles ohne Werth für sie zu seyn. Sie sind von Jugend auf daran gewöhnt, und Kargheit würde ihnen die grösste Schande bringen. Der Kaffeetopf kam jetzt den ganzen Tag nicht vom Feuer, obgleich Achmed ausgegangen war;

denn seine Frau bewirthete die Beduinenweiber. Die Araber Htêm (هتيم) stehen für die Sicherheit der Felder ein, welche die Bauern von Dêr Scherîr und el Tháibe, zweyen Dörfern auf dem Gebürge von Jerusalem, in dieser Gegend besitzen. Dafür sind diese verpflichtet, ihnen einen Acker zu überlassen und für sie zu pflügen. Achmed war heute hingegangen, um denselben mit Weizen zu besäen. — Des Abends wies er mir für immer sein Harem zum Nachtlager an, wo ich mit der ganzen Familie zusammen schlief.

7. Januar. Obgleich am folgenden Tage, einem Mittwochen, unsere Abreise festgesetzt war: so kündigte mir Achmed doch unerwartet an, dass es eine alte Sitte bey ihnen sey, nie eine Reise am Mittwochen anzutreten, weil dies eine böse Vorbedeutung für uns abgeben würde. Um ihn bey guter Laune zu erhalten, gab ich ihm nach. Damit indessen meine Zeit nicht unnütz verstreiche, machte ich einen Spatziergang mit ihm nach den jetzt bestellten Feldern, welche an dem Bache el Nuéhhm liegen, am nördlichen Fusse des Berges Krúnntil oder Quarantania. Wir kamen bald an den erwähnten Bach, und indem wir an seinen Ufern hinaufgingen, erreichten wir nach etwa einer halben Stunde, westnordwestwärts von seinem Dauâr, einen Aquädukt von 3 Bogen über einander, welcher etwa 30 Fuss das Wasser einer reichen Quelle über den Bach leitete und vor etwa 10 Jahren wieder erneuert war, weil der vormalige uralte Aquädukt unbrauchbar geworden war. Das übergeleitete Wasser wurde zur Bewässerung der höhern Felder benutzt, und ich muss gestehen, dass ein so nützliches Werk mir hier in dieser sonst so wenig Kulturfleiss zeigenden Gegend eine ganz auffallende und angenehme Erscheinung war. Gleich dahinter gelangten wir auf der andern Seite des Baches an die Quelle, welche Ain el Dûk heisst. Sie besteht eigentlich aus zwey Quellen, welche am Fusse des Krúnntul unter den Wurzeln zweyer ungeheuren Sziddr-Bäume entspringen, sich aber nach einem Laufe von wenigen Schritten mit einander vereinigen. Ain el Dûk ist eine sehr reiche Quelle, und ihr Wasser ist rein, klar und von

vorzüglicher Güte. Ich fand in derselben alle Steine mit den kleinen schwarzen Kinkhörnern und Neriten bedeckt. Am Ufer des Nuéhhm wuchs sehr viel zahmes Rohr und sonst hier und da der heilige Nachtschatten (Solanum sanctum) mit Blüthen und Früchten in Menge. Ich fand hier auch eine Koloquinte, welche die Araber El Hándal nennen. Die Rose von Jericho fand ich nicht, und Achmed versicherte mir, dass man sie nirgends um Jericho antreffe.

Der ansehnliche Bach el Nuéhhm entspringt höher nach Westen hinauf an dem Anfang dieses Thales, in der Gegend von Dêr Scherîr und Tháibe, zwey Dörfern, welche auf dem Gebürge dicht neben einander liegen und wovon jenes bloss von Mohammedanern, dieses aber bloss von griechischen Christen bewohnt wird. Sie sind etwa 4 bis 6 Stunden von Jericho entfernt. Ich habe schon gesagt, dass die dortigen Bauern einen Theil ihrer Felder hier neben dem Nuéhhm haben. El Nuéhhm ergiesst sich etwa eine Stunde nordwärts von Jericho in den Jordan.

Neben der Quelle Ain el Dûk fanden wir etliche Zelte der Htêm, deren Bewohner Neger waren. Wir kehrten in eins derselben ein. Ein Neger fragte Achmed, warum er mich nicht auszöge? „Nein! bey Gott! antwortete Achmed, dieser da ist sicher bey uns!" — Eine Beduine, die ihm nachher auf dem Rückwege die nämliche Frage that, erhielt die nämliche Antwort.

Ich erkundigte mich bey Achmed nach den Flüssen, welche auf der Westseite des Jordans befindlich sind, und er gab mir folgende ausser dem Nuéhhm an: el Audsche, zwey bis drittehalb Stunden nordwärts von Jericho. Ferner el Phoszéijil, el Phărha, el Maleg und el Dschalûd. Wo diese aber entsprängen und in welcher Entfernung von Jericho sie sich in den Jordan ergössen, wusste er mir nicht zu sagen. Indessen vermuthe ich, dass sie alle südwärts von el Bissán befindlich sind. — Zwey Stunden nordwärts von Jericho und eine halbe Stunde südwärts von dem Flusse el Audsche soll man die Ruinen einer Stadt finden, welche man Chürbet el Szómra nennt, die aber ganz unbedeutend zu seyn scheinen.

Des Abends und in der Nacht regnete es bey vielem Winde.

8. Januar. Obgleich die regnigte Witterung am folgenden Tage fortwährte: so drang ich dennoch auf unsere Abreise, und Nachmittags traten wir unsere Reise an. Ich ritt einen Esel, der ein sehr schlechter Läufer war, und Achmed sein Reitpferd. Am südlichen Ufer des Wady Kild bauet man an einigen offenen Stellen zwischen dem Gebüsch Indigo (Indigofera tinctoria L.). Man verkaufte in diesem Jahre ein gewisses Maass, welches man Szaa nennt, von seinem Saamen zu einem Piaster, und von dem fertigen Produkt, Nîl genannt, zu 5 bis 9 Piaster.

Wir kehrten in Jericho bey einem Bauer ein, um uns ein wenig zu erwärmen, weil wir von dem kalten Regen halb durchnässt waren. Achmed nahm hier einen Beduinen von den sogenannten Gôr-Arabern, um meinen Esel zu treiben. Nach einem kurzen Aufenthalt ritten wir weiter südwärts und kamen nach einer halben Stunde zu einen Dauâr der Beduinen von dem grossen und mächtigen Stamme der Beni Száchar, deren ich bereits auf der Ostseite des Jordans angetroffen hatte. Ihre Zelte, deren ich etliche zwanzig zählte, standen nicht, wie gewöhnlich, in einem Kreise, sondern auf der nackten Steppe ohne eine bestimmte Ordnung, in der Nähe der Strasse, welche die christlichen Pilger nehmen, wenn sie zum Jordan ziehen, umher. Die hiesigen Beni Száchar oder Szchûr sind reine Beduinen, das heisst, sie leben bloss von der Viehzucht, und treiben durchaus keinen Ackerbau. Sie halten hier bloss Kameele, welche die einzelnen salzigen und bittern Stauden der Ebene aufsuchten. Wir kehrten in eines der Zelte ein, dessen Inhaber Achmed kannte.

Gleich nach unserer Ankunft entstand ein Auflauf wegen eines fremden Beduinen, welchen man gefangen genommen, weil man ihn für einen Räuber hielt. Achmed ritt zum Zelte des Schechs, um die Sache zu untersuchen, und fand in dem

Fremden einen Bekannten. Auf seine Versicherung, dass es ein Beduine aus der Gegend von Gasa sey, wurde er wieder losgegeben.

Unser Wirth hatte hier keine Gäste erwartet, und es fehlte daher die Gastabtheilung in seinem Zelte. Es wehte ein heftiger kalter Wind, und der Regen wurde immer stärker; nichts desto weniger mussten die Weiber an der Verfertigung dieses Logis arbeiten, indem sie theils das Zelt ein wenig verlängerten, theils die Abtheilung, worin sie sich aufhielten, oder das Hárem, durch Versetzung der Scheidewand verkürzten. Man machte mit einer kleiner Hacke in der Erde eine Rinne um das Zelt herum, um das Regenwasser zu verhindern, dass es nicht ins Zelt flösse. Allein dieser Bemühungen unerachtet fanden wir unsere Lage sehr unangenehm. Der Regen drang bald von oben durch das schlecht gewebte häärne Zeug, bald zur Seite herein; das Zelt stand völlig ohne Schutz auf der nackten Ebene, wir zitterten vor Kälte, weil man kein ordentliches Feuer unterhielt, theils weil hier sehr wenige Stauden vorhanden waren, die sonst den Kameelen zur Nahrung dienen, theils weil die Leute des Regens wegen noch wenigere holen konnten, und diese wenigen auch nur mit Mühe brennen wollten, weil sie nass waren. Unsere Wirthe rauchten weder Tabak, noch tranken sie Kaffee, weswegen wir von meinem Kaffee zubereiteten, welcher uns unter diesen Umständen ungemein willkommen war. Ein altes Kameel starb vor Kälte vor unserm Zelte. Man schlachtete es kurz vor seinem Tode, weil man sich sonst dessen Haut nicht zu Nutze hätte machen können. Unsere Wirthe trugen weiter nichts, als einen Pelz von Schaaffellen, das gewöhnliche Kopftuch der östlichen Beduinen und Fusssohlen. Hemde trugen sie nicht. Ihre Farbe war russicht. Einer von ihnen hatte einen doppelten Daumen, welcher einer Krebsscheere, oder den Kinnladen eines Insekts glich. Vor anderthalb hundert Jahren würden unsere moralisirenden Theologen einen artigen Kommentar über diese Unform geschrieben, und ausführlich und gründlich bewiesen haben, dass dieser Daumen einen Beweis des Zorns der Gottheit über die Räubereien der Beduinen abgebe. — Ein junger Beduine vom Stamme der Aduân vermehrte unsere kleine Gesellschaft; er hatte eine Reise nach Jerusalem gemacht, und kehrte jetzt nach seiner Heimath, el Belka, zurück.

Wir wurden des Abends mit frischem Brod und späterhin mit einer Art dicker Brodsuppe, welche man mit den Fingern isset, bewirthet.

Auch des Nachts dauerte der Regen fort und wurde mit Donner und Blitz begleitet. Da kein Feuer unterhalten wurde, und das Zelt auf einer Seite ganz offen war: so mussten wir Gäste uns so nahe an einander legen, dass wir uns selbst erwärmten. Als ich des Morgens erwachte, fand ich, dass ich mit halbem Bein im Wasser gelegen hatte!

9. Januar. Obgleich in der ganzen Jordanebene kein Flöckchen Schnee gefallen war: so sahen wir doch alle Berge von Adschlûn, Belka und Kárrak fast bis an ihren Fuss damit bedeckt. Auch das Gebürge von Jerusalem wurde in dieser Nacht mit Schnee bedeckt, welcher etliche Tage liegen blieb, wie wir späterhin erfuhren.

Um 8 Uhr des Morgens verliessen wir unsere Beduinen-Wirthe, und verfolgten den Weg der christlichen Pilger, welcher zur Furth des Jordans führt. Rechts blieb in einiger Entfernung Bürrdsch el Hádschelá an der Stelle liegen, wo auf der Karte von Palästina Beth Agla steht. Der starke Regen hatte die Erde der Steppe so erweicht, dass mein Esel nur mit Mühe fortkommen konnte, und ich meistentheils zu Fusse gehen musste. Ich benutzte diese Gelegenheit, um die einzelnen Stauden zu untersuchen, welche zerstreut umher stehen, und meine Leute gaben mir folgende Namen davon:

1) Gítta, eine Staude, die bis mannshoch wird und eine Art Melde zu seyn scheint.
2) Mellúehh, ein Gewächs, welches sehr saftvolle Blätter hat.
3) Hammt, eine 3 bis 4 Fuss hohe Staude.
4) Érket oder Örket.
5) Áddeb, welches eine Salsola zu seyn scheint.
6) Aússzitsch, eine Art Lycium oder Bocksdorn.

7) Phürrs, welches kleine saftvolle, wie Trauben zusammengehäufte Blätter hat.

8) Tágma; man bedient sich derselben, um die Farbe der Färberröthe (el Phaúa) zu erhöhen.

9) Teijéra.

10) A'dschram. Aus diesem, so wie dem Phürrs, Tágma und Teijéra, imgleichen aus el A'ssla, einem Strauch, der zu el Phoscha wächst, bereitet man Soda, welche hier Kölly genannt wird.

11) Háschma; dieser Pflanze bedient man sich, so wie des Teijéra und Tágma, statt der Seife, indem man sie zerstösst und alsdann anwendet.

Nach Verlauf von 2 Stunden erreichten wir den Jordan, dessen Erdufer hoch und senkrecht sind. Eine Hügelreihe fasst auf jeder Seite des Flusses, ein paar hundert Schritte davon, denselben ein. Ich fand den Jordan diesmal sehr trübe, schlammigt und reissend, und eine Menge Bäume und Holzstücke wurden uns vorbey von seinem Strom zum todten See geführt. An dieser Stelle, welche man die Furth nennt, waren beyde Ufer mit vielem Gebüsch, Gesträuch und Schilf bedeckt; es wuchsen hier unter andern Tamarisken; ein kleiner stachlichter Strauch, welcher eine Art Ononis zu seyn scheint, und von meinen Leuten Schúbbrik genannt wurde; ferner Szémmuéh; Idschr el Garâb; Szûs berrîje oder wilder Lakritzen; Gárrab, ein ziemlich grosser Baum, vermuthlich eine Pappelart; auch fand ich am Wege auf einem Sziddr-Baum eine Schmarotzerpflanze, Ennîb genannt, die man zum Gerben der Schläuche benutzt.

Der Jordan war jetzt sichtbar zu hoch, und sein Strom zu reissend, als dass ich ihn mit Sicherheit hätte passiren können. Achmed wagte es, als ein geschickter Schwimmer, zum andern Ufer zu schwimmen; wurde aber eine ziemliche Strecke fortgerissen, bis er seinen Zweck erreichen konnte. Ich sahe mich also zu meinem Missvergnügen genöthigt, meine Reise noch etliche Tage zu verschieben, bis das Wasser vom gestrigen Regen und vom schmelzenden Schnee zum todten See geführt worden und der Jordan einen niedern Stand erhalten habe.

Um indessen diese kleine Reise nicht ganz vergeblich gemacht zu haben, machten wir einen Umweg, um einige von den erwähnten Hügeln, wo man gediegenen Schwefel findet, und den Bürrdsch el Hádschla zu besuchen. Wir ritten südwärts und erreichten erstere nach einer kleinen halben Stunde. Diese Hügel sind äusserst unfruchtbar und völlig nackt. Sie bestehen aus einem mürben Thonmergel, der aber so sehr von Schwefelsäure geschwängert seyn muss, dass keine Pflanzen darauf gedeihen können. Sie waren jetzt von dem Regen so erweicht, dass wir nur mit Mühe in dem Schlamme fortkommen konnten. Ich fand in ihnen oben einige dünne Lagen von einem Gypsschiefer, und in den Vertiefungen, die vom Regen ausgewaschen waren, einige Nieren von blassgelbem Schwefel, welche häufig eine dünne Kruste von Gyps hatten. Den meisten Schwefel findet man nördlicher beym Bürrdsch el Jehúd, den wir nach Beendigung meiner Reise besuchten. Man bedient sich dieses Schwefels wider die Räude der Schaafe und Kameele, imgleichen zur Bereitung des Schiesspulvers, zu welchem letztern Ende er aber zuvor durch Schmelzen gereinigt werden muss.

Weiterhin kamen wir zu einer kleinen schwachen Quelle, welche mit vielem Schilf und etlichem Gebüsch umgeben war. Ihr Abfluss bildete einen kleinen schilfvollen Sumpf, der einen übeln Geruch von sich gab. Achmed versicherte mir, dies Wasser sey vor alten Zeiten zum Bürrdsch el Hádschla geleitet worden, welcher in geringer Entfernung südwestwärts davon befindlich ist.

Bürrdsch el Hádschelá war vorhin ein griechisches Kloster, das in den spätern Zeiten zerstöret wurde. Es war ein ansehnliches Gebäude, ganz von Quadern erbaut, und liegt auf der ebenen unfruchtbaren Steppe, etwa fünfviertel bis anderthalb Stunden vom Nordende des todten Sees entfernt. In den Ruinen der Kirche sieht man noch an den Wänden etliche erträgliche Alfresko-Gemälde von Heiligen mit bunten Farben gemalt, welche sich noch zum Theil ausserordentlich gut erhalten haben. Auch fand ich viele griechische Namen, wahrscheinlich von Pilgern, an die Wände geschrieben, imgleichen einen mit mönchisch-lateinischen Karakteren. Dass in dieser Gegend im Alterthume die Stadt Beth Hagla gestanden, finde ich nicht unwahrscheinlich, indem dies der Name Hádschelá und die in den hebräischen Schriften angegebene Lage derselben wahrscheinlich machen (Josua 18, 19). In der Nähe von Bürrdsch el Hádschelá war die nackte Erde an vielen Stellen mit einer weisslichten Schorfflechte, die rothe Schildchen hatte, bedeckt.

Gegen Abend kehrten wir wieder nach unserm Dauâr zurück.

Tschakále, welche die Araber Waúy nennen, giebt es hier in grosser Menge. Etliche Stunden nach Sonnenuntergang hören wir alle Nacht ihr Geschrey um unser Dauâr, wo sie beständig den Lämmern und Ziegen nachtrachten, die zwischen den Zelten in Sicherheit sind, zumal die Hunde ein heftiges Gebelle anfangen, wenn sie sich nähern. Des Tages sieht man keinen einzigen, weswegen ich vermuthe, dass sie sich in das nahe öde Gebürge zurück ziehen und sich dort in den Felsenspalten verbergen. Meine Araber versicherten mir, dass sie sich aus Mangel an thierischer Nahrung mit Vegetabilien, Baumfrüchten und dergleichen begnügen. Sie heulen in einem sehr hohen feinen Tone, welchen sie lang ziehen und mit einem paarmaligen Gebelle beschliessen. Man kann es einigermaassen mit dem lauten Weinen eines Kindes vergleichen, obgleich es nicht genau damit übereinkommt. Die Hunde sind eine Art Spitzhunde, welche gegen ankommende Fremde bösartig sind, aber sich auf den Ruf ihrer Bekannten zur Ruhe begeben. Sie müssen mit wenigem Futter zufrieden seyn, etwas Brod u. s. w., und dürfen sich nicht im Zelt sehen lassen.

10. Januar. Am folgenden Tage war die Luft wieder mit Wolken bezogen und des Abends fiel ein kleiner Regen.

Wir erhielten einen Besuch von Szleimán (Soliman),

Schech der Beni Szácher, bey welchen wir vorgestern zugebracht hatten.

Achmeds Weib ist eine sehr flinke Araberin, von einer sehr guten Körperbildung. Sie heisst Phúdda (Silber); ihr Sohn, etwa 10 Jahr alt, Mohammed; ihre älteste Tochter Hâtsme; ihre zweite Cháddra (grün) und ihre dritte Mughr (Füllen). Sie säugt ihre Kinder zwey Jahr lang, welche aus Mangel an Kleidungsstücken halb nackt waren. Alle 3 Mädchen litten an den Augen, woran erbliche Anlage, grosse Unreinlichkeit, der beständige Rauch und der nächtliche Wind, der das Zelt durchstreicht, Schuld sind. Augenübel sind ausserordentlich häufig unter den Beduinen. Achmed und Phúdda hatten beide einen Schaden am Auge, und die Zahl derer, die irgend eine Augenkrankheit haben, ist häufiger, als derer, die davon befreiet sind. Die Knaben haben geschorne Köpfe; nur auf dem Vorderkopfe lässt man ihnen auf jeder Seite eine Locke stehen, die man flicht. Die Mädchen tragen rund abgeschnittne Haare, oder lassen sie auch wachsen, und flechten oder drehen sie in etliche Zöpfe. Ein Oelschlauch war ausgeleert und Phúdda salbete die Haare ihrer Kinder mit dem kleinen Rest, den sie aus demselben drücken konnte, wodurch sich diese nicht wenig geschmückt glaubten. Die Beduinen vom Stamme Htêm verschwägern sich mit den Aduân in el Bélka, aber mit keinen andern, und da man Letztere bisweilen die Htêm von Bélka nennt: so ist es wahrscheinlich, dass beide Stämme vorhin nur einen ausmachten. Phúdda war gleichfalls eine Aduene, und eine Nichte des berühmten Nimmer, Oberschechs von diesem Stamm; ihr Bruder hatte Achmeds Schwester gegen sie ertauscht, die hier jetzt zum Besuch war, und für eine Beduine recht hübsch war, obgleich sie auch einen Fehler am Auge hatte. Ihr Dauâr war vor einiger Zeit von ihrem eigenen Oberschech in Begleitung einiger Soldaten des Paschas von Damask überfallen und gänzlich geplündert worden. Aus Mangel an allen Bedürfnissen hielt sie sich jetzt bey ihrer Familie auf. Ihr Dauâr war zu Örrâk el Emîr, einem zerstörten Orte in der Gegend von el Szalt, und zwar südwärts davon. Es liegt in einer felsigten Gegend, und man soll dort noch ein gut erhaltenes Schloss (Kassr) und etliche andere Ruinen finden. Dieser Ort ist, so wie Kastál u. s. w., wegen seiner unterirdischen Schätze sehr berühmt. Im ganzen Stamme der jetzigen Htêm gab es keinen Einzigen, der lesen oder schreiben konnte, den Oberschech selbst nicht ausgenommen. Daher wissen sie von der Geschichte ihres Stammes weiter nichts, als die Begebenheiten, die sich zu den Zeiten ihres Vaters, Grossvaters, oder höchstens ihres Urgrossvaters zutrugen; alles, was sich vorhin begab, liegt in dunkler Nacht begraben. Da indessen in dem berühmten arabischen Heldengedichte der Beni Helál und etlichen andern Erzählungen, die in den Städten geschrieben vorhanden sind, Nachrichten von Stämmen vorkommen, welche wenigstens in Hinsicht des Namens identisch mit einigen noch vorhandenen sind: so können sich diese mit mehrerm Grunde eines höhern Alters rühmen, wenn sie zufälliger Weise mit dem Inhalt dieser Schriften durch mündliche Erzählungen bekannt werden. Blosse mündliche Traditionen, zumal von Begebenheiten, die keine sichtliche Spuren hinterlassen, werden gewöhnlich durch Zusätze, Abkürzungen, Missverständnisse und Unwahrheiten nach einem paar Menschenaltern gänzlich entstellt und in Kurzen durch neuere verdrängt. In dieser Hinsicht finde ich das Gedächtniss der Beduinen in keinem Stücke glücklicher, als das unserer gemeinen unkultivirten Leute, dessen Werth man aus eigner Erfahrung zu beurtheilen Gelegenheit gehabt haben wird.

Man nennt hier einen Stamm Hammúle oder Dschümmâat. Der halbe Stamm der Htêm, fast alle Neger, hält sich jetzt in unsrer Nachbarschaft auf der Jordanebene auf. Die andere Hälfte aber zieht mit ihren Kameelen auf den Bergen bey el Mert (Massada?) westwärts von Mâr Szába herum. In der Nähe dieses Klosters hält sich jetzt auch der Oberschech auf, wahrscheinlich um von dem Brodvorrath zu profitiren, welchen ihm dasselbe täglich reichen muss, wenn er sich in eigner Person einstellt. Auch seine nächsten Verwandten haben sich unter gleicher Bedingung eben einer solchen Gabe zu erfreuen. Er kam heute zum Besuch hieher, und ladete mich nach einem nahe liegenden Dauâr zum Abendessen ein, wo ihm zu Ehren in dem Gastzelte ausser dem Pilâu ein Böcklein aufgetischt wurde, wovon er mir mit eigner Hand eine Portion vorlegte, welches ich als eine nicht gemeine Ehre ansehen musste. Obgleich er sonst gut gekleidet war, wie ich schon an einem andern Orte gesagt: so hielt er es doch nicht unter seiner Würde, mir sein zerrissenes Hemd zu zeigen, und mich um ein neues zu ersuchen, welches ich ihm unter der Bedingung versprach, dass Achmed mich wieder glücklich von der Ostseite des todten Sees nach Jerusalem zurückbrächte.

Achmed hatte hier einen Neger, der seit einiger Zeit krank war, welchem ich auf seine Bitte etliche diätetische Mittel verordnete, da so wenig bey ihnen, als in Jericho, Arzneymittel vorhanden waren. Die Beduinen machen sehr selten Gebrauch von der Heilkunst, sondern überlassen sich ganz ihrer Mutter, der Natur. Zwar fehlt es auch nicht an einer Menge Kranken, wenn sich ein Arzt unter ihnen befindet, indem alsdann Jedermann etwas zu fragen hat. Allein, obgleich sie demselben in allen Stücken Recht geben und seine Kenntnisse loben: so macht doch fast Niemand Gebrauch von seinem gegebenen Rath. Sie haben ganz besondere Begriffe von der Belohnung, die einem Arzt gebühre. Eine Beduine steckte mir nach erhaltenem Rath 2 Para (etwa 1 Stüber unsers Geldes) in die Hand! Ich glaubte, sie spasse, und da ich überdem nie Geld nahm: so wollte ich es ihr wieder zurückgeben. Allein, Achmed winkte mir zu, es zu behalten, und um meinem angenommenen Karakter der Armuth getreu zu bleiben, steckte ich es zu mir. —

11. Januar. Ich besuchte am folgenden Tage mit Achmed den nahen Quarantania-Berg, welcher hier allgemein nur unter dem Namen von Krúnntul oder Krúnntil bekannt ist. Etwa eine Viertelstunde westwärts von unserm Dauâr kamen wir zum Ain el Szultân, einer reichen schönen Quelle am östlichen Fusse dieses Berges, welche vorhin etliche Mühlen trieb, die aber jetzt zerstört sind. Man sieht dort noch die Spuren eines Gebäudes, aber nichts von alter

Architectur. Ich fand hier etliche mächtige Szidderstämme, wovon einer drittehalb Klafter im Umfange hatte. An dem kleinen Bach, den sie bildet, steht hier sehr vieles Gebüsch von Sakûm, Szidder u. s. w. Auch hier fand ich die zwey gewöhnlichen kleinen Süsswasserschnecken-Arten in Menge. Neben der Quelle und über derselben, ein wenig den Fuss des Krúnntul hinan, wuchs eine kleine saftvolle Pflanze mit cylindrischen Aesten in grosser Menge, welche einer Clavaria glich und die Länge eines kleinen Fingers und die Dicke der Spule einer Rabenfeder hatte. Ihre Farbe war hellgrün mit kleinen Tüpfelchen oder vielmehr offenen Poren. Ich vermuthe, dass es dieselbe Pflanze sey, welche ich nachher auf meiner Reise vom Berge Sinaï nach Sués im peträischen Arabien fand, wo man sie el Szemmhh nannte, und wo die Beduinen sich derselben als eines Brodzusatzes bedienen. [1] — Ain el Szultân wird für die Quelle gehalten, von der die Legende versichert, dass der Seher Elisa sie trinkbar gemacht habe.

Wir gingen von hier einen niedrigen Vorberg vom Krúnntul hinan, an dessen steilen Abhängen man etliche zerstörte Mühlen sieht, welche eine auffallende Form hatten und durch einen aus dem Ain el Dûk vorhin abgeleiteten Kanal getrieben wurden. Auf der Nordseite davon sieht man in einem schmalen flachen Thale noch einige gewässerte Felder.

Am Fuss der steilen Felsenwände des Krúnntul zeigte mir Achmed im Gebüsch einen Baum mit kurzem, ziemlich starkem Stamm und einer sehr laubichten Krone mit grossen runden dunkelgrünen und starken Blättern. Die Beduinen nannten ihn el Díbbke, und versicherten mir, dass seine traubenförmig sitzenden Beeren eine rothe Farbe haben und einen klebrigten Saft enthalten. Ausser ihm ist in dieser Gegend nur ein einziger Baum seiner Art vorhanden. Die Beduinen halten ihn für heilig, und ein Neger, welcher hier Holz fällete, sagte mir im Spasse, er wolle mir den Kopf einschlagen, dass ich ihn bestiegen und etliche Zweige davon abgebrochen. Sollte dieser Baum die Cordia Myxa L. seyn? Ich glaube es.

---

[1]) Eine Art von Mesembryanthemum.

Ein schmaler, oft etwas gefährlicher Pfad führte uns jetzt an den ungeheuern schroffen Felsenwänden des Krúnntul hinan, dessen Gebürgsart aus Kalkstein besteht. In der Mitte ihrer Höhe und weiter nach oben sieht man viele Grotten, zu welchen der Zugang zum Theil nicht mehr möglich ist, weil die schmalen Felsenpfade durch die Länge der Zeit zerstört sind. Eine davon steht bey den Beduinen und Bauern umher im grössten Rufe, indem sie versichern, dass grosse Schätze darin verborgen seyen, dass man in seiner Oeffnung noch zwey eiserne Pfeiler sehe, und dass man mehrmals Goldmünzen unter dieser Grotte am Fusse der Felsenwand gefunden habe, welche von wilden Tauben, welche dort nisten, herausgeworfen seyen. Sie erkundigten sich sehr angelegentlich darnach, ob ich nicht etwas von der Schatzgräberkunst verstehe, und obgleich ich dies immer verneinte: so schien doch Achmed sich zu schmeicheln, dass ich ihm beym Besuch des Krúnntul meine Geheimnisse offenbaren werde! Man machte in der Folge den Plan, Jemand an einem Strick von der Felsenzinne bis in jene Grotte hinabzulassen, um den vermeintlichen Schatz zu heben; ob man diesen halsbrechenden Versuch wirklich gemacht habe? weiss ich nicht.

Höher, als alle Grotten, ist das berühmte Felsenkloster, welches hier unter dem Namen Szeijídna Eíssa (Unsers Herrn Jesu) bekannt und von den christlichen Pilgern besucht wird. Es ist theils in der steilen Felsenwand ausgehauen, theils besteht es aus Mauerwerk. Man sieht dort noch eine kleine Kirche, eine Küche und eine Cysterne, die jetzt aber kein Wasser enthält. In der Kirche fand ich noch auf den Wänden etliche Reste von alten Alfresco-Gemälden von Heiligen. Diese Grotte, so lautet die Sage, war die einsame Wohnung des Nazareners, als er 40 Tage und Nächte fastete. Es war also kein Wunder, dass in jenen ersten Jahrhunderten der Schwärmerey sich bigotte und einfältige Menschen hieher begaben und sich neben einem so heiligen Orte Einsiedeleien in den wilden Felsenwänden aushaueten, wo sie ihre Tage in mystischen Träumereien verlebten. Dies ist ohne Zweifel der Ursprung der vielen Grotten, die man hier sieht, und welche durch den nothwendigen Wechsel der Zeit jetzt wilden Tauben zum ungestörten Aufenthalte dienen. So rächte sich die Natur für die Beleidigung ihrer Gesetze, dass da, wo vorhin die Menschen sich vergebens zwangen, den weisen Trieb der Natur, sein Geschlecht fortzupflanzen, zu unterdrücken und gänzlich zu ersticken, jetzt die Taube, das Bild der Liebe und ehelichen Zärtlichkeit, in ungestörter Ruhe die thierische Schöpfung wieder mit ihrer allgemeinen Mutter aussöhnt. —

Von hier, auf einer kleinen Terrasse, welche kaum breit genug war, um darauf zu stehen, und vor mir ein schwindelnd-tiefer Abgrund, übersahe ich die kleine schöne wasserreiche Ebene von Jericho, welche etwa eine halbe bis dreyviertel Stunden von Süden nach Norden breit ist, und süd- und ostwärts von einer dürren Steppe umrändet wird. Sie ist ganz mit Gebüsch bedeckt, welches bald dicht, bald dünne steht und an einigen Stellen Saatfelder zwischen sich hatte, die ein schönes lebhaftes junges Grün zeigten, indem der Weizen eine Länge von einigen Zollen erlangt hatte. Jericho ist kaum bemerklich, und man sieht fast nichts davon, als das sogenannte Schloss (Kalla), welches aber nichts weiter, als ein etwas hohes Haus ist. Die fruchtbare Ebene von Jericho nimmt also nur einen sehr kleinen Raum von der grossen Jordanebene ein, an deren östlichem Rande sich das dunkle Gebürge von Adschlûn und Belka erhebt, und deren südlicher Rand vom todten See begränzt wird, wovon man einen Theil erblickt. Mein Standpunkt schien mir zu gefährlich, und ich zog mich bald an einen sicherern Ort zurück.

So wie in dem ganzen Umfange des todten Sees sich in den wilden Felsenbergen Steinböcke aufhalten: so lassen sie sich auch nicht selten auf dem Krúnntul sehen.

Ich wünschte jetzt die höchste Spitze dieses Berges zu ersteigen, wo sich noch etliche Ruinen von vormaligen Gebäuden befinden sollen, welche vielleicht einem alten Kloster angehören mögen, indem diese Stelle für die ersten christlichen Religionsschwärmer einen ungemeinen Werth hatte. Die Sage versichert nämlich, dass der Stifter ihrer Religion nach beendigten vierzigtägigen Fasten in der Grotte Szeijídna Eíssa von dem bösen Princip auf diesen Gipfel geführt worden sey, wo dieser vergebens alle seine Beredsamkeit anwandte, um ihn zu seinem Anhänger zu machen. O Sohn Mariens, sagte er,

O Sohn Mariens! auf! erkenne mich
Für deinen Gott! Fall' nieder in den Staub
Vor mir anbetend! Dann, o! dann beherrsch'
Die Königreich' der Welt, die herrlichsten,
Die du von dieser Felsenzinn' erblickst!

Der Nazarener.

Hinweg mit dir! Vermaledeiter du!
Befiehlt doch das Gesetz: verehre Gott,
Des Weltalls Herr, und Keinen ausser ihm!
Vor ihm allein anbetend sinke hin!

Einer solchen kräftigen Demonstration hatte der Dämon nichts weiter entgegen zu setzen; er verschwand, und die guten Genien sammelten sich um den Befreieten zu seinem Dienst.

Achmed versicherte mir, auf dieser Ostseite sey es völlig unmöglich, höher als Szeijídna Eíssa zu steigen; allein sowohl auf seiner Südseite, als auch auf seiner Nordseite, von Ain el Dûk an, führe ein ziemlich bequemer Steig hinauf, und wenn es mir gefällig sey: so könnten wir an einem andern Tage seinen Gipfel besuchen. Da indessen die Ruinen unbedeutend seyn sollen, und da ich im Voraus wusste, dass ich von dort so wenig das liebste von allen Reichen in der Welt, mein teutsches Vaterland, als auch eines der unbekanntesten, Monuemudschy im Innern von Afrika, erblicken würde, sondern nur ein wenig mehr, als ich von Szeijídna Eíssa gesehen hatte: so glaubte ich, dass ich mich ohne Vorwurf dieser Mühe überheben könnte.

Der Krúnntul liegt in der Bergreihe, welche die Jordanebene, el Gôr, auf ihrer Westseite einfasset. Es ist ein nackter steilseitiger spitziger Felsenberg, der seiner Höhe ungeachtet doch keineswegs zu den höchsten in Judäa gehört, indem Nébbi Sámuél und andere Gipfel des Gebürges, welches den Rücken und die Wasserscheide dieses Landes bildet, ohne Zweifel beträchtlich höher sind. Dass der übrigens so gelehrte und verdienstvolle Büsching es wahrscheinlich finden konnte, dass die oben erwähnte Scene der Versuchung wirklich auf seinem Gipfel statt hatte, muss man ihm als einem frommen Theologen zu Gute halten, da man, wollte man auch das Factum als richtig annehmen, durchaus keinen historischen Beweis für diese Sage der Einfalt angeben kann.

An dem östlichen abhängigen Fusse des Krúnntul säet man nach beendigter Weizen- und Gerstensaat auf griesigtem gewässerten Boden auch Melonen und viele Gurken und Badindschân.

Auf der Rückkehr zu unserm Dauâr erzählte mir Achmed, er habe vor einem Jahre eine Art grosser Eidechsen, el Dsobb genannt, an dem Flusse Aúdsche getödtet, welche etwa 2 Spannen lang waren. Diese Eidechse gehört hier zu den Seltenheiten. Man benutzt ihre Haut zu Beuteln und zu Ueberzügen der Handschar- und Säbelscheiden. Obgleich ihr Fleisch in einigen Gegenden von den Beduinen gegessen wird: so haben doch die Htêm einen Abscheu dafür. Füchse hingegen, die man hier Hössány nennt, werden hier ziemlich allgemein gespeiset. Fische essen die Beduinen nicht; nicht aus Aberglauben, sondern, wie Achmed versicherte, weil es nicht Sitte sey.

In dem Gebüsch auf der Ebene von Jericho hält sich ein vierfüssiges Thier auf, welches Szälûl heisst und nach der Versicherung der Beduinen lange Haare, die Grösse einer kleinen Katze hat und sich von Vegetabilien und gelegentlich von Hühnern nährt. Ob dies Thier eine Art Marder, oder ein Eichhorn sey, weiss ich nicht mit Gewissheit anzugeben. Indessen vermuthe ich, dass es zu der Abtheilung der Glires gehöre und dass man nähere Nachrichten davon in den arabischen naturhistorischen Werken finden werde, welche in der orientalischen Sammlung vorhanden sind.

Die Htêm müssen für die Erlaubniss, ihr nöthiges Brennholz in dem Gebüsch der Ebene zu fällen, dem Bauern-Schech in Jericho jährlich 50 Piaster bezahlen. Die Holzconsumtion ist im Winter bedeutend genug; man macht keinen Vorrath von Brennholz, weil die Dauáre mehrmals versetzt werden, und alsdann der Transport desselben beschwerlich seyn würde; sondern man fällt täglich so viel, als man nöthig hat, und es lässt sich leicht denken, welchen Rauch dies frische Holz in den Zelten verursachen müsse.

Der Platz, wo jetzt ein Dauâr steht, wird im folgenden Jahre besäet. Da nun alle Nächte der Vorrath an Vieh, welchen jeder Dauâr besitzt, darauf zusammengetrieben wird: so wird er, wie ein Hürdenschlag stark gedüngt. Der Viehstand unsers Dauârs besteht aus Rindvieh, Schaafen, Ziegen, etlichen Kameelen und Eseln und Achmeds Pferd. Achmed versicherte mir, er habe einst das zwölfte Korn vom Weizen geerndtet, und dieses schien nicht gewöhnlich zu seyn. Die Felder am Nuéhhm, deren ich vorhin gedacht, werden zuerst gewässert, alsdann besäet, dann der Saamen untergepflügt und dann wieder gewässert. So lässt man sie 40 Tage lang liegen, während welcher Zeit die Saat etwa einen Fuss hoch wächst, da sie alsdann noch einmal gewässert wird. Auch auf diesen Feldern schlagen die Htêm ihre Zelte auf.

Ein jeder Dauâr hat ein besonderes Zelt für Gäste, welches man Mansûl nennt. Die Verpflegung der Gäste wird täglich von einem andern Beduinen besorgt, bis die Reihe alle Zeltinhaber getroffen, da sie alsdann wieder von vorne anfängt. Die Zahl der Gäste ist öfters ansehnlich genug. Sie besteht theils aus Beduinen vom Stamme Htêm, die aus entferntern Dauáren zum Besuch hieher kommen, theils aus Beduinen von andern Stämmen, welche mit diesem in freundschaftlichen Verhältnissen stehen, theils, zumal jetzt, aus Bauern, die hier ihre Felder bestellen, theils aus kleinen Krämern, Metzgern, die Vieh kaufen u. s. w.

In unserm Dauâr wohnt ein Kűrrde, welcher das Schmiedehandwerk treibt. Er gehört aber nicht zu den Htêm, und auch seine Nachkommen könnten nie dazu gerechnet werden, wie mir Achmed versicherte, indem nur gekaufte Sklaven und deren Nachkommen als wirkliche Mitglieder eines Stamms angesehen werden. Der Stamm des Kűrrden hält sich in der Gegend von Jaffa auf, wo sein Vater Schech eines

Dauârs war; denn auch diese Kŭrrden führen ein Nomadenleben. Er zeichnete sich durch etwas mehr Lebensart vor den Uebrigen aus; Achmed schätzte ihn sehr, und Phúdda sagte einst: „bey Gott! dieser Kŭrrde ist ein Schech!"

12. Januar. Heute war die Luft etwas wolkigt.

Phúdda, meine Wirthin, trägt selbst jetzt im Winter weiter nichts, als ein blaues Hemd, welches bis auf die Erde reicht, aber durch einen Gürtel etwas aufgeschürzet wird. Nur wenn es regnet und sie Brennholz, Wasser und dergleichen holen muss: so wirft sie noch einen alten Abbáje über den Kopf. Ihr Kopfputz besteht aus einem blauen Tuch, welchen sie mit einem schmalen bunten Tuch um den Kopf befestigt. Mohammed, ihr Sohn, trägt ein zerfetztes Hemd oder ein paar andere Fetzen, die ihn nur halb bekleiden; und draussen bey nasskalter regnigter Witterung einen kurzen zerrissenen Pelz von einem Schaaffell; er ist immer draussen, um die beiden Kameele seines Vaters zu hüten, zu welchem Ende er als Provision des Morgens ein Stück Brod erhält. Die kleinen Mädchen werden immer etwas sorgfältiger gekleidet, wenn sie über das 8te oder 9te Jahr hinaus sind, und selbst vom 4ten oder 5ten Jahre an gewöhnt man sie, gewisse Theile bedeckt zu halten, welche ein Knabe von 10 bis 11 Jahren oft ohne Decke zeigt. — Achmed arbeitet äusserst wenig, sondern überlässt fast alle häuslichen Geschäfte seinem Weibe. Phúdda hat den ganzen Tag vom Morgen bis zum Abend alle Hände voll zu thun; bald fällt und holt sie Holz und macht Feuer an, bald mahlt sie das nöthige Mehl auf der Handmühle, siebt es, knetet Teig und bäckt Brod, oder bereitet andere Speisen, bald holt sie Wasser in einem grossen Schlauch aus der Quelle Ain el Szultân, bringt das Pferd zur Weide und holt es wieder von dort u. s. w. Man sieht also, dass ihr sehr wenig Zeit zur Pflege ihrer Kinder überbleibt, wovon das Jüngste noch von ihr gesäuget wird. Achmed versicherte, sein Pferd sey von der edlen Raçe, und ein Köhhéïly oder Stute, die er für 1000 Piaster gekauft habe (?). Ein Füllen davon hatte er seinem Neger geschenkt, und jetzt war sie wieder trächtig.

Unser Zelt besteht, so wie fast alle Beduinenzelte aus dem Harîm und der Abtheilung für die Mannspersonen, oder die Gäste. Auf der innern Seite des Harîms ist ein Lager von Baumzweigen gemacht, worauf des Abends ein besonderes starkes zottiges Wollenzeug, von Phúdda bereitet, ausgebreitet wird, und welches alsdann für Alle zum Unterbette dient. Alte und Junge schlafen hier neben einander, bloss mit einem Abbâje oder sonst einem Zeuge, einem Pelze und dergleichen bedeckt, worunter sie auch ihre Köpfe verbergen. Achmed schläft gewöhnlich unter demselben völlig nackt und ohne Hemd; sein Weib und seine Kinder mit ihrer gewöhnlichen Kleidung. Ich schlief auf einem blossen ausgebreiteten Sack, und bedeckte mich mit meinem Abbâje. Bey nächtlicher Kälte wurde neben uns ein Feuer unterhalten, um welches wir uns bisweilen in der Nacht herum setzten, um uns zu erwärmen, weil oft die Decken dazu nicht hinreichend waren. Fällt ein Regen: so sind selten die Zelte so dicht, dass sie, zumal im Anfange, wenn die häärnen Zeuge noch trocken sind, den Regen ganz abhalten. Man sieht daraus, dass man als Beduine gebohren seyn muss, um eine solche Wohnung erträglich zu finden. Aus besonderer Begünstigung schlief ich mit der ganzen Familie im Harîm zusammen, indem Fremde sonst immer in der andern Abtheilung schlafen, welche jetzt zum Viehstall diente; diese ist auf der einen Seite völlig offen, statt dass das Harîm des Nachts auf dieser Seite nur des Tags bey milder Witterung offen ist, des Nachts aber durch einen Vorhang verschlossen wird. Das Harîm ist immer grösser, als die andere Abtheilung, und in ihr sind alle die wenigen Habseligkeiten, welche den Beduinen unumgänglich nothwendig sind, etliche lederne Säcke, Schläuche zum Trinkwasser, zum Oel, zur Butter und zur Milch; der Kaffeemörser nebst übrigem Kaffeegeräth; Kochkessel, hölzerne Trinkschale, etliche Kleidungsstücke, Sattel und Zaum; auch das Brennholz. Beide Abtheilungen sind durch eine Scheidewand von dem nämlichen Zeuge, woraus das Zelt besteht, von einander getrennt. Ein solches Zelt kostet 100 bis 300 Piaster, und dauert etwa 5 Jahr. Indessen wird immer nachgebessert, weil einige Theile eher abnutzen, als andere. Die Beduinen würden für das nämliche Geld sich ein kleines dauerhaftes steinernes Haus bauen können, welches etliche Generationen hindurch dauern und ihnen weit mehr Bequemlichkeiten darbieten würde, als dies häärne Haus. Allein, da ihre Lebensart sie nöthigt, ihre Wohnung zu versetzen: so ist eine solche Veränderung ihnen nicht möglich.

Zwischen dem Gebüsch um Jericho findet man einen grossen Strauch oder kleinen Baum, welcher eine Art Crataegus zu seyn scheint, und von den Arabern el Körrn (القرن) genannt wird. Er hat lange starke Stacheln und eine schöne braunrothe Rinde. Mit seiner Wurzel, imgleichen mit Eicheln (Ballûth), gerben die Beduinen ihre Schläuche. — Man findet hier gleichfalls noch eine Staude oder einen Strauch, Namens Agûr, den ich aber nicht näher kennen lernte. Der Dornstrauch el Robbéïd wächst hier nicht, sondern in den nördlichen Gegenden von der Jordanebene.

Unter den Beduininnen unsers Dauârs fand ich besonders Eine sehr gesprächig, und ich fand bey ihr mehr Kenntnisse, den Nutzen der Gewächse betreffend, als bey den Mannspersonen, und sie war besonders als eine gute Färberin berühmt. Für Wolle bereitete sie die rothe Farbe von Färberröthe (Pháua), welche hier wild wächst, und um sie zu erhöhen, setzte sie derselben die Pflanze Táchma zu; die blaue von Indigo; die gelbe von den Blättern des Lorbeerbaums (El Gâr) und Alaun, welchen man aus der Landschaft Belka erhält, wo man ihn in Menge gediegen findet und den man hier sehr wohlfeil verkauft. Durch einen Zusatz von Nîl machte sie aus der gelben Farbe eine grüne. — Vormals soll man hier auch Reis und Zuckerrohr gebaut haben; allein schon seit lange ist dies ausser Gebrauch gekommen.

Mit Anfang des Frühlings ziehen alle Htêm auf das Gebürge, wo alsdann viele Weide ist.

Bey einigen Neger-Beduinen bemerkte ich eine besondere Krankheit, welche mit einer Art des Aussatzes, die Mose beschreibt, übereinzukommen scheint. Sie bestand aus grossen, offenen, inwendig rothen hässlichen Fleischgeschwüren, welche steile Ränder hatten und bisweilen sehr tief waren. Diese Geschwüre fangen damit an, dass die Oberhaut sich ablöst, und aus der Haut beständig ein wenig Jauche hervordringt. Sie kommen ohne Schmerzen, und auch während dem sie immer tiefer werden, sind sie wenig oder gar nicht schmerzhaft. Alle muskulösen Theile des Körpers werden damit befallen, und wenn auch bisweilen ein Geschwür schnell und unerwartet sich schliesst: so entsteht eben so schnell ein anderes an einer andern Stelle. Dieser Aussatz scheint bloss den Negern eigen zu seyn, indem ich ihn nie bey den übrigen Beduinen bemerkte. Sollte diese Erscheinung nicht einen Beweis abgeben, dass in der von Mose angeführten Horde viele Neger waren?

Da die Beduinen wenige und selten schwere Arbeiten verrichten: so sind sie unter sich ausserordentlich gesellig. Des Abends oder auch des Tages, wenn Gäste da sind, sind sie in dem Gastzelt beysammen, wo sie sich mit allerhand Gesprächen unterhalten, wobey sie viele Lebhaftigkeit bezeigen. Bey Fremden sind sie äusserst neugierig und zudringlich, und unterhalten sich sehr lange über den Zweck seiner Reise. Man wollte mich durchaus für einen Schatzgräber oder Magier halten, und verlangte, dass ich Zettel wider Krankheiten und alle möglichen Zufälle schriebe. Man glaubte, ich verstehe die Kunst, mich und Andere unsichtbar zu machen, und hatte Achmed den Verdacht eingeflösst, dass ich mich nach beendigter Reise unsichtbar machen und ihn um seinen Lohn bringen werde. Ein kleines arabisch-teutsches Wörterbuch, welches ich während meinem Aufenthalt in Halep verfertigte, und das ich immer mit mir führe, sollte durchaus ein Zauberbuch seyn. Da so wenig Achmed, als irgend ein Anderer seines Stammes lesen konnte: so ersuchte er einst einen Bauer, es durchzusehen. Obgleich derselbe nun ganz etwas Anderes fand, als er erwartet hatte: so war dieser Mensch dennoch so sehr dagegen eingenommen, dass er darauf spuckte und es von sich warf. Diese Behandlung seines Gastes nahm indessen Achmed sehr übel, und der Bauer musste mir bald nachher seine Reue bezeugen.

Die Beduinen kümmern sich wenig um die Religion, obgleich sie sich alle für Mohammedaner ausgeben und Allah und den Propheten immer im Munde führen. In unserm Dauâr war kein Einziger, der die vorgeschriebenen Gebete beobachtete, und vielleicht war im ganzen Stamme kein Einziger, der dies that, als der Oberschech, der, wo mir recht ist, dieselben bisweilen verrichtete. Bloss des Morgens hörte ich bisweilen, dass Achmed ein kurzes Gebet, aber ohne alle Ceremonie, im Gehen oder Stehen hersagte. Bissm Allah! (in Gottes Namen) hört man häufig beym Anfange eines jeden Geschäfts, sey es auch eine noch so unbedeutende Sache. Um den wöchentlichen Festtag der Mohammedaner, den Freytag, kümmern sie sich eben so wenig, als um die übrigen Wochentage, wovon sie den heutigen Tag oftmals nicht anzugeben wissen.

Da die Weiber und Kinder immer mit nackten Füssen gehen, und es hier viele Dornsträucher giebt: so haben sie fast täglich Dornen in den Füssen, welche die Beduinen aber mit vieler Geschicklichkeit heraus zu ziehen wissen. Die jungen Mannspersonen tragen meistentheils blosse Sohlen, welche sie mit einer dünnen, wollenen Schnur unter die Füsse befestigen; die Verheuratheten tragen eine Art hoher bis an die Knöchel gehender Schuhe.

Sehr selten tragen die Beduinen Beinkleider, und auch diejenigen, welche damit versehen sind, bedienen sich derselben nur, wenn sie reiten. Indessen wissen sie sich mit dem blossen Hemde immer so zu setzen, dass sie nie unanständig werden. Kleine Knaben hingegen wissen von einer solchen Unschicklichkeit nichts.

Da Achmed das östliche Ufer der Jordanebene kannte: so erkundigte ich mich bey ihm nach den Gewässern, welche sich auf jener Seite in den Jordan ergiessen, und er gab mir folgende an, so wie sie von Norden nach Süden auf einander folgen.

1) El Serka, welche das Gebürge Adschlûn von der Landschaft el Belka trennt, und welche man wohl von der Serka-Maéin, welche sich in den todten See ergiesst, unter-

scheiden muss. Es giebt in Palästina unterschiedliche kleine Flüsse, welche den Namen Serka führen. Serka ist das Foemininum von Ásrak, welches blau, schwarz oder dunkel bedeutet. In meinen frühern Reisen findet man eine ausführliche Nachricht von jener Serka.

2) Nahhr Nimrîn. So soll der Wady Sehoáib oder Schaïb, welcher von el Szalt anfängt, in der Gegend heissen, wo er in die Jordanebene übergeht, und wo viele Quellen befindlich seyn sollen. Die Gegend von Nimrîn zeigt sich von Jericho aus als ein dunkles Gebüsch, und dies beweist ihren Ueberfluss an Wasser, weil ohne dasselbe in diesen Gegenden nichts fortkommen kann. Dieser Reichthum an Wasser lockt auch zu jener Jahrzeit, wo in den übrigen Gegenden weniges Grün vorhanden, eine Menge Beduinen dahin, weil sie dort gute Weiden finden. Der Wasserreichthum von Nimrîn und seine Weiden waren schon in dem grauesten Alterthume berühmt:

Nur Klagetön' erschallen laut empor
Auf Horonáims Landesstrass'. Sind doch
Versiegt die Borne von Nimrîn, ist doch
Das Gras verwelkt, die Blum' verdorret, und
Das Erdreich deckt nicht mehr ein Jugendgrün.[1])

3) Nahhr Kuffréin.

4) Nahhr Szîr oder Sîr, etwa eine Stunde von Nahhr Hüsbân. In el Szîr oder Sîr soll man noch einen Thurm oder ein Schloss und einen grossen ausgemauerten Teich finden.

5) Nahhr Hüsbân oder el Ráme.

Das Gebürge auf der Ostseite der Jordanebene (Breite Sittim) gegen Jericho über hiess im Alterthume das Gebürge Pisga (5. B. Mos. 34, 1), und dessen Spitze Nebo. Da man über die Lage der letztern noch immer in Ungewissheit war, und mir dieser Berggipfel wegen der alten Sage, Mose, der Gesetzgeber der Israeliten, habe von dort aus ganz Palästina übersehen und in einem benachbarten Thale ein nie bekannt gewordenes Grab erhalten, äusserst merkwürdig schien: so be-

---

[1]) Jesaia 16, 5. 6. Jeremia 48, 34.

trachtete ich mehrmals von unserm Dauâr das gegenseitige Gebürge mit Aufmerksamkeit. Auf diese Art überzeugte ich mich, dass dem Nebo keine andere Stelle besser entspreche, als eine Bergspitze auf der Westseite von el Szalt, welche Jericho in schräger Richtung gegenüberliegt, in der ganzen Gebürgsreihe die höchste ist, und, welches merkwürdig ist, den Namen Rás Nébbi Oscheá, der Scheitel des Propheten Josua, führt. Zwar sieht man südlicher noch einen hohen Berg, welcher bey den Ruinen von Naáur liegen, und in dessen Nähe die Quelle Ain Musa (Moses-Quelle) entspringen soll, und noch weiter südlich den Berg von Maéin; allein, alle beide sind beträchtlich weiter von Jericho entfernt, als der erwähnte Berg bey el Szalt. Zwar versicherte mir der griechische Pfarrer in el Szalt, der Berg Nebo sey einer und derselbe mit dem Dschíbbal Attarûs; seitdem ich aber die Lage dieses Berges und seine Form, die gar keinen ausgezeichneten Gipfel zeigt, kennen gelernt, bin ich aufs vollkommenste überzeugt, dass dieser Mann eine Sache, die ihm täglich vor den Augen lag, in weiter Ferne suchte, und dass er sich hierin sehr irrte. Auf meiner Reise von dem Gebürge Adschlûn nach el Szalt wurde mir nahe vor diesem Ort westwärts vom Wege auf einem Berge ein kleines Gebäude gezeigt, welches die Christen Mar Schája nannten, dem aber die Mohammedaner einen andern Namen gaben, und welches ein mohammedanischer Wallfahrtsort war. Ich vermuthe, dass dies grade jener Râs Nébbi Oscheá war, weil daselbst nach Achmeds Versicherung auch ein Msar vorhanden seyn soll.

Die Bäche am Písga (Josua 13, 20) halte ich für die vorbingenannten kleinen Flüsse oder Bäche, besonders für den Nahhr Nimrîn.

In dem Wady Schoáib wallfahrten die Mohammedaner noch jetzt zu dem Begräbniss des Nébbi Schoáib, welches 4 bis 5 Stunden von el Szalt entfernt seyn und bey den Beduinen in grosser Achtung stehen soll. Schoáib dürfte wohl eigentlich Hobab, der Schwager Mose, seyn, welcher den Israeliten als Wegweiser in dem peträischen Arabien diente (4. Mos. 10, 29 ff.). Allein die Mohammedaner scheinen denselben mit Moses Schwiegervater Reguel zu verwechseln, von welchem man in der hebräischen Geschichte keine Anzeige findet, dass er mit den Israeliten zog.

Die besten Kaffeemörser bereitet man aus dem Holze des Johannisbrodbaumes (Charrûb); zum Stempel aber nimmt man das Holz von einem stachlichten Baum, el Suêt, welcher auf dem Gebürge von Jerusalem wächst und dessen Holz sehr hart und fest ist.

14. Januar. Nach langem Harren traten wir endlich den 14. Januar unsere Reise nach der Ostseite des todten Sees an. Achmed überliess mir sein Pferd und er begleitete mich zu Fuss. Ich hatte ihm ausser seinem bedungenen Tagelohn noch ein beträchtliches Trinkgeld versprochen, wenn wir heute den Jordan passiren würden, wozu er vorhin sehr wenig Lust bezeugte, weil er die Nachricht erhalten, dass derselbe noch immer sehr hoch sey.

In Jericho vernahmen wir zu unserer nicht geringen Freude, dass ein Trupp Aduân des Morgens zur Jordan-Furth (Jos. 2, 7), el Mócktaá, gegangen sey, um wo möglich das andere Ufer zu erreichen. Wir eilten also, um uns an sie anzuschliessen. Auf dem Wege dahin kehrten wir auf einige Minuten in ein Dauâr von 15 Zelten ein, welche den Beni Száchar gehörten, und wo ich einer kranken Schwester des Oberschechs Szleimán medicinischen Rath ertheilen musste. — Auf der nackten Steppe war an mehrern Stellen ein schneeweisses Salz ausgewittert, welches einen Zwischengeschmack von Kochsalz und Salpeter hatte.

Wir trafen den Oberschech der Beni Száchar nebst noch einem paar andern am hohen Ufer des Jordans, die Pferde an Bäume gebunden, und die Lanzen in die Erde gesteckt. Etliche Aduân waren am hohen diesseitigen, etliche andere am jenseitigen niedrigen Ufer im Gebüsch; auf beiden Seiten loderte ein grosses Feuer. Beträchtliche Strecken des ausgespülten hohen Erdufers stürzten mit donnerndem Geräusch in den Strom. Nackte Beduinen schwammen hin und her und erreichten, mit dem noch schnellen Strom kämpfend, jedesmal halberstarrt vor Kälte und zähneklappernd das Ufer, wo sie sich wieder ein wenig erwärmten, um ihre Wasserfahrt aufs neue antreten zu können. Nie hatte ich Gelegenheit, den Nuzzen einer Brücke, oder auch nur einer Fähre, jener Werke grösserer politischen Verbindungen zur Beförderung des Transports, kennen zu lernen, als hier. Denn es war nicht genug, dass Menschen und Thiere durch den Fluss schwammen; es mussten auch ihre Kleidungsstücke, ihre Ess- und andere Waaren u. s. w. hinübergeschafft werden, und Jedermann wünschte diese trocken zu erhalten. Man stopfte sie also in wasserdichte Schläuche, die man fest zuband, und so nahm jeder Schwimmer einen oder zwey und brachte sie ans andere Ufer. Allein, die Schläuche fassten keinen grossen Vorrath auf einmal, und so sahen sie sich genöthigt, so vielmals hin und her zu schwimmen, bis endlich Alles hinüber war. Selbst meine Uhr kam auf diese Art unbeschädigt ans andere Ufer. Achmed gehörte zu den geschicktesten Schwimmern und er schwamm vielleicht ein Dutzendmal von einem Ufer zum andern. Ich hatte während dem das Geschäft über mich genommen, ein grosses Feuer zu unterhalten, damit die Schwimmer sich erwärmen könnten, wozu hier Holz in Menge vorhanden war. Die Haut der Beduinen war meistentheils sehr stark gebräunt; einem von ihnen fiel meine Weisse auf, und er rief den Andern zu: „Seht! Seht! das Salz! der Arme!" Achmed setzte sich auf sein Pferd und schwamm mit demselben hindurch, weil das Wasser zu tief war, als dass es den Boden berühren konnte. Etliche Esel wurden einzeln in den Fluss geschoben, und ein Beduine schwamm neben denselben hinüber, jeden an einem Strick haltend. Als endlich Alles hinüber war, kam die Reihe an diejenigen, die nicht schwimmen konnten; einen Schaafhändler von Jerusalem, einen Halbneger von den Aduân, und zuletzt an mich. Man band mir einen aufgeblasenen Schlauch auf den Rücken und einen Strick an den linken Arm, welchen Achmed fasste; wir wateten so tief in den Fluss hinein, bis wir endlich vom Strome gehoben und schräge fortgerissen wurden. Zur Sicherheit schwamm ein anderer Beduine hinter mir, wie bey den vorhin Uebergesetzten, welcher jedesmal einen Gesang anstimmte, um Muth zu machen. Das Wasser hatte eine schreckliche Kälte, weil es aus geschmolzenem Schnee bestand; zudem fiel grade ein kalter Regenschauer, und ich glaubte mich unbeweglich, als wir endlich glücklich das andere Ufer erreichten. Alles ging indessen gut und ich empfand keine übeln Folgen davon.

Unsere Gesellschaft eilte, um ein Nachtquartier aufzusuchen, weil mit dem Uebersetzen der ganze Tag verflossen war. Achmed war nicht wenig besorgt, als wir uns auf einmal allein sahen. Er hatte unter den Arabern des andern Ufers zwey vom Stamme der Hadschája, die in dem Lande Kárrak herum ziehen, und welche Todfeinde seines Stammes sind, bemerkt, welche weiter hinab über den Jordan geschwommen waren, und er befürchtete, dass uns diese überfallen möchten. Die Ursache dieses tödtlichen Hasses war folgende. Zu der Zeit des französischen Einfalls in Syrien waren die Beduinen auf der Westseite des todten Sees und des Jordans wider die Franzosen zu Felde gezogen, und hatten ihre Familien ohne Schutz zurückgelassen. Die Hadschája und etliche andere Beduinen auf der Ostseite des todten Sees benutzten diese schöne Gelegenheit, um ihre Raubsucht zu befriedigen. Sie machten einen Einfall in Palästina, plünderten das griechische Kloster Mâr Szába in der Wüste und streiften bis vor Jerusalem und Bethlehem. Die Htêm, welchen die Beschützung jenes Klosters mit obliegt, nahmen dies sehr übel auf, und sannen auf Rache. Sie machten einen Streifzug in das Gebiet der Hadschája, überfielen etliche Dauâre, und die grausamen Neger schonten weder Weib, noch Kind. Es war alo leicht begreiflich, dass die so behandelten Hadschája auf Blutrache dachten, und Achmed konnte den gewissesten Tod erwarten, wenn er in ihre Hände fallen würde. Wir eilten daher so schnell als möglich, um aus dieser gefährlichen Lage herauszukommen, und uns wieder an unsere Gesellschaft anzuschliessen.

In einiger Entfernung vom Ufer des Jordans fanden wir wieder etliche Hügel, wie auf der Westseite, deren Boden nackt und von dem Regen so glatt war, dass mein Pferd beständig zu gleiten drohte. Wir holten indessen in kurzem zu unserer Freude unsere Gefährten wieder ein, und waren nun in Sicherheit. Nach einer halben Stunde passirten wir den Bach Nahhr Hüsbân, welcher westwärts von Hüsbân dem alten Hesbon, entspringt und sich ein wenig oberhalb der Mündung des Jordans in den todten See mit diesem Fluss vereint. Seine beiden Ufer sind mit vielem Gebüsch eingefasst. Die Dunkelheit der Nacht übereilte uns, und wir zogen auf der Steppen-Ebene umher, wo kein Pfad zu sehen war, ohne zu wissen, wo wir die Nacht zubringen sollten. Ein kleiner Regen dauerte beständig fort. Endlich hörten wir in der Ferne etliche Beduinen ihre Kameele locken; wir folgten dieser Stimme und erreichten etwa zwey Stunden vom Jordan entfernt zwey Zelte der Beni Száchar, wo wir übernachteten. Unsere Wirthe waren auf so viele Gäste nicht gefasst, und konnten uns daher weiter nichts zum Nachtessen reichen, als Brod und Kaffee, weil weder Ziegen, noch Schaafe vorhanden waren, bloss Kameele. Holz war gleichfalls nicht vorhanden, und unsere noch halbnassen Kleider, verbunden mit der nächtlichen Kälte, fielen uns nicht wenig beschwerlich.

Das Gespräch kam unter andern auf die neue Sekte der Wuháby; der zahlreiche Stamm der Beni Száchar und der noch weit zahlreichere der Ánäséh sind dem jetzigen Chaliphen des Religionsstifters schon seit mehrern Jahren tributär. Indessen waren in diesem Jahre die Einnehmer dieses Tributs (el Síka) nicht angelangt, wovon man sich keinen Grund anzugeben wusste. Aus den Aeusserungen unserer Wirthe schloss ich, dass ihnen diese neue, ihnen vorhin unbekannte Auflage sehr zuwider war.

15. Januar. Am folgenden Tage verliessen wir um ein Viertel nach 8 Uhr die Beni Száchar, und verfolgten die Jordan-Ebene in östlicher Richtung, indem wir den todten See südwärts in einiger Entfernung von uns hatten. Die Ebene hielt einige Zeit an, wo ein Haufen Kameele die einzeln stehenden Stauden der Steppe, die uns gestern Abend nur eine kurze Zeit ein Mittel, uns zu erwärmen, geliefert hatten, aufsuchte.

Weiterhin zogen wir in südöstlicher Richtung. Wir kamen an eine quelligte Stelle, wo viel Schilf und einige junge Riesen-Aesculape oder Öschêr standen. Dies Schilf war von dem gemeinen Schilfrohr (Arundo donax L.) gänzlich verschieden, und dürfte eine neue, noch unbekannte Art ausmachen. Obgleich es fast eben so hoch wächst, als jenes: so ist es doch weit dünner, und nur wenig stärker als Arundo phragmites L.; die Gelenke sind weit weniger sichtlich, und was das Merkwürdigste ist, es ist nicht hohl, sondern mit einem porösen ziemlich festen Mark angefüllt, das mit der äussern Rinde in genauer Verbindung steht. Die Blätter sind weit schmäler und gewissermassen bunt, indem ihre innere Seite ins Gelblichbraune oder Röthliche fällt. Dies Rohr ist ohne Zweifel das nämliche, dessen die ältern Reisenden, Troilo und Myller, erwähnen, und wovon sie versichern, dass es in grosser Menge nach Konstantinopel geschickt werde, wo man sich desselben zu langen Pfeifenröhren bediene. Dieser Gebrauch scheint jetzt abgekommen zu seyn; wenigstens versicherten die Beduinen, dass es nicht so gut dazu sey, als das zahme Rohr, indem es bald einen bittern Geschmack nähme, welches aber davon herrühren dürfte, dass sie dasselbe nicht so rein auszubohren verstehen, als vormals die Osmanen, statt dass das zahme Rohr inwendig von Natur glatt ist.

Um ein Viertel vor 9 Uhr erreichten wir den Nahhr Szuéme, einen kleinen Bach, in welchen sich, wo ich mich recht erinnere, nach Achmeds Versicherung die kleinen Quellen Aijûn el Dsîb und Aijûn Musa ergiessen sollen.

Gleich dahinter fing der Boden an sich zu heben und hüglicht zu werden. Ueberall ragten Felsen von zerfressenem Kalkstein hervor. Von diesem hohen Standpunkte überzeugte ich mich nochmals, dass die lange schmale Erdzunge, welche auf der Karte angegeben ist, im Nordende des todten Sees nicht vorhanden ist.

Es begegnete uns hier ein kleines Abentheuer, das wir gar nicht erwartet hatten. Ein Beduine von den Beni Száchar passte uns hier am Wege auf, und verlangte Passagegeld oder Gáffar von uns. Unsere Leute weigerten sich, und wollten schon weiter ziehen, als wir einen andern von dem nämlichen Stamm wohlbewaffnet queerfeldein in Galopp auf uns losgeritten kommen sahen. Mit grossem Ungestüme forderte er Passagegeld von mir und von einem Beduinen unserer Gesellschaft, welcher einige Waaren in Jerusalem gekauft hatte, um damit einen kleinen Handel zu treiben. Letzterer musste bezahlen; was mich betraf, so gab sich Achmed alle Mühe, den Beni Száchar zu beweisen, dass ich nicht nöthig habe, diese Abgabe zu bezahlen, weil ich gar keine Waaren bey mir führe, ein Christ, und er mein Führer sey, und überdem, weil ich gar kein Geld bey mir habe. „Recht so! erwiederte der Reuter; er ist ein Christ, und wir haben ein bekanntes Recht, von Christen einen Chaúe [1]) zu verlangen." In dem nämlichen Augenblick nahm sein Gefährte meinen Abbáje in Beschlag und ging damit fort. Obgleich nach lange fortdauerndem Disput der Reuter zugab, dass ich in Achmeds Gesellschaft nicht nöthig habe, irgend eine Abgabe zu entrichten: so war dennoch mein Abbáje fort, weil der Reuter versicherte, derjenige, der ihn genommen, sey zwar von seinem Stamm, aber aus einem entfernten Dauâr und er kenne ihn nicht. — Der Viehhändler von Jerusalem hatte nichts bezahlt, weil er seit vielen Jahren mit den Beduinen dieser Gegend in Verbindung steht, und ihnen gelegentlich kleine Geschenke macht. Er versicherte mir, er führe in seiner Reisetasche 2000 Piaster baares Geld mit sich; nichts desto weniger reise er hier so sicher, als in andern Gegenden mit einer Kjerwane. Die Beduinen fühlen sehr wohl das Bedürfniss, doch einigermaassen eine Verbindung mit den Städten zu unterhalten, um gewisse Waaren zu erhalten, die ihnen unentbehrlich geworden sind, und ihren Ueberfluss an Vieh und deren Produkten wiederum zu Gelde zu machen. Ein kluger Eigennutz zwingt sie also, bey den unter ihnen bekannten Krämern ihre früh erlernte Raubsucht zu unterdrücken.

---

[1]) Chaúe oder Chúe heisst die Abgabe oder das Geschenk, welches die Krämer, die mit den Beduinen handeln, einem Freunde, den sie in jedem Stamme haben, jährlich machen.

Nach einem Aufenthalt von anderthalb Stunden zogen wir weiter. Allein, Achmed, welchem ich einige Vorwürfe gemacht hatte, dass er, als Schech, so wenig seine Autorität hätte geltend machen können, ging zurück, um den Räuber aufzusuchen. Besorgt, dass man mir meine silberne Uhr nehmen möchte, steckte er sie zu sich, und empfahl mich zweien Aduân, die gleichen Weg, als ich, zu machen hatten.

Die Berge wurden weiterhin äusserst nackt, felsigt und unfruchtbar. Die Gebürgsart, woraus sie bestanden, war ein braunes, oft fast schwarzes Gestein, welches mir eisenschüssiger Sandstein zu seyn schien. Sie sind höchst wahrscheinlich der Eisenberg, dessen Josephus in dieser Gegend erwähnt, und der seinen Namen von seiner Farbe und seinem wirklichen Gehalt an Eisen erhielt. Unter dem Gerölle fand ich ein paar Stücke Basalt.

An einer quelligten Stelle bemerkte ich ein paar wilde stammlose Dattelpalmen, traurige Reste einer frühern Kultur. Man versicherte mir, weiter südwärts am Ufer des todten Sees finde man noch in dem Wady Anáse viele hohe Palmen, die aber keine Früchte trügen, ohne Zweifel, weil man die Mittel der künstlichen Befruchtung nicht kennt und nicht anwendet.

Einige Zeit darauf trennte ich mich von der übrigen Gesellschaft, welche tiefer landeinwärts einige Dauâre aufsuchte, und blieb mit meinen zwey Aduân, wovon einer ein Neger war, allein. Wir zogen südwärts durch eine ausserordentlich bergigte Gegend, welche von kleinen tiefen Thälern und Schluchten durchschnitten war. Von diesen Bergen hatte ich mehrmals das Vergnügen, einen beträchtlichen Theil vom todten See zu übersehen. Indem wir so in dieser stillen Einöde fortzogen, wurden meine Beduinen auf einmal in den grössten Schreck gesetzt. „Kôm! Kôm!" [1]) schrien sie, indem sie ängstlich nach den nahen Bergen am Ufer des todten Sees hinblickten, und liefen queerfeldein. Schnell erinnerten sie sich aber, dass ich ihrem Schutze anvertraut war, und nun trieben

[1]) Bewaffneter Volkshaufen.

sie mit aller Macht mein müdes Pferd eine steile Bergseite hinan, um wo möglich in einer krummen Bergschlucht uns den Augen der Bewaffneten zu entziehen. Indem sie aber immer nach dem See hinschauten, entdeckten sie auf einmal ihren Irrthum, indem sie nämlich in den vermeinten Bewaffneten einen friedlichen Haufen von weidenden Kameelen erblickten. Dieser Vorfall gab ihnen jetzt Stoff zum Lachen, und Einer zog den Andern wegen seiner Furcht auf. Man sieht hieraus, wie besorgt selbst die Beduinen in ihrem eigenen Gebiete für Streifzüge entfernter feindlicher Araber sind.

Einige Zeit nach diesem Auftritt stiessen wir in einem Grunde auf einen bejahrten Neger, Vater des Negers, der bey mir war. Er ladete uns in seinen Dauâr, welcher etwas weiter in einem sehr tiefen engen Grunde versteckt lag. Wir lehnten sein Anerbieten von uns ab, weil wir noch des Abends den Dauâr des Oberschechs der Aduân zu erreichen hofften. Unser Wunsch wurde erfüllt; wir stiegen einen Berg hinan und bey Sonnenuntergang erreichten wir 2 kleine Dauâre, welche in geringer Entfernung von einander in einer flachen Vertiefung standen. In dem ersten war das Zelt des Oberschechs befindlich, welches sich durch nichts weiter von den übrigen auszeichnete, als dass es etwas grösser war; wir zogen in den zweiten Dauâr und kehrten dort bey einem Anverwandten Achmeds ein. Da der Schwiegervater Achmeds in diesem Dauâr wohnte: so kam er und sein Sohn, um mir Gesellschaft zu leisten. Es that mir sehr leid, von ihnen zu erfahren, dass der Oberschech Nimmer nicht in seinem Dauâr sey, und dass ich das Vergnügen entbehren musste, diesen Mann, der sich unter seinen und andern Stämmen als Dichter so vielen Ruf erworben hat, kennen zu lernen. Er war mit einem Trupp Reisiger zu Pferde von seinem Stamm wider einen Haufen aufrührerischer Aduân ausgezogen, und wurde erst nach mehrern Tagen zurückerwartet. Da sein Vater Koblân und sein Sohn Phäris heisst: so nennt er sich Nimmer ibn Koblân Abu Phäris. Er ist zwischen 40 und 50 Jahr alt. Man versicherte mir, dass er mehr als 100 Oden oder

Kasside gemacht habe, welche, da er lesen und schreiben kann, er alle aufschreibt. Die Gegenstände seiner Gedichte sind Fehden und Liebe. Auf meine Bitte schrieb mir sein Vetter, Sohn des Schwiegervaters von Achmed, zwey zur Probe auf, in deren einem er einen Streifzug wider den Stamm der Araber Szirhân, in dem andern aber die Reize eines Mädchen besingt. Es wäre sehr zu wünschen, dass ein späterer Reisender eine Kopie von seinen Gedichten zu erhalten suchte, wodurch man eine richtige Idee von dem Geist der neuern arabischen Beduinen-Dichtkunst erhalten würde. Achmed machte mir in der Folge Hoffnung dazu; allein er hielt nicht Wort. Ein Verwandter von ihm, Namens Abbas, ist gleichfalls als Dichter bekannt. Auch habe ich in meiner Reise von Damask nach Jerusalem unter el Szalt eines Hufschmidts von diesem Stamme gedacht, der ein Gedicht auf ein hübsches Mädchen in el Szalt machte, das er, obgleich es eine Christin war, zum Weibe verlangte. — Schlimm ist es, dass manche Beduinen-Ausdrücke darin vorkommen, welche die Städter nicht verstehen, und die man vielleicht vergeblich in den Wörterbüchern suchen dürfte. Nimmer hat 5 Weiber, mit welchen er 8 Söhne und 9 Mädchen zeugte, wovon aber nur die Hälfte am Leben ist. Eine von seinen Töchtern ist mit dem mächtigen Schech Abu Gusch zu Kŏrriéh el Önnip, westwärts von Jerusalem, verheurathet. Vielweiberey ist bey den reichern Beduinen sehr im Gange. Der Oberschech des Stammes Bilgannemât in el Belka hat drey, und Nassâr, der Oberschech der Htêm, zwey. Man hat aber ein Beyspiel, dass ein Schech eilf Weiber nahm!

Da man erfuhr, dass ich ein Arzt sey: so ersuchte mich Achmeds Schwager um meinen medicinischen Rath in einer Krankheit, wovon er seit einiger Zeit befallen war. Sein Vater, Achmeds Schwiegervater, hiess Phelláhh (Bauer), weil er neben seiner Nomaden-Wirthschaft auch etwas Landbau trieb, welches der Fall mit mehrern Beduinen dieses Stammes ist. Er war für einen Beduinen sehr wohlhabend.

Da die griechischen Christen von el Szalt und Kárrak sich bey den Beduinen dieser beiden Länder in Achtung zu setzen gewusst haben, weil Letztere selbst eine ähnliche Lebensart führen, und beide sich gelegentlich durch ihren Muth auszeichneten: so begegnen sie ihnen als ihres Gleichen, und erlauben sich nicht solcher erniedrigenden Behandlungen, als Christen in andern Gegenden Palästina's ausgesetzt sind. Aus diesem Grunde rieth mir Achmed, mich für einen Mönch aus dem griechischen Kloster in Jerusalem auszugeben.

Da dieser Dauâr eine hohe Berglage hatte, und des Nachts aus Mangel an Brennmaterialien kein Feuer in der Gastabtheilung meines Zeltes unterhalten wurde, wo ich allein schlief: so litt ich nicht wenig von der nächtlichen Kälte. Ich war mit einem Trupp Ziegen umgeben, welchen gleichfalls die Kälte beschwerlich fiel, und ich fand des Morgens beym Erwachen zu meinem Erstaunen, dass sich eine davon zutraulich dicht neben mir gelegt und mich warm erhalten hatte.

16. Januar. Achmed kam am folgenden Morgen und erzählte, dass seine Bemühung vergeblich gewesen sey. Indessen versicherte er, er würde gelegentlich Repressalien gebrauchen, wenn einst Einer von jenen Beni Száchar in sein Gebiet käme. Er gab mir einen knopfförmigen gut erhaltenen Echinit, welcher in Kalkstein verwandelt war, und den er unterwegs gefunden hatte. Da er von seinem Marsche sehr ermüdet war: so beschlossen wir, hier einen Tag auszuruhen.

Ich besuchte eine Bergkuppe neben unserm Dauâr, von welcher ich einen Theil des todten Sees nach der Mündung des Serka-Maéin's zu erblickte. Es wuchs hier häufig eine Art Artemisia, welche die Araber el Schíehh nennen, und wovon sie durch Klopfen und Trocknen Zunder bereiten. Auf dieser Kuppe standen nackte Kalkfelsen zu Tage, welche voll von einer Art von Ostraciten mit einem zickzackförmig gefaltenen Rande und von Gryphiten waren. Da diese Versteinerungen aus der Oberfläche der Felsen hervorragten: so beweiset dies, dass sie den Einwirkungen der Witterung besser widerstanden, als die Felsen selbst.

Die Aduân können etwa 90 mit Lanzen bewaffnete Reuter und 1400 Mann Fussvolk stellen, welche mit einem Schwerdte bewaffnet sind. Sie bezahlen jährlich einen Tribut von 1500 Schaafen an den Pascha von Damask; Schech Nimmer treibt diese Abgabe ein; man versicherte mir aber, dass er eine weit grössere Anzahl habe, und dass er den Ueberschuss mit seinen Verwandten und dem Aga von Damask theile! Der Stamm der Hadschája soll etwa 1000 Mann Waffenfähige zählen.

Achmed stellte mir jetzt meine Uhr wiederum zu; allein zu meinem grossen Missvergnügen stand sie still. Wahrscheinlich hatte er sie einigen Neugierigen gezeigt, und sie war von ihnen beschädigt worden. Es fehlte mir jetzt ein Mittel, um die Entfernungen der Stationen genau zu messen. Ich rathe einem jeden Reisenden, der den Orient zu besuchen wünscht, sich in Europa mit etlichen von den in Nürnberg verfertigten Boussolen zu versehen, welche zu gleicher Zeit einen Sonnenzeiger haben. Diese kleinen Instrumente sind ausserordentlich nützlich bey Excursionen, wo man nicht wohl eine Uhr mit sich führen kann, wie unter den Beduinen, oder auch, falls die Uhr durch einen Zufall unbrauchbar würde.

Wir vertauschten des Abends unser Zelt mit dem des Schwiegervaters von Achmed, wo wir uns etwas bequemer fanden.

17. Januar. Am folgenden Morgen verliessen wir mit Sonnenaufgang diesen Dauâr, kehrten aber schon nach etwa 5 Minuten in einen kleinen Haufen von 4 Zelten ein, um dort zu frühstücken. Da ich nach Anleitung der Karte und nach Josephus Nachrichten in dieser Gegend die alte merkwürdige Festung Machaerus suchte: so erkundigte ich mich bey unsern Wirthen darnach; allein Niemand wollte diesen Namen gehört haben. Man nannte mir zwar unterschiedliche Ruinen; indessen konnte ich in den Namen derselben keine Aehnlichkeit mit Machaerus finden. Endlich nannte man mir einen Ort Mkáuer oder nach dem Dialekt der hiesigen Beduinen, welche das Kef (ك) wie ein Tsch aussprechen, Mtscháuer, und aus der Angabe der Lage desselben wurde ich überzeugt, dass dieses der nämliche Ort seyn müsse. Die Ruinen dieses Orts sollen noch sehr bedeutend seyn; er hat bloss einen einzigen

Eingang, welcher über eine hohe Brücke führt, und man findet dort noch sehr grosse Quadern, welche vormaligem Mauerwerk angehörten. Mkaur liegt auf dem hohen Gipfel des langen Berges Attarûs, und zwar an dessen Nordende, nahe am Ufer des Serka-Maéin, und zwar auf dessen Südseite. Die Seiten des Berges sollen hier ausserordentlich felsigt, schroff und von drey Seiten unersteiglich seyn. Der jetzige Name Mkaur kann zum Beweise dienen, dass die Römer ihr Ch wie ein K aussprachen, und dass das us eine griechische oder lateinische Endigung ist, welche Griechen und Römer den Ortsnamen anhängten und sie dadurch oft ganz entstellten. Bey den Alten wird dieser Ort bisweilen auch Machaeron genannt.

Damit meine Leser in den Stand gesetzt werden, sich von der Identität von Machaerus und Mkaur zu überzeugen, setze ich hier die treffliche Beschreibung aus einem Werke des Flavius Josephus her: [1])

„Die Festung Macheron war auf einem hohen Berge erbaut, auf welchem überall Felsen hervorragten, welche ihre Eroberung fast unmöglich machten. Um sie noch fester zu machen, umgab die Natur dieselbe auf allen Seiten mit Thälern von einer unglaublichen Tiefe, und welche man nur mit Mühe passiren konnte. Das Thal auf der Westseite ist 60 Stadien lang und endigt sich am Asphalt-See, und von dieser Seite zeigte sich die Festung in einer bewundernswürdigen Höhe. Die Thäler, welche sie auf der Nord- und Südseite einschlossen, sind nicht weniger gross und nicht leichter zu passiren, als das vorhin genannte. Das Thal auf ihrer Ostseite, welches eine Tiefe von 100 Ellen hat, endigt mit dem Berge, welcher der Festung gegenüber liegt."

„Der jüdische König Alexander sahe die Festigkeit dieser Lage ein, und er war der erste, welcher dort ein Schloss erbaute. Da Gabinius es seit dem Kriege wider Aristobul zerstört hatte: so hielt es Herodes der Grosse nicht allein für gut, es wieder herzustellen, um sich desselben wider die Ara-

---

[1]) Histoire de la guerre des Juifs contre les Romains. Par. 1689. 12. Tom V. p. 292.

ber an der Gränze, in deren Nähe es lag, zu bedienen; sondern er bauete auch eine Stadt, welche er mit starken Mauern und Thürmen umgab, und aus welcher man in die Festung ging. Dieses Schloss lag auf dem Gipfel des Berges und war mit einer sehr starken Mauer umgeben, welche in ihren Winkeln Thürme von 60 Ellen Höhe hatte. Dieser Fürst liess überdem in seiner Mitte einen Pallast bauen, welcher wegen seiner Schönheit und Grösse gleiche Bewunderung verdiente, liess darin eine Menge Cysternen anlegen, damit es nie an Wasser gebräche, und vergass nichts von allem dem, was die Kunst siegreich über die Natur erhebt, indem er einen Ort noch mehr befestigte, welche diese so viel Vergnügen, fest zu machen, gefunden hatte. Er versahe nachher diesen Ort mit so vielen Waffen, so vielen Maschinen und so vieler Kriegs- und Mundprovision, dass diejenigen, welche es vertheidigten, keine Ursache hatten, eine lange Belagerung zu fürchten."

„In diesem Pallast gab es eine Pflanze von einer Raute (Rue), welche eine so bewundernswürdige Grösse hatte, dass kein Feigenbaum sie an Höhe und Breite übertraf. Man glaubt, dass sie noch während der Regierung Herodes hier vorhanden, und dass sie noch länger hätte dauern können, als man den Ort eroberte."

„In dem Thale, welches Macheron auf seiner Nordseite umgiebt, findet man an einer Stelle, welche Bára heisst, eine Pflanze, welche gleichen Namen führt, und welche einer Flamme gleicht, welche des Abends glänzende Strahlen wirft, und sich zurückzieht, wenn man sie anfassen will. Das einzige Mittel, sie aufzuhalten, besteht darin, dass man weiblichen Urin, oder auch von jenem überflüssigen Blute darauf giesst, wovon sie sich von Zeit zu Zeit belästiget finden. Man dürfte sie nicht ohne Lebensgefahr berühren, wenn man nicht ein Stück von der Wurzel der nämlichen Pflanze in der Hand hält. Indessen hat man noch ein ander Mittel, sie ohne Gefahr zu erhalten, gefunden. Man gräbt rund um dieselbe herum, so dass nichts mehr, als noch ein wenig von ihrer Wurzel fest sitzt, an welcher man einen Hund befestigt, welcher die Pflanze ausreisst, indem er sich demjenigen, der ihn an dieselbe band, zu folgen bemüht; allein er stirbt in dem nämlichen Augenblick, gleich als erkaufte er mit seinem Leben das Leben seines Herrn. Nachher kann man dieselbe Pflanze ohne Gefahr anfassen, und sie hat eine Kraft, welche es macht, dass man sich nicht fürchtet, sich einiger Gefahr auszusetzen, um sie zu erhalten. Denn die sogenannten Dämonen, welche nichts anders sind, als die Seelen der Boshaften, welche sich in die Körper lebender Menschen begeben, und welche sie tödten würden, wenn man nicht Mittel dawider anwendete, verlassen sie, sobald man sich ihnen mit dieser Pflanze naht."

„An dem nämlichen Ort sieht man auch Quellen von heissem Wasser, deren Eigenschaften sehr verschieden sind. Denn einige sind bitter, andere sehr süss. Es giebt auch an den untersten Stellen mehrere kalte Quellen, deren Geschmack verschieden ist. Mit Erstaunen aber sieht man in der Nähe davon über einer wenig tiefen Höhle einen Stein, aus welchem, wie aus zwey Brüsten, ziemlich dicht neben einander zwey Quellen, die eine von sehr kaltem, die andere von sehr heissem Wasser, entspringen, welche nach ihrer Vermischung ein sehr angenehmes Bad machen, welches sehr nützlich wider mehrere Krankheiten, besonders aber, um die Nerven zu stärken, angewendet wird. Es giebt dort auch Schwefel- und Alaun-Minen."

So weit Josephus. Jetzt wird es nöthig seyn, seine Nachrichten mit den von mir eingezogenen und meinen eigenen Beobachtungen zu vergleichen.

Das auf der Westseite von Machaeron befindliche Thal, dessen er erwähnt, ist das Thal der Serka-Máein, deren Bergufer an vielen Stellen ausserordentlich schroff und wild sind. Josephus giebt die Länge desselben von der Festung bis an den todten See auf 60 Stadien oder anderthalb teutsche Meilen an, und diese Angabe stimmt auch mit meinen eignen Erfahrungen überein. Auch in dieser Beschreibung zeigt sich der Verfasser wiederum als gänzlicher Idiot in der Kunde der Natur, in welcher er eine besondere Sucht hatte, nichts als Wunder zu suchen. Seine Bára-Pflanze scheint die

Mandragore zu seyn; was er aber unter der Raute verstehe, vorausgesetzt, dass die französische Uebersetzung hier richtig ist, weiss ich nicht. — Von den in diesem Thale befindlichen heissen Quellen wird man gleich weiter hören. Auch das merkwürdige Quellenpaar scheint noch in der Nähe des Serka-Thales vorhanden, und in der Folge unter dem Namen von Callirrhoë bekannt geworden zu seyn. Davon, so wie von dem natürlichen Schwefel, welcher sich an den heissen Quellen absetzt, und den Alaungruben werde ich in der Folge reden. [1])

Mkaur liegt vermuthlich schon seit der Zeit in Ruinen, als der römische General Bassus es durch einen ganz besondern Zufall einnahm; die Geschichte der Einnahme kann man in Josephus nachlesen. Merkwürdig ist es, dass damals in dieser Gegend noch ein bedeutendes Gehölz war, wohin ein Theil der Einwohner von Machaerus entfloh, statt dass man jetzt weit umher nicht einen Baum erblickt, und in ganz Belka kein Hayn mehr vorhanden ist!

Gleich oberhalb der Quelle von Serka-Maéin soll man noch die bedeutenden Ruinen von el Habbis finden, welche eine Stunde südwärts von den Ruinen von Maéin entfernt liegen.

Während dem wir hier waren, kamen 4 Beduinen vom Stamme Beni A'mmer, welcher sich im Lande Kárrak aufhält. Dieser Stamm hatte eine lange blutige Fehde mit den Einwohnern von Kárrak, wobey viele ihr Leben verloren, und mehrere sich mit der Flucht retten mussten. Auch die Angekommenen gehörten zu den Letztern; sie hatten sich nach dem Gebürge von Nablos geflüchtet, und kehrten jetzt von einem Besuche bey ihren übriggebliebenen Brüdern wieder in ihre neue Heimath zurück. Da Achmed voraus sahe, dass es ihm unmöglich seyn würde, mich nach dem Südende des todten Sees zu führen, wenn er sich nicht der augenscheinlichsten Lebensgefahr aussetzen wollte, falls er unterwegs Hadschája

[1]) Auf der Karte von Palästina heisst der Fluss Serka-Maéin. Baaras Vallis und Machaerus, so wie Callirrhoë sind ziemlich richtig angegeben.

oder Huethât antreffen würde: so suchte er Einen von diesen Beni A'mmer zu bewegen, mich dorthin zu begleiten. Allein, kaum war der Contract geschlossen, als sich der Beduine wieder zurück zog, weil auch er sich auf dieser Route nicht ganz sicher hielt.

Obgleich wir uns der Gegend, wo sich Hadschája aufhalten, näherten, und Achmed ihrentwegen, weil wir jetzt allein waren, in steter Furcht war: so zogen wir doch, obgleich sehr langsam, weiter, um das südliche Ufer der Serka-Maéin zu erreichen. In geringer Entfernung von den Zelten ging es gleich bergab in das Thal dieses Flüsschens. Die Luft war bezogen und kühl. Beym Hinabsteigen wurde ich aufs angenehmste durch die Erscheinung einer Gebürgsart überrascht, welche ich auf der Westseite des todten Sees überall vergeblich gesucht hatte. Ich fand nämlich in einem Grunde am Wege den Felsenboden ganz aus Lava von brauner, rother und schwarzer Farbe bestehend, welche zum Theil sehr löchrigt und leicht war. Unten im Thal fand ich am Ufer der Serka schwarzen Basalt theils in Blöcken, theils in hohen senkrechten Felswänden, welche auf Kalkstein ruhten, der unten im Bette der Serka sichtbar war. Obgleich das Thal dieses Gewässers sehr tief ist: so hatte es hier doch bloss die Grösse eines Bachs; es fliesst in einem felsigten Bett, welches dicht mit Lorbeerrosen, Weiden u. s. w. bewachsen ist.

Jenseits der Serka-Maéin ging es wieder bergan, und nach etwa einer Stunde erreichten wir ein halb Dutzend Zelte, welche Beduinen vom Stamme der Beni Haméide zugehörten, die, wie die Aduân, zugleich ein wenig Ackerbau treiben. Sie zahlen, so wie alle Stämme in el Belka, eine jährliche Contribution (Miri) an den Pascha von Damask. Wir kehrten in das Zelt des Schechs ein und blieben dort die Nacht.

Neben dem Dauâr war eine enge Felsenschlucht, deren Wände aus Basalt bestanden, welcher zum Theil sehr porös war. In einer höhern Lage waren Felsen von Kalkstein, an welchen ich einen kleinen Strauch fand, dessen Zweige ohne

Blätter waren und Gelenke, wie ein Equisetum, hatten. Die Araber nannten dieses Gewächs: Alánda.

Des Abends kam ein Gewitter, und in der folgenden Nacht fielen heftige Regenschauer, welche mit einem kalten Winde begleitet waren.

18. Januar. In Begleitung von zweien Bewaffneten besuchten wir am folgenden Tage die heissen Quellen in dem Thale der Serka-Maéin, welche nordwestwärts von unserm Dauâr lagen. Die Luft war helle, aber es war des Morgens kalt. Ein kaum sichtlicher Pfad, welchen meine Araber, ohne scherzen zu wollen, die Kaiserstrasse (Derb el Szultân) nannten, führte in das Thal hinab. Der Pfad wurde weiter nach unten sehr beschwerlich, felsigt und steinigt, und endlich so steil, dass ich absteigen und das Pferd nebst meinen Reisetaschen zurücklassen musste. Die Berge bestanden hier oben aus Kalkstein, unten aus Gerölle, und hier war es sichtlich, dass der Boden in Brand gewesen war. Er bestand nämlich aus Lava von mehrern Farben, welche zum Theil so leicht und löchrigt, wie Bimstein, war. Wir wateten durch den Bach, dessen Bett auch hier dicht mit zahmen Schilfrohr, ziemlich hohen Pappeln und Weiden besetzt war, und gleich darauf durch ein paar heisse Quellen, welche dampfend unten aus den Felsenseiten hervorbrachen, und sich nach einem kurzen Lauf von 50 bis 60 Schritten in die Serka ergossen. Die Felsenwände auf dieser Nordseite derselben bestanden zum Theil aus einem röthlichen und braunen mürben Sandstein.

Etwa 20 Minuten an der Serka hinab kamen wir zu zwey sehr heissen starken Quellen, welche dicht neben einander mit Geräusch aus den Felsen hervorbrachen. Sie setren sehr vielen Tuff ab, welcher kalkartig zu seyn scheint und an einigen Stellen ein kleines Gewölbe bildet, unter welchem das Wasser verborgen hinfliesst. Der Geruch des Wassers war etwas schweflicht, und mit dem abgesetzten Schlamm ist auch wirklich gediegener Schwefel vermischt, weswegen man denselben wider die Räude der Schaafe benutzt. Man findet in der Nähe der Quellen auch Spuren von Alaun an den Felsen. —

Aus den Quellen stieg ein so heisser Dampf auf, dass er uns, wenn wir uns demselben näherten, sogleich einen starken Schweiss erregte. Wir bedienten uns hier alle des Dampfes oder des Wassers zum Bade, und Jeder wusch sein Leinenzeug, um gewisse Insekten zu vertilgen, die uns sehr beunruhigt hatten. Es war aber so heiss, dass wir nur ein paar Sekunden die Hände darin halten konnten. Man sieht indessen hieraus, dass es nicht völlig kochend heiss war, eben so wenig, wie das heisse Schwefelbad bey Taberia, mit welchem es übrigens die grösste Aehnlichkeit hat. Ich war Willens, hier einen Versuch zu machen, ein Ey darin zu kochen; allein zu meinem Missvergnügen waren in unserm Dauâr keine Hühner vorhanden. Indessen bezweifele ich die Möglichkeit. Diese Quellen sind etwa zwey Stunden vom todten See entfernt, wohin der Weg von hier äusserst beschwerlich seyn soll. In dem Wasser wuchs eine grüne schleimigte Conferve. Auffallend war mir eine ausserordentlich lange weisslichte strickähnliche Pflanze, welche unmittelbar über den heissen Quellen im Tuff wuchs, und von dort auf der Erde fortkroch; ihre Spitze ausgenommen, war sie gänzlich blätterlos. In dem nämlichen Tuff über den Quellen wuchs ein schöner, mehr als mannshoher Scirpus, wovon man bisweilen einen Vorrath nach Jerusalem bringt, wo man sich desselben zu einer Art hübscher Fussmatten in den Moscheen bedient. Einige wilde stammlose Dattelpalmen und ein paar Phistuk el bân oder Hassalbân von der Grösse eines Kirschbaums standen hier gleichfalls in geringen Entfernungen von den Quellen, so wie das bunte, inwendig dichte Schilf, dessen ich vorhin gedacht, hier in Menge wuchs.

Das Thal der Serka-Maéin ist sehr enge und auf beiden Seiten desselben erheben sich hohe steile felsigte Berge. Man versicherte mir, dass in der wärmern Jahrzeit bey Windstillen das Thal in dieser Gegend mit dem Dampfe angefüllt werde, der immerwährend aus den heissen Quellen hervorsteigt, und man kann erwarten, dass alsdann hier eine tropische Hitze herrschen müsse.

Hier, dachte ich, muss die Hauptquelle seyn, woraus jene alte Sage floss, welche sich auf Jahrtausende fortpflanzte. „Noch dampft ihr ödes Land, des Frevels Zeug'!" (Buch der Weisheit 10, 7) sahe ich an dieser Stelle aufs deutlichste erklärt. Sobald die Menschen anfingen, ein wenig über die Gegenstände der Natur nachzudenken, war es ihnen leicht, auf den Gedanken zu kommen, dass diese heissen Quellen ihre Hitze von einem unterirdischen Feuer erhielten; und dass dieses Feuer ehedem auch im Freyen gewüthet haben müsse, weil man in der Nähe der Quellen und in weitern Entfernungen auf allen Seiten umher noch Schlacken antraf; denn dafür mussten sie sogleich die Lava erkennen. Sie fanden noch unterschiedliche andere heisse Quellen auf der Ostseite des todten Sees. Diese Bemerkung, verbunden mit nachherigen Beobachtungen, dass sich um den Rand dieses Sees eine Menge gediegenen Schwefels, und in seinem Wasser selbst öfters Asphalt finde; dass dicht an demselben etliche besondere Gewächse vorhanden, die sie sonst nicht in den umliegenden Gegenden fanden; und endlich, dass dies Gewässer auf seiner Ost- und Westseite von ungemein wilden unfruchtbaren Felsenbergen eingefasst sey, wovon einer ein Salzberg; alles dies zusammengenommen musste ihnen etwas Besonderes scheinen, und konnte sehr leicht Jemanden bewegen, eine schreckliche Erzählung zu ersinnen, wobey er die Absicht hatte, die Moralität und Gastfreyheit seinen Landsleuten zu empfehlen. An ein wahres historisches Faktum lässt sich hier gar nicht denken; denn fand einst wirklich an der Stelle, wo jetzt der todte See ist, ein furchtbares Erdbeben mit einem vulkanischen Ausbruche statt: so müsste man dort noch an allen seinen Ufern vulkanische Verglasungen und Laven antreffen, welche noch nicht ganz verwittert seyn könnten, da Palästina seit der Besitznahme desselben durch die Israeliten in Hinsicht seiner natürlichen Beschaffenheit gar keine Veränderung erlitten zu haben scheint, und der arabische Schech Abraham, zu dessen Zeiten diese schreckliche Katastrophe vorgefallen seyn soll, nur wenige Jahrhunderte vor Mose lebte.

Ueber die Ursache des noch jetzt hier vorhandenen unterirdischen Feuers kann ich nichts mit Gewissheit sagen. Da indessen höher die Bergseite hinauf, an dessen Fuss diese heissen Quellen entspringen, mächtige Basaltlager zu Tage stehen, und da es bekannt ist, und ich mich auch in mehrern Gegenden Teutschlands durch eignen Augenschein davon überzeugte, dass unter dem Basalt öfters Steinkohlen angetroffen werden: so vermuthe ich, dass auch hier dies der Fall sey, dass dieses Steinkohlenlager, wie so viele andere in Europa, ein verborgnes Feuer nähre, welches das Regenwasser, das von oben durch Felsritzen und Spalten sich einen Weg nach unten bahnt, im Vorbeyfliessen kochend erhitzt, dass aber dasselbe auf dem fernern Laufe von dem Sitze des Feuers bis zur Mündung der Quelle den Hitzgrad des kochenden Wassers verliere, so dass man ein paar Sekunden die Hand hineinstecken kann, ohne sie zu verbrennen. Sollte nicht dies nämliche Feuer auch durch entbundene Schwefelsäure den hier vorhandenen Schwefel und Alaun erzeugen, so wie durch eine Art von Schwälung den Asphalt, welcher geschmolzen durch unterirdische Gänge sich nach dem See hinzieht, wo er unter dem Wasser aus dem Felsenufer hervorquillen soll?

Die reichen Gruben von gediegenem Alaun finden sich etwa 2 Stunden nordwärts von diesen heissen Quellen auf einem Felsenberge, welcher el Mínschaléh genannt wird. Die Gruben selbst nennt man el Mschébba, von dem Worte Schebb, welches Alaun bedeutet. Achmed versicherte mir, dieser Alaun gleiche einer weissen Erde, und er sey so häufig vorhanden, dass ein Mann an einem Tage wohl 10 bis 20 Rottel sammeln könne. Indessen schilderte er den dahin führenden Pfad als äusserst beschwerlich und halsbrechend.

Auf den wilden Felsenbergen des Serka-Thales halten sich viele Steinböcke auf, wovon wir ein paar sahen. Meine Araber machten Jagd darauf, aber vergeblich. Es soll sich hier auch ein sehr grosser Raubvogel aufhalten, welcher bisweilen junge Lämmer und Zickel raubt und damit fortfliegt. Er sey schwarz von Farbe, habe einen Bart, und sey unter dem Namen el Sekka bekannt. Ohne Zweifel verstand man eine grosse Geyerart darunter.

Unsre beiden Führer verliessen uns hier und kehrten wieder in ihr Dauâr zurück. Wir blieben noch einige Zeit im Thale, um Kaffee zu bereiten, und stiegen alsdann des Nachmittags spät einen steilen beschwerlichen Berg auf der Südseite des Flüsschens hinan, welcher mehrentheils aus senkrechten Felsenwänden von Basalt bestand, und erreichten nach Verlauf von etwa 2 Stunden zwey einsam stehende Zelte, welche von Beni Haméide bewohnt wurden, wo wir die Nacht zubrachten. Das Zelt, was wir gewählt hatten, war sehr klein, und weil kein Holz vorhanden war: so litten wir des Nachts nicht wenig von der Kälte. Weder Kaffee, noch Kaffeegeschirr war bey diesen Beduinen vorhanden; es war uns daher sehr lieb, dass wir selbst mit Geschirr und gebranntem und gestossenem Kaffee versehen waren.

Bey den Beduinen in el Belka und dem Lande Kárrak fand ich viele steinerne Pfeifenköpfe, welche aus einem feinen Schleifstein bereitet werden, welchen man auf der Pilgerstrasse, die von Damask nach Mekka führt, in der Gegend von Medájin Szálehh finden soll, wo sie von den dort umherziehenden Beduinen verfertigt werden, welche sie das Stück zu 3, 4 und mehrern Piastern verkaufen. Diese Art Pfeifenköpfe wird deswegen sehr gesucht, weil sie 10 bis 12 Jahre dauert. Eine schlechtere und wohlfeilere Art wird von den Beduinen vom Stamme Húethât bereitet. Da dergleichen Pfeifenköpfe in Europa zu sehr geringen Preisen bereitet werden könnten: so dürfte es sich der Mühe verlohnen, zu versuchen, ob man nicht einen Handelsartikel daraus machen könnte.

Viele von den hiesigen Beduinen tragen Schaafpelze, welche auf der Lederseite braunroth gefärbt sind. Haben sie etwas Fettes oder mit Butter Bereitetes gegessen: so wischen sie ihre Finger daran ab, indem sie es für einen Beweis von einem gewissen Wohlleben halten, wenn die Lederseite recht eingeschmiert ist.

Man versicherte mir, dass sich auf den Ebenen von el Belka und Kárrak bisweilen Strausse sehen lassen.

Einer der Beduinen sagte, er ässe Alles, was ihm vorkäme, Panther, Hyänen u. s. w., mit Ausschluss vom Schweinefleisch, Aas und Blut, indem bloss diese drey Stücke im Koran verboten seyen.

Des Abends kam das Gespräch auf ein zukünftiges Leben, und Achmed kramte ihnen darüber die Träumereien aus, welche er vielleicht von Städtern oder mohammedanischen Theologen gehört haben mochte. Die Versicherung, dass im Paradiese keine eheliche Verbindung statt fände, gab zu einem Gelächter Anlass, und unser Wirth neckte sein Weib darüber, das uns in dem Harîm zuhörte. „Jedes Verlangen, fuhr Achmed fort, wird augenblicklich erfüllt, wenn man mit dem Wunsche darnach das Angesicht Allahs anschaut!" „Wird man denn so auch Fleisch und Tabak erhalten können?" fragte unser Wirth neugierig. „I! freylich! versetzte Achmed, was Ihr nur verlangt!" „O Herr! da soll es uns Beduinen gelten!" rief unser Wirth lachend aus. „Wirklich, setzte er hinzu, von dem, was nach dem Tode seyn wird, wissen wir hier grade so viel, als unsere Rinder!" Ich gab ihm Recht, und setzte in Gedanken hinzu: unsere grössten Theologen wissen auch nicht mehr davon, als du.

Die Beduinen dieser Gegend und längs der ganzen Pilgerstrasse hegen einen tödtlichen Hass wider die osmanische Regierung, zumal wider den Pascha von Damask, als Anführer der grossen Kjerwane, und wider seine Soldaten. Einer von diesen Beduinen erzählte mit vielem Wohlgefallen, dass er vor etlichen Jahren eine Pilgerreise nach Mekka gemacht, und dass er bey dieser Gelegenheit einen osmanischen Soldaten, der seinen Gefährten gewaltthätig behandelte, auf dem berühmten Berge Ⱪraphât in der Nähe von Mekka des Nachts ermordet habe. — Wenn die grosse Pilgerkjerwane unterwegs ist: so strömen von allen Seiten eine Menge Beduinen nach der Strasse, theils aus Neugierde, theils um einen kleinen Handel zu machen, häufig aber auch, um gelegentlich zu rauben; und da bey diesem letztern Versuche Mancher sein Leben einbüsst, wenn er von den Truppen des Paschas ertappt wird: so finden sie immer Ursache genug, das Blut ihrer Anverwandten zu rächen.

19. Januar. Mit Sonnenaufgang verliessen wir unsere einsamen Wirthe und verfolgten einen Pfad, welcher hohe Berge hinan führte, welche sich südwärts von den Zelten erhoben. Die Gebürgsart bestand bis ein wenig unter ihrem Scheitel aus Basalt und sehr poröser Lava von mehrern Farben, wovon ich, so wie von den Laven im Serka-Thal, Proben mitnahm. Der Rücken dieser Berge bestand oben aus Kalkstein, welcher sich an vielen Stellen ganz nackt zeigte. In einiger Entfernung von uns sahen wir ostwärts den langen Berg Attarûs, welcher sich von dem Ufer der Serka südwestwärts zog, so dass wir weiterhin sein westliches Ende passirten, wo wir auf seinem Rücken die weitläuftigen Ruinen von el Körriât besahen, wo ich aber ausser den Ueberresten von einer Menge Wohnungen nichts Bedeutendes und auch keine Spur von einer Stadtmauer fand. Körriât ist noch augenscheinlich der alte Name einer Stadt, welche in den hebräischen Schriften Kirioth genannt wird, und welche man hier suchen muss (Jerem. 48, 24. 41. Amos 2, 2):

Ein Feuer sende ich nach Moab, das
Verzehren soll die Palläst' Kirioths!

Zwischen Körriât und Mkaur (Machaerus) ungefähr in der Mitte findet man noch auf dem Dschíbbal Attarûs die beträchtlichen Ruinen von einer vormaligen Stadt Attarûs, wovon der Berg seinen jetzigen Namen erhielt, und welche entweder Ataroth oder Atroth der Hebräer seyn dürfte (4. B. Mose 32, 34. 35).

Kurz nachher zeigte man mir westwärts vom Wege die unbedeutenden Ruinen von Chürbet el Dêr, wo vielleicht vormals ein griechisches Kloster stand. Wir liessen einen Dauâr von 8 Zelten in einem Grunde liegen, welche den Beni Haméide zugehörten, welcher Stamm nach Achmeds Versicherung grösser seyn soll, als der Stamm der Aduân. Endlich ging es wieder bergab in das tiefe Thal des Flüsschens el Wâl, welches man auch el Haddân nennt, und kamen unten am Berge einer Quelle vorbey, die Ain el Réija heisst; auf einem spitzen Hügel daneben sahe man die Spuren von einem vormaligen kleinen Schlosse und am Fusse desselben eine Höhle.

Die Wâl, welche ich vor einem Jahr höher hinauf passirt war, floss hier in einem Bett von Basalt; sie ist ein Bach, schwillt aber zur Regenzeit beträchtlich an. Eine Strecke weiter westwärts ergiesst sie sich in den Máudschêb oder Arnon. Dieses Flüsschen heisst auf der Karte von Palästina Nahaliel, da doch Nahaliel nach dem Pentateuch eher eine Stadt, als ein Fluss zu seyn scheint. Weiter ostwärts soll man eine warme Quelle in diesem Thale finden. Auf ihrer Südseite stiegen wir wieder einen Berg hinan, worauf Felsen von Basalt und Lava zu Tage standen, durch welche auf einer Stelle der Weg gleichsam gehauen schien. Etliche Beni Haméide gesellten sich hier zu uns und ladeten uns in ihren Dauâr ein, welchen wir kurz vor Sonnenuntergang erreichten, und welcher aus 12 Zelten bestand. In dem Gastzelte waren etliche Beduinen beschäftigt, aus Weidenholz, welches sie vom Ufer der Wâl holen, kleine Tröge zu hauen, deren man sich hier statt eines Wasserkruges bedient. Etliche sind so gross, dass, wenn sie mit Wasser gefüllt sind, es nicht wenig unbequem ist, sich derselben zu bedienen und sie zum Munde zu bringen. — Des Nachts regnete es.

20. Januar. Da Achmed seine Lage immer gefährlicher zu werden schien: so kündigte er mir gestern, als wir allein unterwegs waren, an, dass er mich nun nicht weiter begleiten könne, und setzte dann fragend hinzu: „welche Route wünscht Ihr, dass wir sie zu unserer Rückreise wählen?" — „Rückreise? wiederholte ich verdrüsslich. Habt Ihr mir nicht versprochen, dass Ihr mir einen Führer verschaffen wolltet, wenn es Euch nicht weiter möglich seyn würde, mich zu begleiten?" — „Freylich! erwiederte er, freylich versprach ich dies; allein, Ihr seht es ja selbst, Maállim Musa! dass meine Versuche, Euch einen Führer zu verschaffen, umsonst waren. Der Weg jenseits dem Máudschêb ist zu gefahrvoll." — „Ich bin überzeugt, sagte ich, wenn Ihr es nur wirklich wollt, dass Ihr mir einen Gefährten verschaffen könnt. Ich hätte von Euch nicht erwartet, dass

Ihr Euern Versprechungen so schlecht nachkommen würdet. Statt mich immer längs dem Ufer des todten Sees zu führen, damit ich dort Pflanzen sammelte, führt Ihr mich nun schon mehrere Tage lang über nackte und kahle Berge, wo die Kälte noch keine Pflanzen aufkommen lässt. Sollte ich mein Geld so ganz unnütz weggeworfen, und sollte ich den Jordan halb erstarrt umsonst durchgeschwommen haben? — Ein zweites Mal kann ich diese Gegend nicht besuchen, weil ich meine Reise nach dem Sinaï antreten muss!" — Ich schwieg still, war aber so missvergnügt mit Achmed, dass ich Alles zu wagen beschloss, um meinen Plan auszuführen, falls ich auch ganz allein nach dem Südende des todten Sees reisen müsste. — Eine Zeitlang nachher sagte Achmed: „Ihr scheint mir unzufrieden." — „Freylich bin ich es, erwiederte ich; und sollte ich es nicht seyn, wenn ich den Zweck meiner Reise so ganz vernichtet sehe?" — „Seyd ruhig! sagte er, Ihr könnt versichert seyn, dass ich Alles thun werde, was in meinen Kräften steht, um Eure Wünsche zu erfüllen." —

In der That, er hielt Wort. Ein junger Beduine vom Stamme der Beni Haméide, welcher hier zum Besuch war, erbot sich am folgenden Morgen, mich weiter südwärts zu begleiten. „Bedenke Dich aber wohl, sagte Achmed warnend zu ihm; weisst Du auch, was es heisst, Jemandes Führer seyn?" — „Seyd ohne Sorgen, erwiederte er, ich kenne meine Pflicht." Wir wurden sogleich um den Lohn eins, und zogen ohne Verzug ab, um noch an diesem Tage den Dauâr meines neuen Führers zu erreichen, welcher mehrere Stunden weit südostwärts von hier am nördlichen Ufer des Máudschêb lag. Ich musste von jetzt an zu Fusse gehen, weil Achmed es nicht wagte, mir sein Pferd mitzugeben, indem er befürchtete, dass mir es von feindlichen Arabern geraubt werden könne.

Mein Gefährte, Míghbil, war ein guter Mensch, mit dem ich alle Ursache hatte, zufrieden zu seyn. Wir zogen in Gesellschaft einiger andern Beduinen über einen schmalen felsigten Bergrücken, welcher zwischen dem Zusammenflusse der Wâl und des Máudschêb einen scharfen Winkel bildete. Er bestand aus Kalkstein, welcher viele Feuersteine in sich enthielt. Ich fand hier das Horn eines Steinbocks und eine Art langer Erdschnecken-Schaalen. In dieser Gegend, zumal auf den rauhen Felsenbergen, welche von hier bis an den todten See das Thal des Máudschêb bilden, halten sich viele Steinböcke und Wúbber (Klippdachse) auf, welche beide Thierarten von den Beduinen gegessen werden, doch mit dem Unterschiede, dass man von leztern keinem Gaste vorsetzt. Den Wúbber soll man bisweilen in kleinen Truppen unter den Felsen herumlaufen sehen, wo er sich schnell in die Ritzen und Spalten derselben flüchtet, wenn er Gefahr ahnet. Der königliche Philosoph der Juden, Salomon, sagt sehr richtig an einer Stelle seiner Werke (Sprüche Salomons 30, 26):

Traun! schwach ist das Geschlecht der Wubber; doch
In Felsen bauet es sein Haus.

Auch Panther, Wölfe und Hyänen giebt es hier, die man aber nicht speiset; ferner den blinden Maulwurf. Ich erkundigte mich bey Míghbil nach dem Dscherbúe, und er versicherte mir, man finde dies Thier in el Gôr am todten See; Andere widersprachen diesem und sagten, es sey westwärts vom todten See. Noch weiss ich nicht, was es für eine Bewandniss mit diesem Thiere habe; denn obgleich man mir mehrmals alle Thierarten nannte: so nannte man dies doch nie, und manchmal schienen sie zu stutzen, wenn ich darnach fragte.

Der Landstrich, welcher den Zwischenraum zwischen der Wál und dem Máudschêb einnimmt, heisst jetzt el Kúra. Fast sollte ich vermuthen, dass in diesem Landstrich die vormalige feste Stadt der Moabiter, Kiriathajim lag, von der es heisst (Jeremia 48, 1. 41):

Besieget ist Kiriâthaîm; es liegt
Im Schutt die Veste jämmerlich.

und dass Kúra und Kiriathajim das nämliche in der Mehrheit anzeige. [1])

---

[1]) In diesem Landstrich liegt weiter ostwärts Dibân, welches ich vor einem Jahre besahe, und südöstlich eine halbe Tagreise davon Ümm el Örszâs. Sollte dies etwa Kiriathaim seyn? Oder auch Aroer?

Wir gingen längs der Bergseite am Máudschêb, und zwar an dessen Nordufer hinauf, und fanden bey einer Quelle, Namens Ain Jenât, 5 Zelte der Beni Haméide, wo wir zu Mittage speiseten. Etwas weiterhin passirten wir noch eine Quelle, an deren Abfluss auf beiden Seiten viel Ge‹›sch und Rohr nebst einigen wilden Feigenbäumen im Bette standen. Beide Quellen fliessen nach einem kurzen Lauf in den Máudschêb. Kurz vor Sonnenuntergang erreichten wir Míghbil's Dauâr, welches aus 9 Zelten bestand, wo wir die Nacht blieben.

Ganz unerwartet wurde ich des Abends durch die Ankunft Achmeds überrascht. Aus Furcht für die Hadschája, welche in der Gegend von Mighbil's Dauâr auf dieser Seite des Máudschêb auch ein Dauâr hatten, obgleich der ganze übrige Stamm auf dessen Südseite im Lande Kárrak herumzieht, war er des Morgens zurückgeblieben; hatte aber bald darauf einen Bekannten getroffen, der ihm versprach, ihn sicher bis zu uns zu begleiten. Indessen stutzte er nicht wenig, als er hier einen Schech von dem Stamme Beni A'mmer aus dem Lande Kárrak fand, welcher gleichfalls feindselige Gesinnungen gegen die Htêm hegt. Dieser nebst einem Gefährten war nebst uns in dem nämlichen Gastzelt, und Achmed äusserte ihnen gradezu die Besorgniss, die er ihrentwegen hege. „Seyd unbesorgt, sagten sie; wir sind hier, so wie Ihr, Gäste." Die Achtung, welche die Beduinen für ihre Gäste hegen, ist wirklich ausnehmend gross. „Unser Gast, Allahs Gast!" hört man sie häufig sagen, oder auch: „er ist unser Gast!" mit einem gewissen Nachdruck.

Den Abend brachten sie mit Erzählungen von ihren Heldenthaten, oder wenn man will, ihren Räubereien, die sie in der Gegend von Gasa und an der Strasse der Mekka-Pilger ausübten, zu. Die Mekka-Pilger müssen immer sehr auf ihrer Huth seyn, wenn sie sich nicht der Gefahr aussetzen wollen, von den herbeykommenden Beduinen beraubt oder gelegentlich gar ermordet zu werden.

21. Januar. Achmed hatte hier erfahren, dass er mich

noch ohne Gefahr eine Tagereise jenseits den Máudschêb weiter begleiten könne. Statt Míghbil erhielt ich dessen ältern Bruder, Maijûb, [1]) zum Gefährten, bey welchem Tausche ich noch eher gewann, als verlor. Wir zogen bald nach Sonnenaufgang weiter, und zwar westwärts den Fluss hinab, welchen wir nach etwa einer Stunde passirten. Der Máudschêb, oder der Arnon der Alten, hatte nur ein paar Schritte breites Wasser in seinem Felsenbett, welches voller Kalksteinblöcke lag. Das Wasser floss ausserordentlich schnell, und rauschte und schäumte an vielen Stellen, wo es durch Felsen im Laufe aufgehalten wurde. Es wehte des Morgens ein sehr kalter Ostwind.

Vor etwa einem Jahre war ich in diesem Thale unter dem Vorwande des Passagegeldes von zweien Beni Haméide geplündert worden; jetzt war einer ihrer Brüder mein Gefährte, und ich war im höchsten Grade sicher bey ihm! Das Máudschêb-Thal war an dieser Stelle weit weniger rauh und weniger beschwerlich zu passiren, als an der Stelle mehrere Stunden höher hinauf, wo ich es im vorigen Jahre passirte.

Wir zogen hierauf auf halber Höhe der südlichen Bergseite ein paar Stunden immer den Fluss hinab. Achmed machte Jagd auf Gasellen, welche sich hier nebst anderm Wild aufhalten; aber vergeblich. Wir kamen weiterhin durch einen Bach el Schdêr, welcher sich in den Máudschêb ergiesst, und in dessen Bett viel zahmes Schilf und Lorbeerrosen wuchsen. Wir hielten hier ein wenig still. Die Bergseiten bestanden aus Kalkstein; allein hier und weiterhin fand ich in demselben mächtige Lagen von Gyps, und viele Stücke von Marienglase und Strahlgyps, und noch weiter hinab Basalt und Feuerstein neben dem Kalkstein. Durch die Mündung des Thales, worin der Máudschêb fliesst, zeigte man mir Ain Dschíddy auf der Westseite des todten Sees, welches derselben fast grade gegenüber liegt. Nachher passirten wir noch einen kleinen Bach, Ain Bedíje genannt, und erreichten kurz vor Sonnenuntergang auf dem Berge ein Dauâr

[1]) *Das Manuscript hat mehrmals auch die Form* Maijûf.

von 6 Zelten, von Beni Haméide bewohnt, wo wir die Nacht blieben.

Wir waren jetzt in dem Lande der Freyheit; denn mit dem Máudschêb hört das osmanische Gebiet südwärts gänzlich auf. Auch die Landschaft Belka auf der Nordseite dieses Flusses erkennt nur sehr wenig die Oberherrschaft des Sultans der Osmanen, indem die Einwohner von el Szalt gänzlich unabhängig sind, und die Beduinen nur eine geringe jährliche Abgabe entrichten. Indessen wird dieselbe so genau eingetrieben, dass die Beni Haméide und die wenigen Hadschája, welche sich auf der Nordseite des Máudschêb aufhalten, sie entrichten müssen, statt dass die Uebrigen auf der Südseite nichts bezahlen.

Der Schech dieses Dauârs, in dessen Zelt wir abgetreten waren, war seiner Jahre ungeachtet ein noch rüstiger Mann und schien wohlhabend zu seyn. Er sowohl, als seine Familie, waren äusserst habsüchtig, und hörten nicht eher auf, bis sie meine Sachen alle durchsucht und sich Einiges davon zugeeignet hatten. Achmed wurde zuletzt über ein so ungastfreies Betragen so aufgebracht, dass er ausrief: „Wie? giebt es denn bey Euch keine Sicherheit?" Dies war ein sehr harter Ausdruck, dessen Gewicht die Habsüchtigen ganz fühlten. „O! sagten sie stutzend, Allahs Friede ist hier!" Von diesem Augenblick an waren sie ein wenig gemässigter in ihrer Zudringlichkeit. Dem Alten schien es aber zu verdriessen, dass er so wenig bey mir gefunden hatte, was seiner Habsucht genügte, und er wurde mir nicht wieder gut. Ich hatte mich überall, wie schon gesagt, für einen griechischen Mönch ausgegeben, der sich mit der Arzney abgebe und zu dem Ende Pflanzen sammle. Der Schech wusste, dass die Griechen heute einen Fasttag hatten; da er nun sahe, dass ich des Abends, meiner Priesterschaft vergessend, Milchspeisen mit vielem Appetite ass: so sagte er zu den Uebrigen: „Nein! bey Gott! der ist kein Christ! der ist ein Samariter!" Dies hiess in seinem Munde so viel, als ein nichtswürdiger Mensch ohne alle Religion. Ich stellte mich, als hörte ich es nicht; Achmed aber versicherte ihm, in der Stadt faste ich immer; allein, unterwegs sey es mir erlaubt, die Fasten zu brechen.

22. Januar. Mit Vergnügen verliessen wir am folgenden Morgen unsre unhöflichen Wirthe und zogen südwärts einen Berg hinan, auf welchen andere Berge folgten, und welche sehr unfruchtbar und felsigt waren. Endlich kamen wir zu 2 Zelten der Beni Haméide, welche in einem sehr kleinen engen Grunde gänzlich versteckt lagen. Die Aufnahme, die wir hier fanden, contrastirte sehr mit der von gestern Abend; unser Wirth war die Freundlichkeit und Gastfreyheit selbst. Ein treffliches Gericht wurde uns vorgesetzt, welches aus frischem Brod bestand, das mit süsser Milch durchknätet und mit wohlschmeckender Butter übergossen war. Zur Vergeltung dafür wurde ich der Arzt der Kinder des guten Haméide.

Achmed blieb hier, und ich trat meine Fusswanderung allein mit meinem neuen Gefährten Maijûb an. Wir passirten bald die Quelle Ain Sgêk, und liessen weiterhin 6 Zelte der Beni Haméide in einem Grunde liegen. Auf einer Stelle fand ich auf den Bergen etliche wilde Mandel- und Terpenthinbäume. Diese Berge bestanden aus Kalkstein. Nachher kamen wir auf den Bergen neben einem hohen Haufen auf einander gelegter Steine hin, welcher einem alten Grabhügel glich, und hatten ostwärts davon etwa eine halbe Stunde entfernt eine ausgezeichnet hohe Bergspitze, worauf sich nach der Versicherung meines Gefährten noch etliche Ruinen finden sollen. Er nannte diese Bergspitze el Râs, ohne eine andere Benennung hinzuzusetzen. Die Aussicht von ihr muss sehr ausgedehnt seyn, und ich vermuthe, dass man den todten See von dort in seinem ganzen Umfange übersehen könne. Bald darauf stiegen wir in einen Grund hinab, wo wir in einem Dauâr von 6 Zelten der Beni Haméide eine Erfrischung zu uns nahmen.

Von hier verfolgten wir einen sich etwas senkenden Grund, welcher voll von grossen Basaltblöcken lag, Bruchstücken der Bergseiten dieses Grundes, die zum Theil aus Basalt bestanden. Der Abend war nahe, und noch konnte Maijûb keine Zelte entdecken. Endlich fanden wir bey Sonnenuntergang einen Dauâr von 10 Zelten der Beni Haméide in einem flachen Grunde hinter Kalkfelsen gänzlich versteckt, wo wir die Nacht blieben.

23. Januar. Am folgenden Tage setzten wir gleich nach Sonnenaufgang unsre Promenade fort. Wir verfolgten ein paar Stunden lang einen Grund westsüdwestwärts, welcher sich nach dem todten See zu immer mehr senkte. Die nackten felsigten Berge auf beiden Seiten bestanden aus Kalkstein, und wir hatten das Vergnügen, einen Haufen von 11 Steinböcken auf dem Scheitel eines derselben zu erblicken. Wir waren ganz allein, und setzten so still als möglich unsern einsamen Weg fort, weil Maijûb für die Beduinen des Stammes Huethât besorgt war, welche mit seinem Stamme in Fehde stehen. Wir erreichten endlich die Mündung des Wady Kárrak und mit ihm die Ufer des todten Sees. Der Wady Kárrak, welcher seinen Anfang bey Kárrak nimmt und auf der Karte, ich weiss nicht, mit welchem Grunde, Zared torrens [1]) genannt wird, hat hier ein enges krummes und mit hohen steilen Seiten eingefasstes Ufer. Vor seiner Mündung dehnt sich eine grosse Halbinsel in den See hinaus, welche Gôr el Mesráa el Kárrak heisst, und welche ich vorhin von der Westseite des todten Sees für eine Insel gehalten hatte. Der Wady giesst hier einen Theil seines Wassers in einen Golf, welcher das nördliche Ende der Halbinsel von dem festen Lande trennt; ein anderer Theil ist durch Kanäle nach dem Dorfe geleitet, welches auf der Halbinsel befindlich ist und el Mesráa heisst. Die Halbinsel ist grösstentheils eben und zum Theil mit vielem Gesträuch und Gebüsch bewachsen. Um zu dem Dorfe zu kommen, mussten wir zuerst den kleinen Fluss und nachher etliche Kanäle durchwaten. Nach etwa einer halben Stunde

---

[1]) Ich glaube, man müsse den in dem Pentateuch angeführten Bach Zared keinesweges hier, sondern weit östlicher nach der Wüste zu suchen. Vielleicht verstand man den Wady el Hössa nach seinem Ursprunge zu oberhalb el Hössa darunter.

kamen wir zu einigen Bauern, welche man, so wie die von Száphiá Arab el Gôr oder Gauârny nennt, welche mit Holzroden beschäftigt waren, wozu sie sich des Axtes und des Feuers bedienten, um neue Felder zur Saat zu erhalten. Sie waren am Oberleibe nackt, und ein Halbneger war völlig nackt, ohne die geringste Bedeckung. Einer von ihnen war ein Bekannter von Maijûb, und dieser ladete uns in sein Haus ein. Wir erreichten in kurzem das kleine Dorf, welches zwischen dem Gesträuch halb versteckt lag. Es bestand aus etlichen 20 Hütten von zahmen Schilfrohr, oben mit schwachen Baumästen und Schilf bedeckt, welche einen regelmässigen viereckigen Platz umschlossen, worauf man des Nachts das Vieh zusammen treibt. Die Schilfwände waren mit etwas Leimen beworfen, und das Dach mit einigen Pfählen unterstützt. So armselig diese Hütten auch waren, indem sie nur aus einer Abtheilung bestanden, wo Menschen und Vieh zusammen lebten: so waren sie doch immer weit besser und weit geräumiger, als die Zelte der Beduinen. Mitten auf dem Platz stand ein Szidder-Baum.

Der Schech dieses Dorfes und von Gôr el Száphiá, Hammáde, war ein Freund von Achmed, und dieser hatte mich ihm durch Maijûb empfohlen, und ihn gebeten, mich nach Gôr el Száphiá zu führen, weil Maijûb mich aus Furcht für die Huethât nicht dorthin begleiten durfte. Zwar war etwa eine halbe Stunde von dem Dorfe ein Dauâr von 10 Zelten den Huethât zugehörig; allein die Bewohner desselben standen mit den Beni Haméide in gutem Vernehmen, und Maijûb hatte daher nichts von ihnen zu befürchten. Wir fanden aber den Schech nicht zu Hause, weswegen wir uns so lange in dem Hause des Bekannten von Maijûb aufhielten, bis er gegen Abend zurück kam, da er uns dann in seine Wohnung einladete, die aber nichts besser, als die der Uebrigen war.

Die Halbinsel war in der Gegend des Dorfes ausserordentlich fruchtbar. Man säet auf den gerodeten Feldern Weizen, Gerste, Dúrra (Holcus Sorghum), Melonen, eine schlechte Art von Tabak, welche Sorte man Mardíny nannte u. s. w. Das

Gesträuch und Gebüsch bestand aus Weiden, den zwey Arten von Mimosenbäumen Szeiáll und Tollhh, Szidder, Gárrab, Sakûm, Mkóttaf, Râk, Száuas, Mockzâs, Tamarisken, Nébbek u. s. w. Die riesenförmige Aesculapie oder Oschêr wuchs hier in sehr grosser Menge, und zum Theil so gross, als ein mässiger Feigenbaum; ausser dem zahmen Schilfrohr fand ich hier auch das bunte dichte Schilf, welches an den Ufern des todten Sees in Menge wächst.

Des Abends wurde unter dem Szidderbaum ein grosses Feuer angezündet, und wir wurden dort beym schönsten Mondschein in zahlreicher Gesellschaft mit Kaffee und einem Abendessen bewirthet.

Gôr el Mesráa zeigt, so weit der Boden gewässert werden kann, eine schwelgerische Fruchtbarkeit. Bey weitem der grössere Theil desselben, welcher sich weit in den See hinein zieht, ist eine wüste Steppe, wo man in eben solchen kleinen Hügeln, als an dem Jordan unweit Jericho, eine grosse Menge gediegenen Schwefels findet, welcher theils von den Bauern dieses Dorfes, theils von entferntern Beduinen gesammelt wird. Man versicherte mir, dass es einem Manne sehr leicht sey, in einem Tage 1 bis 2 Rottel zu sammeln; ein Rottel kostet 2 bis 3 Piaster. Man bedient sich dieses Schwefels theils wider die Räude der Kameele und Schaafe, theils zur Bereitung des Schiesspulvers. Auch Kochsalz erzeugt sich hier auf dem niedrigen Ufer bisweilen in starken Schollen, und die Einwohner von Kárrak unter andern versehen sich hier mit diesem unentbehrlichen Bedürfniss.

Ich erkundigte mich heute, als wir allein unterwegs waren, bey Maijûb nach den Ruinen, die man in el Belka findet, welche Landschaft er genau kannte. Die merkwürdigsten, sagte er, sind die von Ümm el Örszâs (Bleymutter). Diese vormalige Stadt liegt eine halbe Tagreise südöstlich von Dibân (Dibon der Hebräer). Sie hat nur ein Thor, welches aber schöner seyn soll, als das von Dscherrásch. Er versicherte mir, diese ganze Stadt habe sich noch so gut erhalten, dass man noch alle Gassen, Häuser und Tempel sehen könne. Das Merkwürdigste dieses Orts sey die Stadtmauer, welche aus grossen schwarzen Quadersteinen bestehe, welche statt des Mörtels dünne Lagen von Bley zwischen sich hätten. Die Beduinen würden schon längst dieses Bley genommen haben; allein die grossen festen Quadersteine verleiden ihnen diese Arbeit. Jûsef el Mílky, mein vormaliger damascenischer Bedienter, versicherte mir, dass man dort viele Ruinen und etliche Thürme von schwarzen Steinen (Basalt?), imgleichen viele Inschriften antreffe, und dasselbe wurde mir noch von einem andern Beduinen erzählt. Ümm el Örszâs steht weit und breit umher wegen seiner vermeintlichen unterirdischen Schätze im grössten Ruf, und man machte mir Schwierigkeiten, als ich ein Verlangen zeigte, dahin zu reisen. Eben diese Erfahrung machte ich auch, als ich Mkaur (Machaerus) zu sehen wünschte, wo man auch Schätze vermuthet. Ist der Umstand richtig, dass man sich des Bleies zur Verbindung der Steine zu Ümm el Örszâs bediente: so zeigt dies einen ausserordentlichen Wohlstand seines Erbauers an, der ein ewiges Werk zu machen strebte. Ich wünschte sehr, dass ein späterer Reisender diese Ruinen aufsuchen möge. Der alte Name dieses Orts ist mir unbekannt; denn der jetzige ist augenscheinlich weit neuer, und wurde ihm wegen des gedachten Bleies beygelegt. Sollte man hier etwa Kiriathaim oder vielmehr Aroer suchen müssen. [1])

24. Januar. Hammáde wurde bald mit mir um den Preis eins, mich nach Gôr el Száphiá zu führen. Er ritt eine Stute von einer edeln Raçe, el Köhhély genannt, wovon er versicherte, dass sie tausend Piaster werth sey; ich erhielt seinen Esel. Wir verliessen etwa um Mittag el Mesráa, und kamen zuerst über beträchtliche Felder, wo Dúrra gestanden

---

[1]) Ich kenne den Grundtext nicht. Sollte man Aroer vielleicht Ar-Oer, die Stadt Oer, lesen müssen? Dann hätte man schon die Hälfte des Namens von Örszâs. Die Stadt mitten im Wasser, heisst dies etwa zwischen zwey Flüssen? (Josua 13, 16). Ist die Stadt Aroer, die am Ufer des Wassers bey Arnon liegt, von der Stadt mitten im Wasser verschieden, oder damit gleich? Unsere Orientalisten werden darüber entscheiden.

hatte, und wovon noch die langen starken Stengel vorhanden waren. Nachher wurde die Ebene unfruchtbarer, steinigter und war mit Szidder, Tollhh u. s. w. besetzt; weiterhin wechselte diese mit einer etwas fruchtbarern ab, und nach etwa 2 Stunden kamen wir über ein kleines Quellwasser, was vormals zur Bewässerung der Felder benutzt gewesen war. Auf dieses folgte eine völlig nackte unfruchtbare sandige Salzebene, wo weder Pflanze, noch Strauch vorhanden war; diese Ebene wechselte weiterhin mit steinigten Feldern ab, welche von einer Quelle durchflossen wurden, die Mójet Nimméry heisst, und welche von dem Dorfe Chansíreh kommt, das ich auf meiner Reise von Kárrak nach Jerusalem berührte. Auch dieses Wasser soll vormals zur Bewässerung von einigen Feldern benutzt worden seyn, wovon man jetzt keine Spur mehr sieht. Am Fusse der Berge erblickten wir hier 5 Gasale. Es begegnete uns hier ein Araber zu Pferde, welcher mir nichts Gutes prophezeite, als er hörte, dass ich Gôr el Száphiá besuchen wollte. Allein, ich kannte aus Erfahrung den Werth solcher Prognostiken, und hielt mich in Hammáde's Gesellschaft vollkommen sicher.

Weiterhin kamen wir wieder über eine sehr steinigte Ebene. Das Gerölle bestand aus Sandstein von mehrern Farben, aus weissem Kalkstein und Blöcken von einer unvergleichlich schönen Breccie und Conglomeraten, welche aus Granit, Jaspis, Grünstein, Feldspath u. s. w. von dunkelgrüner, rother, röthlicher und andern Farben bestanden. Auch fand ich hier einige Blöcke von dunkelolivengrünem Jaspis und Stücke Grünstein mit tombakfarbenen Glimmer. Die Berge auf dieser Ostseite des todten Sees von der Mündung des Wady Kárrak bis Gôr el Száphiá bestehen bisweilen aus Kalkstein, meistentheils aber aus Sandstein, und sind völlig nackt, schroff und an manchen Stellen senkrecht. Die so eben genannten Fragmente von primitiven Gebürgsarten lassen mich vermuthen, dass in der Gegend, wo ich sie fand, die Berge unten in den Schluchten aus einer solchen schönen Breccie bestehen, welche durch heftige Regengüsse in die Ebene gewälzt wurde. Von Basalt fand ich keine Spur.

Dem Ende des Sees gegenüber passirten wir wieder eine niedrige sandige nackte Salzebene, welche beym höchsten Stande des Sees bisweilen unter Wasser gesetzt wird. Ueber dieselbe zogen sich lange dünne weisse Salzstreifen an den Stellen, wo das Regenwasser von den Bergen sich flache Rinnen gebildet hatte. Nachher ritten wir durch eine mit Gebüsch und Gesträuch bewachsene Ebene, wo ein Trupp Beduinen vom Stamme Beni Száhhar ihre Kameele weidete, passirten ein paar Arme des Karáhhy, oder des Flusses, welcher aus dem Wady el Hössa kommt, und sich durch Gôr el Száphiá in das Südende des todten Sees ergiesst, und erreichten nach etwa anderthalb Stunden, von der Salzebene angerechnet, vier höchst elende Rohrhütten, welche den Ort ausmachen, den man Mesráa Gôr el Száphiá nennt.

Gôr el Száphiá nimmt nur einen kleinen Theil der grossen Ebene ein, welche den Zwischenraum zwischen den 2 Gebürgsreihen auf dem Südende des todten Sees ausmacht, und welche ein widerliches Bild der grössten Unfruchtbarkeit abgiebt. Gôr el Száphiá nimmt den östlichen Rand davon ein. Es erstreckt sich von der Stelle an, wo das Wasser des Wady el Hössa aus dem wilden Gebürge heraustritt, bis an den todten See, und verdankt seine Fruchtbarkeit ganz allein diesem Wasser, welches in mehrern Kanälen in die vorhandenen Felder geleitet wird. Allein, es ist nur ein sehr kleiner Theil von diesem äusserst fruchtbaren Boden angebaut, und das Uebrige ist mit Gebüsch und Gesträuch bewachsen, worin sich sehr viele wilde Schweine, Hyänen und anderes Wild aufhalten. Man bauet hier Dúrra, Weizen, Phaseolen und vielen Indigo, vorzüglich zur Gewinnung des Saamens, der nach Egypten versendet wird, und aus dessen Verkauf sie viel Geld lösen sollen.

Schech Hammáde führte einen kleinen Getreydehandel mit den Huethât, deren Gebiet sich von hier bis nach A'kabáh und Maân erstreckt. Er war daher öfters genöthigt, zu ihnen zu reisen, und dies gab ihm Gelegenheit, jene südlichen Gegenden genau kennen zu lernen. Er versicherte mir, die grosse Ebene, die am Südende des todten Sees anfängt, erstrecke sich fast bis nach Akabáh, und habe auf ihrer Ostseite viele Quellen, welche aus dem Gebürge von der Landschaft Dschebâl und Scharáh hervorkommen und sich nach einem kurzen Laufe auf der Ebene verlieren; so weit diese Quellen indessen den Boden wässerten, sey er sehr fruchtbar. Man finde dort auch noch Reste von vormaligen Ortschaften, und was merkwürdig sey, längs dem ganzen Fuss der östlichen Berge mehrere verfallene Châne, welche aus Leimsteinen erbauet seyen. Man glaubt, dass vormals die Strasse der Mekkapilger diese Richtung nach Akabáh genommen. Dieser nämlichen Strasse bediente man sich vielleicht im höchsten Alterthume zur Handelsverbindung zwischen Ailéh und Esion-Gaber und den nordwärts davon liegenden Ländern, Palästina, dem Lande der Moabiter und Ammoniter u. s. w. Diese Gegend bedürfte noch einer nähern Untersuchung. Könnte ich Hammáde's Nachrichten trauen: so ist die Gegend von hier nach Akabáh längs den östlichen Bergen von der Natur bey weitem nicht so vernachlässigt, als ich sie mir vorhin dachte, und die höchst unfruchtbare salzige Ebene soll etwa 2 Stunden weiter südwärts, als diese Hütten, ihr Ende erreichen. — Ich erkundigte mich nach Petra, welches ich in der Nähe vermuthete, da mir der griechische Bischof von Kárrak in Jerusalem versichert hatte, dass es 2 Stunden vom Südende des todten Sees entfernt sey; allein Niemand wusste mir etwas davon zu sagen, weswegen ich jene Nachricht für falsch erklären muss.

El Hössa oder Wady el Hössa scheint mir das Lasa zu seyn, dessen im Pentateuch gedacht wird (1. B. Moses 10, 19); denn die Araber sprechen el Hössa auch el Hassa und 'Lassa aus; und dies ist auch der Fall mit der Stadt el Ahhsa in el Bahhréin auf der Westseite des persischen Meerbusens, welche auch Lahassa ausgesprochen wird.

Die salsige Ebene an dem Südende des todten Sees halte ich für das Salzthal, dessen in den hebräischen Schriften gedacht wird, und welches durch einige dort gelieferte Schlachten bekannt wurde; und dies sogenannte Salzthal machte einen Theil der Wüste Zin aus (4. B. Moses 34, 3. Josua 15, 1).

Der sehr stachlichte Mimosenbaum, welcher hier el Tollhh genannt wird, bildet oben eine flache Krone, welche überhaupt eine Fächerform hat. Hammáde versicherte mir, der arabische Gummi komme nicht von diesem Baum, sondern von dem zweiten Mimosenbaum, der el Szeïäll genannt wird.

Da Hammáde der Schech dieser Bauern, welche auch A'rab el Gôr heissen, war: so fanden wir hier eine sehr gute Aufnahme und nach hiesiger Art eine treffliche Bewirthung. Gegen Abend kamen etliche Bauern von Bzéra, einem Dorfe in der Landschaft Dschebâl, die in den ältesten Zeiten zu dem Gebiet der Edomiter gehörte und späterhin unter dem Namen von Gebalene bekannt war, welcher im Grunde der nämliche, als der noch jetzt gebräuchliche, ist. Der Wady el Hössa macht die Grenze zwischen Dschebâl und dem Lande Kárrak aus. Bzéra liegt anderthalb bis zwey Tagereisen südostwärts von hier auf dem Gebürge. Diese Bauern hatten Salz von dem Ufer des todten Sees geholt, und waren jetzt auf der Rückreise in ihre Heimath begriffen. Sie blieben die Nacht bey uns. Wir lagerten uns unter freiem Himmel um ein grosses Feuer; die Nacht war eine herrliche Mondnacht; allein die Kälte fiel uns etwas beschwerlich. Wir hörten die ganze Nacht hindurch das Geschrey von einer Menge Tschakale, welche uns oft sehr nahe kamen.

25. Januar. Hammáde war am folgenden Morgen Willens, etliche Dauâre der Huethât, welche anderthalb bis 2 Stunden südwärts von hier waren, und wo er etliche Geschäfte abzumachen hatte, zu besuchen. Dieser Stamm soll nach Maijûbs Versichernng eben so zahlreich seyn, als der der Beni Száhhar, oder fast noch zahlreicher. Der Stamm der Szalîth im Lande Kárrak soll so gross, als der der Aduân seyn. Auch die Beduinen des Stammes Beteïhha soll so zahlreich seyn, als die Beni Száhhar. Allein, er gab seinen Vorsatz auf, da er bedachte, dass er meinem Gefährten Aijûb versprochen, mich an diesem Tage wieder zurückzubringen, und dass dieser, falls dies nicht geschehe, meinetwegen in Sorgen seyn würde. Wir traten also bald nach Sonnenaufgang unsere

Rückreise nach seinem Dorfe an. Es gesellte sich ein junger Beduine von den Huethât zu uns, welcher auf der Halbinsel Gôr el Mesráa Kárrak einen kleinen Vorrath von Schwefel sammeln wollte. Es begegneten uns unterwegs 3 Beduinen von einem mir unbekannt gebliebenen Stamme, welche uns hätten gefährlich werden können, wenn Hammáde nicht bey uns gewesen wäre.

Ich habe in meinen vorigen Nachrichten einer Furth el Moktaa gedacht, welche in dem südlichen Ende des todten Sees befindlich ist, und deren sich die Einwohner von Kárrak und die Beduinen dieser Gegend bisweilen bedienen, wenn sie nach Hebron oder nach Jerusalem reisen wollen, weil sie sich dadurch einen grossen Umweg südwärts oder nordwärts um den See ersparen. Diese Furth ist nur beym niedrigen Stande des Sees möglich, und man versicherte mir, dass man seit etlichen Jahren keinen Gebrauch davon mache, weil der Stand desselben höher, als vorhin sey; und überdem sey er auch beschwerlich, weil die Füsse von dem Wasser und von dem scharfen Sand- und Griesboden leiden. Beym gewöhnlichen niedrigen Stande geht das Wasser nicht höher, als bis die Mitte der Wade, und nur an wenigen Stellen bis ans Knie. Der Bischof von Kárrak, jetziger Vicarius des griechischen Patriarchen von Jerusalem, wählte vor etlichen Jahren diese Route, wovon man indessen kein Beispiel weiss, dass sie ganz trokken gewesen, und man würde sich irren, wenn man glauben wollte, verleitet durch die in Büschings Geographie vorhandene Beschreibung, dass das Südende des Sees sichtlich von dem übrigen getrennt sey und einen besondern kleinen See bilde. Will man von Osten nach Westen reisen: so passirt man hier das kleine Dorf und die ganze Halbinsel; von deren westlichem Ufer die Seichte anfängt, wo ein Hügel von aufeinander gelegten Steinen vorhanden ist. Ein ähnlicher Hügel ist auf der entgegengesetzten Westseite des Sees vorhanden, welcher el Harrába heisst, von dem Tell el msóggal in geringer Entfernung befindlich ist, und wornach man sich richtet, um nicht die Furth zu verlieren. Einer versicherte mir, dieser Hügel el Harrába sey ein Masâr oder Grabmal eines Schechs. Man findet die Stelle dieser Furth auf meiner Karte vom todten See angegeben.

Was die Form des ganzen Sees anbetrifft: so muss ich gestehen, dass ich mich nie überzeugen konnte, sie sey stark gebogen oder halbmondförmig, obgleich ich von mehrern hohen Standpunkten den grössten Theil des Sees übersehen konnte, und ich darf mir schmeicheln, dass meine Karte von den vorhandenen die richtigste sey, obgleich ich überzeugt bin, dass man noch viele Fehler darin finden würde, wenn man einst Gelegenheit finden wird, eine genaue Vermessung davon anzustellen.

26. Januar. Begleitet von einem paar Gôr-Arabern und einem Beduinen von den Aduân, traten wir am folgenden Tage unsere Rückreise an. Der Aduân hatte eine recht angenehme biegsame Stimme, und wir hörten mit Vergnügen seinem gefühlvollen Gesange zu, wozu er Oden wählte, die grösstentheils seinen Schech Nímmer zum Verfasser hatten. Wir kehrten den nämlichen Weg zurück, den wir 2 Tage zuvor gekommen waren. Beym Anfang der Berge fand ich am Wege auf einer sehr dürren griesigten Stelle die Jerichorose in Menge.

Achmed hatte es gewagt, uns noch etliche Stunden näher zu kommen, und wir trafen ihn am Wege sitzend, nicht wenig froh, mich wohl behalten wieder kommen zu sehen. Wir gingen mit ihm in ein einsam stehendes Zelt eines Haméide, wo er die vorige Nacht zugebracht hatte, und wo wir mit köstlichem Lammfleisch, mit dicker saurer Milch zubereitet, bewirthet wurden. Unser Wirth schien wohlhabend zu seyn. Er ersuchte mich, sein krankes Kind zu besuchen, welches in einem nordwärts von seinem Zelte liegenden Dauâre war, welches ich that, indem es an unserm Pfade lag. Dies Dauâr bestand aus 12 Zelten. Achmed verkaufte ihm seine Flinte für 60 Piaster, und nun waren wir ganz ohne Waffen.

Da ich wusste, dass wir hier nicht weit von dem Wady Hamâd seyn müssten, welcher nordwärts vom Wady el Kárrak befindlich ist und sich mit diesem vereint: so ersuchte ich Achmed, mich dorthin zu führen, damit ich das dortige warme Bad, welches Hammám Szleimán genannt wird, untersuchen könnte. Allein, er und die übrigen Beduinen machten so viele Umstände, es sey mehrere Stunden von hier entfernt, und sein Wasser sey bey weitem nicht so heiss, als das der Quellen im Thal der Serka-Maéin u. s. w., dass ich mein Vorhaben aufgeben musste.

Einige Zeit darauf erreichten wir wieder die 6 Zelte der Beni Haméide, in deren Gegend, wie ich vorhin sagte, ein Theil der Berge aus Basalt besteht, und wurden wiederum bewirthet. Von hier ging es über dürre Berge, wo bloss salzliebende Pflanzen fortkamen, welche man zur Frühlingszeit zur Soda verbrennt, die hier in Menge von den Beduinen bereitet wird, und wovon sie den Kantar jetzt zu 25 bis 30 Piaster an andere Beduinen verkaufen, welche sie nach Jerusalem, Nablos und Hebron führen, indem sie selbst auf der Westseite des todten Sees und des Jordans mit ihren Ladungen nicht sicher seyn würden.

Wir brachten die Nacht in einem Dauâr der Beni Haméide von 8 Zelten zu. Es sey mir erlaubt, hier zu erinnern, dass ich alle gesehenen Dauâre und die Zahl ihrer Zelte deswegen genau angebe, damit sich meine Leser eine richtige Idee von dem geringen Grade der Bevölkerung in einem Nomadenlande machen können.

Des Nachts hörten wir mehrmals die Schaafe, die auf dem Platz des Dauârs waren, schüchtern auf einen Haufen zusammen rennen. Dies rührte davon her, dass sie in der Ferne ein Raubthier erblickten, worauf alsdann ihre sorgsamen Wächter mit lautem Gebelle losstürzten, und es so lange verfolgten, bis sie keine Gefahr mehr davon erwarteten.

Die Beduinen lieben leidenschaftlich alle Gedichte, worin der Muth und die Tapferkeit der Helden geschildert werden, und fehlt es ihnen selbst an Heldengedichten: so entlehnen sie dieselben aus vorhandenen arabischen Werken, welche, da sie selbst äusserst selten lesen und schreiben können, ihnen von den städtischen Bänkelsängern, welche sich bisweilen bey ihnen sehen lassen, durch mündliche Ueberlieferung zukommen, und alsdann von Ohr zu Ohr fortgepflanzt werden. Die berühmtesten und beliebtesten Gesänge dieser Art sind aus dem grossen Heldengedichte der Beni Helâl entlehnt, welches man in mehrerer Hinsicht mit der Odyssee und der Iliade der Alten vergleichen könnte. Die Verse dieses Gedichtes sind ausserordentlich wohllautend, und man bemerkt einen Reichthum des Reims darin, der bey fast keiner andern orientalischen Sprache angetroffen wird, und der für europäische Sprachen ohne Ausnahme unerreichbar ist, indem bisweilen einer und der nämliche Reim mehrere Quartseiten lang beybehalten wird. Dies Werk besteht aus etwa 9 Quartbänden, und ein gewisser Schech Hássan el Cháddry wird als sein Verfasser genannt. Der Beduinen-Stamm der Beni Helâl stammt aus Nédsched in Arabien ab, und that sich in den ersten Religionskriegen nach Mohammed ausserordentlich hervor. Der Hauptheld heisst Abu Sêd, und man trifft in ganz Syrien, Palästina, Aegypten und wahrscheinlich auch in Arabien und der Barbarey kaum einen Beduinen, Bauer oder Städter an, welcher nicht irgend eine Stelle aus diesem Gedichte auswendig wüsste, oder der wenigstens nicht von den Beni Helâl und Abu Sêd gehört hätte. Nach vielen Grossthaten in Arabien zogen diese Helden nach Syrien, Aegypten und endlich nach der Barbarey, wo sie Tunis eroberten, wo Abu Sêd sich zum Regenten machte, und wo er endlich durch einen neidischen Nebenbuhler ermordet seyn soll. Dies grosse Gedicht liefert die genauesten Schilderungen von der Lebensart der Beduinen, und dies ist die Ursache, warum diese es so sehr lieben. Der Erzähler singt die Thaten dieser Helden immer in Begleitung des Erbábe oder der arabischen einsaitigen Geige ab. Ich wünsche nichts sehnlicher, als dass einmal dieses Gedicht in unsere Sprache übersetzt würde; allein der Uebersetzer müsste ausser einer genauen Kunde des Arabischen auch Dichter seyn, welcher sich zum Bau seiner Verse der Hexameter bedienen könnte, da die Versart in diesem Gedichte die grösste Aehnlichkeit mit denselben zu haben scheint.

27. Januar. Am folgenden Morgen setzten wir unsere Reise weiter fort, und passirten nach einiger Zeit die Quelle Ain Sgêk wieder, etwas weiter nach unten, als wir sie vorhin passirt waren. Auch hier fand ich in ihrer Nähe wiederum Gyps. Es war ein herrlicher Frühlingstag, und auch etliche vorher waren eben so schön. Welche Verschiedenheit zwischen diesem Klima und dem meines Vaterlandes, wo jetzt die strengste Winterkälte herrscht, wo alles Land mit Schnee und alle Gewässer mit Eis bedeckt sind!

Bald darauf wurde der Pfad ausserordentlich felsigt und rauh. Er zog sich hoch oben an den Bergseiten hin, welche hier aus Kalkstein bestanden, von welchen wir immer der lieblichsten Aussicht über den todten See genossen, welcher ein paar Stunden westwärts von uns war. Ich fand hier das Horn eines Steinbocks und einen Stachel von einem Stachelschwein, welche beiden Thiere die einsamen Bewohner rauher Felsengegenden ausmachen. Das Horn des Steinbocks war 5 Spannen lang; man findet es aber bisweilen von 7 Spannen Länge.

Ich wünschte nichts sehnlicher, als wieder am Ufer des todten Sees zu seyn, und Achmed gab sich immer alle Mühe, mich von meinem Vorhaben abzubringen, indem er versicherte, das Ufer sey in dieser Gegend durchaus nicht zu passiren. Als er indessen endlich sahe, dass ich auf meinen Kopf bestand: so gab er endlich nach, und beredete Maijûb, mich dorthin zu führen, alsdann immer längs dem Rande desselben bis jenseits der Serka-Maéin fortzugehen, wo er nach Verlauf von zwey Tagen wieder zu uns stossen wolle. Niemand war froher als ich, obgleich ich wieder zu Fusse gehen musste, da es dort durchaus unmöglich ist, mit einem Pferde fortzukommen. Wir waren noch ein paar Stunden vom Máudschêb entfernt, als wir uns trennten. Er nebst dem Aduân, den wir im Gôr el Mesráa angetroffen, zog landeinwärts, und Maijûb und ich gingen westwärts, um das Ufer des Sees zu erreichen. Unsere Provision bestand aus etwas Wasser in einem Schlauch und einem kleinen Vorrath von Mehl.

Der Aduân war ein Nachtblinder; sobald die Sonne untergegangen war, sahe er nichts. Dieser Augenfehler fiel ihm äusserst beschwerlich, und er ersuchte mich, Maijûb für ihn Arzneymittel zu geben, wenn wir in Jerusalem angekommen seyn würden, weil Achmed versicherte, dass er aus Furcht für den Gouverneur mich nicht dahin begleiten könne. Bey unserm Abschied band er einen Faden um Maijûbs Handgelenk, und sagte mit einem lauten feierlichen Tone: „Hier in dem Gebiete der Beni Haméide in Gegenwart Achmeds erkläre ich, dass ich Musa 200 Piaster zahlen wolle, wenn ich durch seine Arzneymittel geheilt werde!" — Der Faden sollte Maijûb statt eines Denkzettels dienen.

Wir gingen immer bergab über wilde, einöde, oft völlig nackte Felsenberge, welche durch zahllose Schluchten zerrissen waren, in welchen sich viele Steinböcke aufhalten sollen, worauf Maijûb zuvor mehrmals mit glücklichem Erfolg Jagd gemacht hatte. Ich hatte das Vergnügen, von hier den Umriss der Halbinsel von Gôr el Mesráa genau zu beobachten und so mit grösserer Treue in meine Karte vom todten See einzutragen. In der Nähe des Sees hörte der Kalkstein auf, und machte dem gewöhnlichen eisenschüssigen Sandstein Platz.

Obgleich unser Weg bis zum Strande beschwerlich genug gewesen war: so wurde er es am Strande selbst noch in einem weit grösseren Maasse. Wir mussten an manchen Stellen von Block zu Block springen, und an andern Stellen mühsam klettern. Mehrmals verloren wir den Felsensteig, und mussten wieder umkehren, weil senkrechte Felsen alles Fortkommen dicht am Wasser hinderten. „Sagte ich es Euch nicht zuvor, sagte Maijûb, dass der Weg so seyn würde? Nur Euch zur Liebe habe ich mich zu dieser Strapatze entschliessen können." — „Ich danke Euch, Maijûb! erwiederte ich; ich bin jetzt zufrieden, und ich hoffe auch, dass Ihr mit mir zufrieden seyn werdet, wenn wir glücklich in Jerusalem ankommen."

Obgleich dieses Ufer für Vieh gänzlich unpassirbar zu seyn scheint: so wissen dennoch die Bauern von Gôr el Mesráa mit Eseln, Schaafen und Ziegen auf diesem Felsensteige fortzukommen, welche sie, die erstern ausgenommen, zum Verkauf nach Jerusalem bringen. Sie wählen denselben, theils weil er der kürzeste Weg ist, theils weil sie hier sicherer für die

Räubereien der Beduinen sind, welche hier nur selten das Ufer des todten Sees besuchen, wo es keine Weiden für sie giebt. Um den Steig nicht zu verlieren, legen sie kleine Steinhäufchen auf die Felsen und Blöcke, wonach sie sich richten, und ohne welche es auch uns nicht möglich gewesen wäre, fortzukommen. Maijûb musste indessen bisweilen lange suchen, bis er diese Wegzeiger ausfindig machte. Die Bauern der Halbinsel hatten vor etlichen Jahren den Versuch gemacht, ein Pferd diesen Steig zu führen; allein es stürzte von einem Felsen herab und zerbrach den Hals.

Der Steig führte meistentheils auf einer Art von Terrasse hin, welche die Sandsteinfelsen bildeten, welche aber durch mehrere Schluchten unterbrochen wurde, die wir passiren mussten. Links in senkrechter Tiefe hatten wir den See, und rechts höhere Felsenwände. An einer Stelle waren die Felsen mit Flugsand bedeckt, worin einige Sandgewächse wuchsen, und wo ich eine kleine Eidechse mit einem langen dünnen Schwanz und kurzen Füssen bemerkte. Eine schönere und grössere Eidechse sahe ich weiterhin zwischen den Felsen von blaugrüner Farbe. Auch die Rose von Jericho fand ich hier, die man gleichfalls an der Mündung der Serka-Maéin antreffen solle.

Bald nachher sahen wir das Ziel unserer heutigen Wanderung, die Mündung des Máudschêb, in einiger Entfernung vor uns. Sie wurde durch eine kleine halbmondförmige Halbinsel angezeigt, welche sich grade vor der Mündung in den See erstreckt, und welche wir kurz vor Sonnenuntergang erreichten. Die Mündung bildet ein pittoreskes natürliches Thor, welches etwa 60 Fuss Weite und auf beiden Seiten senkrechte Riesenwände von Sandstein hat, in deren Zwischenraum nie die Strahlen der Sonne dringen. Am Fusse der nördlichen Wand ist unten eine natürliche Grotte mit Gesträuch umrändet. Die kleine Halbinsel, welche el Hőschgerá heisst, ist eben, niedrig und ohne Zweifel ein Geschöpf des Flusses, welcher mitten durch dieselbe fliesst. Sie hat die Grösse eines ansehnlichen Gartens und ist ganz mit Gebüsch und Gesträuch bewachsen. Welch ein lieblicher Fleck zu einer Einsiedeley oder zu einem einsamen Landhause! Auf der einen Seite der schöne Spiegel des todten Sees, welcher fast nie durch stürmische Winde getrübt wird, der alle Schatirungen des Himmels aufs getreueste wiederstrahlet, und an dessen Ufern seine Wellen sanftrauschend wiedertönen; auf der andern Seite ein wildes Felsengebürge, welches diese Stelle von allen bewohnbaren Gegenden absondert, und ihr gewissermaassen zum Schutz wider feindliche Angriffe dienen würde, bewohnt nur von Steinböcken, Stachelschweinen u. s. w., deren Jagd den Einsiedler in seinen Stunden der Musse beschäftigen könnte, so wie er auch ein wenig tiefer landeinwärts Gasale und Hasen treffen würde. Obgleich der todte See durchaus keine Fische, noch sonst ein lebendiges Geschöpf enthält: so würde ihm der kleine Fluss dieses Bedürfniss genugsam darbieten, in dessen köstlichem klaren Wasser ich eine Menge Fische spielen sahe. Die ganze Halbinsel ist fruchtbar, und könnte mit leichter Mühe durch den Fluss gewässert werden, da sie alsdann treffliche Dattelpalmen, Bananen, Limonen, Zuckerrohr, Weizen und jede Art von Gemüse hervorbringen würde. Jetzt wachsen hier Weiden, Tamarisken, el Körrn (dessen ich bey Jericho erwähnte), Ásba, ein schwacher Strauch, welcher cylindrische saftvolle Blätter hat, wie eine Salicornia, zahmes Rohr u. s. w. Zur Winterzeit würde er hier eines immerwährenden Frühlings geniessen, und während der Sommerhitze würde er in der etwas erweiterten Grotte an dem Flusse, den man gar leicht durch dieselbe leiten könnte, der angenehmsten Kühlung geniessen, und er würde sich des letztern zum kalten Bade bedienen können. Auch an Zugvögeln fehlt es hier nicht, mit deren Fang er sich belustigen könnte. Trefflichen Weizen würde er von Gôr el Mesráa, fette Schaafe und Ziegen von den benachbarten Bergweiden erhalten, und die Halbinsel würde schon Nahrung für ein paar Kühe darbieten. Der See würde ihm Gelegenheit zu den angenehmsten Wasserfahrten darbieten, wo er bald die heissen Bäder der Nachbarschaft, bald Gôr el Szápbiá und el Phőschga besuchen könnte, um dort wilde Schweine zu jagen. —

Der Máudschêb, oder Arnon der Alten, ist nur ein sehr kleiner Fluss, denn obgleich sein Wasser langsam floss, so war sein Wasserspiegel doch nur etwa 40 Fuss breit. Wir wateten durch das Wasser, und ich fand, dass es mir an den tiefsten Stellen nur bis an die Kniee ging. Auf dem Berggipfel auf einer Seite der Mündung soll man noch die Ruinen eines Orts finden, welchen man mir el Riádschy nannte. Die Mündung des Máudschêb oder Arnon ist auf der Karte viel zu weit nördlich gezeichnet, indem die starke angegebene Krümmung gar nicht vorhanden ist, sondern er von dem Ort Dimnab gerade westwärts sich in den todten See ergiessen müsste.

Vielleicht war ich nie mehr ermüdet von einen Marsch gewesen, als an diesem Tage, und auch Maijûb schien es nicht viel weniger zu seyn. Unsern Durst hatten wir durch das köstliche Wasser des Máudschêb gestillt. Zur Stillung unsers Hungers aber mussten wir erst unser Abendmahl, das heisst Brod, bereiten. Es fehlte an Salz und Maijûb ging an den Strand, um etwas zu suchen. Ich zündete während der Zeit unter einer hohen überhängenden Felsenwand, die unten etwas ausgehöhlt war, ein loderndes Flammenfeuer an, wozu ich dürres Holz und Gesträuch in Menge in der Nähe fand. Maijûb bereitete hierauf den Brodteig auf einem Felsenblock, und in kurzem war unser Abendessen in der glühenden Asche gebacken.

Majestätisch ging die Sonne vor uns unter, sich spiegelnd im See, und noch lange blieben die Züge ihrer goldnen Strahlen am Horizont zurück. Der Abend war unvergleichlich, und ein sanfter Schlaf lohnte uns in dieser Einöde für die Anstrengungen des verflossenen Tages. Ich wünschte des Nachts unser Feuer zu unterhalten; allein mein vorsichtiger Gefährte erlaubte es nicht, weil, wie er sagte, bisweilen Beduinen vom Stamme der Hadschája auf ihrem Streifzuge wider die nördlichen Beni Száhhar, denen sie Kameele zu rauben suchen, hier übernachten, und wir durch das Feuer verrathen würden.

28. Januar. Es wurde uns des Morgens etwas schwer, einen Ausgang aus unserer Einsiedeley zu finden, weil wir nirgends die kleinen Steinhäufchen bemerken konnten. Wir

stiegen sogleich von unserm Nachtlager hohe steile Felsen hinan, wo ich anfänglich etliches Basaltgerölle bemerkte, welches sich aber gleich darauf wieder verlor. Diese Fragmente rührten höchst wahrscheinlich von Basaltlagern her, welche auf den höhern Bergkuppen am Máudschèb befindlich seyn mochten. Die völlig nackten Bergseiten bildeten hier etliche gigantische Terrassen, auf deren unterster wir den Steig fanden, von welcher wir beständig des Anblicks des Sees genossen, welcher oft in senkrechter Tiefe vor unsern Füssen war. Die Bergseiten bestanden noch immer aus dem sehr eisenschüssigen braunen Sandstein, und waren an mehrern Stellen von tiefen Schluchten durchschnitten. Eine Pflanze zu sehen war hier eine grosse Seltenheit. Nach etwa 2 Stunden passirten wir eine tiefe Schlucht, worin ich einen stammlosen wilden Dattelbaum, etliche Gárrab (Pappel?), Weiden und Tamarisken bemerkte, weil der Boden ein wenig quelligt war.

Etwa anderthalb Stunden weiter kamen wir an eine Stelle, wo dichtes buntes Schilf in grosser Menge wuchs, und wo ich mehr als 100 wilde Palmen an quelligten Stellen zählte. Noch etwas weiter passirten wir eine beträchtliche Quelle in einem Grunde, an welcher etliche 20 Palmbäume standen, die Stämme von mittelmässiger Höhe hatten, und eine Viertelstunde weiter erreichten wir eine andere starke Quelle, welche einen kleinen Bach des klarsten Wassers bildete. Das gesalzene trockne Brod, was wir zum Frühstück assen, verursachte mir vielen Durst, weswegen mir der Reichthum dieses Ufers des todten Sees an süssem Quellwasser sehr willkommen war. Das bunte Schilfrohr wuchs an diesem Wasser bis 30 Fuss hoch, zum Beweise, dass das Wasser in dieser tropischen Sommerhitze eine bewundernswürdige treibende Kraft habe. Ein Strauch am Ufer, welcher jetzt in Blüthe stand, und der von Maijûb Schümmám genannt wurde, wird bisweilen von den Beduinen benutzt, um aus seinen Schüssen Pfeifenröhre zu machen. In dieser Gegend fand ich auch die strickähnliche auf der Erde liegende Pflanze, deren ich bey der Beschreibung der heissen Quellen im Thale der Serka-

Maein gedachte. Sie wird bisweilen 30 bis 40 Fuss lang, und Maijûb nannte sie el Luwéije.

Eine halbe Stunde nachher trafen wir wieder einen kleinen Bach, und eine Viertelstunde weiter einen beträchtlichen Bach, welcher mit heftigem Geräusch in den See stürzte. An seiner Mündung standen etliche Palmbäume, und nach seiner Quelle zu oben am Berge einige Mimosenbäume von der Art, die hier Tollhh genannt wird. Einen andern rauschenden Bach erreichten wir eine Viertelstunde nachher, dessen Wasser lauwarm war, und an dessen Ufer Phístuk el Bân wuchs; und wieder eine Viertelstunde davon einen Bach, bey welchem ich einiges Basaltgerölle bemerkte, welches von höhern Basaltkuppen hieher gerollt war. Eine halbe Stunde nachher kamen wir an den Bach Sará, und ein paar Minuten davon an eine Quelle. In dieser Gegend standen höher an der Bergseite hinauf viele Mimosenbäume (Tollhh). Die Berge bestanden hier zum Theil aus Kalkstein und zeigten oben eine hohe Basaltkuppe.

Die Berge ziehen sich hier amphitheatralisch landeinwärts und bilden eine fruchtbare kleine Ebene, welche etwa eine halbe bis ganze Stunde lang und breit ist, und wo die Beduinen des Stammes Aduân Weizen, Gerste, Dúrra und Tabak anbauen. Man hatte uns Hoffnung gemacht, dass wir hier einen Beduinen von jenem Stamm antreffen würden, da wir alsdann eine Erfrischung an Milchspeisen bey ihm hätten einnehmen können; allein, er war bereits in eine andere Gegend gezogen.

Eine Viertelstunde nachher kamen wir an einen beträchtlichen Bach heissen Wassers, welcher schnell und rauschend floss. Maijûb versicherte mir, dass er etwa eine halbe Stunde landeinwärts von hier am Fuss hoher Felsenwände entspringe, und er führte es als etwas ganz Besonderes an, dass an dieser Stelle drey Quellen, nur wenige Schritte von einander entfernt, befindlich seyen, wovon die mittlere kalt, die beiden andern aber so heiss seyen, dass man die Hand nicht darin halten könne. Ich finde es höchst wahrscheinlich, dass man hier die berühmte Quelle suchen müsse, deren Josephus bey der Beschreibung von Machaerus erwähnt, obgleich er nur eine kalte und heisse Quelle angiebt, und dass dieses das Schönbrunn oder Callirrhoë sey, das in der Folge wegen seiner wohlthätigen Wirkungen in einem so verdienten Rufe stand. Auch nach der Karte finde ich mich berechtigt, Callirrhoë hier zu suchen, obgleich es, so wie Baaras Vallis oder die Serka-Máein, viel zu weit nordwärts angegeben ist. An diesen Quellen soll man noch die Ruinen von Sará sehen. Dieser Name bringt mich auf die Vermuthung, dass man hier die in der hebräischen Geschichte angeführte Stadt Zereth Sahar suchen müsse, welche auf dem Gebürge im Thal lag, welcher Zusatz genau auf das Lokale von Sará zu passen scheint, [1]) so wie auch ihre beiden Namen fast gleichen Laut mit Sará haben. Obgleich wir nahe an der Mündung des Baches waren: so fand ich das Wasser doch noch so heiss, dass es mir beschwerlich fiel, durch dasselbe zu waten. Es standen hier etliche 30 Dattelpalmen, wovon einige einen Stamm hatten. Alle die genannten Gruppen von Palmbäumen, welche am östlichen Ufer des todten Sees befindlich sind, sind ohne Zweifel die traurigen Ueberreste einer uralten Kultur, und geben den sichersten Beweis ab, dass ihr Standort und das hiesige Klima ihrem Fortkommen ungemein günstig seyn müsse, da sie sich wahrscheinlich seit mehr als anderthalb tausend Jahren ohne alle Pflege erhalten konnten. — Der Boden neben dem heissen Bach bestand aus Tuff und hatte ein verbranntes Ansehn.

Etwas weiter nordwärts fand ich eine zahllose Menge von Basaltblöcken und mächtige Felsmassen von Basalt-Konglomerat, dessen Bindungsmittel theils aus weissem Kalkspath,

[1]) Josua 13, 19. Ich darf indessen einen Zweifel nicht verschweigen, welcher mir dabey aufgestossen ist. Sollte Sará nicht auch diesen Namen daher erhalten haben, weil sich die Beduinen dieses kleinen Thales zu einem Saatfelde bedienen? Vielleicht findet man nähere Nachrichten in Josephus oder andern alten Geographen und Historikern. Von Callirrhoë und Herodium hatte Maijûb natürlicher Weise nie etwas gehört, weil beides neuere Namen sind, welche, wie es scheint, bey den alten Bewohnern dieser Länder und den Beduinen nie in Umlauf kamen, und nie im Stande waren, die uralten Benennungen zu verdrängen.

theils aus braunem Tuff bestand. Diese Massen waren von hohen Basaltkuppen heruntergestürzt, welche hier auf eisenrostfarbigem Sandstein aufgesetzt sind, woraus unten die Bergseiten bestehen. Der Pfad war in dieser Gegend sehr beschwerlich.

Etwa eine halbe Stunde von dem heissen Bach entfernt kamen wir an die Mündung der Serka-Maéin, welche, so wie die Mündung des Máudschêb, zwischen zwey hohen Felsenwänden von Sandstein befindlich ist, und auch eine ähnliche kleine Halbinsel vor sich hat. Ihr Boden ist aber steinigter, und sie ist nicht mit so vielem Gebüsche bedeckt. Die Serka-Maéin ist nur ein etwas starker Bach, und ich fand sein trübes Wasser nur etwa ein Drittel so breit, als das Wasser des Máudschêb, obgleich es etwas tiefer war und mit rauschender Schnelle floss.

Der Abend war nahe und wir waren sehr müde, weswegen wir hier zu übernachten beschlossen. Wir wählten eine Stelle am nördlichen Ufer der Serka in einem kleinen Hayn von Tamarisken, aus deren zartem Laube wir uns ein Lager bereiteten. Sobald die Sonne untergegangen war, wurde wieder, wie am vorigen Abend, Brod bereitet. Des Nachts stieg ein Gewitter mit Donner und Blitz auf, aber der Regen blieb zu unsrer Zufriedenheit aus.

Ich erkundigte mich bey Maijûb nach den edlen Pferderaçen der Araber, und er gab mir folgende Namen davon an, an deren Richtigkeit ich aber zu zweifeln Ursache habe: el Khhéïle, el Öbbeïje, Mszánne, el Hamdaníje, el Raéïle, el Dschûlphe, Emmargûb, el Schuême und el Szúetîje. Er versicherte, alle diese hätten ihre Geburtszettel, und alle Beduinen-Scheche hätten edle Pferde, die sie oft theuer bezahlen. So habe vor einiger Zeit der Oberschech der Beni Haméide ein edles Pferd für 90 Schaafe, ein Kameel und 300 Piaster gekauft, welches sich im Ganzen auf eine Summe von 1500 Piaster belaufen dürfte.

Er erzählte mir auch, 4 Tagreisen zu Pferde ostwärts von Ammân, sey in der Wüste ein Fluss, Namens el Öddam, welcher grösser als die Serka-Maéin sey, sich aber verliere. Man glaubt, dass er sich unter der Erde nach dem Ursprung der grossen Serka, die sich in den Jordan ergiesst, hinziehe und dessen Quelle bilde. — Er nannte mir auch eine zerstörte Stadt Sûmle el Aliá, welche eine Tagreise ostwärts von Hüsbân in der Wüste befindlich seyn soll. — In Kastal, eine Tagereise südwärts von Ammân soll man beträchtliche Ruinen finden, welche wegen ihrer unterirdischen Schätze bey allen Leichtgläubigen in grossem Rufe stehen.

Die Luft um den See fand ich durchaus nicht von der Luft verschieden, welche man bey andern ansehnlichen Landseen antrifft, und alle ältere Nachrichten von giftigen Dünsten, welche von seiner Wasserfläche emporstiegen, und welche verursachten, dass kein Mensch um den See leben könne, auch dass Vögel todt in den See niederstürzten, wenn sie es wagten, über denselben zu fliegen, sind alles fromme Fabeln. Maijûb versicherte mir, er habe mehrmals Tauben, Geier und auch einst einen Trupp Wachteln (Szümmân) von dem westlichen Ufer herüber kommen sehen, und ein Gefährte von ihm habe von letztern etliche erschossen.

Ich erkundigte mich bey ihm, ob es wahr sey, dass Einer, der nie schwimmen gelernt habe, dennoch beym Baden im See nie zu Grunde gehen könne? „Behüte Gott! sagte er; noch vor etlichen Jahren ertrank ein Beduine, der schwimmen konnte, beym Baden, als er sich zu weit wagte. Wollt Ihr vielleicht hinüber schwimmen? Was würde Achmed sagen!" — Letzteres fiel mir auf, und nun erst sahe ich die Ursache ein, warum er mir zu Gôr el Mesráa Schwierigkeiten machte, als ich das Westende der Halbinsel, wo man den gediegenen Schwefel findet, besuchen wollte, und warum seine Antworten unbestimmt und abgebrochen waren, wenn ich mich nach der Furth im See erkundigte. Achmed hatte ihn ohne Zweifel mit seiner Besorgniss angesteckt, dass ich mich unsichtbar machen, oder dass ich ihm entwischen würde, um ihm seinen Lohn nicht bezahlen zu dürfen! Ich suchte ihn daher durch vernünftige Vorstellungen darüber zu beruhigen.

29. Januar. Beym schönsten Wetter verliessen wir am folgenden Tage mit Sonnenaufgang unser Tamariskenlager und setzten unsere Wanderung weiter fort. Nach etwa 5 Minuten hörte das Basaltgerölle auf. Der Fuss der Berge bestand noch immer aus Sandstein. Der Pfad wurde immer bequemer. Die lange schmale Erdzunge, welche am nördlichen Ufer der Serka-Maéin (oder Baaras Vallis) nach der Karte vorhanden seyn sollte, ist nicht vorhanden.

Etwa anderthalb bis zwey Stunden von der Serka mussten wir einen beträchtlichen Felsenberg übersteigen, welcher unmittelbar bis ans Wasser des Sees stiess. Dies ist die Stelle, welche man Tûr el Hammára nennt, und wovon die Bethlehemiten wahrscheinlich durch ein Missverständniss die Sage verbreitet hatten, dass an dieser Stelle der Asphalt oder el Hömmar entquille. Denn ein wirklicher Grund dazu scheint nicht vorhanden zu seyn, zumal die östlichen Beduinen nichts davon wissen wollten. Da es mir sehr wahrscheinlich ist, dass der Asphalt des todten Sees ein Produkt des unterirdischen Feuers sey, welches entweder Asphalt- oder Steinkohlenlager schwält, und dies am nächsten beym See nach der Serka-Mündung und nach der Sará zu angetroffen wird, wie die dortigen heissen Quellen beweisen: so vermuthe ich, dass man auch in dieser Gegend die Quelle des Asphalts suchen müsse.

In der Nähe von Tûr el Hammára, und zwar auf dessen Nordseite, bestand der Boden nahe am Ufer des Sees aus Tuff, weswegen ich vermuthe, dass auch vormals hier eine warme Quelle gewesen seyn müsse. An dieser Stelle zählte ich wiederum an 100 Dattelpalmen, wovon viele einen Stamm hatten.

Die Erscheinung des Asphalts auf dem todten See ist gar nicht so gewöhnlich, wie man zu glauben scheint, sondern gehört zu den Seltenheiten, und alte Leute wussten sich nur zu erinnern, dass dies zwey- oder dreimal in ihrem Leben der Fall gewesen sey. Da kein einziges Fahrzeug auf dem See vorhanden ist: so kann man sich desselben nur bemächtigen, wenn die Masse ans Ufer getrieben wird, da dann unter den

Beduinen bisweilen ein Streit darüber entsteht, wem diese Beute zu Theil werden soll. Wo ich mich recht erinnere, so waren schon 15 oder 20 Jahre verflossen, als man das letztemal Asphalt erhielt, weswegen ich nirgends mehr eine Probe auftreiben konnte, als in der Apotheke des Franciscanerklosters zu Jerusalem, wo ich ein schönes grosses Stück erhielt, welches in der orientalischen Sammlung zu Gotha befindlich ist. Am Ufer des Sees fand ich nirgends auch nur eine Spur davon.

Eine Stunde weiter fingen die Bergseiten an, sich immer mehr zu verflächen, und ich fand, dass die Hauptmasse des Gerölles und der Blöcke dort aus Sandstein bestand, obgleich mit einigen Kalkgeschieben vermis ht.

Etwa um 11 Uhr erreichten wir el Guêr, einen kleinen Bach, bey welchem eine kleine Ebene anfängt, welche den See auf dieser Seite am Nordende immer mehr und mehr verengt, wie dies gegenüber auf der Westseite auch der Fall ist, während dem die Bergreihe in grader Richtung von Süden nach Norden fortzieht. Diese Ebene heisst Gôr el Bélka, und erstreckt sich bis an den kleinen Bach el Szuême, wo die grosse Jordanebene anfängt, welche den Namen Gôr el Szeissabân führt. Gôr el Bélka hat einen theils unfruchtbaren salzigen und steinigten Boden, theils Stellen, welche angebaut werden können.

Wir hatten mit Achmed verabredet, dass wir hier wieder mit ihm zusammenstossen wollten. Er hatte Wort gehalten. In kurzem hörten wir seine Stimme von der Bergseite erschallen, wo etliche Beduinen vom Stamme Beni Száhhar ihre Kameele weideten. Seine Vereinigung mit uns war für uns ein kleines Fest; unser Mehlvorrath war verzehrt, und wir hatten zum Frühstück nur ein kleines Stückchen trocken Brod gegessen, er brachte uns treffliches frisches Brod, welches er aus dem Dauâr des Schechs Nimmer mitgenommen hatte; wir bereiteten Kaffee, den wir in drey Tagen nicht getrunken hatten, und unserm Mangel am Tabak wurde durch seinen mitgebrachten Vorrath abgeholfen. So wahr ist es, dass Entbehrung auch den einfachsten und unbedeutendsten Bedürfnissen einen grossen Werth beilegt! —

Achmed hatte sich jetzt entschlossen, mich selbst nach Jerusalem zu begleiten, und da mir nun also Maijûb nicht mehr nöthig hatten: so gab ihm Achmed eine Anweisung auf seinen bedungenen Lohn, und er kehrte in seine Heimath zurück. Ich muss gestehen, dass ich nie einen ehrlichern und bravern Beduinen angetroffen habe, als diesen guten Menschen, und dass mir sein Abschied fast nahe ging.

Ich bestieg nun wieder Achmeds Pferd und konnte mich so wieder von meinen gehabten Beschwerlichkeiten erholen. Wir kamen bald in die Gegend, wo schwarzbraune und schwarze Felsen von Eisensandstein an den flachen Bergseiten zu Tage standen; auch fand ich hier und da unter dem Gerölle am Wege etliche Basaltblöcke. In dieser Gegend halten sich viele Rebhühner auf, welche von den Arabern Dschennâr genannt werden. Der unerwartete Anblick eines Menschen setzte hier Achmed in nicht geringe Furcht; er verlor sich in einiger Entfernung vor uns hinter den Felsen, und Achmed, der sich jetzt ohne Gewehr sehr schwach fühlte, befürchtete, dass er dort vielleicht auf uns lauerte. Wir mussten indessen unsern Pfad dahin verfolgen, weil kein anderer vorhanden war, und weil wir dadurch unsere Furchtsamkeit verrathen haben würden. Nach wenigen Minuten sahen wir aber den Beduinen auf dem Berge in ziemlicher Entfernung von uns, und es war sehr wahrscheinlich, dass seine Furcht für uns grösser gewesen war, als die unsrige für ihn.

Nach einer halben Stunde kamen wir zu dem kleinen Bache el Szuême, auf dessen andren Seite die grosse Jordanebene anfängt, welche hier aber unfruchtbar ist und bloss salzige und bittere Stauden trägt, die von den Kameelen aufgesucht werden. Eine Viertelstunde nachher passirten wir eine etwas salzige Quelle und anderthalb Stunden weiter den Náhher Hüsbân, wo wir einen Beduinen vom Stamme Beni Száhhar fanden, der uns die höchst angenehme Nachricht mittheilte, dass seine Mitbrüder, welche sich auf der Westseite des Jordans aufhielten, heute alle den Fluss passirten, um eine lange Wanderung in ihre Heimath, el Ölle, anzutreten. Dies setzte voraus, dass der Jordan jetzt niedrig sey, und dass ich ihn zu Pferde würde passiren können. Diese angenehme Nachricht verscheuchte auf einmal meine Hydrophobie, die mich ergriff, wenn ich an eine ähnliche Wiedertaufe dachte, als ich dort vor kurzem erhalten hatte. Wir eilten daher, um die Furth zu erreichen.

Hier erwartete uns ein Schauspiel ganz eigner Art. An beiden Ufern stand ein buntes Gemisch von Männern, Weibern, Kindern und Kameelen, alle mehr oder weniger in Bewegung, durch einander laufend und schreiend. Mehrere nackte Männer wateten durch den Fluss mit einem Kinde oder Gepäcke auf dem Arm, und mit der Schnelle des Stroms kämpfend; andere sassen nackt zu Pferde und hielten vor und hinter sich ein Kind, oder ein Weib. Mit lautem Geschrey trieb man Haufen von 30-40 Kameelen auf einmal an den Fluss, in welchen sie sich selbst hineindrängen, welche in einem weiten Bogen das östliche Ufer erreichten. Mehrere Schwimmer stehen im Fluss, um die Kameele anzutreiben; eines wird vom Strome fortgeführt; es brüllt fürchterlich; die Schwimmer setzen ihm nach und retten es. Die noch übrigen Kameele auf dem westlichen Ufer brummen und brüllen; Hunde bellen und heulen; ein Hund schwimmt hindurch und kämpft lange mit dem Strom, bevor er das andere Ufer erreicht. Ein Weib ruft mit lautem Geschrey: „O weh' mir! weh' mir! meine Kinder! Bruder! Bruder!" Ihre Kinder wurden hindurch geführt, und sie erblickte sie in Gefahr. — Heute mochten auf diese Art etwa 500 Kameele durch den Fluss getrieben werden, und der Rest, der etwa eben so viel betragen durfte, wollte nebst dem Schech Szleimân am folgenden Tage durchsetzen.

Während dem ich durch den Fluss ritt, nahm ich meine Reisetaschen auf die Schultern, um meine Pflanzensammlung für die Nässe zu sichern. Achmed zog sich nackt aus und führte mein Pferd; indessen hatte er alle Kräfte anzustrengen, um stehen zu bleiben, weil das strömende Wasser ihm bis fast unter die Achsel ging. Der Jordan hatte jetzt auf dieser Stelle etwa anderthalb hundert Fuss Breite.

Unter den Beduinen des westlichen Ufers bemerkte ich ein Mädchen, welches silberne Ohrringe trug, die drittehalb Zoll im Durchmesser hielten, und an welchen unten mehrere kleine Ringe befindlich waren. Um ihre Ohren zu schonen, hatte sie dieselben an einem Faden befestigt, welcher von einem Ohr zum andern über den Kopf ging.

Als wir unsere Sachen nachsahen, waren auf einmal unsere Abbáje fort. Wir glaubten, die Beni Száchar hätten uns einen Streich gespielt, und uns der Mühe überhoben, sie ferner mit uns zu führen. Achmed ritt sogleich zum andern Ufern zurück, um sie zurück zu fordern. Allein nun erst erinnerte er sich, dass wir sie dort vergessen hatten, und er fand sie an der Stelle, wo er sie hingelegt.

Noch habe ich nichts von dem Durchgange der Israeliten durch den Jordan gesprochen, und jetzt dürfte es Zeit seyn, diesen Gegenstand zu berühren, welcher in der hebräischen Geschichte so viel Aufsehn gemacht hat. Der Stamm der Israeliten hielt sich damals auf der Ostseite der Jordan-Ebene auf, wovon die Ebene Sittim, Jericho gegenüber, ohne Zweifel einen Theil ausmachte. Ich vermuthe, dass man Sittim in der Gegend des Nahhr Nimrîn suchen müsse, weil, wie eine noch vorhandene Sage versichert, die Israeliten von el Szalt in dem Wady Schoaib nach der Jordanebene zogen, und der Nahhr Nimrîn an der Mündung dieses Wady befindlich ist. Von hier zogen die Israeliten unter Josua's Anführung in einer Tagreise an den Jordan, vielleicht zu dieser Furth, oder etwas nördlicher, wo man auf der Westseite noch einige Ruinen sieht, die man den Bürrdsch el Jehûd oder Judenthurm nennt. Beide Stellen sind vom Nahhr Nimrîn nicht weiter, als eine Tagreise entfernt. Die Geschichte versichert, dass der Jordan an dieser Stelle vertrocknete, und dass die Israeliten trocknen Fusses hindurch gingen. Allein, ich sehe gar nicht ein, warum ein solches Wunder nöthig war, da man den Jordan hier den grössten Theil des Jahres hindurch mit Leichtigkeit durchwatet, so dass Einem das Wasser nur bis an die Kniee gehet. Bloss wenn Regengüsse auf den Gebürgen fallen, welche zum Wassergebiet dieses Flusses gehören, oder der Schnee im Frühlinge auf dem Schechberge oder Hermon und auf dem Gebürge von Haurân schmelzet, schwillt er an, und eine lange Erfahrung hat gezeigt, dass er um die Zeit des Osterfestes oder ein wenig nachher seinen höchsten Standpunkt erreiche, und da um diese Zeit, nämlich zu Ende Aprils und Anfange Mays, die Erndte einfällt: so kann man sich dadurch folgende Stelle in dem bekannten Werk eines geistvollen hebräischen Schriftstellers [1]) erklären:

Aus ihm floss der Verstand, wie wenn hinströmt
Der volle Euphrat, und zur Erndtezeit
Der Jordan. —

Indessen auch um diese Zeit seines höchsten Standpunktes giebt es nur wenige Tage, wo man ihn nicht passiren kann, obgleich mit mehr Beschwerde, als zur trockenen Jahrzeit. Ein Beweis davon ist, dass alljährlich kurz vor und nach dem Osterfest Beduinen und Bauern von el Szalt, Kárrak und den umliegenden Gegenden den Jordan hier mit kleinen Schaafheerden passiren, welche sie nach Jerusalem führen. Dass die Israeliten aber trocknen Fusses hindurch zogen, ist ohne Zweifel eine Verschönerung späterer Geschichtsschreiber aus dem Priesterthume, welche ihrer Geschichte durch eine Menge Wunder ein grösseres Interesse zu geben suchten. Wäre das Factum richtig, so bin ich überzeugt, Josua habe den Jordan in einiger Entfernung von der Furth durch die Leviten im Geheimen abdämmen lassen, welches auf mehrere Stunden ziemlich leicht möglich war, da der Jordan hohe Ufer hat, und meine Vermuthung scheint dadurch etwas mehr Wahrscheinlichkeit zu erhalten, weil ausdrücklich gesagt wird, dass das Wasser an einer Stelle oberwärts stehen blieb, alles übrige aber, was unterhalb dieser Stelle war, nach dem todten See floss und so abnahm, weil seine Stelle nämlich nicht durch anderes Wasser von oben ersetzt wurde.

---

[1]) Jesus Sirach 24, 36. Es ist hier die Rede von dem mosaischen Gesetze.

Ein wenig nach Sonnenuntergang kamen wir in Jericho und bald darauf in unserm Dauâr an, welcher seit unserer Abwesenheit etwa 20 Minuten von seinem vorigen Standplatze versetzt war, und wo Achmeds Rückkehr eine allgemeine Freude verursachte.

30. Januar. Achmed hatte mir von etlichen Ruinen gesprochen, welche am Nordende des Sees dicht am Ufer befindlich, und welche noch vor 10 Jahren mit Wasser umgeben gewesen seyn sollten, statt dass sie jetzt mit dem Ufer zusammen hängen, welches auf eine Erniedrigung des Wasserstandes des Sees schliessen lässt. Ich wünschte diese Ruinen zu besehen, und da Achmed noch müde von seiner gestrigen Reise war: so ritt ich, begleitet von einem Neger aus unserm Dauâr, am folgenden Tage nach jener Stelle, welche etwa drittehalb Stunden südsüdostwärts von Jericho entfernt ist.

Die Steppe war jetzt an vielen Stellen grün, weil der Regen die Vegetation begünstigt hatte. Ich fand hier ein winziges Exemplar von einer rothen Blume ohne Stengel und ohne Blätter, die ich mich sonst gefunden zu haben nicht erinnere. Allein, schon etwa eine Stunde vom See entfernt hörte fast alle Vegetation des salzigen Bodens wegen gänzlich auf. Der Boden war hier etwas wellenförmig und an manchen Stellen erweicht, so dass meinem Esel daselbst das Gehen schwer wurde. Ich suchte hier das pechähnliche kohlschwarze Mineral, welches ein älterer Reisender hier eine Viertelelle unter der Erde gefunden haben will. Allein, ich fand auch keine Spur davon, und mein Neger, so wie Achmed und Andere, bey denen ich mich darnach erkundigte, hatten dort nie dergleichen bemerkt, noch davon gehört, obgleich sie diese Gegend von ihrer Jugend an kannten. Sollte also auch hier das Vorurtheil dem Reisenden die Feder geführt haben, wie dies bey so vielen seiner Vorgänger und Nachfolger der Fall war?

Es sprangen 3 Gaselle vor uns auf, welche schnell das Weite suchten.

Die Ruinen, welche hier unter dem Namen Rídschem el Bahhr bekannt sind, liegen unmittelbar am Rande des Sees und sind weiter nichts, als ein grosser länglichter Haufen von Kalksteinen, wovon ich ungewiss bin, ob sie einst einem Gebäude angehörten, oder nicht, weil ich nicht bemerken konnte, dass die Steine behauen waren. Ich rathe daher jedem spätern Reisenden, sich keine Mühe zu geben, sie aufzusuchen, weil er sich wenig belohnt sehen würde. Das Ufer war hier niedrig und flach, und die Geschiebe an demselben bestanden aus Kalkstein, Feuerstein von schwarzer und von anderer Farbe, und von wenigem Brandschiefer. Zwischen ihnen fand ich auch viele Erdschnecken, aber alle von der gewöhnlichen Art, deren ich auf meiner Reise nach dem westlichen Ufer gedacht, und zwar immer so hoch, dass das Seewasser sie nicht erreichen konnte. Auch hier hatte ich Gelegenheit, mich aufs neue zu überzeugen, dass man im See selbst auch nicht die leiseste Spur von einem thierischen oder vegetabilischen Leben antreffe.

Es wehte ein starker kalter Wind und die Luft war bezogen. Nichts desto weniger badete ich mich hier, und fand auch jetzt, so wie vorhin, das Wasser des Sees eben so kalt, als man es nach dem Grade der Lufttemperatur erwarten konnte. Alle Nachrichten von der Hitze seines Wassers sind weiter nichts, als fromme Fabeln. Seine ausserordentliche Salzigkeit, die einer gradirten Soole gleicht, macht, dass es auf der Haut ein unangenehm beissendes Gefühl erregt. Merkwürdig ist es, dass es auf der Haut eine Fettigkeit zurücklässt, die selbst nach dem Abtrocknen auf derselben einen Fettglanz zeigt, welches ich in dem Grade nie beym Baden im Meerwasser bemerkte; ich glaube daher, dass man es in dieser Absicht letzterm weit nachsetzen müsse, denn ob es gleich stärker reizt: so verstopft doch diese Fettigkeit die Hautporen, und unterdrückt die Ausdünstung, und vielleicht rührte es von dieser Fettigkeit her, dass etliche Reisende eine üble Wirkung vom Baden in diesem See erfuhren. Ich machte diese Erfahrung nicht, sondern befand mich, die Kälte abgerechnet, sehr wohl darnach. Da ich mich bloss wusch, indem das seichte Ufer dem Baden nicht günstig war: so weiss ich nicht, ob mich, der ich nicht zu schwimmen verstehe, das Wasser getragen haben würde.

Mein Neger hatte während dem Kaffee für mich bereitet. Er mochte etwa 25 Jahr alt seyn, und war ein ungemein munterer Geselle. Unterwegs unterhielt er mich beständig mit Gesängen, die mehrentheils Schech Nímmer zum Verfasser hatten. Er versichert mir, ausser Nímmer sey auch dessen Brudersohn Abbás el Szálehh unter den Aduân als Dichter berühmt. Unter den Beduinen vom Stamme Székker, welcher weiter nordwärts auf der Jordanebene und in Merdsch ibn Amer herum zieht, ist ihr Oberschech Szâd el Schádan gleichfalls durch etliche Gedichte bekannt. Auch sang er mir eine Kasside, welche einen Beduinen von seinem Stamme zum Verfasser hatte; ich hätte es mir gern aufschreiben lassen; allein, zu meinem Leide gab es unter den Htêm keinen, der diese Kunst verstand. Er klagte mir, sein Weib werde nicht schwanger, und er sey daher entschlossen, sich ein zweites Mädchen für 500 Piaster zu kaufen, welches er mit Allahs Hülfe im Herbst einholen wolle. Er war dem weiblichen Geschlechte ungemein gewogen, und im Genusse der Liebe bestand seine grösste Glückseligkeit. „Es ist mir unbegreiflich, sagte er zu mir, wie Ihr Euer Leben unverheurathet hinbringen könnt. Bey uns muss ein Jeder sein Weib haben, setzte er hinzu; und einen unverheuratheten Menschen würde man einen Taugenichts nennen." — Diese Beduinen-Maxime möchte wohl nicht ganz ungegründet seyn.

Auf unserm Rückwege gesellte sich in Jericho ein anderer junger Araber aus unserm Dauâr zu uns, und sogleich unterhielt er meinen Neger mit allerliebsten Stanzen vom Schech Nímmer, die er mit einer gefühlvollen Declamation hersagte. Jede Stanze bestand aus 4 Zeilen, wovon die drey ersten sich reimten, die vierte aber reimte sich mit der vierten in jeder Stanze. —

Ich erkundigte mich des Abends bey Achmed nach den edeln arabischen Pferderaçen, und er gab mir folgende fünf an, deren Namen indessen von denen etwas abweichen, welche mir mein Damascenischer Bedienter, Jûsef el Milky, angab, und welche mir die richtigsten von allen zu seyn scheinen. Achmed nannte mir: el Dschûlphe, el Manakíje, el Schaeidníje, el Szacklauwíje und el Dódschaníje. Er versicherte mir, el Kehhéïle sey zwar auch sehr geschätzt; sey aber nicht adelich. [1]) Geburtszettel der Pferde seyen unter den Arabern nicht im Gebrauch, weil schon ohne sie Jeder wisse, ob dies oder jenes Pferd edel sey oder nicht, und weil sie also überflüssig seyn würden. Wenn indessen ein edles Pferd an einen Fremden verkauft würde, und dieser eine Stammtafel verlange: so würde eine geschrieben.

Gegen Abend kam der Oberschech Nassâr in unsern Dauâr, und ihm zu Ehren wurde ein Lamm geschlachtet.

31. Januar. Auf den kalten Wind des vorigen Tages folgte an diesem Tage regnigte Witterung mit Donner begleitet. Dem ungeachtet besuchte ich Nachmittags mit Achmed den Bürrdsch el Jehûd (Judenthurm), wozu mir Schech Nassâr seinen Hengst geliehen hatte. Bürrdsch el Jehûd liegt etwa anderthalb Stunden ostwärts von Jericho, in geringer Entfernung vom Jordan auf dem hüglichten Mergelboden, der wegen seines gediegenen Schwefels berühmt ist. Unterwegs zeigte mir Achmed die Spuren einer unterirdischen Wasserleitung, welche jenem Gebäude in alten Zeiten Trinkwasser aus dem Ain el Szultân zuführte. — Es zeigten sich wiederum 2 Gaselle. — Bürrdsch el Jehûd ist jetzt gänzlich eingestürzt und liegt unbewohnt. Es scheint ein kleines Kloster gewesen zu seyn, welches kleiner war, als das Kloster von Bürrdsch el Hádschilá, und die Griechen versichern noch jetzt, dass hier eine Kirche stand, welche dem heiligen Johannes geweiht war. Nur die Gewölbe des Erdgeschosses sind davon zum Theil erhalten, in deren einem wir ein Feuer anzündeten, um uns von den Einwirkungen der nasskalten Witterung zu erholen. Der Name Bürrdsch el Jehûd bringt mich auf die Vermuthung, dass vielleicht die Israeliten an dieser Stelle den Jordan passirten, und dass hier in uralten Zeiten ein Gebäude stand,

---

[1]) Nach Jûsef heissen die Stuten der Araber el Kehhéïle.

welches das Andenken dieses Durchganges auf die Nachwelt bringen sollte, so wie der Name der St. Johanniskirche zu beweisen scheint, dass die ersten griechischen Christen glaubten, der Stifter ihrer Religion sey hier von Johannes getauft worden.

Merkwürdiger, als dies Gebäude, dürften dem Naturliebhaber die Mergelhügel daneben seyn, welche, so völlig nackt und entblösst sie von aller Vegetation sind, so reich an gediegenem Schwefel sind, dessen Daseyn hier auch von dem verdienstvollen arabischen Geographen Abulfeda angezeigt wird. Man findet dies Mineral nieren- und kugelförmig, mit einer dünnen Kruste von Gyps umgeben, an den steilen Seiten der Hügel, und immer werden vom Regen davon neuere Stücke ausgespült. Diese Nieren und Kugeln haben die Grösse von einer Haselnuss bis zu einem Gänseey, bisweilen sogar bis zu einem Kindeskopf. Wir sammelten hier in kurzer Zeit ein paar Pfunde, welche in der Sammlung zu Gotha vorhanden sind. Man findet auch hier einzelne dünne Gypslagen.

Achmed ritt auf der Rückkehr seines Vaters Reitpferd, welches von der edeln Raçe der Dschülphe war, und welches vormals auf 1000 Piaster geschätzt wurde. Obgleich es schon 9 Jahr alt war: so musste ich doch die Geschicklichkeit bewundern, mit der Achmed es auf der Ebene tummelte.

Ich erkundigte mich bey Achmed nach den Kameelpocken, und erfuhr so viel von ihm, dass sich bey den Kamelinnen wirklich an ihren Eutern Pocken zeigen, und dass sie auf die Menschen übergehen. Allein, ich traue dieser einzigen Aussage noch nicht, indem Achmed kein guter Beobachter und überdem kein grosser Freund der Wahrheit ist.

Der folgende Tag war zu unsrer Rückkehr nach Jerusalem bestimmt; allein, zu meinem grossen Verdruss musste Achmed zuvor Lebensmittel für seine Familie von Jericho holen, und unsere Reise wurde auf den morgenden Tag verschoben. Die lange Unreinlichkeit, wozu ich durch den Aufenthalt bey den Beduinen gezwungen war, wurde mir jetzt gänzlich unausstehlich, und ich sehnte mich aufs innigste nach dem Augenblicke, wo ich in Jerusalem derselben abhelfen konnte.

Am 2. Februar trat ich indessen, von Achmed und seiner Frau begleitet, meine Rückreise nach Jerusalem an. Die Witterung war unvergleichlich schön. Achmed mochte wohl nicht häufig so viel Geld auf einmal erhalten haben, als er jetzt von mir zu erwarten hatte. Gleich nach unserer Zurückkunft in seinem Dauâr fiel das angenehmste Gespräch zwischen ihm und Phúdda immer darauf, was er für sich, für sie und für seine Kinder, so wie auch an kleinen Geschenken für Andere, für dies Geld kaufen wolle? Der erste süsse Traum verlor indessen dadurch um Vieles von seiner Annehmlichkeit, dass er bey angestellter Berechnung fand, er könne bey weitem nicht so viel dafür kaufen, als er zuerst geglaubt hatte: überdem fand es sich, dass er einen Theil davon zur Bezahlung alter Schulden anwenden müsse, und endlich mochte ihn auch noch wohl bisweilen die geheime Besorgniss beunruhigen, dass entweder ich ihm Schwierigkeiten mit der Auszahlung, oder dass der Gouverneur von Jerusalem ihm eine Avanie machen werde. —

Die Wüste von Jericho, welche wir passirten, und welche uns frühere Reisende als ausserordentlich wild und unfruchtbar schildern, zeigte jetzt viele grüne Bergseiten, welche für Schaafe, Ziegen, Rinder und Kameele auf eine Zeitlang hinreichende Nahrung darbieten, bis die grössere Hitze diese Pflanzen verdorrt. Aber auch alsdann ist sie weit weniger traurig, als die Felsenberge auf beiden Seiten des todten Sees, die ein Gemälde der äussersten Wildheit und Unfruchtbarkeit darbieten. — Am Wege war ein Kalkofen, wo man neulich Kalk gebrannt hatte, den man nach Jerusalem führt.

Nahe vor dem Dorfe El Lásharíje trafen wir an den Bergen einen Schäfer an, der seine Flöte blies, welches hier etwas Ungewöhnliches ist, und welches mich an die Schäfer und Hirten meines teutschen Vaterlandes erinnerte.

Achmed wagte es aus Furcht für den Gouverneur nicht, mich in die Stadt zu begleiten, weil er neulich seinen Vater, den Schech Nassâr, in Ketten gelegt hatte, um von ihm Geld zu erpressen, und welcher nur auf die Fürsprache des grossen griechischen Klosters seine Freyheit wieder erhalten hatte. Er blieb in Szälwân (Siloë), nachdem er von mir das Versprechen erhalten, dass ich ihm am folgenden Morgen ausserhalb der Stadt in der Nähe des el Hárram sein Geld bringen werde. Zu seiner Sicherheit behielt er meine Reisetaschen mit den Pflanzen und Steinen zurück; auch verlangte er mein Tagebuch, welches ich mich indessen ihm zu überlassen weigerte, weil ich dessen Verlust befürchtete. —

Beiläufig bemerke ich hier noch, dass ich, so lange ich auf der Ostseite des Jordans war, meine Beobachtungen meist des Abends beym Mondschein ausserhalb dem Dauâr aufschrieb, wo ich sicher genug war, von Niemand bemerkt werden zu können; auch hatte ich zu meinem Journal nur ein paar Bogen genommen, die ich in 24-Form zusammengebrochen, damit ich sie leicht in der Hand verbergen konnte.

Als ich ihm am folgenden Morgen das Geld brachte, fand ich ihn an dem bestimmten Ort, nicht wenig froh, dass seine Besorgniss jetzt gänzlich gehoben war.[1]) Um für einen Ueberfall von Seiten des Gouverneurs sicher zu seyn, hatte er 3 bewaffnete Bauern aus Szälwân mit sich genommen. Man sieht hieraus, dass der Beduine eben so besorgt unter den Städtern ist, als dieser unter den Beduinen, nur mit dem Unterschiede, dass der Städter befürchtet beraubt, und der Beduine für seine Räuberey bestraft zu werden. Achmed und ich schieden als Freunde von einander, und so wie ich glaube, durch sein Beyspiel meinen Lesern eine vortheilhafte Idee von der Treue der Beduinen als Führer eingeflösst zu haben: so schmeichle ich mir auch, dass ich ihm und seinem Stamm eine eben so vortheilhafte Idee von der Aufrichtigkeit der Europäer im Halten ihrer Versprechungen einflösste.

Meine Reise hatte 29 Tage gedauert, obgleich es möglich ist, die Reise um den ganzen todten See in sieben bis acht Tagen zu machen. Sollten meine Leser einst finden, dass meine Beobachtungen nicht ohne Werth seyen: so würde dies die reichste Belohnung für die Entbehrungen seyn, welchen ich mich

---

[1]) Achmed erhielt 172 Piaster von mir. Im Ganzen kam mir diese Reise auf etwa 230 Piaster zu stehen.

auf dieser Reise aussetzen musste, indem bloss ihr Beyfall das Ziel aller meiner Bemühungen ist.

Vierter Aufenthalt in Jerusalem.

Am 5. Februar war die Witterung kalt; den 6. Februar fiel Regenwetter ein.

10. Februar. In verwichener Nacht und heute Morgen und den ganzen Tag fielen heftige Regengüsse. Gestern war es des Nachmittags stürmisch und kalt, und nach einer solchen Witterung folgt hier gewöhnlich Regen.

11. Februar. Der starke Regen dauerte die Nacht fort und auch heute regnete es ein wenig.

Die Jerusalemitanischen Christen machten sich seit dem letzten Sonntag täglich lustig; man hörte hie und da ein musikalisches Instrument, Gesang u. s. w., und hitzige Getränke werden bey solchen Gelegenheiten nicht gespart, so wie überhaupt eine zu grosse Sparsamkeit keine von ihren Tugenden auszumachen scheint. Es war Karneval, und mit heute fangen die langen Fasten von Ostern an.

Den 12. Februar war die Luft noch bezogen.

13. Februar. Stürmisch, kalt und etwas Regen; die Luft war grösstentheils bezogen.

14. Februar. Die verwichene Nacht war stürmisch; es fielen heftige Regengüsse, die heute fortdauern. Die Witterung dieser Gegend gleicht jetzt einem stürmischen nasskalten Octobertag bey uns im nördlichen Teutschlande.

Der Dornstrauch, el Aússzidsch (Aússzitsch), wächst auch um Jerusalem, und die hiesigen Christen glauben, dass die Dornenkrone ihres Religionsstifters daraus geflochten worden sey.

Die Mandelbäume blühen schon seit länger, als einer Woche.

15. Februar. In verwichener Nacht und heute fiel Schnee. Man versichert mir, dieser Winter sey sehr strenge.

16. Februar. In verwichener Nacht und heute dauerte Regen und Schnee mit einander abwechselnd fort.

17. Februar. In verwichener Nacht regnete es. Heute Morgen war es kalt; nachher kam die Sonne wieder zum Vorschein, und fing an, den Schnee zu zerschmelzen.

Da hier die Feuerbecken (el Mángal) wenig im Gebrauch sind: so fällt mir diese nasskalte Witterung sehr beschwerlich, obgleich ich einen Pelz und darüber einen Abbâje trage. Obgleich indessen mein Kohlenbecken sehr klein ist: so bin ich doch im Stande, zu schreiben. Hoffentlich wird die Witterung bald milder.

Nachmittags kündigten etliche Kanonenschüsse das morgende Kurbân-Beyramfest an.

18. Februar. Die Sonne schien den grössten Theil des Tages; Nachmittags fielen aber ein paar Regenschauer. Der Schnee ist auf den Dächern und Bergen noch nicht gänzlich geschmolzen.

Ich besuchte heute den Bîr Aijûb (Hiobs-Brunnen), welcher in dem Wady Jûschphât ein wenig unterhalb Szälwân befindlich ist. Dieser Brunnen hat nur zur Regenzeit fliessendes Wasser, und da alsdann das Wasser einige Schritte unterhalb demselben mit Macht hervorbricht, und nahe bey der Stadt sonst kein fliessendes Wasser vorhanden ist: so ist diese erste Erscheinung des Wassers eine Art von Fest für alle Volksklassen der Jerusalemitaner, welche von dem Tage an täglich zum Besuch dieses Brunnens hinausgehen. Schon von der Zeit des erstgefallenen Schnees (8. Januar) hatte der Bîr Aijûb sich zu ergiessen angefangen. Er ist die Hauptquelle, welche den Kidron bildet. Des schmelzenden Schnees wegen war derselbe jetzt zu einem starken reissenden Bache angewachsen, wozu die zwey etwas höher hinauf liegenden Quellbrunnen, Ain Szälwân und Ain el Derratsch, auch einen Beytrag geliefert hatten. Da das Fest Kurbân-Beyram eines der Hauptfeste der Mohammedaner ist, wo sie sich besonders in ihrem grössten Schmucke zeigen: so fand ich hier eine Menge Menschen, welche sich vom Bîr Aijûb an gruppenweis an den Ufern des Baches gesetzt hatten. Mehrere Kaffeeschenker bedienten diejenigen, die es verlangten, mit sehr schlechtem Kaffee, und die Vornehmen der Stadt ritten in Parade vorbey. Das Thal ist an dieser Stelle sehr enge und klein; einige wenige Oelbaumgruppen stehen am Ufer des Bachs; und die steilen Felsenseiten der Berge auf beiden Seiten sind terrassirt; vorhin waren diese Terrassen alle mit Oelbäumen besetzt, wovon man jetzt nur einzelne Ueberreste findet. Die meisten Einwohner der Stadt benutzen diese Gelegenheit, um ihre Teppiche und dergleichen im fliessenden Wasser zu waschen.

19. Februar. Schönes klares Wetter.

20. Februar. Des Abends spät brachte mir der P. General-Procurator die sehr unangenehme Nachricht, dass zwischen Russland und der Pforte ein neuer mörderischer Krieg ausgebrochen sey, und dass die Osmanen 5000 Russen zu Gefangenen gemacht hätten. Auch der Gouverneur hat bereits heute einen Tatar mit dieser Nachricht vom Pascha zu Akre erhalten. Da ich jetzt nur einen Pass vom Pascha zu Damask mit mir führe, welcher das Gouvernement von Jerusalem wahrscheinlich an den Pascha von Akre abtreten muss, weswegen ein Pass von ihm hier nicht mehr gültig ist, da ich überdem meine übrigen Papiere nach Aegypten vorausgesandt, und ich nicht weiss, welche Maassregeln der Gouverneur in Betreff der russischen Pilger nehmen werde: so entschloss ich mich auf Anrathen des P. General-Procurators, mir von Akre einen Pass kommen zu lassen, welcher mich für jede sonst mögliche gewaltsame Behandlung sichern wird. Ich schickte daher am folgenden Tage einen Expressen an den K. K. General-Consul Graf von Cigovich zu Akre mit der Bitte, mir einen Pass von dem dortigen Soliman-Pascha zu verschaffen, und mir denselben mit dem nämlichen Expressen zu übersenden. Am 3. März kam der Mann wieder zurück, und brachte mir nebst dem Passe zwey sehr verbindliche Briefe, einen vom Grafen v. Cigo-

vich, den andern von dem Negotianten Catafago, worin dieser mir die angenehme Nachricht ertheilte, dass meine Reisekoffer glücklich in Aegypten angekommen seyen. Obgleich diesmal für Jerusalem meine beobachtete Vorsicht ohne Nutzen war, indem die Regierung von den feindlichen Verhältnissen der hohen Pforte mit Russland aus guten Gründen keine Notiz zu nehmen schien, um die Unterthanen der letztern Macht nicht vom Besuche von Jerusalem abzuhalten, welcher dem Gouverneur sowohl, als mehrern andern Grossen vortheilhaft ist: so war er mir doch bey einer andern Gelegenheit vom grössten Nutzen, deren ich in der Folge gedenken werde.

23. Februar. Nach einigen Tagen hübscher Witterung ist die Luft heute wieder bezogen und droht Regen. Des Nachmittags fiel ein Staubregen.

In voriger Woche entwarf ich die Karte vom todten See. Sie wurde in vier Tagen ganz fertig. [1])

24. Februar. In verwichener Nacht fiel etwas Regen. Heute war das Wetter schön und klar, aber kalt, und gegen Abend fiel wieder ein Staubregen.

25. Februar. In voriger Nacht und heute regnete es stark. Man versicherte mir, dass noch an einzelnen schattigen Stellen ein wenig Schnee ungeschmolzen liege.

26. Februar. Heute wechselte Sonnenschein mit wolkigter Luft ab, und nachher fing es wieder an zu regnen.

Besuch des St. Johanniskloster in Ain Kérrim.

Noch hatte ich immer versäumt, das St. Johanniskloster der spanischen Franciscaner zu Ain Kérrim zu besuchen, welches Dorf 2 Stunden von Jerusalem entfernt ist. Da die Zeit meiner Abreise nach dem Sinaï heran nahte: so beschloss ich, heute dorthin zu gehen, um späterhin nicht durch unerwartete

---

[1]) *Sie befindet sich am Ende der Reinschrift.*

Umstände daran verhindert zu werden. Ich nahm meinen gewesenen astronomischen Gehülfen, Stephan, zu meinem Wegweiser mit.

Der Weg dahin zieht sich zuerst neben dem grossen ausgemauerten Wasserteich hin, welcher einen Theil des Jahres die Bäder von Jerusalem mit Wasser versieht. Obgleich er auf dem Berge liegt: so ist er doch mit kleinen flachen Anhöhen umgeben, und er wird von dem Regenwasser gefüllt, welches auf demselben fällt. Dieser Teich ist etwa 5 Minuten von der Stadt entfernt. Nach einer halben Stunde erreichten wir das kleine griechische Kloster el Mussállabéh, welches in einem kleinen Thale ganz einsam liegt, und von aussen das Ansehn vom Mâr Elias-Kloster auf dem Wege nach Bethlehem hat. Es halten sich hier gewöhnlich nur 2 Mönche auf. Vormals mag dies Kloster vielleicht den Georgianern zugehört haben, wie einige Reisende versichern; jetzt indessen und seit langer Zeit gehört es sicher den Griechen zu. Obgleich dies Thal ziemlich fruchtbar ist: so ist die Gegend ums Kloster doch nichts weniger, als angenehm, weil es an Gärten und Bäumen fehlt.

Weiterhin kamen wir durch den Wady Béddauíhje, wo man einen zerstörten Thurm sieht, und durch Wady Madîn, wo man die unbedeutenden Reste eines Orts antrifft, welcher Madîn hiess, und vielleicht das Modin der Maccabäer ist. Noch lagen am Wege zwey zerstörte Dörfer, Bêt Mesmîr und Ain Dscháuiss, und rechts eine kleine halbe Stunde von Ain Kérrim auf einer Bergspitze ein zerstörter Ort el Ökkûd, welcher von den Franciscanermönchen für die Gräber der Maccabäer ausgegeben wird, so wie sie das noch jetzt bewohnte Dorf Szúba (Zuba bey Büsching) auf einer hohen Bergspitze südsüdwestwärts von Ain Kérrim fälschlich für den vormaligen Sitz der Maccabäer halten.

Nahe vor dem Dorfe waren die Berge mit Weingärten bedeckt, welche mit rohen Steinwällen eingefasst waren. Der Boden bestand dort aus einem gelblicht-braunen Leimen. Der Weg nach Ain Kérrim ist weit weniger angenehm und weit einsamer, als der Weg nach Bethlehem. Man erblickt das Dorf erst, wenn man ihm schon sehr nahe ist, und die Ansicht desselben ist angenehm. Es liegt auf einem Hügel in einem Thale, das rund umher mit hohen Bergen umgeben ist, deren Seiten zu nacktfelsigt sind, um schön genannt werden zu können. Neben dem Dorfe sind viele Feigen- und Oelbäume, und etliche Gärten, welche von einer reichen Quelle gewässert werden, die etliche Minuten vom Dorfe aus einem Felsen entspringt, und worüber ein kleines mohammedanisches Bethaus erbaut ist, ausser welchem noch eins im Dorfe steht.

Das St. Johanniskloster in diesem Dorfe ist ein ansehnliches von Quadersteinen erbautes Gebäude, welches vor 134 Jahren auf Kosten des Königs von Spanien erbaut wurde, weswegen es auch immer bloss mit spanischen Mönchen besetzt ist. Auch das platte Dach dieses Gebäudes ist mit Quadern gepflastert. Die Kirche im Kloster gehört zu den besten und hellesten, die ich in der Levante angetroffen habe, und soll nach der Versicherung der Mönche wie eine Kirche in Spanien eingerichtet seyn. Zwey Reihen von Pfeilern tragen das Dachgewölbe und eine artige Kuppel. Sie hat ein schönes Mosaivpflaster, [1]) und ihr Hauptaltar hat eine ansehnlichere Höhe, als ich sonst bemerkt, und ist mit reichen Vergoldungen geziert. Auf jeder Seite des Hauptaltars ist ein Nebenaltar, und zur Seite davon eine Kapelle, wovon die zur Linken die merkwürdigste ist. Es ist die Grotte, worin der heilige Johannes geboren seyn soll, welche aber zu einer schönen und reichen Kapelle umgeschaffen ist, und in welche man auf mehrern Marmorstufen hinabsteigt. Man sieht dort unter dem Altar mehrere Basreliefs von weissem kararischen Marmor, welche die vorzüglichsten Scenen aus dem Leben dieses Mannes darstellen, und welche fürtrefflich gearbeitet sind. Ein kleines Gemälde von einem braven spanischen Maler stellt gleichfalls eine Szene aus dem Leben dieses Heiligen vor.

---

[1]) Ein Pflaster von schwarzen Steinen, die man aus der Gegend vom todten See hieher brachte, dessen Büsching S. 404 erwähnt, habe ich nirgends im Kloster bemerkt.

Uebrigens scheinen die in der Kirche vorhandenen Gemälde wenig Kunstwerth zu haben. Auch hier trifft man eine Orgel.

Der P. General-Procurator zu Jerusalem hatte mich mit einem Empfehlungsschreiben an den hiesigen P. Guardian versehen, und ich muss gestehen, dass er mir die grösste Aufmerksamkeit erzeigte, wie dies gewöhnlich in allen Klöstern von Terra Santa in Palaestina der Fall ist, wenn man denselben von den Obern empfohlen ist. Die Zahl der hiesigen Mönche belief sich jetzt auf eilf.

Kurz vor Sonnenuntergang zogen die mohammedanischen Bauern bewaffnet wider ihre Feinde aus, wovon sich ein Trupp in der Nähe hatte sehen lassen, welcher wahrscheinlich die Absicht hatte, Vieh zu rauben. Die Weiber machten bey ihrem Abzuge und späterhin bey ihrer Rückkunft von den Dächern ein Freudengeschrey, um ihren Kriegern Muth einzuflössen. Ain Kérrim gehört zu den 6 Dörfern, deren Oberschech in dem Dorfe Wúlledschéh, dem St. Philipp der Mönche, wohnt, und die mit vielleicht 40 und mehrern Dörfern des grossen Schechs Abu Gusch, zu Kŏrriéh el Önnip in Fehde stehen. Bloss aus Ain Kérrim sind 6 Leute in dieser Fehde umgekommen, welche schon etliche Jahre dauert; von ihrer ganzen Parthey aber 22; dahingegen verloren von der andern Parthey 26 ihr Leben. Die Bauern von Ain Kérrim verfahren in ihrer Fehde nicht immer ganz offen; sie legen sich in der Nähe der Pfade, die zu ihrem Dorfe führen, hinter kleine Steinhaufen, worin ein Schiessloch ist, der Länge nach auf die Erde, und wenn Einer von der feindlichen Parthey vorbeygeht, erschiessen sie ihn meuchlings. Da Bethlehem zu der Parthey von Abu Gusch gehört: so stand auch dies vorhin in Fehde mit Ain Kérrim, und nur erst seit kurzem hat man Frieden gemacht. In Bethlehem waren es vorzüglich die Christen, welche zu Felde zogen; in Ain Kérrim aber halten diese sich ruhig. Ihre Anzahl beläuft sich auf anderthalb hundert Seelen; sie haben weder Aecker, noch Gärten, sondern nähren sich bloss von der Verfertigung von Kreuzen und andern Heiligthümern, welche sie aus Holz und Perlenmutter bereiten. Sie verkaufen ihre Fabrikate entweder an die Franciscaner-Mönche, oder an griechische und armenische Pilger. Das Franciscaner-Kloster entrichtet alle Abgaben für sie und zum Theil auch für die Mohammedaner; beide erhalten überdem Geschenke, Kaffee u. s. w., weswegen selbst die Mohammedaner für die Erhaltung und Sicherheit des Klosters und der Mönche sorgen. Die Zahl der Letztern soll sich auf etwa 500 Seelen belaufen; und obgleich man aus obigem Grunde denken sollte, dass sie wohlhabend seyn müssten: so sieht man in ihrem Aeussern doch keine Spur davon.

27. Februar. Am folgenden Morgen erstiegen wir in Begleitung eines alten mohammedanischen Schechs, welcher den Dorfgeistlichen machte, den Berg, worauf der zerstörte Ort el Ökkûd liegt, nordostwärts von Ain Kérrim. Ich fand daselbst in einem Weinberge eine Reihe Gewölbe neben einander, welche von den Mönchen für die Gräber der Maccabäer ausgegeben werden, welche mir aber aus einem weit spätern Zeitalter zu seyn scheinen. Die Aussicht von diesem Berge ist ziemlich ausgedehnt. Nordostwärts sieht man das Dorf Phakúra, welches in der Nähe des Dorfes Lífty liegt. Weiterhin nordwärts auf einer Bergspitze Nébbi Sámuél, dessen ich vorhin erwähnt; näher in einem Thale das Dorf Alúne, und etwas weiter das Dorf Szurîk; ferner Bêt Ixa, ein Dorf in der Richtung von Nébbi Sámuél; nordwestwärts Kástal, ein Dorf auf einem Berge; westwärts das Dorf Szúba, gleichfalls auf einem Berge; weiter an einer Bergseite das Dorf Szattâf, welches die Mönche die Wüste (Deserto) nennen; das zerstörte Dorf Harrás an einem Berge unterhalb Szúba; Sbéïa, ein verwüstetes Dorf unterhalb Kástal; südwestwärts von hier liegt das Dorf Schúra, welches man aber eines vorliegenden Berges wegen nicht sieht, und südwärts Wúlledschéh, ein Dorf, welches die Mönche St. Philippo nennen, und wovon sie versichern, dass der Apostel Philippus dort den Kämmerer taufte. Nordwestwärts in weiter Ferne sieht man noch das zerstörte Dorf

Mesrûk auf einem hohen Berggipfel, an dem Wege, der von Jerusalem nach Ramle führt. [1])

Nordwärts von Ain Kérrim ist das Terbenthinthal, welches hier unter dem Namen Wady Hannûn bekannt ist, und wovon die Mönche versichern, dass dort David den gigantischen Goliath besiegte.

Man hatte uns aus dem Dorfe Ain Kérrim auf dem Berge bemerkt, und dies hatte Alles in Allarm gesetzt. Man hatte geglaubt, wir seyen Vorposten einer feindlichen Parthey, und schon wollte man zu den Waffen greifen, als unser Schech ihnen fragend zurief: ob sie denn jetzt auf einmal närrisch geworden seyen, dass sie ihn nicht mehr kennten? Man sieht hieraus, dass diese Leute während ihrer Fehden ein ewiges Spiel von zweyen Leidenschaften, Furcht und Rache, sind, und man fühlt sich unwillkürlich hingerissen, eine Regierung zu verwünschen, welche aus der verderblichsten Politik solche innere Fehden erzeugt und nährt.

Da das Wetter sehr gut war: so beschloss ich, noch heute die Johannisgrotte zu besuchen, welche eine kleine Stunde westwärts von Ain Kérrim entfernt ist. Der Pfad führt neben der reichen Quelle hin, hinter welcher wir zu dem zerstörten Kloster St. Elisabetha kamen, welches eine Viertelstunde vom Dorfe an der Seite eines Berges liegt. Obgleich dies Gebäude von Quadersteinen fest gebauet war: so ist es doch vom Alter zur Hälfte eingestürzt. Man glaubt, hier sey die Wohnung des Priesters Zacharias und der Elisabeth gewesen, wohin die Madonna zum Besuch kam. Die Franciscaner-Mönche in Ain Kérrim begeben sich jeden Donnerstag dorthin, um in einem Gewölbe ihr Gebet zu verrichten, und — um einen Spaziergang im Freyen zu machen.

Von hier verfolgten wir das Thal, welches nach der Johannisgrotte führt, die von den Bewohnern dieser Gegend El Habbîs Mâr Juhánna genannt wird. Sie ist an einer

[1]) Ich führe diese Namen von noch vorhandenen und von zerstörten Oertern deswegen namentlich an, weil vielleicht ihre jetzigen Namen zufälliger Weise einiges Licht über die ältere Geographie dieses Landes verbreiten könnten.

mittleren Höhe eines steilen Berges in einer Kalkfesenwand befindlich, und hat die Grösse eines kleinen Zimmerchens, zu welchem man nur mit Mühe hinauf klettert. In der nämlichen Wand gleich daneben ist eine ausgehauene Nische, worin nur ein Mann sitzen kann, und eine kleine Grotte mit einem ausgehauenen Wasserbecken, woraus eine reine murmelnde Quelle in einem kleinen Sturz rauschend herabfällt, die längs dem Fuss der Felsenwand ins tiefe Thal hinab fliesst. Ueber dieser Felsenwand sieht man höher den Berg hinauf ein eingestürztes Gebäude, welches ein Kloster gewesen seyn soll. Die Mönche von Ain Kérrim machen mehrmalige Lustparthien zu dieser reizenden Einsiedeley, und am Johannisfest versammeln sich hier eine Menge Christen von Jerusalem und von den umliegenden Dörfern. Auf der andern Seite des Thales, der Johannis-Grotte gegenüber, liegt an einer steilen Bergseite das Dorf Szattâf, etwa 20 Minuten von jener entfernt. Die Mönche nennen dies Dorf sehr uneigentlich die Wüste, indem es eine sehr malerische und liebliche Ansicht gewährt. Von dem Dorfe an bis an den Fuss des Berges ist dessen steile Seite in viele Terrassen abgetheilt, welche mit mannigfaltigen Fruchtbäumen, Appelsinen, Limonen, grossen Citronen, Aepfeln, Birnen, und einer Art süsser Kirschen oder Pflaumen, welche Szwéda (سويدا) genannt wird, besetzt sind, und welche durch zwey reiche Quellen gewässert werden, welche unterhalb dem Dorfe entspringen. Die Einwohner dieses Dorfes, alle Mohammedaner, lösen aus dem Verkauf dieses Obstes jährlich eine bedeutende Summe. Etwas weiter vom Dorfe entfernt sieht man ein ansehnliches Olivengehölz; in einer höhern Lage, als dieses Dorf, das Dorf Szúba auf einer hohen Bergspitze, und westwärts das Dorf Chürbet el Loûs. Alle Quellen dieser Gegend fliessen in das Terbenthinthal, oder Wady Hannûne, welches sein Wasser dem mittelländischem Meere zuführt. Vormals sollen in der Gegend der Grotte viele Johannisbrodtbäume befindlich gewesen seyn; ich fand indessen jetzt so wenig daselbst, als auf dem Wege dahin, dergleichen mehr.

Auf dem Rückwege zeigte mir der Schech noch ein wenig Mauerwerk unten im Thale, welches Örrâk el Mőhhma genannt wird, und welches auch von den christlichen Wallfahrern besucht werden soll, und Stephân sang ein paar arabische Lieder, welche den Einfall der Franzosen in Syrien und Egypten zum Gegenstande hatten, und wovon ich mir nachher eine Abschrift geben liess.

Am folgenden Tage kehrten wir wieder in Gesellschaft eines Mönchs und des mohammedanischen Schechs nach Jerusalem zurück.

1. März. Das Wetter war sehr angenehm mit Sonnenschein.

2. März. Schönes Wetter.

Des Nachmittags trug sich ein besonderer Vorfall zu, woraus man die jetzige Gesetzlosigkeit dieser Stadt beurtheilen kann. Es starb des Nachts zuvor ein Bettler, ein Maronit vom Libanon, also ein Katholik. Er wurde in die Klosterkirche gebracht, und von dem Beichtvater des Klosters eine Rede über ihn gehalten. Der gewöhnlichen Sitte nach begleitete er hierauf die Leiche zum Grabe, welches ausserhalb der Stadt in der Nähe der grossen Davidmoschee (Dschámeá Nébbi Daûd) befindlich war. Ein Scherîf, Inspector jener Moschee, welcher einen geheimen Groll auf den Beichtvater hegte, erfuhr dieses, und hielt dies für eine treffliche Gelegenheit, sich an ihm zu rächen. Er passte ihm daher in einer der Strassen auf, die man passiren musste, ergriff ihn beym Bart, spuckte ihm mehrmals ins Angesicht, und zog seinen Chándschar, entweder um ihn zu schlagen, oder zu erstechen. Man eilte hinzu und rettete den Geistlichen aus seinen Händen, welcher äusserst erschrocken ins Kloster zurückkehrte. Dieser Scherîf hatte vorzüglich Gelegenheit dazu gegeben, dass der Thäter entdeckt wurde, welcher dem Beichtvater vor einem paar Monaten das Geld gestohlen hatte, und hatte dafür eine bedeutende Belohnung von demselben erwartet; allein statt 100 Piaster, die er verlangte, hatte man ihm nur 80 gegeben, und darüber war er so aufgebracht geworden. Obgleich eine solche schimpfliche und gewaltthätige Behandlung nicht bloss entehrend für den Beichtvater, sondern auch für das ganze Kloster war: so wagte Letzteres doch nicht, den Thäter, welcher von einer der ersten Familien war, bey der Regierung zu verklagen, sondern es bediente sich des sichersten Mittels, seinen Unmuth zu besänftigen. Es liess ihn nämlich ersuchen, ins Kloster zu kommen, wo man ihm den verlangten Rest des Geldes sogleich auszahlte, worauf er den Beichtvater wegen seiner Gewaltthätigkeit um Verzeihung bat. Und hierin bestand die ganze Genugthuung, welche er und das Kloster erhielt.

Von einem andern Vorfall dieser Art hatte ich Gelegenheit vor etwa 14 Tagen Augenzeuge zu seyn. Ein wohlhabender Mohammedaner von Hebron hielt sich seiner Geschäfte wegen häufig in Jerusalem auf, weswegen er auch hier ein Haus unterhielt. Dieser Mann hatte vor etwa einem Jahre einem griechischen Pilger eine gewisse Geldsumme geliehen, von welcher er jetzt bey der Rückzahlung mehr Zinsen verlangte, als worüber dieser mit ihm eins geworden war; er weigerte sich also, ihn nach Wunsch zu befriedigen. Der Mohammedaner wandte sich mit seiner Forderung an das griechische Kloster, wurde aber auch dort abgewiesen. Dies verdross ihn, und nun nahm er sich vor, sich selbst Recht zu verschaffen. Begleitet von einem Bedienten ritt er ausserhalb dem Thore Bâb el Chalîl, und passte einem Trupp griechischer Pilger auf, welcher von Bîr Aijûb nach der Stadt zurückkehrte. Einer von diesen Pilgern, ein Anatolier, hatte seinen Sohn, einen kleinen hübschen Knaben, bey sich. Der Mohammedaner ersuchte den Vater, seinen Sohn vor ihm aufs Pferd zu setzen, ohne Zweifel in der Absicht, um mit dieser leichten Beute nach Hebron zu entfliehen, und bey der Auslösung derselben zu seiner Forderung zu kommen. Als der Grieche sich nicht dazu verstehen wollte, suchte der Bediente ihn mit Gewalt zu nehmen. Beide kamen ins Handgemenge, und sowohl der Bediente, als sein Herr, schlugen unbarmherzig auf den Griechen los und nahmen ihm sein Oberkleid. Als indessen der Bediente einen Strick und ein Hándschar hervorzog, um ihn wehrlos zu machen, fand der Grieche Gelegenheit, sich seinen Händen zu entwinden. Man setzte ihm nach; allein, zu seinem Glück kam grade in diesem Augenblick der Schloss-Aga aus dem Thore geritten, bey dessen Erscheinung die Hebroner flüchteten, obgleich dieser ihnen zurief, dass sie zurückkommen sollten. Der Aga zog sein Oberkleid (Benîsch) aus, und schenkte es dem Griechen, welchem man das seinige genommen hatte.

Obgleich man glauben sollte, dass der Schloss-Aga äusserst aufgebracht auf einen Menschen gewesen seyn müsse, der fast vor seinen Augen eine solche Gewaltthätigkeit beging: so bin ich doch überzeugt, dass er sich innerlich über diesen Vorfall freuete, berechtigte er ihn doch, dem griechischen Kloster den wichtigen Dienst zu rühmen, den er einem von ihren Pilgern erzeigte, wofür natürlicher Weise dieses auf ein ehrenvolles Geschenk für ihn denken musste. Aber auch den Mönchen war ein solcher Vorfall ohne Zweifel nicht ganz zuwider; denn bewies er ihren Pilgern nicht aufs deutlichste die Drangsale, welche sie hier um Christus Willen erduldeten, und wurde nicht dadurch das Mitleiden derselben erregt, und sie zur grössern Freygebigkeit gegen das Kloster ermuntert? Auf wen fallen also endlich alle Unannehmlichkeiten solcher Begebenheiten zurück? Auf die armen Pilger, welche oft mit den grössten Kosten und Beschwerlichkeiten aus den fernsten Gegenden nach diesem heiligen Orte wallfahrten, um hier ein wechselseitiges Spiel religiöser und politischer Betrüger zu werden!

3. März. Vormittags schönes Wetter; Nachmittags kalt und windigt.

4. März. Nasskalte, regnigte und stürmische Witterung.

5. März. Trockne Witterung, aber etwas kalter Wind.

6. März. Mittelmässig klares Wetter.

Da es mir an Reisegeld fehlte, und zu viele Zeit verflossen seyn würde, wenn ich von Aegypten hätte Geld kommen lassen wollen: so ersuchte ich den P. Generalprocurator, mir gegen einen Wechsel 1000 Piaster auszuzahlen, wozu er sich auch sogleich bereitwillig finden liess. Um dem Kloster einigermaassen meine Dankbarkeit für die mir so lange bewiesene Gastfreundschaft zu beweisen, machte ich demselben wieder ein Geschenk von dritthalb hundert Piaster. Ich übergab dem P. Generalprocurator den Wechselbrief in Duplo. Mit dem Aviso sandte ich dem Herrn Baron Oberst v. Zach eine ausführliche Nachricht von meiner Reise von Akre nach Jerusalem, und von dort nach der Ostseite des todten Sees, welcher ich eine von mir entworfene Karte von letzterm beyfügte. Auch einen Brief an meinen Bruder, den Prediger S., und an meine Nieçe in Delmenhorst, schloss ich mit bey. In der Secunda theilte ich dem Herrn Baron v. Zach eine Uebersetzung von dem arabischen Pass mit, welchen ich von Solimán Pascha in Akre erhalten hatte. Für die orientalische Sammlung in Gotha bereitete ich 2 Kisten, welche ich nach Aegypten abgehen liess, um sie von dort in der Folge nebst einigen andern nach Europa zu übersenden.

Der Müfty machte heute dem Kloster einen Besuch. Man versichert, er habe 5000 Piaster als ein Darlehn von demselben verlangt, man habe sich aber damit entschuldigt, dass man schon seit 3 Jahren des Seekrieges wegen kein Conduct [1]) aus Spanien erhalten habe, weswegen die Klosterkasse jetzt in den schlechtesten Umständen sey.

7. März. Etwas wärmer. Luft dunstig, wie ein Heerrauch.

8. März. Witterung noch gelinder, als gestern; Luft noch etwas dunstig; ich habe kein Kohlenbecken mehr nöthig, und schreibe bey offenem Fenster. Für das nördliche Teutschland ein Sommertag.

Heute verbreitete sich die für Mohammedaner sehr traurige Nachricht, dass der Pascha von Damask mit seiner grossen Pilgerkjerwane von den Truppen des Regenten von Derréïja angegriffen und grösstentheils zu Grunde gerichtet sey, dass die Uebergebliebenen sich genöthigt gesehen hätten, die eiligste Flucht zu ergreifen, und der Pascha gänzlich beraubt

---

[1]) So nennt man die Rimessen an Geld und Geldeswerth, welche man aus Spanien, Portugal und Italien erhält.

in Damask angekommen sey. Es fand sich indessen in der Folge, dass diese erste Nachricht übertrieben war, obgleich die Hauptsache ihre Richtigkeit hatte. Der Pascha erhielt von dem Regenten von Derréïja bey seiner Annäherung von Medina die Erklärung, dass er ihm nicht erlauben könnte, die beiden heiligen Oerter zu besuchen, weil er mit einer bewaffneten Macht, also als ein Feind, erscheine. Wolle er sich indessen dazu entschliessen, dass er alles kleines und grobes Geschütz, so wie allen Pomp zurücklasse: so möge er immerhin seine Wallfahrt vollenden, indem er gar nicht geneigt sey, fromme Pilger von dem Besuch dieser heiligen Oerter abzuhalten. Der Pascha hielt indessen diese Bedingungen für zu entehrend für sich und die hohe Pforte, deren Repräsentant er war, und da er, umgeben von einer zahllosen Menge feindlicher Truppen, mit Gewalt nichts ausrichten konnte, da er nur etwa 2000 Mann Soldaten mit sich führte: so musste er sich zur Rückkehr entschliessen, obgleich er bis eine halbe Stunde vor Medina vorgerückt war. Ein böser Unstern verfolgt jetzt die Osmanen: dieser Vorfall und ein neuer Krieg mit Russland, welche Begebenheiten könnten wohl niederschlagender für sie seyn?

9. März. Wetter schön, wie gestern.

Des Abends hörte man einige Kanonenschüsse, und man verbreitete die Nachricht, dass dies eine Folge von der erfreulichen Nachricht sey, welche man von einem bedeutenden Siege der Osmanen unter Paswan Oglu's Anführung über die Russen erhalten habe, worauf Chotim und Ismael wieder eingenommen worden seyen. Ich vermuthe, es waren politische Schüsse, um die niedergeschlagenen Mohammedaner wiederum aufzumuntern.

10. März. Schönes warmes Frühlingswetter.

Nachmittags sahe ich ausserhalb dem Thor Bâb el Chalîl eine kleine Kjerwane von etlichen zwanzig christlichen Pilgern, welche von Jaffa kamen, ankommen. Die Meisten waren zu Fuss, und schienen aus weit entfernten Gegenden zu kommen. Ihre Tracht und ihre Gesichter waren fremd, und erstere, so wie ihr Bart, vernachlässigt. Dies ist das einzigemal, dass ich Pilger ankommen sahe, und es thut mir leid, nicht öfterer dies Schauspiel genossen zu haben. Da das Franciscaner-Kloster keinen Nutzen von diesen Leuten ziehen kann, da sie andern Religionspartheien angehören: so bekümmert man sich dort gar nicht darum, und ein Reisender erfährt selten ihre Ankunft. Diese Leute müssen ein ungemein glückliches Gefühl haben, wenn sie sich endlich nach einer langen Reise am Ziel aller ihrer heissesten Wünsche sehen. Kein Ort auf ihrem ganzen Wege hatte Interesse für sie; nur Jerusalem und dessen Umgebungen waren ihr einziges frommes Augenmerk. Man giebt jetzt die Zahl der vorhandenen Pilger auf etwa 2000 an, wovon die Hälfte Griechen, die andere Hälfte Armenier sind; indessen glaube ich, dass diese Angabe zu hoch ist. Rechnet man im Durchschnitt auf jeden Pilger 200 Piaster, die er hier theils verzehrt, theils als Geschenk für sein Kloster zurücklässt: so dürfte dies von obiger Anzahl schon eine Summe von 400,000 Piastern betragen, welche hier in Umlauf gesetzt werden. Man kann indessen mit hoher Wahrscheinlichkeit eine weit höhere Summe annehmen, weil bisweilen ein einziger reicher Grieche oder Armenier mehrere tausend Piaster spendet, und die Pilgerzahl oft weit bedeutender ist, als in diesem Jahre.

Vor 2 Tagen wurde wieder ein griechischer Pilger von einem Trupp bewaffneter Bauern, welche ein Dorf auf dem Wege nach Hebron bewohnen, ergriffen und an einem Strick gebunden fortgeschleppt. Er befand sich in einer zahlreichen Gesellschaft bey dem grossen Wasserteich an dem Wege nach Ain Kérrim; die Furcht dieser Leute bey dem Überfall war so gross, dass sie alle entflohen und den Ergriffenen im Stiche liessen. Das griechische Kloster schickte sogleich einen Unterhändler hin, welcher ihn wieder loskaufen musste.

12. März. Gestern und heute schönes Wetter, wie vorhin.

Stephan brachte mir einen Stein aus dem heiligen Grabe, welcher für fromme Katholiken in Europa ein grosser Schatz seyn würde.

Papier | Fördert gute Waldnutzung
FSC® C083411

Kolibri 360 GmbH
Ferdinand-Jühlke-Straße 7
99095 Erfurt, Deutschland
produktsicherheit@kolibri360.de